조.선.지.배.층.의. 중.국. 인.식.
조선시대 해외파병과 한중관계

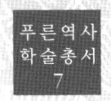
푸른역사
학술총서
7

조선시대 해외파병과 한중관계

조·선·지·배·층·의·중·국·인·식·

계승범 지음

푸른역사

책머리에

1978년에 나는 고등학교 3학년이었다. 그해 초겨울 졸업고사를 치렀는데 국사 시험의 마지막 문제가 아주 재미있는 것이었다. "1945년 이전의 우리나라 사람으로서 우리나라에 피해를 주었다고 생각되는 사람 이름을 아는 대로 쓰시오." 흔한 이름 한두 개만 써 내면 점수를 얻는 그런 문제였다.

평소 역사에 관심이 많던 나는 꽤 많은 이름을 적었던 것으로 기억한다. 매국 오적의 우두머리 이완용을 위시해 친일파 이름을 줄줄이 들고, 몽골 군대의 앞잡이가 되어 고려를 침입했던 홍다구, 홍복원 형제의 이름에 이르기까지, 평소 국사 시간에 선생님에게 들었던 여러 매국노와 배반자 이름을 빠짐없이 적었다. 나의 답안은 다른 친구들보다 훨씬 더 많은 이름을 적었다는 것 외에는 그리 특별하지 않았다. 다만 다른 애들이 더러 적은 연산군과 광해군을 쓰지 않고 오히려 선조, 인조, 고종을 적은 것이 내 답안의 특징이었다.

졸업고사를 치르고도 비록 형식적이지만 국사 시간을 한두 시간 더 가질 수 있었다. 하루는 우리 반에 들어온 그 선생님께서 나를 호명하시고는 선조와 인조와 고종을 쓴 학생은 전교에서 나 혼자뿐인데, 무슨 특별한 이유가 있는지 물으셨다. 덕분에 나는 나의 '철부지' 역사관을 감히 초로의 선생님 앞에서 나름대로 피력할 수 있는 기회를 갖게 되었다.

그때 무슨 말을 했는지 지금 다 기억할 수는 없지만, 골자는 일국의 최고 책임자인 왕으로서 임진왜란과 병자호란과 개항에 제대로 대처하지 못해 국가의 위기를 초래하고 백성들을 많이 힘들게 했으니 결과적으로 그 세 왕이야말로 어떤 개인 차원의 매국노보다 훨씬 더 심각한 피해를 한국인에게 주었다고 대답했던 것으로 기억한다.

나의 이 답변에 대해 선생님께서는 꽤 장황하게 코멘트를 하시고, 아울러 당신께서 그런 문제를 출제하신 이유도 설명하셨다. 그것을 지금 다 기억해 낼 수는 없지만, 지금도 또렷이 기억하는 것은 있다. 선생님께서는 신하들의 책임이 더 크다는 이유를 들어 나의 견해에 동의하지 않으셨지만, 그럼에도 나의 견해를 하나의 견해로 인정하시고, 그런 색다른 안목을 가진 것만큼은 크게 칭찬하셨다.

이런 역사관을 가졌기 때문이었을까? 철이 좀 들고 한국의 역사를 처음으로 제대로 접한 고등학교 시절부터 늘 머리를 떠나지 않고 맴도는 의문이 하나 있었는데, 그것은 다름이 아니라 왜 나의 조국 한국은 19세기의 세계 조류에 합류하지 못하고 일본의 식민지로 전락하고 말았는가, 라는 물음이었다. 오늘날 세계 강대국들이 빠르면 16세기, 늦어도 19세기 후반까지는 세계를 상대로 부국강병의 기반을 닦았음에도 불구하고 같은 시기의 조선은 왜 그러지 못했으며, 심지어 이웃나라 일본에게 완전히 먹히기까지 했는가, 라는 의문이었다. 망국의 여파가 현재의 민족 분단으로 이어지고 있는 기막힌 현실을 고려한다면, 이 질문은 한국 역사를 공부함에 있어서 매우 중요한, 어쩌면 가장 우선적으로 냉철하게 점검해야 할 당연한 의문일 것이다.

그러나 중고등학교 때부터 학교에서 정식으로 국사를 배우기 시작한 이래 사학과에 진학해 역사를 전공하기까지, 나는 위의 질문에 대해서 수긍할 만한 답을 들을 수 없었다. 학교에서도 이 문제에 대해 진지하게 배운 적이 없었고, 선생님께 질문을 하거나, 신문이나 전문서적 등을 통해서도 거의 마찬가지였다. 주위에서 흔히 접할 수 있었던 설명들은 대개 또 다른 의문을 불러일으키기만 할 뿐, 별로 도움이 안 되는 피상적인 것들이었다.

대학 시절을 보낸 1980년대는 조선 후기를 매우 역동적이고 발전적으로 새롭게 묘사하는 연구 분위기가 큰 흐름을 형성하기 시작할 무렵이었는데, 학계의 그런 분위기는 오히려 내 머릿속을 더 혼란스럽게 만들었다. 왜냐하면 정녕 그렇게 잘 나가던 조선 후기였다면, 왜 갑자기 하루아침에 일본에게 먹혔는가, 라는 의문이 더 강하게 머리를 때렸기 때문이다. 특히 소위 '반만년'이라는 유구한 한국문명이 다른 나라에게 완전히 먹혀 버렸는데도, 거기에 대해서 책임을 묻지도 않고 따지지도 않는 사람들의 태도에 의아해 하던 기억도 있다.

이런 의문을 늘 품고 있었기 때문이었는지는 몰라도, 고등학교 교사를 하다가 뒤늦게 대학원 공부를 시작한 후에 마침 미국 유학의 기회가 찾아왔을 때, 나는 한국사 전공임에도 망설이지 않고 유학길에 올랐다. 한국 역사의 아픈 부분을 정말 진정으로 '아프게' 보기 위해서는 바깥에서 한국을 바라보는 시각과 마음의 여유가 필요하겠다고 느꼈기 때문이다. 지나친 민족주의적 시각과 해석이 강할수록 조선의 멸망 원인을 외부에서 찾을 수밖에 없을 것이고, 실제로 당시 한국 역사학계의 흐름은 거의 그런 분위기 일변도였다. 세계화의 바람이 학계에도 불어 닥친 지금은 다소 수그러들었지만, 이런 분위기는 여전히 강세를 보이고 있으며, 학계의 주류를 형성하고 있다.

나는 조선 멸망의 내재적 요인과 그 책임을 묻지도 따지지도 않는 이런 분위기에 혹시라도 어떤 배후가 있는 것은 아닐까, 라는 강한 의문도 품어본 적이 있다. 왜냐하면 내재적 발전 요인과 외재적 멸망 요인에만 신경을 쓴다면, 한국 내부에서는 역사적 책임을 묻거나 따질 필요도 없게 되어, 모든 책임과 비난은 외부의 적에게로 자연스럽게 쏠리게 마련이기 때문이다. 프로야구는 한 경기에 져도, 여러 전문가들이 한데 모여 '내재적' 패인을 다각도로 분석하고 다음 경기에 대비해 작전을 세우는

데, '반만년' 문명이 고스란히 이웃나라에 먹혔는데도 그 이웃나라의 호전성과 부당성만 강조할 뿐 내재적 패인에 대한 제대로 된 분석이 거의 없다면, 이는 우습다 못해 너무나도 슬픈 일이 아닐까?

그렇다고 이 책에서 조선 멸망의 내재적 요인을 찾겠다는 것은 아니다. 누구에게 책임을 묻겠다는 것도 아니다. 물론 이런 것들과 관련은 있으나, 질문의 패러다임은 좀 다르다. 나는 이 책에서 조선시대 양반엘리트들은 어떤 생각을 하며 살았는지, 미래에 대한 예측을 어느 정도 하며 살았는지 알아보려고 한다. 유교가 아무리 과거지향적 태도와 복고주의적 성향이 강하다고 해도, 한 나라를 이끄는 유학자들이라면 미래도 어느 정도는 예측을 하고 그에 맞추어 정책을 펴야 한다. 그런데 조선의 위정자들에게서 그런 마인드를 찾는 일은 의외로 쉽지 않다. 그것이 어느 개인의 성향이 아니라 사회 전체의 어떤 시스템이나 사상체계 때문에 그랬다면, 그것은 과연 무엇이며, 왜 그런 구조와 사상체계가 조선사회에 매우 유용하게 뿌리를 내리게 되었을까? 그리고 그것이 이후 한국의 역사 전개 방향과 과정에서 어떻게 작용했을까? 이 책은 바로 이런 문제의식에 대한 하나의 조그만 답을 찾기 위한 것이다.

이를 위해 나는 '한중관계'라는 주제에 주목했다. 조선의 역사 전개에서 중국(명·청)이 차지했던 역할의 중요성은 대한민국의 역사 전개에서 미국이 차지하는 중요성보다 더하면 더했지 결코 못하지 않았다. 그래서 조선

사회를 구성하고 있던 본질의 한 측면을 한중관계를 통해 살펴보고 싶었다. 또한 단순히 외교관계가 아니라, 그런 지속적인 관계를 통해 세월의 낙수를 받아가며 서서히 형성된 조선 엘리트들의 중국 인식이야말로, 조선의 역사 전개에 매우 중요한 요소로 작용했을 것이라는 데에 생각이 미쳤다. 그래서 조선인의 중국 인식의 실상을 알고 싶었고, 그 방법으로 중국의 파병 요구에 대한 조선 조정의 다양한 대응 태도에 주목했다.

왜냐하면 해외파병은 너무나 큰 사안이므로 파병 여부를 놓고 주판알을 튕기는 것은 당연한데, 그 과정에서 조선인의 중국 인식이 다른 어떤 사안보다도 가장 솔직하게 드러나리라고 생각했기 때문이다. 이 책에서는 바로 그런 해외파병 논쟁 사례들을 시기별로 검토하고, 그 특성과 역사적 의미를 조선왕조의 전체 틀 속에서 통시적으로 설명함으로써 조선이라는 나라가 어떤 원리에 의해, 어떤 시스템으로, 어떤 방향성을 가지고 진화해 나아갔는지 알아보려고 한다. 이 책은 바로 그런 책이다.

과거의 어떤 역사 현상을 그 당시의 상황에서 보고자 하는 역사주의적 관점은 매우 중요하다. 그러나 그것만이 전부라고 한다면, 나는 그것을 역사가의 직무유기라고 말하고 싶다. 왜냐하면 그런 식의 역사 해석으로 역사 기술 작업을 마무리하고 펜을 내려놓는다면, 그것은 마치 "그때 사람들은 이러이러 해서 이러이러한 생각을 갖고 이런 정책을 폈다"는 정도의 해설에 지나지 않는 단순한 서술이기 때문이다. 그것은 매우 비역사적이다. 어쩌면 몰역사적일 수도 있다. 왜냐하면 후대와의 연결고리가 없는 과거의 사실은 그저 '과거의 한 사실'일 뿐이지 '역사'가 되기는 어렵기 때문이다.

나는 역사가라면 작업을 그런 선에서 마치면 안 되고, 그 역사 현상이 이후의 역사 진행 과정과 방향성에 어떤 영향을 주었고 어떤 유산을 후대에 남겼는가에까지 문제의식이 미치고 해석을 해야 한다고 확신한다. 그런 자세야말로 과거와 현재와 미래를 아우르고 넘나드는 역사가의 권리요, 의무일 것이다. 이는 모든 역사 해석에는 후대의 역사의식이 투영되어야 한다는 뜻으로, 그래야 그 연구 대상은 역사가의 손을 거쳐 비로소 역사로서의 의미와 가치를 갖게 된다고 나는 믿는다. 만일 그 당대의 시각만으로 어떤 현상을 설명하고 만다면, 그 현상은 그 순간 역사성을 상실해 버릴 것이다.

어떤 글을 읽을 때 우리는 전후문맥을 중시하고 따진다. 그래야만 읽고 있는 글의 뜻과 정신을 제대로 파악할 수 있기 때문이다. 역사 연구도 마찬가지 아닐까? 과거의 어떤 사건이나 현상의 전후문맥을 보아야 그 사건이나 현상을 제대로 이해할 수 있다. 그런데 한국사의 상당부분, 특히 조선시대를 다루는 수많은 연구들은 전후문맥을 두루 살피지 않고, '전' 문맥만 보는 경향이 매우 강하다. '후' 문맥을 보지 않는 이유는 의외로 간단하다. 조선시대, 특히 조선 후기의 '후後'는 바로 식민지였기 때문이다.

식민사관의 무서움은 바로 여기에 있다. 조선 후기 사회의 '후' 문맥을 외면하고 '전' 문맥만 다룬다면, 그것은 한국의 역사를 조선 후기에서 단절시키는 행위로, 그 자체로 이미 몰역사적이다. 뿐만 아니라 여전히 식민사관의 굴레에 묶여 있다는 증거도 된다. 식민사관의 진정한 극복은 우리 스스로 조선 멸망의 내재적 원인을 규명할 때, 즉 전후문맥을 모두 따질 만큼 따진 다음에야 비로소 가능하다. 따라서 내가 말하는 후대의 문제의식이란 근대주의의 좁은 틀에서 나온 질문이 아니다. 탈근대주의와도 다른 차원의 문제의식이다. 어떤 역사적 사건은 반드시 전후맥락을 보아야 한다는, 매우 당연하지만 너무 당연해서 사람들이 오히려 소홀히 하는 우를 범하지 말자는 지극히 평범한 문제의식이다.

이렇게 말하면 이 책이 대단해 보일지도 모르겠으나, 사실은 문제투성이다. 사람의 인식체계와 의식구조는 너무나도 복잡하고 다양한데, 어느 한 가지 프리즘만으로 그것을 논한다는 것 자체가 이미 문제다. 책 여기저기에서 좀 더 다양한 시각과 가능성을 보다 종합적으로 다루지 못한 점도 나에게는 아프게 다가온다. 이 책을 쓰면서 현대 한미관계라는 창(윈도우)이 내 머릿속에 늘 함께 열려 있었는데도, 막상 조선시대 한중관계를 남한의 한미관계나 북한의 북중관계와 아무런 연결을 짓지 못하고 탈고를 하는 것도 크나큰 아쉬움이다. 그렇지만 이 책을 계기로 삼아, 이라크 파병까지 포함해 한국 역사의 모든 해외파병을 언젠가는 한 권의 책으로 묶음으로써 한국사에 대해 무엇인가 통시적인 담론을 말할 수 있지 않을까, 라는 설익은 기대감에 감히 책을 내기로 했다.

한국에서 나의 첫 데뷔작인 이 책이 나오기까지, 오랜 세월을 참으시며 부족한 나를 역사가로 빚어 주신 정두희 선생님과 지금은 고인이 되신 제임스 팔레James Palais 선생님의 학은에 깊이 감사드린다. 이 책의 출간을 위해 여러모로 애쓰며 편의를 봐주신 푸른역사 여러 선생님들께도 심심한 감사를 드린다.

2009년 10월 계승범

차례
조선시대 해외파병과 한중관계

책머리에 _005

1. 왜 '조선시대 해외파병'인가?

문화로서의 정치외교 _021
조선시대 한중관계 연구 동향 _026
　* 사실과 사관 _026
　* 시기와 주제 선택에 보이는 특색 _029
이 책의 특징과 내용 _035
　* 통시적 연구의 중요성 _035
　* 해외파병의 의미와 그 중요성 _037
　* 각 장의 주제 _045

2. 조공과 책봉: 동아시아 국제질서와 조선

'한중관계' 용어 문제 _053
조공과 사대 문제 _059
책봉과 내정 간섭 문제 _064

'전형적 모델' 문제 _069
이념과 실리 문제 _071
해외 학계의 동향과 '중국적 질서' 문제 _075
　* 서구 학계 _075
　* 일본 학계 _081
　* 인식의 전환 _086

3. 계산된 결정: 15세기 해외파병 문제와 조선의 명나라 인식

당근과 채찍: 조선 초기의 여진정책 _091
파병은 없다: 세종 대(1418~1450)의 사례와 그 특징 _094
즉각적인 파병: 세조 대(1455~1467)의 사례와 그 특징 _101
생색내기 파병: 성종 대(1469~1494)의 사례와 그 특징 _105
15세기 조선 조정의 명나라 인식 _113

4. 사대와 국익: 16세기 중종 대(1506~1544) 사례와 조명관계의 변화

준비에 만전을: 논의의 발단과 그 추이 _119
황제와 왕: 중종과 가정제의 밀월관계 _123

* 칙서맞이와 고두례叩頭禮 _123
* 중종의 왕권과 북경 사행 _125
* 중종과 가정제 _135

부모와 자식: 조명관계의 변화 _139

5. 명분과 현실: 광해군 대(1608~1623) 파병 여부 논쟁과 그 성격

질서와 변화: 누르하치의 성장과 조선의 대응 _150
* 임진전쟁 시기 누르하치의 조선 접근 _151
* 누르하치의 정복사업과 조선의 태도 _156

왕의 고독: 파병 논쟁의 추이와 칙서의 위력 _162
* 대립의 서막: 왕과 신료 _162
* 요동 파병 논쟁의 추이 _165
* 논쟁의 전환점과 왕의 고립 _170

협박과 거짓: 명의 추가 군사 요청과 논쟁 2라운드 _175
* 명의 추가 파병 요청과 논쟁의 재개 _176
* 조선감호론 파동과 논쟁의 성격 _179
* 진주사 파견과 명 조정의 내부 사정 _186

왕보다 천자: 파병 거부의 대가 _190
* 요동 난민, 그 끝없는 논쟁 _191
* 추가 파병 칙서의 거부 _196
* 마지막 기회: 존호 문제 _203
* 대단원의 막: 정론正論과 사론邪論 _207

6. 자식의 눈물: 인조 대(1623~1649) 파병 문제와 그 성격

조선의 딜레마 _215
* 조명관계의 본질 _216
* 왕조의 통치이념 _219

눈물어린 출병: 가도椵島에서 금주錦州까지 _222
* 가도 공략 _223
* 파병 지연과 질책 _227
* 웅도 원정 _232
* 심옥瀋獄과 파병 _233

7. 만들어진 역사: 효종 대(1649~1659) 나선정벌과 후대의 기억

역사와 기억 _241
말라버린 눈물: 원정의 추이와 조선의 태도 _245
* 러시아의 동진 _245
* 1654년의 1차 원정 _248
* 1658년의 2차 원정 _251
* 조선의 출병 동기 _255
우선순위 바꾸기: 나선정벌과 시대 분위기 _259
* 나선정벌을 보는 조선군 사령관의 시각 _260
* 나선정벌을 보는 당대의 시각 _262
* 조선군 사령관의 청나라 인식 _267
기억 속의 나선정벌 _270

8. 아버지의 빈자리: 조명관계의 유산

조선시대 해외파병 논의의 추이 _280
조명관계의 유산과 조청관계의 성격 _287

주석 _299
참고문헌 _347
찾아보기 _365

1장
왜 '조선시대 해외파병'인가?

문화로서의 정치외교

현대 한국사회의 문화 양상은 전통적·근대적·현대적 요소들이 뒤섞여 있으며, 그에 따라 한국적 요소와 국제적 요소도 한데 어우러져 있다는 점은 사실명제에 속한다. 한 사회의 문화를 그 사회 구성원들이 오랜 시기에 걸쳐 역사적으로 체험하고 기억한 모든 경험들의 복합체로 정의하는 것에 동의한다면, 위의 명제는 지극히 당연하다 할 것이다. 그런데 한국의 문화는 그 복합적인 요소가 매우 두드러지면서도, 그 요소들이 서로 화학적으로 잘 어우러지기보다는 물리적으로 결합된 현상을 보인다는 데 남다른 특징과 중요성을 지닌다. 세계화를 강하게 추구하면서도 다른 한편으로는 배타적 민족주의가 강하며, 세계적 경제대국을 향해 질주하면서도 국내의 경제구조와 기업 경영방식은 여전히 (전)근대적 가족중심 권위체계에 강한 뿌리를 두고 있으며, 세계가 주목하는 민주화를 이루었으면서도 조직 내의 서열 가르기는 오히려 더욱 심화되는 역설적인 현상들은 그런 특성의 일부 예다.

넓은 의미의 문화에 한 주요 부분으로 포함되는 정치외교 행위도 이런 범주에서 그다지 벗어나지 않는다. 근대를 지나고 현대를 살면서 한국인의 세계관과 외교 양식에는 놀라운 변화가 있었다. 주요 외교 상대국이 바뀌었고, 모든 조약의 정신과 양식이 바뀌었으며, 무엇보다도 조공과 책봉이라는 오랜 외교 전통이 사라졌다. 따라서 전통시대 조선인의 대외관과 근대 이후 한국인의 대외관 사이에는 마치 어떤 분명한 단절이 있을 것으로 생각하기 쉽다.

그렇지만 한반도를 둘러싼 지정학적 역학구도가 본질적으로 바뀌지는 않았다. 조선의 문화 발전과 국가 안위의 배후에 명·청이 있었듯이, 대한민국의 성장 발전 과정 또한 미국이라는 거대한 힘이 배후에 있었기에 가능했고, 또한 현재까지도 그 미국의 방어 우산 속에(질서 속에) 들어가 있음으로써 국가의 안위를 유지하고 있다. 이런 점만 놓고 보아도, 과거 조선에서 명나라와 청나라가 갖던 중요성과 1945년 이후 대한민국에서 미국이 갖는 중요성에는 유사한 면이 적지 않다. 한 사회 구성원들의 대외관과 외교관이 주변정세의 영향을 받는다는 전제에 동의한다면, 조선인의 명·청 인식과 한국인의 미국 인식의 기저에 서로 공통점이 많을 것이라는 가설은 충분히 세울 수 있다. 비록 '현대'의 옷을 입고 대미외교를 수행하고 있지만, 그 옷 속에 감추어진 의식구조(마인드)와 역학구조는 예전의 대명외교를 추진하던 자세와 일맥상통하는 면이 있을 수 있다는 것이다.

이런 면에서 볼 때, 한국사회의 정치외교에서 전통과 현대 사이의 단절성뿐만 아니라 연속성에 대해서도 심도 있는 연구가 필요하다. 그 둘 사이에는 사로 공존하기 어려운 요소들이 있는가 하면, 본질적으로 서로 연속되는 공통분모도 적지 않을 것이기 때문이다. 만일 '전통'을 무시하고 '현대'만을 추구한다면, 그것은 역사를 단절적으로 보는 우를 범하는 일일뿐만 아니라, 문화(정치외교)를 하나의 단선적 현상으로만 보는 편협한 시각이 될 것이다. 그렇다고 전통을 지나치게 강조해 현재와의 연결성(지금도 살아 작동하는 과거의 유산)을 설명하지 못한다면, 그 또한 시간성을 갖고 끊임없이 살아 움직이며 진화해 나아가는 유기체로서의 역사를 설명하는 데 실패함으로써, 역사학 자체를 하나의 호고好古 취미로 전락시킬 가능성도 없지 않다. 특히 근대의 문턱에서 식민지(정치주체의 단절)라는 쓰라린 경험을 겪은 한국의 역사에서는 그 둘의 단절과 연속을 종합적인 안목에서 거시적으로 조망할 필요가 절실하다.

한국의 이런 정치외교를 논할 때, 조선적·한국적 특성이 형성된 주요 배경과 요인으로 한반도의 지정학적 요소, 즉 지리적·정치적·국제적 요인들을 역사적 맥락에서 접근하는 시각은 필수적이다. 현대의 한반도 관련 국제정치 전문가들의 문제점 가운데 한 가지는 정치외교 현상을 시공간적인 틀에서 종합적으로 보는 안목이 부족하다는 점이다. 어떤 외교질서를 형성하는 '역사적 요인'에 대한 관심이나 이해가 미약한 상태에서 현대 정치이론의 틀로 과거를 재단하는 경향이 강하기 때문이다.

한 예로, 비록 외교 문제는 아니지만, 유교에서 말하는 민본이나 충효 개념이 유교사회 2,000년 동안 한국의 현실에서 실제로 어떻게 운용되었는지에 대한 진지한 고민 없이, 즉 유교의 민본 개념이 실제 역사에서는 어떻게 민民을 억누르는 이론으로 사용되었는지에 대해서는 무시하고, 그것을 너무나도 쉽게 현대적 민주주의와 연결해 설명하는 정치학자와 사회학자들이 의외로 많다. 충효 개념이 조선시대 한중관계에서 어떤 이데올로기적 장치로 작동했는지에 대해서는 무관심한 채 한중관계의 표피적인 현상에만 관심을 두는 경우도 적지 않다.

반대의 예도 많은데, 대표적인 것으로 '사대'라는 말의 사용을 꼽을 수 있다. 현대의 어떤 정치외교 사안을 놓고 '사대외교'니 '사대주의'니 하는 표현을 지금도 흔히 사용하고 듣는다. 그런데 정작 근대 이전의 전통시대에서 '사대'라는 말이 갖는 정치·외교적 의미에 대해서는 별로 관심을 기울이지 않는다. 이는 한편에서는 과거와 단절된 현재만을 말하면서, 다른 한편에서는 현재의 편의를 위해 과거의 어떤 현상이나 개념을 별 생각 없이 끌어와 사용하는 이중적 태도의 좋은 예다.

그런가 하면, 전통시대 한국 역사 전문가들도 연구 대상 주제와 시기를 개항(1876) 이전에 국한시키려는 성향이 강해, 여간해서는 전통과 근대를 넘나드는 작업을 하려 하지 않는다. 근현대사를 전공하는 전문가들 또한 대체로 연구의 시작을 개항 이후나 광복(1945) 이후로 잡는다. 그러다 보니, 정작 같은 한국사 전문가들 사이에서도 전통과 근대에는 무시할 수 없는 단절이 늘 존재한다. 이러한 예들은 한 나라의 문화 및 정치외교의 구조와 양상에 깊이 녹아들어 있는 역사성·현재성·동태성을 도외시할 때 흔히 발생할 수 있는 문제점을 잘 보여준다.

역사성(시간성) 못지않게 동시대의 공간성도 중요하다. 특히 국내의 시각만으로는 도저히 접근이 불가능한 '외교'라는 주제를 다룰 때 공간성은 더더욱 중요하다. 예를 들어, 한미관계를 빼놓고 한국 현대사를 제대로 말할 수 있다고 주장할 사람은 없을 것이다. 그렇다면 더더욱, 현대 한국사회의 정치외교를 논하면서 미국의 존재를 소홀히 다루는 것은 어불성설일 것이다. 마찬가지로, 명·청과의 관계를 소홀히 다루면서 조선의 역사를 제대로 말할 수는 없다. 현대 한국인들이 미국을 생각하는 정도보다 훨씬 더 심하게 조선시대 한국인들은 '중국'을 생각했고, 닮기를 갈망했다. 조선이라는 한 나라를 500년 동안 독점적으로 지배한 양반엘리트의 중국 인식 태도가 그러했는데, 그런 중국과의 관련성을 빼고 조선사회의 정치외교를 논하는 것은 마치 미국과의 관련성을 제외한 채 대한민국 사회의 정치외교를 논하겠다는 것과 마찬가지의 난센스가 될 것이다.

문화의 한 부분으로서 '정치외교'라는 것은 박제된 현상, 곧 낱낱이 인수분해해 설명할 수 있는 수학적·기계적 현상이 아니다. 그것은 늘 살아 움직이고 진화하되, 그러면서도 동일한 유전인자에 바탕을 둔 비슷한 성질을 최대한 간직하려는 속성을 지닌 생명체, 곧 유기체에 가깝다. 이렇게 볼 때, 한국의 정치외교는 사람들이 한반도라는 공간에서 살아오며 경험하고 기억했던 모든 것들의 일부이며, 따라서 역사성과 공간성을 동시에 갖는다고 할 수 있다. 이 책에서는 바로 이런 시각과 문제의식에 기초해 조선시대 '한중관계'를 살피려 한다.

한국사를 공부할 때 고를 수 있는 시대와 주제는 매우 다양한데, 이 책에서 굳이 조선시대 한중관계라는 시기와 주제를 택한 이유는 다음과 같이 설명할 수 있다. 먼저, 조선이라는 특정 시기를 고른 이유는 그 조선시대를 거치면서 형성된 양반엘리트들의 의식구조와 사상체계가 조선사회의 모습과 속성을 만들어 냈고, 더 나아가 이후 한국문명의 역사적 방향성을 사실상 결정했다고 보기 때문이다. 여기서 역사적 방향성이란 사회진화 내지는 문명진화의 '흐름'을 말하는 것으로, 그 자체에 이미 시간성이 강하게 내포되어 있다. 따라서 조선 이후의 한국 역사, 곧 식민지와 분단을 거쳐 현재도 진행 중인 남북한의 역사 전개 양상과 불가분의 관계에 있음을 뜻한다. 또한, 한중관계라는 주제를 고른 이유는 대한민국을 이해하는 데 미국과 일본이 갖는 중요성을 아무리 강조해도 지나치지 않듯이, 조선을 이해하는 데 명·청이 갖는 중요성 또한 아무리 강조해도 지나치지 않다고 보기 때문이다. 요컨대, 이 책의 주제인 '조선시대 한중관계'는 곧 역사적 요소와 공간적 요소의 결합체이자, 그 시공간을 한국이라는 이름으로 그대로 계승하고 있는 현재와도 밀접한 관련을 갖는다.

조선시대 한중관계 연구 동향

　조선시대 한중관계는 1945년 이후 한반도를 둘러싼 국제정세를 장기적인 역사적 맥락에서 이해하는 데 좋은 단서를 제공한다. 특히 일본이 16세기부터 이미 독자적인 세력권을 구축하고 사실상 명·청 중심의 동아시아 국제질서에서 이탈한 것과는 달리, 여전히 중원의 왕조와 조공·책봉 관계를 맺고 있던 조선이 동아시아 국제무대에서 차지했던 번국藩國(울타리 역할을 하는 나라)으로서의 위상은 근현대 한반도를 둘러싼 역학구도에서 남북한이 갖는 위상과도 흡사한 면이 없지 않다.

　이러한 구도는 임오군란(1882) 이후 청일전쟁(1894~1895)에 이르기까지 청 간섭 하의 조선에서 발생한 숱한 긴장과 충돌에서 잘 드러난다. 또한 1945년 이후 본격화 된 좌우이념 대립과 냉전의 와중에서 한반도가 남북으로 분단되어 각각 두 적대 진영의 '번국' 역할을 수행한 데서도 잘 나타난다. 근현대에 들어와 러시아와 미국이 새로 강력하게 개입했고, 또한 미국·일본·중국·러시아가 어우러져 형성한 힘의 균형에도 상황에 따라 부침이 있었지만, 한반도를 둘러싼 역학구도 자체가 결정적으로 바뀌지는 않았다. 따라서 조선시대 한중관계를 연구할 때 현대 동아시아 국제관계와의 역사적 연결성을 고려해 통시대적으로 연구하는 시각이 필요하다.

사실과 사관

　주지하듯이, 전통시대 한중관계는 조공·책봉 관계로 맺어졌다. 이것은 움직일 수 없는 사실이며, 조공·책봉 체제는 시대와 상황과 입장에 따라 각기 나름대로의 순기능과 역기능을 갖고 있었다. 그런데 조선이 일본의 식민지로 전락함에 따라, 조선시대 한중관계는 식민사관의 영향을 가장 많이 받은 연구 분야 중 하나가 되었다. 근대의식의 편향된 산물인 식민사관의 입장에서 보면, 조공·책봉 관계야말로 조선의 독립성과 자주성을 부정할 수 있는 매우 좋은 메뉴였기 때문이다.

더욱이 명·청과 유지한 외교관계의 긴박도緊縛度와 중요도 차원에서 볼 때, 조선과 동시대 일본은 전혀 다른 길을 걸었으므로, 두 나라 사람들은 서로 다른 대외인식을 가지고 서로 다른 국제질서 속에서 나라를 꾸려 나갔다. 지정학적으로 명·청의 영향권에 매우 깊숙이 들어 있던 조선과는 달리, 일본은 명질서나 청질서에 제대로 들어와 본 적이 없는 나라였고, 그래서 비록 실권은 약했어도 오래 전부터 스스로 천황을 칭하면서 독자적인 권위체계를 갖추었다. 반면에, 조선의 모든 군주들은 순종(r. 1907~1910)을 제외하고는 누구도 예외없이 명·청 황제로부터 책봉을 받거나 사후에 추봉追封을 받았으며, 왕실의 다른 구성원들도 허다한 책봉과 추봉을 받았다. 조선의 왕실이 이런 책봉에 큰 신경을 쓴 이유는 책봉이 왕실의 정통성과 안정성 유지에 결정적인 요인이었기 때문임은 이를 나위도 없다. 국제무대에서 열등한 지위를 감수하면서까지 조공·책봉 관계를 계속 유지한 조선 지배층의 의식구조는 그에 따라 독특할 수밖에 없었다. 실제로, 조선의 지배엘리트들은 소중화小中華라는 이념으로 스스로를 무장했고, 중국적 가치가 국내 정치무대에서 권위의 원천으로 작동하는 경향은 시간이 흐를수록 더욱 강해졌다.

이런 이유로, 조공·책봉 관계에 대한 식민사관의 설명은 상당한 설득력을 가지고 강력한 효과를 낼 수 있었다. 더욱이 그런 일본이 청을 몰아내고 조선을 식민지로 삼은 상황에서 그 선전효과는 배가되기에 충분하고도 남음이 있었다. 실제로, 식민사관을 형성하는 주요 축의 하나인 조선문명의 타율성을 보여주는 단골 메뉴의 하나로 조선의 사대주의가 부각되었고, 그것이 조공·책봉 관계로 나타났다는 설명이 난무했다.

이에 대한 반론으로, 1945년 이후 한국 학계에서 조선의 사대정책을 자주적 실리외교로 보는 해석이[1] 유행한 것은 이런 배경에 기인한 당연한 동향이었다. 그런데 식민사관으로 무장한 일본인 학자들이 조선의 역사를 마치 검사의 입장에서 재단하고 일방적으로 비하했다면, 1945년 이후 한국인 학자들은 변호사의 입장에서 반증들을 찾음으로써 조선의 역사를 변호하고 미화하는 데 치중한 면이 강하다. 그러면서도, 식민사관이 의도적으로 폄훼한 조공·책봉 관계가 그 자체로는 과거의 사실이었다는 점이 매우 높은 장벽으로 다가왔다. 사실 자체의 왜곡을 통한 식민사관이었다면 비판이 용이하겠으나, 어떤 사실에 대한 해석의 문제이다 보니, 그 비판이 결코 쉽지만은 않았다. 특히 《조선왕조실록》만 들추어 보아도 수없이 보이는 각종 외교문서의 양식과 어투 및 그 내용은 조선의 비독립성과 대외의존성을 강조할 수 있는 가시적 '근거'들을 제공하기에 충분했다.

그래서인지는 몰라도, 처음에는 열성을 가지고 새로운 해석을 시도하던 한국사 연구자들도 세월이 흐르면서 '불리한' 한중관계사를 은근히 외면하는 경향을 보였다. 외면하지 않고 연구를 진행한다고 해도, 조공·책봉 관계의 실상을 정치하게 파헤치기보다는 개괄적인 설명에 그치고, 그러면서도 조공·책봉 관계의 의미와 중요성을 다분히 의도적으로 폄하하는 태도를 보이는 경향을 무시할 수 없다. 한중관계의 중요성을 강조할 경우에도, 대체로 '불리한' 것은 상대방 탓으로 돌리고, 조선의 자주성과 독립성을 강조하는 해석이 인기를 얻는다. 한중관계 내지는 조공·책봉 관계 관련으로 손꼽히는 기존 연구들이 대개 한국사 전공자보다는 동양사(중국사) 전공자들에게서 나온 점은 이래서 우연으로만 보기 어려운 측면이 있다.

아무튼, 그 결과, 판사의 입장에서 사실을 분석하고 해석하는 연구 풍토는 아직도 제대로 조성되지 못한 실정이다. 따라서 "조선시대 조명관계 및 조청관계의 실제와 성격을 어떻게 보아야 할까?"라는 질문은 여전히 유효하며, 또한 중요하다.

시기와 주제 선택에 보이는 특색

조선왕조(1392~1910) 500여 년은 명·청 시대(1368~1912)와 거의 맞아떨어진다. 이 장구한 기간 동안 지속된 한중관계 관련 연구는 크게 네 시기에 집중되어 있다. 먼저, 중원의 새로운 제국으로 부상한 명과의 관계에서 변화가 심했던 고려말기를 포함해 조선의 건국 시기(여말선초)에 많은 연구자들이 관심을 보여 왔다.[2] 이는 지극히 당연한 현상으로, 조선은 건국과 함께 유교와 사대를 양대 국시로 천명하고 출발했기 때문이다. 그런 조선의 대외관계를 공부하려면 마땅히 '사대'의 대상인 명나라와의 관계에 주목하지 않을 수 없고, 특히 건국(1392) 직후와 15세기를 포함하는 조선 초기는 바로 그러한 사대정책이 외교 현실에서 구체적인 모습을 갖추어 가던 시기이므로 많은 연구자들이 당연히 짚고 가야 할 시기다.

다른 하나는 임진왜란(1592~1598) 시기인데, 명의 참전, 전쟁관련 외교, 강화협상과 확전, 전란의 여파 등을 다룬 연구들이 부지기수다.[3] 이 또한 지극히 당연한 시기 선택이라 할 수 있다. 조선의 역사에서 임진왜란의 중요성은 두 말이 필요 없으며, 또한 명나라가 직접 군대를 보내 참전했고, 그에 따른 내정 간섭이 이전의 어느 시기보다도 두드러진 시기이다 보니, 연구의 필요성은 가히 절대적이라 할 수 있다. 뿐만 아니라,

명의 참전으로 인해 '재조지은再造之恩'이라는 특수 이데올로기가 강력하게 작동한 결과, 조명관계의 속성과 유산은 이후의 조청관계에까지도 지대한 영향을 미치게 되었다. 따라서 왜란 시기 조명관계의 본질과 성격은 조선왕조의 외교관계사를 논할 때 반드시 천착해야 할 시기요, 주제임이 분명하다.

또 다른 하나는 후금의 등장(1616)으로 야기된 동아시아 격동기인 17세기의 조청관계에 대한 연구가 많이 나와 있다. 이중에는 명·청 교체의 와중에서 조선이 온몸으로 겪었던 내부 갈등에 초점을 둔 연구도 있고,[4] 중원의 패자가 바뀌는 전환기에 벌어진 조선과 후금(청)과의 관계를 살핀 관계사 연구도 많다.[5] 이 시기에 대한 관심이 높은 이유 또한 자명하다. 청의 동아시아 제패는 기존의 '명질서'를 송두리째 부정하는 사건이었고, 명을 군부君父로 여기고 사대해 왔던 조선으로서는 가히 경천동지할 일이었기 때문이다. 뿐만 아니라, 당시 조선의 지정학적 위치를 놓고 볼 때, 조선이 명·청 교체의 파고로부터 한 발 물러나 사태를 관망하는 것은 근본적으로 불가능했다. 명도 청도 조선을 그냥 내버려두지 않았기 때문이다. 따라서 이러한 정세는 조선 조정의 현실적 고민과 이념적 갈등을 증폭시켰고, 이런 과정을 겪으며 내면화된 양반엘리트들의 대외관과 세계관은 이후 조청관계에도 결정적인 영향을 주었다. 따라서 조선시대 한중관계를 이해하는 데 이 시기는 반드시 세밀하게 살펴야 한다.

마지막으로, 개항(1876) 이후의 조청관계를 다룬 연구들도 매우 많다. 이 시기에 연구자들의 관심이 집중되는 것 또한 지극히 당연한 현상이다. 이때는 2,000년 이상 지속되어 오던 중원 국가 중심의 조공·책봉 체제가 근대의 파고를 맞아 처음으로 해체의 길을 걷는 시기일 뿐만 아니라, 한중관계에서도 조선이 전례 없는 강력한 내정 간섭(1882~1894)을 받은 시기이기 때문이다. 이에 따라, 이 시기 조청관계의 본질과 성격을 어떻게 볼 것인가를 놓고 다양한 해석이 개진되었다. 전통적 종번宗藩관계가 사실상 해체되고 제국주의적 만국공법 체제로 전환되었다는 해석이[6] 있는가 하면, 전통적 조공·책봉 체제의 확대 및 강화로 보는 견해도[7] 있다. 그런가 하면, 종번관계의 변용으로 보는 견해도[8] 있다. 어떤 입장을 취하든 간에, 이 시기는 동아시아 국제무대에서 한중관계의 기본 패러다임 자체가 바뀌는 시기인 만큼 연구자들의 관심을 끌기에 충분하다.

이런 시기별 특색을 보면, 조선 초기, 임진왜란 시기, 명·청 교체기, 개항기 등 주로 조선을 둘러싼 국제정세가 급박하게 돌아가던 격동기 내지는 전환기에 연구자들의 관심이 집중되었음을 알 수 있다. 역사가는 대개 변화의 시기에 민감하므로, 이러한 시기 선택은 매우 자연스러운 현상이다. 그렇지만 동아시아의 국제무대가 비교적 평온을 유지하던 시기에 대한 연구가 상대적으로 적은 것은 아쉽다. 통시대적으로 볼 때, 상대적으로 평온하던 시기, 다른 말로 기존의 어떤 질서가 잘 작동하던 시기는 명대(1368~1644)에서는 15~16세기 내내 거의 200년을 차지하며, 청대(1616~1912)에서는 17세기 중엽부터 19세기 중엽까지 200여 년을 차지한다. 명질서 하에서 형성된 조명관계의 특성과 청질서 하에서 모습을 갖춘 조청관계의 특성은 바로 이런 시기에 꽃을 피우고 오래 유지되었다. 그렇다면 현재까지 연구가 집중된 특정 시기는 변화나 전환 차원에서는 매우 중요하지만, 전체적으로 보면 오히려 한중관계의 주된 흐름에서 벗어난 예외적인 시기일 수도 있다. 따라서 상대적으로 평온했던 시기에 대한 정치한 연구는 조선시대 한중관계를 좀 더 깊이 이해하는 데 필요한 과제라 하지 않을 수 없다.

이런 점에서 볼 때, 명질서가 튼튼하게 뿌리를 내린 16세기(임진왜란 발발 전)의 조명관계를 다룬 연구들과[9] 청질서가 고조에 달한 18~19세기 전반 시기에 관심을 보인 연구들은[10] 의미가 있다. 다만, 이 시대를 선택한 이유가 그 시대적 중요성에 대한 문제의식 때문이라기보다는 어떤 특정 외교 사안에 대한 관심의 결과로 그 시대를 다루게 된 경우가 대부분이다. 그런가 하면, 한중관계라는 주제로 동아시아라는 큰 틀에서 아예 고대부터 통시적으로 조망한 연구서가 있는데,[11] 전체적인 흐름과 구조를 이해하는 데에는 크나큰 도움을 주지만, 오히려 너무 긴 기간을 다루다 보니 '조선시대'만의 특성에 대한 논증과 설명이 다소 부족한 면이 없지 않다.

한편 굳이 시기에 초점을 두기보다는 조선시대 한중관계에서 주목할 가치가 있는 주제에 초점을 둔 연구들도 많다. 특히 최근 몇년 간 동북아역사재단이 발주한 일련의 연구기획은 고대에서 현재까지 2,000여 년에 이르는 한중관계에서 어떤 주제들이 중요하고 의미가 있는지 쉽게 일람할 수 있는 정보를 제공한다.[12] 다만, 대개 한중관계 2,000년을 포괄적으로 다루어야 하는 탓에 조선시대에 초점을 맞춘 기획은, 2008년까지 성과물을 낸 기획연구와 연구총서 시리즈 등 총 31개의 결과물(단행본) 가운데 단지 1개에 불과하다.[13] '중국인의 조선 인식'을 주제로 선정한 이유는 한중관계에서 두 나라 사이의 상호 인식에 대한 관심이 높아지는 최근의 연구 흐름을 반영하되, 조선인의 중국 인식에 비해 연구의 질과 양이 상대적으로 못 미치는 중국인의 조선 인식에 중점을 두었기 때문이다.

이외에도 조청朝淸 간의 사행使行이나[14] 양국인의 상호 인식에[15] 초점을 둔 연구들도 있다. 다만 방법론으로 본다면, 상호 인식을 알아내기 위한 방법으로 사행록에 의존하는 경향이 강하다는 점을 지적할 수 있겠다. 그나마 이러한 방법도 조명관계에서는 관련자료가 적지 않아 용이하지만, 조청관계에서는 자료 부족으로 다소 어려운 형편이다.[16] 이런 면에서 볼 때, 최근에 호칭을 통해 상대방에 대한 인식의 실상을 조망한 연구가[17] 있어 눈길을 끈다. 다른 방법론이 더 개발된다면, 상호 인식이나 대외인식과 관련해 좀 더 다양한 연구와 이해가 가능하리라 본다.

이 밖에도 특정 외교 사안을 살핀 연구들이 다양한데, 연구자들의 관심을 비교적 많이 받은 주제는 종계변무宗系辨誣 문제, 왕위 계승 관련 책봉 문제, 추봉追封 문제, 교역 문제, 월경 및 쇄환 문제, 조공품목 조정 문제, 거애擧哀나 거상居喪 등 의례 문제 등등으로 매우 다양한 연구들이 나날이 쌓이면서 한중관계의 이해를 깊게 해 준다. 최근에는 조선이 명이나 청과 직접 주고받았던 외교문서들을 자료로 삼아, 외교 형식을 통해 조선시대 한중관계의 실상에 접근하려는 연구들이[18] 나오면서, 조명 및 조청관계의 실체에 좀 더 가깝게 접근할 수 있게 되었다.

그런가 하면, 비록 전형적인 외교관계사는 아니지만, 외교행위의 근간을 이루는 대외인식과 관련해 국제무대에서 조선이 차지하는 위상의 실체에 대한 연구가 예전부터 줄곧 진행되어 오고 있다. 이 가운데 가장 대표적인 주제는 단연 소중화小中華 내지는 중화론 관련 연구들일 것이다. 같은 조선시대라고 해도 조선 초기(15세기)의 중국 인식과 이후의 인식에 큰 차이가 있음에 대부분의 연구자들이 동의하는 추세다. 즉 15세기까지는 대개 실리를 우선하는 사대외교를 전개했는데, 16세기가 무르익으면서 모화사상과 주자학 발전의 여파로 대명사대외교가 이념적인 성격을 띤다는 것이다.[19]

여말선초 또는 15세기 사대부층의 대명관 내지는 소중화론을 다룬 연구들을 좀 더 구체적으로 보면, 조선조 모화의식의 확산 현상이 건국 주도세력이 정통론과 화이론에 기초한 주자학을 새 이념으로 수용한 데 따른 역사적 필연이라는 설명,[20] 고려 말기에 정도전鄭道傳(1342~1398) 등으로 대표되는 급진파 사대부들이 형세뿐만 아니라 도덕적으로도 명을 중국의 정통 왕조로 보는 사대론을 취했다는 지적,[21] 국익에 더 중점을 둔 건국 초기의 현실적 대명사대가 세종과 성종 대를 거치면서 유교 예론禮論에 기초한 군신관계에 더 중점을 두는 사대로 정착되었다는 해석,[22] 원·명 교체기를 맞아 중화의 의미를 단순히 형세나 문화 차원만이 아니라 한족 중심의 종족 차원으로 이해하려는 움직임이 사대부층에서 태동했다는 지적[23] 등 다양하게 이루어지고 있다. 이런 변화 과정을 거쳐, 대명의존도는 16세기에 이르러 국내외적으로 심화되었는데, 이러한 추세는 왜란 때 명의 군사 지원을 받음으로써 더욱 심해졌으며, 명이 망한 후에도 숭명배청崇明排淸 의식이 조선의 정치사상계를 주도하게 되는 배경이 되었다. 그런데 대명 의존도가 왜 16세기에 이르러 심화되었으며, 그 의존의 실체가 어느 정도였는지에 대한 깊이 있는 연구는 상대적으로 적은 편이다. 16세기에 이르러 주자학이 지배이념으로 자리를 굳히면서 대명사대가 외교 방편의 차원을 넘어 자체목적화 하는 현상이 나타났다는 지적이 있고,[24] 중종 대(1506~1544)의 대명외교에 착목한 연구들이 있지만,[25] 아직은 정치한 연구가 좀 더 필요한 실정이다.

이런 선행 연구들에 힘입어, 이 책에서는 명이나 청의 파병 요구에 대한 조선의 응대라는 주제로 코드를 맞추어 조선시대의 한중관계를 살피되, 조선 엘리트들의 명·청 인식에 초점을 맞추어 통시적으로 검토하고 해석하려고 한다.

이 책의 특징과 내용

'조선시대 해외파병과 한중관계'라는 제목에도 잘 나타나듯이, 이 책에서는 해외파병 여부 논쟁을 핵심 코드로 삼아 조명 및 조청관계를 고찰하되, 어느 특정 시기에 국한하지 않고 조선시대 전체를 통시적으로 조망한다. 명이나 청의 압력에 따른 해외파병 논쟁이라는 소재가 주제별 분류사의 관점이라면, 그 한 가지 주제로 조선시대를 조망하는 것은 역사성을 강조한 통시적通時的 관점이다. 따라서 '조선시대 해외파병'은 분류사와 통시사가 만나는 교차지점이다.

통시적 연구의 중요성

현재까지 조선왕조를 다룬 학술 단행본들은 무수히 많지만, 어떤 한 가지 주제 내지는 한 가지 코드로 조선왕조 전체를 조망한 연구서는 의외로 많지 않다. 어떤 주제를 비교적 통시적으로 다룬 경우에도 거의 대부분은 조선 전기와 조선 후기를 나누어 고찰한다. 예를 들어, 이 책의 주제라 할 수 있는 조선시대 정치사나 외교사, 또는 한중관계사만 놓고 보아도 대개는 조선 전기와 후기를 함께 아우르기보다는 어느 한 쪽에 국한시키는 경향이 강하다. 심지어 '학술진흥재단'의 한국사 시대별 전공 구분 기준을 보아도 조선왕조는 전기와 후기로 분명하게 나뉜다. 다른 선택의 여지는 없다. 한국사를 전공하는 사람으로서 조선 전기 전공이나 조선 후기 전공은 가능해도 조선시대 전공은 아예 선택할 수조차 없는 '이상한' 시스템이 구축되어 있는 현실이다. 그러나 상식적으로만 보아도 전기가 없는 후기는 불가능하며, 후기가 없는 전기는 역사성을 상실한다.

이런 분위기는 조선시대 역사를 다룬 수많은 연구서 가운데 통시적 시각에 기초한 저서의 비율이 매우 낮은 결과를 초래하는 데 일조했을 것으로 여겨진다. 편의상 일견을 위해 국사편찬위원회 홈페이지의 《한국사연구휘보》 검색창에서 저서의 제목에 '조선시대'라는 구절이 포함되는 경우를 검색해 보면, 사료집이나 국역서를 제외한 순수 저작서는 대략 220여 개이며, 이 가운데 학술서는 약 200여 개에 달한다. 그런데 비록 제목에 '조선시대'를 붙이고 있지만, 시대별 변화에 주목한 통시적 관점을 중시한 연구라기보다는 단순히 '조선'이라는 시대 배경의 뜻으로 '조선시대'를 사용한 것이 대부분이다. 특정 주제에 대해 적어도 조선 전기와 후기를 통시적으로 조망하려는 의도가 엿보이는 저서는 대략 10분의 1 수준인 20여 개뿐이다. 물론, 제목에 '조선시대'를 달지 않고도 조선시대를 통시적으로 고찰한 연구서가 있을 수는 있겠지만, 일단 이 정도의 검색만으로도 연구 현황의 대강을 파악하는 데에는 충분하리라 생각된다.

이들 20여 개 연구서를 주제별로 좀 더 세분해 보면, 정치·제도사 관련 단행본이 7개,[26] 사회·경제 관련 단행본이 6개,[27] 국방·군사 관련이 4개의[28] 분포를 보인다. 대외관계나 대외인식 관련으로는 4개가 검색되는데, 한일관계 관련이 3개,[29] 대외인식 관련이 1개[30] 보인다. 이 가운데 대외관계사와 관련해, 손승철의 연구는 교린체제를 조공·책봉 체제라는 상위의 틀 안에서 비교적 통시적으로 다룬 점에서 의의가 있다. 하우봉의 책은 비록 조선시대를 다 다루고는 있으나, 초기에 해당되는 한두 장을 제외하고는 다루는 내용이 모두 후기에 치우쳐 있는 관계로, 엄밀한 의미에서 조선시대를 통시적으로 다 아울렀다고 보기는 어렵다.

여기서 특히 주목되는 것은 조선시대의 한중관계를 통시적으로 다룬 연구서가 《한국사연구휘보》에서는 검색이 되지 않는다는 점이다. 조선시대 한중관계에 대해서는 연구서들이 적지 않게 나와 있지만, 조선시대 전체를 통시적으로 조망한 책이 없다는 점이 주목할 만한 특색이다. 반면에, 중국사 전공자들이 국제관계 주제와 관련해 조선시대 전체를 통시적으로 다룬 연구서는 몇 개 있다.[31] 다만, 이들 연구서는 2,000여 년에 걸친 한중관계의 전체적 맥락을 포괄적으로 다루는 것이 목적이었기에, 한중관계에서 '조선시대'가 갖는 특성과 역사상의 위치를 조선의 입장에서 심층적으로 천착하지 않은 아쉬움이 있다. 어쨌든 이러한 현실은 한중관계를 연구하는 한국사 전공자들의 분발이 매우 절실함을 잘 보여준다.

이런 점에서, 이 책은 방법론뿐만 아니라 새로운 역사 연구 시각의 제공이라는 차원에서도 한국 사학계에 기여하는 바가 클 것으로 기대한다. 더 나아가, 현재도 미국의 압력 내지는 요청에 따라 해외파병을 하고 있는 대한민국의 현실을 고려할 때, '조선시대 해외파병'이라는 주제는 시사성도 강하게 띤다고 할 수 있다. 그렇다면 한중관계를 읽어낼 수 있는 다양한 주제들 가운데 이 책에서 굳이 '해외파병'이라는 코드를 선택한 이유는 무엇인가?

해외파병의 의미와 그 중요성

관계사를 다룰 경우에 택할 수 있는 시각과 주제는 다양하다. 시각 차원에서 보면, 관계사인 만큼 당연히 쌍방을 모두 보아야 하겠지만, 어느 한 쪽에 중점을 두는 연구 방법도 나름대로 의미가 있다. 또한 관계사라는 것이 반드시 양자 간에만 가능한 것이 아니므로, 해당되는 양자가 모두 속해 있는 국제질서라는 상위의 틀에서 조망할 수도 있다. 주제별로 보아도, 상호 인식 문제나 외교문서와 의전 문제는 물론이고, 앞 장에서 언급한 갖가지 사안별 주제들이 모두 가능하다.

이렇게 수많은 연구 주제들 가운데 이 책에서는 상호 인식을 택하되, 보다 구체적으로는 조선 엘리트들의 중국(명·청) 인식에 초점을 맞출 것이다. 굳이 조선인의 중국 인식에 주목하는 이유는 조선시대 전 시기를 통해 명·청과의 관계는 조선왕조의 정치외교에서 늘 최고의 현안이었고, 이러한 오랜 관계를 통해 형성된 조선인의 중국 인식은 곧 그들의 가치관·세계관(천하관·역사관·통치이념) 등에 심대한 영향을 주었을 것으로 가정할 수 있기 때문이다. 이는 마치 대한민국의 엘리트들이 갖고 있는 미국관이 대한민국의 정치외교를 형성하고 결정하는 데 결정적으로 작용하는 것과 마찬가지 논리다. 실제로, 명·청 인식이야말로 양반 지배층이 갖고 있던 의식구조의 결정체라 할 수 있다. 이런 지배층의 의식구조는 역사 연구에서 매우 중요하다. 왜냐하면 세습 지배층의 의식구조는 그 사회의 모습(성격)을 잘 보여줄 뿐만 아니라, 그 사회가 나아갈 역사적 방향성까지 사실상 거의 결정해 버리기 때문이다.

이에 이 책에서는 조선시대 양반엘리트들의 명·청 인식의 변화를 명·청의 파병 압력을 대하는 조선 조정의 태도 변화를 통해 살피고자 한다. 파병 여부 논의가 조선 지배층의 중국관(명·청 인식)을 가늠할 수 있는 좋은 소재가 되는 까닭은 파병에 따른 현실적인 손익 계산 과정을 통해 그들의 중국관이 비교적 적나라하게 드러나기 때문이다. 실제로, 자국 병력의 해외 파견은 수많은 국가 사안들 중에서도 조정의 주체적 결정이 가장 첨예하게 드러나는 사안이다. 왜냐하면 국익을 위해 계산기를 가장 꼼꼼하게 두드려야 하는 사안이 바로 해외파병이기 때문이다. 재정면으로 보나, 정치적으로 보나, 국제적 역학관계로 보나, 해외파병만큼 심혈을 기울여 결정해야 하는 사안은 거의 없을 것이다.

물론 조공의 품목과 수량 문제, 유민 송환 문제, 명 황제를 위한 거상擧喪 문제 등을 주요 사례로 삼아 15세기의 명나라 인식을 고찰한 연구도 있다.[32] 뿐만 아니라, 종계변무宗系辨誣 문제,[33] 국경 무역, 월경인과 피로인의 쇄환, 각종 사행사의 파견 관련 등 여러 사안들도 조선 조정의 중국관을 파악할 수 있는 좋은 소재들이다. 그런데 이런 사안들은 모두 대개 조선의 필요에 따라 조선이 먼저 적극적으로 명·청에 접근한 사안이라는 공통점을 갖고 있다. 따라서 이런 사안들을 통해 표면적으로는 조선의 중국관이 드러날 수는 있을지라도, 그 속마음까지 드러난다고는 할 수 없다. 무엇인가 아쉬운 부탁을 할 경우에는 자신의 속마음을 숨기고 상대방의 기분을 맞추기에 힘쓰는 것이 인지상정이기 때문이다. 또한 위에 열거한 여러 사안들은 대개 상투적이고도 의례적依例的인 것으로, 대개 관례에 따라 결정되는 경우가 대부분이기 때문이기도 하다.

반면에, 파병이나 전쟁과 같은 중차대한 사안은 조선인의 명·청 인식의 실체를 보다 솔직하고도 선명하게 드러내 준다고 할 수 있다. 명·청과 관련된 국가 결정 사항은 무척 많지만, 파병은 국가의 이해관계는 물론이거니와 어쩌면 국운을 결정적으로 좌우할 수도 있는 매우 심각한 고민과 논의의 산물이기 때문이다. 따라서 그 논의 과정과 최종 결정을 세밀하게 살펴보면, 한중관계, 특히 조선인의 명·청 인식의 실체에 좀 더 가깝게 접근할 수 있다.

실제로, 대명사대 원칙을 천명하고 조공을 바치면서도 한편으로는 명을 치려고 요동 정벌을 계획했던 이성계李成桂(1935~1408)와 정도전의 태도는 의례적依例的이고도 의례적儀禮的인 사대 행위만으로 조선인의 명나라 인식을 파악하는 방법에 단점이 많음을 보여주는 좋은 예라 할 수 있다. 고구려·백제·신라·고려 등 이전 왕조들만 보아도, 조공 행위 자체만으로는 그들의 중국관을 이렇다 저렇다 적시하기 어렵다. 왜냐하면 그런 조공 행위 자체도 모두 국가의 실리를 위한 행위였기 때문이다. 그러므로 만일 더 큰 국익이 걸린 문제에 봉착한다면, 이전의 한반도 국가들은 중원 국가와의 전쟁도 불사했던 것이다. 이런 점에서 볼 때, 명·청의 파병 압력에 따른 조선 신료들의 생각과 논쟁을 당시 상황과 관련해 세밀히 살피고 분석해 보면, 그들의 국가관·국제관·가치관 등의 의식구조는 물론이고 그들의 정치철학까지도 심도 있게 파악할 수 있을 것이다.

이런 문제의식에 기초해, 이 책에서는 넓은 의미로는 전근대 조선왕조를 통시대적으로 살피되, 파병 논의라는 주제를 통해 한중관계를, 특히 조선 엘리트의 명·청 인식의 실체를 조망하고자 한다. 따라서 이 책에서는 비록 제목은 한중관계라고 달았지만, 엄밀히 말하자면, 외교사라기보다는 조선왕조를 500년간 독점적으로 지배했던 양반엘리트 유학자들의 중화(중국) 인식에 대한 연구이며, 바로 그것을 알아보기 위해 해외 파병 문제를 코드로 선택한 셈이다.

다만 명·청과는 상관없이 조선이 독자적으로 단행한 해외 원정은 이 책의 연구 대상에서 제외했다. 조선의 지정학적 여건으로 볼 때 명·청과 관계없는 조선의 독자적인 영토 개척에는 큰 한계가 있었다. 만주 일대로의 팽창은 그 자체로 이미 명·청의 견제를 받을 수밖에 없었고, 일본에 대해서는 팽창은커녕 방어에 급급한 실정이었다. 15세기 초에 두 차례의 대마도 정벌이 있었지만, 조선시대 전체를 놓고 볼 때 매우 예외적인 사례에 속한다. 무엇보다도, 명·청과 무관한 독자적 해외 원정은 이 책의 주제인 한중관계와는 별로 상관이 없다. 따라서 본 연구의 대상에서 제외했다.

외국의 침입으로 인해 국내에서 발발한 전쟁도 제외했다. 명의 요구에 의한 조선의 선택이라는 차원의 한중관계 주제가 아닐뿐더러, 명·청의 군대가 조선에 직접 들어와 전쟁을 수행한 경우는 '조선의 해외파병'과는 무관한 주제이기 때문이다. 물론 임진왜란 때 명나라의 참전은 한중관계에서 매우 중요하다. 마치 진정한 한미관계의 형성 시기와 성격을 미군정기(1945~1948)보다는 차라리 한국전쟁(1950~1953) 때 미국이 한반도에서 수행한 역할 및 한미상호방위조약 등 전쟁의 여파로 탄생한 정황에서 찾는 것과 흡사하다. 그렇지만 임진왜란 때 명의 참전은 조선 조정의 '선택' 문제가 아니라 '필연'의 문제였다. 따라서 명나라 군대를 불러들이는 문제를 놓고 찬반 논쟁은 거의 일어나지 않았다. 병자호란(1636~1637)의 경우도 그 상황과 성격은 크게 다르지 않았다. 따라서 조선의 '선택'을 중시한 이 책의 '해외파병' 주제와는 거리가 있어 제외했다.

요컨대 이 책에서는 1392년부터 1876년까지 480여 년이라는 긴 기간 동안 명·청의 파병 요청(요구)에 따라 조선 조정에서 자국의 군대를 국경 밖으로 파견하는 문제를 놓고 벌어진 파병 여부 논의를 연구 대상으로 삼는다. 조선 조정에서는 원정의 필요성을 느끼지 않는 사안에 대해, 책봉국이(조선 왕을 '책봉'한 황제가) 자국의 필요에 따라 조선에 동참을 요구해 왔을 때 대개 논란이 일었다. 왜냐하면, 조선의 국익을 생각해 파병을 거절하자는 논리가 등장하는가 하면, 조선의 국익을 위해 오히려 그 요구에 따라야 한다는 논리도 동시에 가능했기 때문이다. 조선인의 명·청 인식 내지 중국관은 스스로 계산하고 생각해 선택을 할 수 있는 이런 사안에서 비교적 첨예하고도 솔직하게 드러난다.

이렇듯, 전통시대(1876년의 개항 이전) 조선왕조에서 해외파병을 놓고 벌어진 여러 조정 논쟁들의 골자는 결국 조명·조청 관계를 어떻게 설정할 것인가의 문제였다. 뿐만 아니라, 명과 청은 과연 조선에게 무엇인가, 라는 문제이기도 하다. '중국'을 조선에 이웃한 하나의 대국大國으로 볼 것인가, 아니면 세계에서 유일한 중화국中華國, 곧 상국上國이자 천자국天子國으로 볼 것인가의 문제요, 충돌이었던 것이다.

이 문제가 중요한 이유는 조선왕조의 중국관과 외교정책이 이전 고려왕조의 그것과는 매우 달랐기 때문이다. 주지하듯이, 고려왕조(918~1392)는 비록 형식적이나마 책봉국을 적어도 다섯 번이나 바꾸었다. 후주後周(951~960)에서 북송北宋(960~1125)으로, 다시 거란족의 요遼(937~1125)로, 여진족의 금金(1115~1234)으로, 몽골의 원元(1234~1369)으로, 그리고 다시 한족의 명明(1368~1644)으로 국제정세에 따라 수시로 바꾸었다. 그러나 17세기 전반에 명·청 교체가 일어날 즈음에 조선의 엘리트들은 그 교체를 현실로 받아들이기를 주저했다. 그 결과 두 차례의 호란을 초래했고, 국왕이 청 황제 앞에 직접 나아가 고두례叩頭禮를 올리는 극도의 수치를 감내하는 항복을 하기에 이르렀다. 몽골의 침입 때에도 고려 조정은 전쟁을 택한 바 있으나, 항복 이후에는 곧 몽골제국을 중화의 나라로 보는 경향이 지식인들 사이에 별 무리 없이 받아들여졌다. 실제로, 고려인이 생각한 '중화인'의 범주에는 송나라 사람뿐만 아니라 원나라 사람도 포함되었다. 한 예로, 이승휴李承休(1224~1300)는 몽골제국을 중화의 정통으로 보았다.[34] 반면에, 명·청 교체 이후 조선의 지식인사회를 휩쓴 숭명배청 의식은 청을 중화국으로 인정하기를 끝까지 거부했다.

이런 차이는 조선 전기를 거치면서 조선 지식인의 중국관에 무엇인가 커다란 변화가 있었음을 강하게 시사해 준다. 이런 변화는 당시 천하의 중심으로 받아들여진 중원 지역의 황제와 그 주변국인 조선의 왕 사이의 관계 설정에 직접적인 영향을 줄 수밖에 없었다. 고려 때에도 중원에 있는 황제의 나라를 상국이라고 불렀지만, 고려인이 말하던 상국과 조선인이 말하던 상국의 개념에는 크나큰 차이가 있었다. 중원의 국가를 상국으로 보는 것은 동일한데 그 의미가 바뀌었다면, 그것은 곧 한중관계의 본질과 성격이 바뀌었다는 말과 상통한다고 보아야 할 것이다. 실제로, 고려인들은 중원의 천자가 바뀌는 것에 대해 큰 고민을 하지 않았다. 그렇기에, 천자가 바뀔 때마다 비록 내부 논란이 있었을지언정 최종 결정은 천자를 바꾸어 버리는 것이었으며, 그에 따른 이념적 고민은 없었다. 그런데 조선의 양반 지식인들은 명·청 교체를 그렇게 유연하게 받아들이지 않았다. 아니, 그럴 수 없었다.

그렇다면 고려·조선 교체와 명·청 교체 사이, 즉 조선 전기 양반 지식인사회에 무슨 일이 일어났을까? 무슨 크나큰 변화가 있었기에 명·청 교체를 쉽게 받아들일 수 없었을까? 이 책에서는 이런 일련의 의문과 질문에 어떤 답을 하고자 한다. 그러기 위해서는 어느 한두 개의 파병 사례나 특정 시기의 한중관계를 다루어서는 명확한 답이 나오지 않는다. 이것이 바로 본 연구에서 해외파병이라는 코드로, 근 500년에 이르는 조선왕조를 통시대적으로 보려는 이유다.

동서고금을 막론하고 해외파병은 대개 군사적 결정이라기보다는 정치적 결정이었다. 그만큼 복잡하고, 국가의 모든 사안이 얽힌 문제다. 또한 현재의 대한민국도 해외파병 문제에 계속 직면하고 있다. 베트남 파병(1965~1971) 외에도, 유엔 평화유지군으로서 다양한 해외파병이 이루어지고 있다. 이라크와 아프가니스탄은 말할 나위도 없고, 동티모르, 레바논 그리고 소말리아 해적에 대비한 문무대왕함 파견에 이르기까지 대한민국의 해외파병은 이제 거의 일상사처럼 되어가고 있다. 그런데 이런 해외파병의 배후에 대개 미국의 요청 내지는 압력이 큰 요인으로 작용한다는 것은 잘 알려진 사실이다. 즉 해외파병 논의와 결정의 주요 동인이 이전 조선시대 때의 상황과 유사한 것이다.

뿐만 아니라, 그 배후의 힘으로 작용한 명나라와 미국을 보는 한국인의 인식에서도 유사한 점을 찾을 수 있다. 임진왜란 때 조선을 구해준 명나라에 대한 의리를 목숨보다 중히 여긴 조선 지식인들이 국제정세의 변화(명·청 교체)와 상관없이 숭명배청崇明排淸 이데올로기를 양산하고 신봉했다면, 한국전쟁 때 대한민국을 구해준 미국에 대한 의리를 중히 여기는 보수 진영의 지식인들은 국제정세의 변화(미·소 냉전 종식)와 상관없이 한미혈맹이라는 이데올로기를 재생산하고 있는 것이다. 미국은 대한민국에게 과연 무엇인가? 이웃의 큰 대국大國인가, 아니면 유일한 상국上國인가?

이렇듯 한국사에서 해외파병 문제는 단지 과거의 일도 아니고, 그렇다고 현재만의 일도 아니다. 세계사에서 가장 큰 격동과 변화를 야기한 근대의 파도에도 아랑곳 하지 않고 시대를 관통해 한국사회의 한 성격을 알려주는 좋은 코드가 바로 해외파병인 것이다. 파병에 대해 찬성을 하건 반대를 하건, 그 논리만큼은 조선 지식인들과 대한민국 지식인들 사이에 별다른 차이가 없다. 명·청 교체 이후 조선 조정이 조청관계의 새로운 정립을 놓고 밤을 새워 고민했던 이유와 냉전구도 종식 후에 등장한 대한민국의 국민정부와 참여정부가 한미관계를 극히 일부나마 새로이 설정하고자 했던 고민의 이유도 서로 상통하는 면이 있다. 따라서 비록 이 책에서는 '조선시대 해외파병'을 다루지만, 그것은 단순히 '과거형'으로서의 역사가 아니라, '현재완료진행형'으로서의 역사를 쓰려는 것이다.

각 장의 주제

조선의 왕이 명 황제로부터 고명誥命과 인신印信을 받음으로써 정식으로 명의 조공국이 되었던 1401년부터 개항(1876) 직전까지 약 470여 년에 달하는 기간에 조선 조정이 명이나 청의 청병請兵 또는 청병 가능성으로 인해 논의를 벌인 사례는 모두 열다섯 차례가 넘는다. 다만 매우 지엽적이거나 부수적이어서 단독 사례로 보기 어려운 경우 두어 개를 제외하고 15개의 사례들을 일견할 수 있도록 〈표1〉에 정리했다. 이 책의 본문은 바로 이 사례들을 시기별로 나누어 세밀하게 살피는 내용을 담고 있다. 러일전쟁(1904~1905) 때에도 비록 해외파병은 아니지만, 대한제국의 군인들 중 일부는 일본군을 따라 참전했으며, 다른 일부는 군영을 이탈해 함경도로 넘어가 러시아군에 합류해 일본군과 싸운 바 있다.[35]

〈표1〉 조선시대 외국의 청병請兵 사례들

번호	연도		청병 주체	청병 목적	결과	이 책 참조
	서기	왕				
1	1449년	세종 31년	명	몽골 원정	거절	
2	1467년	세조 13년	명	건주여진 원정	파병(적극적)	3장
3	1479년	성종 10년	명	건주여진 원정	파병(소극적)	
4	1543년	중종 38년	명	건주여진 원정	취소	4장
5	1618년	광해군	10년	명	후금 원정	파병(소극적)	
6	1619년		11년	명	요동 방어	거절	5장
7	1622년		14년	명	요동 협공	거절	
8	1637년	인조	16년	청	가도 공격	파병(소극적)	
9	1637년		16년	청	금주 공격	거절	
10	1638년		17년	청	금주 공격	거절	6장
11	1639년		18년	청	웅도熊島 원정	파병(적극적)	
12	1639년		18년	청	금주 공격	파병(소극적)	
13	1940년		19년	청	금주 공격	파병(소극적)	
14	1654년	효종	5년	청	러시아 공격	파병(적극적)	7장
15	1658년		9년	청	러시아 공격	파병(소극적)	

그렇지만 이 사례는 이 책의 연구 주제, 시각, 시기 등 여러 면에서 그 성격을 달리하는 관계로 연구 대상에서 제외했다.

조선시대 해외파병을 본격적으로 다루기에 앞서, 2장〈조공과 책봉: 동아시아 국제질서와 조선〉에서는 먼저 조선시대 한중관계와 관련해 가장 기본이 되는 조공 및 책봉과 관련해 학계에서 쟁점이 되고 있는 주제들을 몇 개 선별해 비판적으로 검토하고, 새로운 시각에 입각한 문제의식과 연구 방향을 제시할 것이다. 검토할 주제로는 네 가지를 선정했는데, 조공과 사대, 책봉과 내정 간섭, 이념과 실리 문제, '전형적 모델' 이론 등이다. 조공과 책봉은 조선시대 한중관계를 연구할 때 가장 기본이 되는 주제이므로 선택하되, 조공과 책봉이 조선의 정치무대와 국제무대에서 실제로 어떤 의미를 갖고 있었는지에 중점을 두어 살필 것이다. 아울러 조선의 대명 태도가 실리적 태도에서 이념적 태도로 바뀐다는 통설을 좀 더 새로운 관점에서 조망하기 위해 이념과 실리 문제를 골랐다. 마지막으로는 조공·책봉 체제로 대표되는 전통시대 동아시아 국제질서에서 조명관계는 대체로 '전형적인 모델'로 이해되고 있는데, 과연 그렇게 볼 수 있는가, 라는 비판적 문제의식으로 이 주제를 골랐다. 아울러 글로벌 시대에 한중관계를 세계사 차원에서 살필 필요가 있겠기에, 소위 '중국적 질서' 이론뿐만 아니라 그 비판도 활발한 구미 학계의 연구 동향도 소개할 것이다. 이런 큰 틀을 염두에 두고 조선시대 한중관계를 살피기 위해서다.

3장〈계산된 결정: 15세기 해외파병 문제와 조선의 명나라 인식〉에서는 15세기(조선 초기)의 세 사례들을 서로 비교함으로써, 어떤 공통적 특징이 있는지 살핀다. 특히 명의 파병 요청에 대한 조선 조정의 반응은 세 가지 사례가 서로 달랐지만, 거절을 하든 파병을 하든 그러한 결정을 내리게 된 배경과 판단의 기준은 과연 무엇이었으며, 그러한 기준에 어떤 공통점이 있는지 천착할 것이다. 이러한 작업을 통해, 15세기 조선 엘리트들의 명나라 인식의 실체에 좀 더 가깝게 접근할 수 있을 것이며, 더 나아가 그들이 명나라를 상대로 전개한 사대정책에서 '사대'라는 것이 구체적으로 무엇을 의미하는지에 대해서도 좋은 실마리를 얻을 수 있을 것이다. 특히 15세기는 겉으로는 비록 조선왕조였지만, 고려가 망한 지 얼마 되지 않은 시점이었으므로, 중원 국가를 대하는 태도는 오히려 조선 후기의 인식보다 고려 때의 인식에 더 가까웠을 것이라는 가설을 세워볼 것이다.

4장 〈사대와 국익: 16세기 중종 대 사례와 대명관의 변화〉에서는 16세기 중 유일한 사례인 중종 대의 해외파병 여부 논의를 다루되, 이전 15세기 때 벌어졌던 조정 논의들과 비교함으로써 조선 엘리트의 명나라 인식에 어떤 변화가 있는지 살필 것이다. 특히 이때의 사례는 명나라의 북경으로부터 조선의 군사를 요청하는 칙서가 정식으로 오기도 전에 그 가능성만으로 조선 조정에서 대책을 논의한 점으로 미루어 볼 때, 무엇인가 이전 15세기 때와는 다른 분위기를 느낄 수 있다. 더욱이 이때의 조정 논의 가운데 파병을 거절해야 한다는 논의가 전혀 없었던 사실은 이런 느낌을 더욱 강하게 해 준다. 이 장에서는 이런 점에 착목해 파병 논의를 세밀하게 고찰함으로써, 16세기 중종 대의 명나라 인식을 살필 것이다.

5장 〈명분과 현실: 광해군 대 파병 여부 논쟁과 그 성격〉은 파병 찬반 논쟁이 가장 격렬했던 광해군 대의 상황을 살피기 위해 마련되었다. 당시 후금의 성장에 위협을 느낀 명은 공식·비공식적으로 모두 서너 차례에 걸쳐 조선에 병력을 요청했는데, 비변사를 필두로 거의 모든 신료들이 찬성론을 펴고 광해군이 외롭게 반대하는 형세로 논쟁이 전개되었다. 파병 찬성론의 근거는 군부의 나라인 명에 대해 '재조지은'을 갚아야 한다는 것과 200년 사대 전통을 어길 수 없다는 것이었다. 반면에 반대론의 근거는 명의 군사작전은 실패할 것이라는 현실적 정세 판단이었다. 이 장에서는 모든 사례를 자세하게 살피겠지만, 특히 1622년의 마지막 사례에 초점을 맞춘다. 1618년부터 불붙은 파병 여부 논쟁의 대단원이 바로 이때의 치열한 논쟁이었기 때문이다. 더욱이 이 논쟁이 그동안 파병 반대 논의를 주도했던 광해군의 강제 폐위라는 극단적인 방법으로 종결된 사실은 당시 조선 엘리트들의 명나라 인식과 관련해 사사해 주는 바가 지대하다. 뿐만 아니라, 이런 종결 방식은 이후의 조청관계에도 적지 않은 영향을 미칠 수밖에 없었다. 왜냐하면 정변 주도세력이 반포한 '반정교서'에서 광해군 폐위의 제일 명분으로 인목대비에 대한 핍박보다도 명나라에 대한 배신을 더 강조한 이상, 이후의 정치는 그러한 명분에서 자유로울 수 없었을 것이기 때문이다.[36] 이 장에서는 이런 문제들을 포괄적으로 다룰 것이다.

6장 〈자식의 눈물: 인조 대 파병 문제와 그 성격〉에서는 그동안 오랑캐라고 여겼던 청나라에 굴복한 이후 전개된 파병 압력, 특히 군부君父로 섬겼던 명나라를 치기 위한 전쟁에 동참하라는 청의 압력을 계기로 조선 조정에서 벌어진 일련의 논쟁들을 살핀다. 정묘호란(1627)과 병자호란(1636~1637)을 겪으며 조선이 청 황제의 칙서를 받아야 하는 상황에 처하자 대명의리론은 위기를 맞는 동시에 더욱 빛을 발하는 역설적인 상황이 전개되었다. 특히 청의 연이은 파병 요구는 조선의 조야에 엄청난 정신적 충격과 이념적 공황을 불러 일으켜, 조선 조정의 고민을 극대화하기에 충분했다. 바로 명과 조선이 맺고 있던 군부·신자 관계 때문이었다. 정명전征明戰에 동참하라는 청의 압력을 수용해 파병을 한다면 자식(조선)이 원수(청)의 편을 들어 아비(명)를 공격하는 상황이 불가피할 것이므로, 양반엘리트들의 심리는 거의 정신적, 이념적 패닉 상태에 가까웠다. 그러면서도 〈표1〉에서 보듯이, 어떤 경우에는 파병에 적극성을 보이고, 어떤 경우에는 거절을 하고, 어떤 경우에는 마지못해 파병을 하는 등 조선 조정의 대응은 상황과 경우에 따라 다르게 나타났다. 이 장에서는 이런 일련의 사례들을 하나의 큰 맥락에서 비교함으로써 명·청 교체의 막바지에 조선이 처했던 상황과 대응방안을 살피고, 그를 통해 조선 엘리트들의 명·청 인식이 어떻게 진화해 나아가는지 고찰한다.

7장 〈만들어진 역사: 효종 대 나선정벌과 후대의 기억〉에서는 명·청 교체가 일단락 된 이후에 청의 압력에 따라 명과는 무관하게 파병했던 나선정벌(1654, 1658) 사례를 다룬다. 특히 출병 당시에는 청나라의 압력과 감시로 인해 어쩔 수 없이 출병했으면서도, 세월이 흘러 18세기에 들어서면서 나선정벌을 조선이 독자적으로 추진한 오랑캐 정벌로 윤색하는 과정 및 그 이유를 고찰한다. 북벌론이 휩쓸던 시대에, 북벌을 하기는커녕 오히려 타도 대상인 오랑캐(청)의 지휘를 받으며 출정한 나선정벌을 대하는 조선 지식인들은 크게 두 가지 양면심리를 가졌을 것으로 추정할 수 있다. 하나는 타도 대상인 청의 지휘를 받아 군사작전을 수행한 자괴감이고, 다른 하나는 정벌의 대상이 명(군부)이 아닌 다른 오랑캐(러시아)라는 안도감이다. 이러한 이중심리는 차후 정세의 변화에 따라 어느 한 쪽만이 강조될 소지를 다분히 안고 있었다. 이 장에서는 숭명배청 의식이 휩쓸던 조선 후기에 현실적으로는 배청을 할 수 없는 자괴감을 청이 아닌 다른 오랑캐 러시아를 상대로 한 정벌을 통해 어느 정도 상쇄하는 심리적 전이 과정을 천착할 것이다.

이런 작업을 바탕으로 하여, 마지막 8장 결론부〈아버지의 빈자리: 조명관계의 유산)에서는 조선시대 한중관계에서 조명관계가 갖는 독특성과 그 유산이 명·청 교체 이후 조선의 역사 전개에 어떤 식으로 작용했는지에 중점을 두어 설명한다. 비록 명은 눈앞에서 사라졌지만, 그 명에 대한 조선 엘리트들의 인식은 이후에 전개된 조청관계의 성격에도 지대한 영향을 줄 수밖에 없었고, 조선 후기 정치사조와 제반 이념들의 형성과 발전에도 가장 중요한 요인들 중 하나로 작용했다. 북학론이 끝내 주류 사회에 들어가지 못하고 주변에만 머문 것이나, 명나라의 마지막 연호인 숭정崇禎을 고집하는 태도나, 대보단大報壇과 만동묘萬東廟 제사가 개항 이후에도 여전히 공·사 두 영역에서 공히 주요 행사로 거행된 것이나, 존주의리尊周義理와 '조선중화朝鮮中華'라는 이데올로기가 끊임없이 재생산되어 조선 후기 사회를 주도한 것은 모두 조명관계의 유산이 얼마나 강하게 후대의 역사 전개에 영향을 주었는지 보여주는 바로미터라 할 수 있다. 이 장에서는 이런 내용을 매우 세밀하게 분석하고, 그 유산이 현재 대한민국 사회에 어떤 식으로 살아남아 작동하고 있는지에 대해서도 해석을 시도할 것이다.

|
2장
조공과 책봉:
동아시아 국제질서와 조선

조선시대 해외파병 문제를 본격적으로 다루기에 앞서, 조선시대 한중관계를 이해하는 데에 기본이 되는 조공·책봉과 관련해, 학계에서 쟁점이 되고 있는 몇 가지 주제들을 먼저 간단히 살필 필요가 있다. 조선시대 한중관계가 조공과 책봉으로 맺어지고 유지된 것은 움직일 수 없는 사실이기 때문이다. 아울러 현대에 들어와 많이 사용되는 '한중관계'라는 표현을 전통시대(전근대)에 그대로 적용할 경우에 발생하는 문제점 및 그럼에도 이 책에서 비록 제한적이나마 '한중관계'라는 표현을 그대로 쓰는 이유와 그 정확한 개념에 대해 미리 명쾌하게 밝혀둘 필요가 있다. 더 나아가, 글로벌 시대의 흐름에 발맞추어, 전통시대 동아시아의 국제질서에 대해 많은 연구 성과를 내고 있는 해외 학계의 동향도 살필 필요가 있다. 이 책의 주제인 조선시대 해외파병 문제를 당시 조선이 속해 있던 국제질서라는 거시적 시각에서 조망할 필요가 있기에 이런 사전 작업을 준비했다.

'한중관계' 용어 문제

 어떤 역사용어는 이미 그 자체로 그 용어 사용자의 사관과 시각이 강하게 투영된 담론이라고 할 수 있다. 요즘 한국사회의 일부 극우보수 진영에서 한국전쟁을 '김일성의 난'이라고까지 부르는 행위는 한 극단적인 예다. '청동기 시대'니 '남북국 시대'니 하는 역사 전문 용어도 그 자체로 이미 후대의 평가와 이해가 반영된 결과이며, 반역이니 혁명이니 하는 일반 용어도 마찬가지다. 그래서 역사를 기술할 때 용어의 선택은 매우 중요하다.
 역사용어가 갖고 있는 이런 특질은 한국사 관련 용어들이 지난 십수 년 사이에 대거 바뀌는 데에도 결정적으로 작용했다. '왜정' 또는 '식민지 시대'가 '일제강점기'로 바뀐 것은 그 대표적인 예다. 이 밖에도 '병자수호조약'이 '강화도조약'으로, '을사보호조약'이 '을사늑약'으로, '동학란'이 '갑오농민전쟁'으로 바뀌어 불리는 등, 비슷한 예는 상당히 많다. 물론 이렇게 용어를 바꾸는 이유와 마찬가지 이유를 들어 변경에 반대하는 의견도 적지 않은데, 이런 점만 보아도 역사용어에 사관과 평가가 강하게 들어있음은 자명하다.
 그런가 하면, 개념의 모호성 때문에 용어 변경을 시도하는 경우도 있다. 요즘 많은 비판을 받고 있는 '동양사'라는 분류 용어는 그 좋은 예다. 동양이 서양에 대응하는 개념은 분명한데, 그렇다면 어떻게 그런 개념을 동아시아 역사, 그 중에서도 사실상 중국사를 가리키는 용어로 쓸 수 있는가, 라는 문제가 발생하기 때문이다. 마찬가지 이유로, 고대·중세·근세·근대·현대 등의 용어도 시대구분론과 맞물려 많은 논란을 빚고 있는 단골 메뉴다. 이런 시대구분 용어를 쓰는 당사자들도 단지 귀에 익고 편리하다는 이유로 쓰고 있을 뿐, 역사용어로서는 그 사용에 문제가 많음을 대개 인정한다.

  이 책의 제목에 사용된 '한중관계'라는 표현도 비록 널리 쓰이기는 하지만, 역사용어로는 적지 않은 문제를 안고 있다. 우선 '한중관계'에 나오는 '중'은 곧 중국을 가리키는데, '중국'이라는 용어 자체에 문제가 많다. 첫째로는, 중국이라는 개념의 실체가 모호하다는 점을 들 수 있다. 2,000년이 넘는 동아시아 지역의 역사 전개에서 '중국'이라는 개념 자체가 없던 때도 있었을 뿐더러, 그런 단어가 등장한 이후에도 시대와 상황, 그리고 누가 그런 말을 쓰는가에 따라 중국이라는 용어의 개념과 기준이 천차만별로 달랐기 때문이다. 따라서 현재의 중화인민공화국으로 귀결된 '중국'의 개념으로 이전의 역사를 거슬러 올라가 일률적으로 재단하는 태도는 심각한 문제를 야기할 수 있다. 단순히 혼동이나 오해를 불러일으키는 차원의 문제를 넘어, 어떤 면에서 보면 과거의 사실을 왜곡할 소지가 크기 때문이다.[37]

  둘째로는, 중국이라는 용어가 정식 국명이 아닌 탓에, 그 가리키는 대상이 모호하다는 점을 꼽을 수 있다. 설사 정식 국명은 아니더라도 그 명칭이 가리키는 실체가 구체적으로 존재한다면 상관이 없는데, 중국은 그 존재 자체가 모호하다는 결정적 문제가 있다. 예를 들어, 이 책의 대상 시기인 조선시대만 놓고 보아도 중국은 명·청을 모두 의미하지 않았다. 조선인들이 명을 상대로는 분명히 중국이라는 개념으로 이해하고 있었고, 실제로 실록이나 각종 자료에 명을 중국으로 칭한 예가 적지 않다. 따라서 명이 사라지기 전 시기(주로 조선 전기)에만 국한해 본다면, 명을 가리켜 중국이라는 용어를 써도 무방할 것이다. 그러나 조선인들은 청을 중국으로 인식하지도, 인정하지도 않았다. 비록 국제무대에서는 청을 대국으로 인정해 조공을 바치고 책봉을 받았지만, 그것으로 끝났을 뿐, 중국으로는 결코 받아들이지 않았다. 중국은커녕 오히려 야만 오랑캐 국가로 치부하고 멸시했다. 따라서 같은 조선시대만 놓고 보아도 중국의 개념은 쉽게 일반화하기 어렵다. 이런 이유에서, 중국이라는 용어는 역사 기술에서 섣불리 일반화해 사용하기 어려운 면이 있다.

'한국'이라는 용어에도 비슷한 문제가 있다. '한중관계'에서 '한'은 한국을 가리키는데, 현재의 한국은 사실상 남한만을 가리키므로, 북한이 제외된다는 결정적인 문제가 있기 때문이다. 실제로, 한중관계라는 표현을 막연히 사용할 경우에, 한국 역사 무대의 절반을 차지했던 북한 지역을 한국인들 스스로 제외시켜 버리는 '무서운' 행위를 하는 셈이 된다. 역사용어가 아니라 정치용어로서 '한중관계'를 다룰 경우에도, 이는 으레 대한민국과 중화인민공화국의 관계를 다루는 것이 되어, '북중관계'는 자연스럽게 배제되는 실정이다. 대개 현재의 정치외교를 다루는 정치학에서는 실정주권국으로서의 대한민국과 조선민주주의인민공화국을 모두 인정해야 하기에 그럴 수 있지만, 역사학계에서도 '한중관계'라는 표현을 별다른 고민 없이 사용하는 데에는 문제가 있다.

이런 문제점에도 불구하고, 이 책에서 비록 제한적이나마 '한중관계'라는 표현을 제목에 달고 사용하는 이유는 다음과 같다. 첫째로는, 대한민국과 중화인민공화국 이전에 존재했던 왕조들을 총칭하기에 적절한 대체 용어가 아직 합의되지 않은 상황에서, 이미 널리 알려진 '한중관계'라는 표현은 그 나름의 편리함을 갖고 있고, 그 인지도 또한 높기 때문이다. 한 예로, 이 책의 제목을 《조선시대 해외파병과 조명관계 및 조청관계》라고 하는 것보다는 《조선시대 해외파병과 한중관계》로 하는 것이 여러모로 낫다는 뜻이다.

둘째로는, 과거 중원을 거점으로 하여 명멸했던 수많은 국가들이 모두 현재의 중화인민공화국 안에 포함되어 있는 현실을 무시할 수 없기 때문이다. 그들이 모두 현재의 '중국사'에 포함되는 이상, 그들을 중국이라고 부른다고 해서 그것을 명백한 오류로 치부하기도 어렵다는 뜻이다. 이는 과거에 한반도와 만주 일대를 거점으로 삼아 명멸했던 국가들 가운데 적지 않은 수가 현재의 한국(남북한)으로 수렴되어 있으므로 그들을 모두 한국사에 포함하는 것과 같은 논리다. 따라서 조선이라는 시대를 명시하고 사용한 이 책의 제목은 어떠한 혼동의 여지도 없이 조명관계와 조청관계를 명쾌하게 가리킨다.

따라서 이 책의 제목에 사용한 '중국'은 현재의 중화인민공화국의 약자가 아니다. 오히려 그것은 '중원국가'의 약자로서의 '중국'에 가깝다. '중원국가'란 중원中原, 곧 현재의 베이징까지 포함해 황하 유역에 정치적 중심지를 두었던 제국을 뜻하며, 구체적으로는 인종과 무관하게 주周·진秦·한漢·위魏·서진西晉·북위北魏·수隨·당唐·북송北宋·금金·원元·명明·청淸 등을 가리킨다. 이들을 굳이 '중국'이라 총칭하지 않는 이유는 이 국가들을 세운 장본인들 스스로도 이 모두를 중국으로 인식하지 않았을 뿐만 아니라, 이 책의 주인공인 조선인들도 이 모두를 중국으로 인식하지는 않았기 때문이다. 따라서 이 모두를 총괄해 부를 만한 새로운 용어로는 근대적 국가 개념과 민족 개념을 모두 배제하고 중원이라는 지정학적 공통점만을 고려한 '중원국가'라는 용어가 적격이라고 생각한다. 이렇듯, 정치적 현실을 중시할 때에는 '중원국가'라는 지정학적 개념만으로도 설명할 수 있다.

그렇지만 조선인들이 늘 염두에 두었던 황제국, 더 정확히 말해 '천자국'은 반드시 중원이라는 지리적 공간에 얽매이지 않았다. 그보다는 나라를 세운 주체가 한족인가 아닌가, 라는 종족 요인 및 그에 따른 문화 요인도 매우 중요시했다. 그 대표적인 사례가 바로 남송南宋(1127~1279)이다. 실제로, 남송은 비록 중원에 거점을 두지는 않았지만, 조선 지배엘리트들은 남송을 중화의 정통으로 인정하고 매우 중시했으며, 그 학문과 제도를 본받으려 했다. 이런 점에서, 조선과 관련해 남송은 '중화국가'로 분류될 수 있다. 요컨대, 조선인에게 '중화국가'는 지리적 공간 개념이 아니라, 종족과 문화에 더 중점을 둔 개념이다.

따라서 당이나 명처럼 중원국가와 중화국가가 서로 일치하는 사례도 있을 수 있으며, 금과 남송처럼 서로 분리되는 사례도 얼마든지 있을 수 있다. 특히 원대元代와 청대淸代는 중원국가는 존재했으나, 중화국가는 동아시아 국제무대에서 소멸된 시기였다. 꼬리에 꼬리를 물며 조선 후기를 수놓은 숱한 논쟁과 고민의 대부분은 바로 중원국가(현실)와 중화국가(이념)가 일치하지 않는 문제로 인해 발생했다고 해도 지나친 말은 아닐 것이다. 이 책에서 다룰 명과 청을 대하는 조선인의 인식 차이는 그 단적인 예다.

이렇듯, 개념만 분명하게 규정하고 사용한다면, 한중관계라는 표현을 사용하는 데에 큰 문제는 없을 것이다. 정리하면, 이 책에서 한중관계라는 표현을 쓸 때 '한'은 한반도에 중심을 둔 국가를 뜻하며, 조선시대라면 당연히 조선을 가리킨다. '중'은 중원에 중심을 둔 국가를 가리키며,

조선시대라면 명과 청을 분명하게 가리킨다.

아울러, 이 책에서 사용할 다른 용어들에 대해서도 그 의미를 언급해 둘 필요가 있겠다. 먼저 임진전쟁(임진왜란)이라는 용어를 보자. 임진왜란은 한(조선)·중(명)·일(도요토미 막부) 삼국이 연루된 전근대 동아시아 최대 전쟁임에도, 삼국은 모두 이 전쟁을 자국의 입장에서만 명명할 뿐, 삼국이 공용으로 사용하는 명칭은 아직 없다. 임진왜란은 한국 내에서만 통용되는 용어다. 최근에 이런 자국사自國史 중심사관의 문제를 극복하기 위해 삼국이 모두 수용할 수 있는 용어를 고르자는 문제제기가 이루어지면서, 삼국 모두 60갑자를 쓰므로 임진년에 발생한 전쟁이라는 의미로 '임진전쟁'으로 부르자는 의견이 제시된 바 있는데,[38] 적절한 대안이라고 생각한다. 이에 이 책에서는 임진전쟁이라는 용어를 취하되, 아직은 학계의 중론이 아님을 고려해, 임진왜란을 괄호 안에 병기할 것이다.

마찬가지 이유로, 앞으로 정묘호란은 조금전쟁朝金戰爭the Jurchen-Korean War으로, 병자호란은 조청전쟁朝淸戰爭the Manchu-Korean War으로 바꾸어 부르는 것이 어떨까 한다. 비록 이 책에서는 변경해 부르지 않았지만, 임진전쟁과 형평을 고려할 필요가 있기 때문이다. 이 책의 7장에서 다룰 나선정벌도 조선의 입장이 강하게 투영된 용어일 뿐만 아니라, 그 전쟁의 성격이 반드시 나선(러시아)을 상대로 한 '정벌'도 아니었으므로, '흑룡강 원정' 정도로 바꾸어 부르는 것이 어떨까 싶다.

이 책에서 자주 언급할 국내의 사건들 중에서는 인조반정(1623)을 계해정변으로 바꾸어 부를 것이다. "난세亂世를 다스려 올바른 길로 돌이키는" 행위를 뜻하는 반정反正이라는 용어에는 해당 사건에 대한 주관적 가치 판단과 성격 규정이 이미 단정적으로 들어가 있다. 특히 어떤 역사적 현상을 정사正邪, 선악善惡, 화이華夷와 같이 중세적 흑백논리로 보는 시각에 따른 표현이다. 이렇게 지극히 주관적이고도 일방적인 표현을 객관적이어야 할 역사용어로 못 박아 사용하는 것은 다양한 시각과 해석을 중시하는 현대 역사학에는 어울리지 않는다. 반정이라는 말에는 이미 선악의 이분법적 시각에 의한 가치 판단이 내재되어 있으므로, 이 사건을 반정으로 부르는 한, 반정의 가치 판단을 뛰어넘는 다양한 역사 해석을 방해한다고 보기 때문이다. 만일, 그 사건을 정말로 반정이라고 믿기 때문에 그 용어를 그대로 쓰는 것이라면, 그것은 당시 정변을 일으킨 당사자들의 정치선전을 후대의 역사가가 그대로 믿고 인정해 주는 행위로, 역사가로서 쉽게 취할 태도는 아닐 것이다.

조공과 사대 문제

조선시대 한중관계에서 줄곧 쟁점이 된 것으로는 조공과 사대정책(사대주의)을 둘러싼 해석을 우선적으로 꼽아야 할 것이다. 특히 이 문제는 소위 식민사관 문제와 맞물리다 보니, '일제에게 망한' 조선이 전체 한국사에서 차지하는 역사적 의미를 규명하는 문제와도 직결된다. 조공과 사대를 보는 관점은 식민사관을 따르건 부정하건, 식민사관의 그림자에 강하게 구속되어 있는 분위기다.

일제강점기에는 사대를 망국의 원인으로 보는 해석이 대종을 이루었다. 흥미로운 것은 역사 인식과 해석에서 거의 대척점에 있다고 할 수 있는 민족계열과 사회주의계열과 친일계열 모두 사대를 비판적으로 보았다는 점이다. 일제강점기 민족사관을 대표하는 신채호申采浩(1880~1936)

가 망국의 원인으로 유교적 문약과 사대주의를 꼽은 것은 이미 널리 알려져 있으므로, 여기서 재론할 필요는 없을 것이다. 한편 1920년부터 활발히 활동하기 시작한 소위 '문화적 민족주의' 주장자들은 1930년대에 대거 친일지식인으로 전향했는데, 이들도 조선의 사대주의를 극력 비난했다.[39] 이 두 그룹은 사대의 이념적 뿌리가 유교에 있다고 보아 유교지상주의와 사대주의를 함께 비판하고, 조선은 속히 그러한 과거에서 벗어나야 한다고 역설했다.

그런가 하면, 거의 대부분의 일본인들도 사대로 대표되는 조선시대 한중관계에 대해 매우 조소적인 태도로 일관했다.[40] 정체성론停滯性論·타율성론·지리적 결정론·숙명론 등 소위 식민사관을 형성하는 네 개의 축에 모두 들어맞는 대표적 예증으로 조선의 사대주의를 꼽는 데 누구도 주저하지 않았다. 이렇듯 일제강점기에는 조선 역사를 다룬 세 그룹 모두 입장과 시각과 의도는 서로 달랐지만, 조선의 사대정책에 대해서만큼은 모두 비판적이었다는 공통점을 보인다.

광복(1945) 이후 식민사관의 굴레에서 벗어나려는 학계의 노력이 다방면으로 진행되었다. 이런 추세는 현재까지도 이어지고 있는데, 그 중심에는 '내재적 발전'이라는 큰 틀이 항상 놓여 있었다. 조선 역사에서 내재적 발전 요인을 찾는 것이야말로 정체성과 타율성을 강조한 식민사관을 깨뜨릴 수 있는 좋은 반증이 될 것이기 때문이었다. 그 결과, 1960~70년대에는 실학 연구가 붐을 이루었고, 1970~80년대에는 자본주의맹아론이 맹위를 떨쳤으며, 80년대 이후로는 붕당정치론·조선중화론·진경문화론·중화계승론 등이[41] 연이어 등장해 유행했다. 1990년대 들어서는 대한제국과 고종에 대한 논쟁도[42] 있었다. 이 밖에도 조선사회의 역동성을 상징하는 신흥사대부론이나 사림론士林論도 모두 마찬가지 배경에서 제기되어 유행했다고 할 수 있다.

신흥사대부론이란 고려 말에 향촌의 향리나 중소지주들이 성장해 새로운 계층을 형성 대거 중앙으로 올라와 기존의 권문세족을 물리치고 조선을 건국했다는 학설이다. 이는 주로 식민사관의 정체성이론을 극복한 대표적 담론의 하나로 수용되었고, 교과서에도 여전히 실리고 있다. 조선 건국은 사회적 혁명에 버금가는 역동적인 내부 발전의 결과로 설명되는 셈이다.[43] 그러나 역사 자료들을 데이터베이스로 구축할 수 있게 된 1980년대 후반에 이르러 외국에서부터 이런 이론은 부정되기 시작했다. 고려 말이나 조선 초나 핵심 고위 관료들의 면면과 집안 배경을 비교할 때 별다른 차이를 확인할 수 없다는 이유에서였다.[44] 신흥사대부를 새로운 사회계급이나 계층으로 보지 않고 새로운 정치세력으로 본다면, 신흥사대부론은 여전히 유효하다. 그러나 그들을 권문세족과는 다른 정치적·사회적·경제적 기반을 가진 특정 그룹, 다른 말로 칼 마르크스식의 계급이나 막스 베버 식의 계층으로 규정한다면, 이 학설은 역사적 사실과 맞지 않는 사례가 너무 많아 폐기되어야 할 것이다. 사실과 설이 마찰을 빚을 경우에는 두말 할 나위 없이 설을 바꾸어야 하기 때문이다. 새로운 계급 내지는 계층으로서의 사림의 등장을 강조한 종래의 사림론이나[45] 그에 대한 반론도[46] 신흥사대부론과 마찬가지 선상에 놓여 있다.

1945년 이후 조선시대 한중관계에 대한 수정주의적 재조명 또한 바로 이런 맥락에서 등장했다. 정체와 타율의 상징으로 여겨지던 사대를 하나의 긍정적 외교정책으로 새롭게 이해하려는 움직임이 바로 그것이다. 그 결과, 조공을 바치고 책봉을 받는 행위는 실리를 위한 적극적 외교라는 해석이 대폭적으로 수용되었다. 그 근거로는 특히 조선 건국 직후 조선과 명 사이에 있었던 조공사행의 횟수 논란(3년1공 또는 1년3공) 및 조공에 따른 하사품뿐만 아니라 사행에 수반되는 제반 무역 등 경제적인 손익만 따져 보아도 조선에 그다지 손해가 아니었다는 주장이 주로 언급되었다.[47] 이런 수정주의적 해석 또한 이유야 어떻든 그 기저에 식민사관 극복이라는 심리가 깔려 있음은 부정할 수 없다. 그러나 경제적으로만 볼 때 조공은 역시 조선에게 큰 부담이었다.[48] 또한 명의 징은徵銀을 미리 우려해 은광 개발에 미온적이었고, 여타 광산이나 산업 개발에도 적극적일 수 없었던 부수적 역효과를 무시할 수 없다.[49] 요컨대, 조선이 조공을 통해 경제적 이득을 취했다는 해석은 지나치게 민족주의 시각으로만 조공 문제에 접근한 초기 연구자들의 성급함 때문이라 할 수 있다. 실제로, 조선 조정이 각종 조공품목으로 인해 부담을 느꼈다는 기록은 실록 곳곳에서 쉽게 찾을 수 있다. 그런가 하면, 명이나 청도 조선 사행단을 위해 지출해야 하는 경비 문제로 경제적 부담을 느끼고 있었다.[50] 따라서 경제적 측면만 놓고 볼 때, 조공은 '윈·윈'이라기보다는 '루즈·루즈lose·lose'에 가까웠다.

그럼에도, 역시 조선 입장에서는 자국에 이익이 되니까 조공을 했음에 틀림없고, 명과 청도 자국에 이익이 되니까 그런 관계를 계속 유지했음에 틀림없다. 즉 종합계산서를 뽑는다면 역시 '윈·윈'인 셈으로, 이는 피차간에 경제외적인 이득이 상당했기 때문이다. 경제적 손실을 감수한 조공일지라도, 그것마저도 실리를 위한 조공일 수밖에 없었다. 왜냐하면 그런 부담스러운 조공의 대가로 경제외적인 다른 무언가를 얻었기 때문이다. 잦은 외침에 시달렸던 고려의 상황을 감안해 볼 때, 조선이 얻은 대표적 이익으로는 '명질서'에 적극 참여함으로써, 그 자체로 북쪽으로부터의 침입을 예방하고 국방비를 절감하는 효과를 누렸을 뿐만 아니라, 선진 문물(서적·군수품·사치품 등)의 수입이나 왕실의 정통성 강화

등 허다한 경제외적인 이득을 얻을 수 있었다.

청에게는 치욕스러운 항복을 감수해야 했지만, 조선이 강제적으로나마 일단 '청질서'에 편입된 후에는 비슷한 이득을 얻었다. 왕조의 유지와 안정, 황제의 책봉을 통한 왕실의 안정, 각종 문물의 수입 등은 조공을 통해 조선이 감수한 손실을 충분히 상쇄하고도 남음이 있는 이득이었다. 심지어 강희제(r. 1661~1722)와 숙종(r. 1774~1720) 때, 비록 이례적인 일이었지만, 조선이 극심한 흉년으로 고통을 받을 때 청으로부터 미곡 3만 석과 은 5만 7,000냥을 유상무상으로 제공받은 바도 있다.[51] 무엇보다 중요한 것은, 비록 이념적으로나 감정적으로는 청을 절치부심의 원수로 여겼을지라도, 현실적으로는 안정된 청질서의 우산 속에서 왕조의 안녕을 보장받았다. 근대의 파고를 맞아 조선이 다른 외국에게 국권을 상실하기 전에 청일전쟁(1894~1895)의 발발과 청나라의 패배가 선행조건으로 작용했던 사실은 결코 우연으로 치부할 수 없는 일이다.

요컨대, 조선시대 조공과 사대의 진정한 동기는 어디까지나 정치적 이익을 위한 것이었다. 경제적 이익을 위한 자주적 동기 때문이었다는 설명은 조선이 명·청과 맺었던 조공·책봉 관계를 지나치게 민족주의 관점에서만 보려 한 오류라 할 수 있다. 이런 심리의 바탕에 식민지 경험이라는 정신적 상처가 깔려 있었음은 자명하다. 물론 중앙아시아와 서양인을 포함한 동남아시아, 그리고 일본과의 관계에서 이루어진 중원국가 중심의 조공·책봉 체제의 경우에는 경제적 요인이 정치적 요인보다 더 큰 역할을 했을 수 있다. 그러나 그런 국제무역조차도 한쪽의 일방적인 허가에 의해서만 성립할 수 있었음을 고려할 때, 전근대 동아시아 국제질서를 논하면서 경제적 요인만을 지나치게 강조하는 것은 균형을 잃는 해석이 될 것이다. 특히 북경과 거리가 매우 가까워 명·청의 영향으로부터 결코 자유로울 수 없었던 조선의 경우에는 일본과는 말할 것도 없고 동남아시아나 중앙아시아와도 사정이 매우 달라, 명·청과 조선이 경제적인 이유로 조공·책봉 관계를 유지했다는 증거는 어디에도 없다. 허다한 자료들은 오히려 정치적인 동기가 일차 요인이었음을 보여준다. 따라서 조선이 조공을 통해 명·청과 맺었던 관계는 어디까지나 왕조의 안위와 왕실의 안정을 위한 정치적 이유로 설명해야 할 것이다.

책봉과 내정 간섭 문제

책봉과 조공으로 대표되는 종번관계宗藩關係에서 책봉국[종]이 조공국[번]의 내정에 간섭할 수 있는가도 큰 쟁점 가운데 하나다. 다만 이것은 실제로 학계에서 연구 논문 발표를 통해 논의가 이루어진다기보다는 주로 구두로 오가는 문제다. 따라서 아직 이에 대한 정치한 연구는 별로 없는 듯한데, 내정 간섭이 없었으므로 조선은 독립국이었다고 보는 경향이 은연중에 강하다. 다만, 내정을 간섭해서는 안 된다는 합의가 종·번 사이에 어떤 형태로든 존재했는지, 아니면 언제라도 간섭할 수는 있지만 적극적으로 하지 않은 것인지에 대해서는 좀 더 솔직한 논의가 필요해 보인다.

내정 간섭이 없었다고 강조하는 이면에는 당연히 조선이 독립국임을 분명히 하려는 의도가 깔려 있음을 부정할 수 없다. 그러나 '독립국'은 근대의 개념이 개입된 용어로, 필요에 따라서는 근대적 개념으로 전근대를 조망할 필요도 없지는 않으나, 그것으로써 전근대를 일방적으로 단순화시켜 재단하고 규정하기도 어려운 일이다. 그런데도 독립국이냐 아니냐는 흑백논리의 프리즘으로 전통시대의 조선을 평가하려는 태도 또한 근대의 문턱에서 겪은 식민지라는 아픈 역사 경험에 연유한 방어심리의 소산일 것이다. 실제로, 내정 간섭을 받으면 독립국이 아니고 내정 간섭을 받지 않으면 독립국이라는 평면적 단순논리에 너무 집착하다 보면, 오히려 자기 올무에 걸릴 수도 있다. 이런 단순 흑백논리에 묶여 있는 한, 조공과 책봉이라는 주제는 한국사를 괴롭히는 영원한 아킬레스건이 될 수도 있다.

먼저, '내정 간섭'의 정의 문제가 있다. 간섭과 불간섭의 경계를 어디에 그을 것인가의 문제인데, 이것이 애매하다. 흔히 내정 간섭의 핵심으로는 군사적인 사안 외에도, 왕위계승·정책입안·대외교역·고위급인사·외교문서의 문투와 내용 등을 꼽을 수 있다. 조선시대 한중관계에서 특히 문제가 되는 것은 왕위계승과 관련된 책봉의 의미 해석이다. 이 장의 (6)절에서 상세히 다루겠지만, 동아시아 국제무대에서 이루어진 책봉과 조공에 대해서는 중원국가 중심으로 구조화된 국제질서에서 그것이 실질적인 우열의 결과로 기능했다는 전통적인 견해가 있는가 하면, 그것은 국가들 간에 비일비재하게 일어나는 알력과 균형을 조정하고 협상하는 하나의 외교방법일 뿐이라는 수정주의적 견해도 있다. 이런 문제가 비단 왕위계승에 국한되지는 않지만, 이 두 상반되는 견해 가운데 어느 한 쪽을 완벽하게 부정하거나 지지할 수 없다면, 책봉이 갖는 의미는 계속 모호하게 남을 수밖에 없다.

뿐만 아니라, 설사 수정주의 해석을 따를지라도, 그것을 조선에까지 확대해 적용하는 데에는 적지 않은 문제가 따른다. 우선, 중종(r. 1506~1544), 광해군(r. 1608~1623), 인조(r. 1623~1649) 등이 책봉을 주청했을 때 명이 한때 거절한 적이 있다는 문제가 발생한다. 또한 거절당한 책봉을 끝내 성사시키기 위해 온 조정이 얼마나 고심했는지는 실록에서 쉽게 확인할 수 있다. 심지어 다섯 차례에 걸친 광해군의 세자 책봉 주청은 끝내 거절되기도 했다.[72] 이런 과정에서 벌어진 실상은 내정 간섭으로 보기에 충분하다. 이래서 아킬레스건이다. 조공과 마찬가지로 책봉의 경우도 경제적 요인에 의한 것이 아니라, 정치적 의미가 거의 절대적이었던 것이다.

다음으로는, 내정 간섭을 받은 사례들이 특정 시기에만 보이지 않고, 전 시기에 걸쳐 나타나는 현상임을 부인할 수 없다는 점이다. 이를테면, 14세기 말 조선 초기의 표전表箋 문제, 15세기 전반 조공품목의 조정 문제, 16세기 초 중종의 책봉 문제, 16세기 말 임진전쟁(임진왜란) 중의 갖가지 간섭 문제, 17세기 전반 광해군과 인조의 왕위계승 간섭 문제, 역시 17세기 전반 감군어사監軍御使와 모문룡毛文龍 관련 문제(17세기 전반), 17세기 중반 삼전도의 항복(1637) 이후 꼬리를 문 허다한 징병 문제, 17세기 중후반 고위급 관료의 인사 관여 및 두 차례의 심옥瀋獄 문제, 19세기 후반 개항(1876) 과정 및 임오군란(1882) 이후의 간섭 문제 등은 모두 그런 예다. 또한 이러한 간섭 문제에서 칼자루는 언제나 명·청이 쥐고 있었음도 부정할 수 없다. 이에 대해 학계 일부에서는 위의 사례들을 예외적인 사례로 보는 경향이 있다. 그렇지만 어떤 비슷한 사례가 반복되어 나타난다면, 그것은 더 이상 예외일 수 없다. 이래서 역시 아킬레스건이다.

내정 간섭이 없었음을 강조하는 이유가 조선이 독립국임을 증명하기 위한 것이라면, 그 효과는 기대하기 어렵다. 효과는 미미한데 위에 제시했듯이 논리적 반격을 당할 소지는 비교적 많다. 이런 전략은 좋지 않다. 어차피 칼자루를 쥔 쪽은 책봉국이지, 조공국이 아니기 때문이다. 이럴 경우, 간섭을 하지 않으면 그것은 책봉국의 관용과 은혜가 된다. 임진전쟁(임진왜란) 때처럼 비상시에 도와주는 것만 은혜가 되는 것은 아니다. 책봉국이 조공국의 내정에 간섭해 올지라도, 조공국 입장에서는 전쟁을 불사하겠다는 의지가 없는 한 그것을 일부라도 감수하는 수밖에는 다른 길이 별로 없었다. 사정이 이런데도, 내정 간섭이 없었다는 한 마디 말로 조선시대 조공·책봉 관계의 실상을 비켜갈 수는 없는 노릇이다.

조공을 바치는 나라는 대개 번藩이나 속屬이라는 단어를 사용해 불렀다. 명과 청에서는 물론이고 조선에서도 조선을 가리켜 번국藩國이나 속국屬國으로 부른 것은 그 좋은 예다. 이 밖에 외번外藩·번병藩屏·번속藩屬 등도 조선을 가리키는 용어로 사용되었다. 외번과 번병이 대개 번국의 의미와 같은 것이라면, 번속은 번국과 속국을 합쳐 부르는 용어일 것이다. 이런 용어들은 모두 조선이 국제무대에서 명이나 청과 맺었던 관계가 대등하지 못했음을 사실적으로 보여준다고 할 수 있다. 그렇지만, 그렇다고 해서 조선이 명이나 청에게 정치적·영토적 주권을 상실했음을 뜻하지는 않는다. 명나라 사람과 조선 사람 모두 조선을 외국外國으로 인식한[53] 사실은 그 좋은 예다.

한편, 18세기에 편찬된 《명사明史》에서 조선을 '외국'으로 분류한 것과는 달리, 1920년대에 일단락 된 《청사고淸史稿》에서는 조선을 '속국'으로 분류했다. 그렇지만 1920년대 당시에는 중화민국의 지식인들이 이미 서양의 만국공법萬國公法에 대해 익히 알고 있었으므로 '속국'의 전통적인 개념을 만국공법 개념으로 자의적으로 바꾸어 이해한 결과일 뿐이지, 개항 이전의 청나라 사람들은 조선을 외국으로 분명히 인식하고 있었다.[54]

한편, 속국의 뜻을 파악하는 데에 영어 번역을 참고하는 것도 도움이 될 수 있다. 영어 번역은 크게 두 가지가 있는데, 하나는 tributary state이고 다른 하나는 vassal state다. 전자가 번국의 의미에 가깝다면, 후자는 속국의 의미에 가깝다. 예전에는 후자가 대세였으나 지금은 전자가 대세다. 먼저 vassal state의 경우, sovereign state(종주국)은 vassal state에 아무 때나 간섭할 수 있다. 이런 간섭은 대개 정치적·군사적 강압에 의해 이루어지며, vassal state으로부터는 주로 경제적 이득을 취해간다. 이런 면에서 볼 때, 비록 단어 자체로는 vassal state를 '속국'으로 볼 수 있겠지만, 내용상으로 보면 동아시아 문명권의 '속국'과는 그 의미가 다르다.

한편, tributary state는 말 그대로 tribute(조공)을 바치는 나라라는 뜻으로, 조공국을 뜻한다. 그런데 대개의 경우 동아시아에서는 이 조공의 반대급부가 책봉이므로, 조공이 제대로 유지되는 한, 책봉국은 조공국의 내정에 굳이 간섭할 필요가 없다. 명·청에서도 이런 나라들은 모두 외국으로 분류했다. 전략적 차원에서 중원의 울타리가 되는 번국, 곧 중원으로 불리는 '중심'의 '변경' 지대에 위치한 국가인 셈이다. 따라서 조공국의 국제적 위상은 서양의 관점으로 보면 이해하기 힘들다. 이런 점이 바로 구미 학자들이 예전에는 동아시아의 번국과 속국에 해당되는 영어 단어를 vassal state로 이해하고 실제로 그렇게 번역하다가, 점차 tributary state라는 말로 바꾸어 쓰게 된 배경이기도 하다.

내정을 간섭 받던 상황을 모두 다 예외적인 것으로 치부하고 나면, 조선시대 한중관계에는 과연 무엇이 남을까? 만국공법의 주권국가 개념에 지나치게 개의할 필요는 없다. 너무 그러다 보니, 결과적으로 조공·책봉 관계는 형식적·의례적이고, 사실은 경제적 이득을 위한 무역 내지는 실리외교라는 점을 강조하게 되는데, 물론 이런 해석은 천자가 병존하던 고려시대에는 일부 들어맞을 수도 있다. 그렇지만 조선시대에도 과연 그런가에 대해서는 좀 더 조심스러울 필요가 있다. 조선이 독립국인 이유는 명이나 청의 내정 간섭을 받지 않았기 때문이 아니라, 자체적으로 정치적·영토적 주권을 언제나 보유하고 있었기 때문이며, 그러한 위상을 국제무대에서도 늘 인정받았기 때문이다. 내정 간섭 여부를 주권 독립국의 최고 기준으로 삼는다면, 냉전 시기 대한민국은 과연 독립국이었을까? 지금은 어떤가? 요컨대, 서양식 기준으로 보더라도, 중원국가의 역사 기록에 보이는 속국이나 외국을 독자적 권력체계와 영토를 갖춘 독립국으로 보지 않아야 할 이유는 어디에도 없다.

'전형적 모델' 문제

2,000여 년에 걸친 전근대 동아시아 국제질서에서 조명 및 조청관계의 성격을 어떻게 이해할 수 있을까? 이를테면, 전형적인 사례인가, 아니면 예외적인 사례인가? 전해종이 '전형적인' 관계model tributary라고 해석하고, 이를 패어뱅크John Fairbank가 '이상적인 모델'이라는 표현으로 적극 수용한[55] 이래, 이런 견해는 전 세계의 수많은 학자들에게 그대로 받아들여졌다. 한국에서도 '전형적'이라는 이해는 별다른 이의 제기 없이 널리 수용되었으며, 일부 이론의 제기에도 불구하고 그런 추세는 현재도 이어지고 있다.

흔히 조공·책봉 체제로 불리는 고대 동아시아의 국제질서가 갖가지 상황에 따라 우여곡절을 겪으면서도 꾸준히 진화해 명·청 시대에 이르러 의례적으로나 현실적으로 가장 잘 정비되어 하나의 전범이 되었다는 해석이 가능하므로, 이상적이라거나 전형적이라는 표현은 여전히 일정 부분 유효하다. 다만 이상적이라거나 전형적이라는 성격 규정을 너무 강조하다 보면, 이전 시기의 모든 한중관계도 상당부분 조명 및 조청관계와 비슷했을 것이라는 일반화의 오류에 자칫 빠지기 쉽다.[56] 실제로, 명·청 시기의 '중국적 질서'를 2,000년이 넘는 전통시대 전반에 걸쳐 일괄적으로 적용하는 데에는 문제가 있다. 멀리 볼 것도 없이, 고려 때(918~1392)의 경우들만 보아도 그렇다. 중원에 복수의 '천자'가 공존할 경우의 조공·책봉 체제는 엄밀한 의미에서 '체제'라기보다는 '관행'에 더 가까운 성격을 보이기 때문이다. 또한 춘추전국시대의 조공·책봉 체제가 중원 이외의 외국에까지 확대 적용될 때 그 성격이 같을 수도 없는 일이다.

그런가 하면, '전형적'이라는 단어 자체도 논란의 여지를 안고 있다. 이 단어가 '가장 모범적이거나 이상적이어서 다른 사례의 모델이 된다는 뜻'으로 쓰일 때 더욱 그렇다. 왜냐하면 이는 중원국가의 역사 기록에 남아 있는 주장을 후대의 역사가들이 그대로 수용해 일방적으로 따르는 행위가 되기 때문이다. 또한 '중국적 질서'가 마치 태고적부터 어떤 분명한 방향성과 목적성을 가지고 일관되게 한 방향으로 진화되어 왔다는 믿음을 전제로 하기 때문이다. '이상적'이라는 표현을 써도 이런 문제는 똑같이 발생한다. 무엇이 '전형적'이고 '이상적'인지는 매우 가치주관적인 표현이기 때문이다.

뿐만 아니라, 조공과 책봉은 그 자체로 이미 상호관계다. 전근대 동아시아 무대에서 조공과 책봉은 어느 한 쪽의 일방적인 주도로 형성되는 관계가 아니라, 상호적이면서도 상황에 따라 가변적이었다. 중원국가의 입장에서 보면 조명관계와 조청관계가 외형적으로는 유사해 보일 수 있어도, 조선의 대명 태도와 대청 태도에는 크나큰 차이가 있었다. 특히 조선 양반엘리트들의 대명관大明觀은 매우 독특한 것이었다. 왜냐하면 조선(번국)이 망하는 한이 있더라도 명(책봉국)에 대한 의리를 지켜야 한다는 주장은 말할 것도 없고, 심지어 명이 완전히 멸망해 사라졌음에도 그에 대한 사대의리를 영원히 지켜야 한다는 논리는 유교정치이론의 어디에도 없기 때문이다. 더 나아가 종번관계를 군신관계로만 보지 않고 부자관계로 이해하고 실제로 그렇게 실천까지 한 예는 동아시아 역사상 조명관계가 거의 유일한 사례이기 때문이다. 조명관계의 이러한 성격은 이후 조청관계의 실상과도 전혀 맞지 않는다. 따라서 조명관계는 이후의 조청관계와도 매우 달랐던 것이다. 어떤 사례가 역사상 전무후무한 것이라면, 그것은 전형적이라기보다는 특수한 예로 보는 것이 좀 더 합리적일 것이다.

이렇듯 명과 조선의 조공·책봉 관계는 보는 관점에 따라 얼마든지 다른 해석이 가능하며, 특히 한국사 입장에서는 조명관계와 조청관계는 서로 비슷하다기보다는 다르다고 설명해야 한다. 이런 시각으로 접근을 해야, 이미 명이 망해 사라진 후에도 계속 대명의리를 내세웠던 조선 정치사상의 흐름을 사실적으로, 거시적으로 이해할 수 있을 것이다. 결국, 다양한 모습의 조공·책봉 관계에서 어느 한 사례를 뽑아 다른 모든 사례들의 모델로 설정하는 작업이 굳이 필요한지에 대해서는 재고의 여지가 많다.

이념과 실리 문제

이렇듯 조명관계가 전형적이라기보다는 특수한 관계에 가까웠다면, 조선시대에 들어서서 한중관계의 속성이 바뀐 동인은 무엇일까? 조명관계의 성격 규정에 대해서는 몇 가지 쟁점이 있는데, 여기서는 조명관계의 기반을 과연 유교이념과 실리외교라는 이분법으로 설명할 수 있는지 살피고자 한다. 실리적 외교에 유교의 의례가 덧입혀진 것인지, 아니면 유교적 이념이 강해지면서 그 자체로 전범이 되어 실리를 좌우했는지에 대한 논란이 있기 때문이다. 다른 말로, 조명관계가 새롭게 형성되는 데에 현실(이해관계)과 이념(대명사대) 가운데 어느 것이 더 주도적 역할을 했는지에 대한 논쟁이다. 만약 이 둘이 서로 조화를 이루었다면, 정세의 변화에 따라 어떤 요인이 더 우선시되는 방향으로 나아갔을까?

대체로 실리외교였다는 해석이 주류를 이루는 가운데, 유교이념을 강조하는 학자들도 적지 않다. 그런가 하면, 어떤 특정 시기를 기점으로 삼아 그 이전에는 실리적 요인이, 그 이후에는 이념적 요인이 더 크게 작용했다는 식의 설명도 있다. 이 경우에, 그 전환점을 고려 때부터 잡거나[57], 또는 조선의 건국 시점으로 보는 견해가[58] 있다. 그러나 최근에는 조선 건국 이후에도 적어도 15세기 전반까지는 이념적 요인보다 고래古來의 실리적 요인이 여전히 주요 동인이었다는 해석이[59] 주류를 이루고 있다.

이 문제와 관련해, 최근에 한국사 전공자 쪽에서 흥미로운 연구가 나오고 있는데, 이들은 모두 임진전쟁(임진왜란) 발발 이전의 16세기에 주목한다. 그 이유는 이 시기에 이르러 이전의 실리 우선 정책에서 이념 우선 정책으로 변화가 일어났다고 보기 때문이다. 한 예로, 윤영인(피터윤)은 조선 초기(15세기)의 대표적 인물인 정도전鄭道傳(1342~1398)·변계량卞季良(1369~1430)·양성지梁誠之(1415~1482) 등의 대명사대관과 16세기 중후반 이황李滉(1501~1570)과 이이李珥(1536~1584)의 대명사대관을 비교해, 그 둘 사이에 큰 차이가 있음을 발견했다. 전자가 유교적 이념을 중시하면서도 국익 차원에서 저울질을 하면서 대명관계에 임했다면, 후자는 이념적 정당성만을 강조하는 태도를 보였다는 것이다. 아울러 이런 변화가 생긴 원인으로, 그는 정주학의 이념을 통해 왕권을 견제하려는 양반들의 힘이 성장했기 때문이라고 설명했다.[60]

16세기 조선의 대명관에 큰 변화가 있었음은 사실이다. 그러나 그 원인을 유교적 소양을 갖춘 양반의 세력 확대만으로 설명하기에는 논증이 약하다. 왜냐하면 중화의 규례와 유교적 예법에 맞도록 조선의 전통 의례들을 뜯어고치는 데는 대체로 신료들보다 왕이 더 적극성을 보였기[61] 때문이다. 또한 국가 경영에서 실리와 이념을 과연 대척점에 놓을 수 있는가, 라는 좀 더 근원적인 문제를 제기할 수 있다. 정치무대에서는 실리 없는 명분(이념)도 없고 명분 없는 실리도 사실상 없기 때문이다. 일국을 다스리는 주체세력이 이해득실을 고려하지 않은 채 이념에만 매달린 예를 인류 역사에서 과연 찾을 수 있을까? 이념을 지나치게 강조하는 어떤 정권이 있을지라도, 그것은 그러한 이념정책이 그 정권의 이익에 부합하기 때문이지(예: 북한의 주체사상), 현실의 이익을 완전히 도외시한 이념 강조는 사실상 없다고 봐야 한다. 따라서 여러 학자들이 제기한 "실리인가, 이념인가"라는 화두는 단순 이분법에 기초한 너무 평면적인 질문이다.

최근에, 16세기에 들어서면서 실리를 보는 위정자들의 태도가 바뀌었다는 새로운 시각의 해석이[62] 제기되었다. 16세기 이전이건 이후건 일국의 위정자들은 모두 나라(정권)의 이해관계에 따라 대외정책을 폈는데, 그 실리를 대하는 자세가 16세기에 들어서면서 바뀌었다는 것이다. 이전에는 실익을 위해 대명사대정책을 추진하면서도, 대명사대라는 원칙이 조선의 이해관계와 마찰을 빚을 수도 있다는 가능성을 늘 열어 두고 정책 결정에 임했다. 그런데 16세기 전반에 이르면 대명사대가 곧 국익이라는 믿음이 경향에 편만해져서, 사대를 정성껏 하는 것이 바로 국익과 직결된다는 믿음이 조선의 위정자와 지식인들에게 널리 수용되었다. 비유하자면, 현재 대한민국의 일부 보수세력이 한미혈맹이 곧 대한민국의 국익이라고 무조건 믿는 것과 비슷한 심리가 당시에도 유행했던 것이다. 기존의 한미관계에 조금이라도 변화를 가할 경우에 그것을 곧 국익 손상으로 이해하듯이, 16세기 조선의 지식인들이 갖고 있던 대명관도 그런 방향으로 진화하고 있었다는 뜻이다. 16세기 들어서며 감지되는 이러한 대명관의 변화는 당시 화풍에도 그대로 반영되어 나타났다.[63]

이러한 변화가 왜 하필 16세기 전반 중종 대에 가시화하는지에 대해서는 조선 초기의 대국大國에 대한 조건부적인 사대가 16세기 전반 중종 대에 이르러 상국上國에 대한 절대적인 사대로 바뀌기 시작한 것에 주목할 필요가 있다.[64] 그렇지만 다른 한편으로는, 아무래도 주자학적 화이관의 유포와도 관련이 있을 것이며, 동아시아의 명질서가 이미 100년이 넘도록 튼튼하게 현존하던, 그리고 이렇다 할 도전도 받을 것 같지 않게 보이던 당시의 분위기도 이 모든 변화를 자연스레 야기했을 것이다. 이런 상황에서 조선의 양반엘리트들이 초강대국 명과의 선린관계가 곧 조선의 국익과 직결된다고 믿은 것은 지극히 당연하다.

요컨대 40년 넘게 간헐적이지만 꾸준히 진행된 실리·이념 논쟁은 이제는 아예 질문의 패러다임을 바꿀 필요가 있다. 국제정치 무대에서 각국은 늘 실리를 추구하지만, 그 실리는 적절한 이념(명분)으로 포장되어야 하며, 또한 잘 포장된 이념은 실리를 보장해 주어야 하기 때문이다. 국제정치의 이런 상식을 부정할 수 없다면, 조명관계에 대해서만 유독 실리인가, 이념인가 식의 이분법적 질문을 던질 하등의 이유가 없을 것이다.

해외 학계의 연구 동향과 '중국적 질서' 문제

　관계사를 공부할 때에는 쌍방 간의 문제 외에도 전체 질서를 보아야 하는데, 이에 대해서는 구미 학계에서도 매우 활발한 연구가 쏟아지고 있다. 그것이 바로 동아시아를 이해하는 하나의 바로미터이자, 주요 코드이기 때문이다. 또한 이제는 지구촌사회이고, 동북공정 또한 국제성을 띠고 있으므로, 해외 학계의 시각과 연구 동향은 매우 중요하다. 이에 구미 학계의 연구 동향을 정리할 필요를 느껴 이 소절을 준비하였다. 아울러, 비슷한 시기에 일본에서도 '동아시아세계'론이 등장하여 한국에까지 영향을 주었으므로, 간략하나마 이것도 함께 다룰 것이다.

　서구 학계
　조공과 책봉에 기초한 차이나(중국) 중심의 동아시아 국제질서를 제대로 이해하지 못하던 서양인들은 20세기 들어서야 학문적 성과를 내기 시작했다. 그러다가 1940~60년대에는 패어뱅크John Fairbank를 필두로 소위 하버드 학파Havard School Fairbankians로 불리는 일군의 학자들이 '중국적 질서Chinese World Order'라는 분석 틀을 제시하였다. 몇몇 날카로운 비판에도 불구하고, 이 설명 틀은 세계 학계에 널리 수용되어 현재까지도 주류적 위치를 잃지 않고 있다. 패어뱅크와 그 지지자들은 정치적 예속과 경제적 수탈의 한 형식으로 간주되던 서양식 조공tribute 개념으로 차이나의 조공제도를 볼 수 없다는 데에 동의하며, 차이나의 조공제도조차도 이념과 현실 사이에 차이가 있었음을 인정한다. 그렇지만 '천명을 받은 천자'로서 갖는 황제의 위상과 그 영향력을 하나의 보편적 이념으로 받아들여 동아시아 전체에 확장하여 강조함으로써, 결과적으로는 《25사》 기록에 나오는 조공과 책봉을 기록된 그대로 받아들이는 태도를 취한다. 따라서 이들은 차이나가 동아시아문명의 중심이라는 기본 시각에 입각하여, 바로 그런 관점에서 전근대 동아시아 2,000년을 조망한다. 심지어 패어뱅크는 동아시아에는 엄밀한 의미의 '외교diplomacy(주권국들 사이의 동등한 접촉)'가 존재하지 않았다고까지 말한다. 요컨대, 전근대 동아시아 전체가 차이나의 천자를 중심으로 하여 하나의 수직적 질서로 편제되어 있었다는 주장이다.[65]

차이나의 문화적 우월론에 근거한 이런 해석은 기록에 나오는 중화中華와 이적夷狄의 의미 또한 그대로 인정하여, 화華를 'civilized'로, 이夷를 'uncivilized'로 이해함으로써, 중화중심의 이분법적 문명론에 근거하여 전근대 동아시아 국제질서를 이해한다. 실제로, 패어뱅크는 주변국을 한화漢化(sinicization)의 정도에 따라 유형화함으로써 정사正史의 편제에 보이는 차이나 중심의 관점을 특별한 여과 없이 재생산하였다. 여타 종족들이 군사적 우위를 내세워 중원에 들어오더라도 결국에는 한족의 문화적 우월성으로 인해 한족문명으로 흡수, 동화되어 버렸다는 식의 이러한 한화이론은[66] 전근대 동아시아를 이해하는 큰 패러다임이 되어, 최근의 날카로운 비판에도 불구하도 여전히 큰 흐름을 유지하고 있다. 이렇듯 2,000년이 넘도록 동아시아를 주도하던 '중국적 질서'는 19세기에 서양세력이 진입해 들어오면서, 좀 더 구체적으로는 아편전쟁(1839~1842)을 계기로 붕괴하고, 만국공법에 기초한 서양식 질서에 편입되었다는[67] 해석으로 대단원의 막을 내린다.

그러나 이러한 설명 구도는 그 시작부터 적지 않은 비판을 받았다. 예를 들어, 패어뱅크의 해석 자체가 또 다른 제국주의적 발상이라는 비판,[68] 상호보완적일 수밖에 없는 조공·책봉제도를 지나치게 차이나(책봉국) 중심으로만 일방적으로 해석하였다는 비판,[69] 2차 세계대전 후의 지정학적 경제구조에 맞도록 중국 역사를 재단하여 일반화하고, 그럼으로써 제국주의적 냉전이데올로기에 충실하려는 의도의 산물이라는 비판,[70] 개념 자체가 모호하고 변화도 무쌍한 조공제도tribute system라는[71] 하나의 프리즘으로 시기별·지역별 차이를 무시한 채 전근대 동아시아 국제질서를 지나치게 일반화했다는 비판[72] 등을 꼽을 수 있다.[73]

이런 일련의 비판과 짝을 이루어, '중국적 질서'에 대한 구체적인 반증 사례를 제시하는 연구도 많이 제기되었다. 이런 연구들의 특징을 살펴보면, 주로 중앙아시아의 유목민들과의 관계나[74] 명·청 시대 동남아시아 방면의 무역 상황[75] 등에 주목하여, 자의적으로 윤색된 '중국' 기록의 신빙성에 의문을 제기한다. 비록 의례적인 조공·책봉 체제 하에서 관계가 이루어졌지만, 실상은 대등한 (심지어는 차이나가 조공을 바치는) 무역 행위라는 점을 강조하는 것이다. 이런 비판과 짝을 이루어, 전근대 동아시아 국제질서를 조공tribute제도 자체보다는 차이나의 자기방어defensiveness라는 코드로 새롭게 이해할 필요가 있다는 대안도 제시되었다.[76] 이런 제안이 비록 여전히 차이나 중심으로 전근대 동아시아를 조망한다는 문제는 안고 있지만, 그래도 조공체제 담론이 안고 있는 문제를 비판하는 데에 그치지 않고 새로운 해석의 틀을 제시하였다는 데에 의의가 있다.

이런 분위기에 힘입어, 그동안 가장 '모범적인' 조공·책봉 관계로 인식되었던 한중관계에 대해서도 수정주의적 해석이 나오고 있다. 중원에 복수의 천자가 공존하던 고려시대의 대외관계를 다룬 연구들은 그 좋은 예다.[77] 뿐만 아니라, 조선 건국 후에도 명과의 관계가 여전히 껄끄러웠음을 들어 세종(r. 1418~1450) 이전과 이후의 조명관계를 차별화하는 경향도 강하다. 조선 건국 시점부터 이미 유교적 이념에 기초한 전형적인 조공·책봉 관계가 형성되었다는 한 때의 주장이[78] 이후로 비판에[79] 시달린 것은 그 좋은 증거다.

한편, '중국적 질서' 문제와 관련하여, 한화漢化이론에 대해서도 비판이 힘차게 일고 있다. 가장 대표적인 것으로는 신청사新淸史(New Qing History)라는 새로운 설명 틀을 꼽을 수 있다. '신청사'란 청의 역사를 중국(한족) 역사의 일부로 보기보다는, 만주족이 세우고 주도한 다민족제국의 역사로 새롭게 조명하면서, 정복자conquest elites로서의 만주족의 정체성을 강조하는 일련의 연구 동향을 일컫는 말이다. 이 점을 강조하기 위해, 신청사 지지자들은 대개 만주족이 몽골의 영향을 받아 창안한 독특한 제도인 팔기제八旗制에 두드러진 관심을 보이는 경향이 있다. 또한 소수의 만주족이 다수의 한족을 250년 이상이나 장기적으로 지배할 수 있었던 동인도 한화정책 때문이 아니라, 오히려 다인종제국의 지배자로서 자신들의 정체성을 유지하였기 때문임을 강조한다.[80] 이 '신청사' 계열의 학자들 사이에도 청의 역사를 만주족 중심으로 보는가, 아니면 제국 자체를 중심으로 보는가에 따라 의견 차이를 보이기는 하지만, 한족 중심으로 이해하는 기존의 시각을 거부한다는 공통점을 갖는다. 그런가 하면, 만주족의 지배를 받았던 위구르나 티베트의 역사 문제에도 관심을 가지면서 그 외연을 넓혀가고 있다.[81] 아울러, 이런 흐름은 '정복국가 conquest states'라는 담론과 연합하여, 비단 청 시기만이 아니라, 이전의 요(거란)·금(여진)·원(몽골) 시기에까지 확대, 적용되는 추세다.

이런 흐름은 냉전 종식 이후에 더욱 두드러져, 현재는 학계에서 일종의 학파를 형성했을 정도로 분명한 목소리를 내고 있다. 그동안 세계 학계의 주류를 점했던 한족 중심의 '한화' 이론에 대한 이러한 비판과 새로운 대안 제시는 나름대로 강한 설득력을 갖추고 있으므로, 한국 학계에서도 경청할 만하다. 다만, 현재 21세기까지 포함하여 좀 더 장기적인 시각에서 본다면, 만주족을 비롯하여 여타 비한족非漢族 정복국가 건국자들이 자발적으로든 강제적으로든 자신들의 인종적·문화적 정체성을 심각하게 상실하고 '한화'된 사실을 부정하기도 그다지 쉽지 않다는 문제를 여전히 안고 있다. 실제로, 18세기와 19세기에 만주족이 자신들의 정체성을 고수하기 위해 다양한 노력을 기울인 사실은 만주족이 한화를 거부하고 정체성을 유지한다는 증거로 채택될 수도 있지만, 동시에 그 자체로 이미 자신들의 정체성에 무엇인가 위기를 느꼈기 때문이라는 반증 자료로도 쓰일 수 있다.

나도 기존의 한화이론에는 찬성하지 않으며, '한화'와 '신청사' 가운데 약자택일해야 한다면, 신청사 쪽을 택할 것이다. 다만, 나는 좀 색다른 차원에서 기존의 한화이론을 비판하고자 한다. 왜냐하면 한漢을 어떤 특정 종족이 아닌 차이나China라는 지정학적 공간으로 보는 것이 역사의 실체에 더 부합한다고 보기 때문이다. 다른 말로, 동아시아 및 중앙아시아의 수많은 종족들이 차이나라는 공간에서 한데 뒤섞여 오늘날 '한'으로 불리는 문명을 만들었다고 볼 수 있다는 뜻이다. 기존의 한화이론 주창자들이나 그 비판자들은 비록 동화assimilation의 기준으로 문화적 요소acculturation도 강조하기는 하지만, 동시에 한漢의 개념을 지나치게 인종 기준으로 이해하는 경향도 강하다. 물론 서구 학자들이 사용하는 'ethnic'이나 'ethnicity'의 개념에는 문화적 동질 집단이라는 요소도 중요하가 포함되므로, 한국어 '인종'이나 '종족'과는 그 의미가 좀 다르다. 그렇지만 한화이론이 골격을 갖춘 시기가 차이나 지식인들이 서양식 내셔널리즘의 영향을 받아 다수의 한족이 소수의 만주족을 인종적으로 배척하던 19세기 말부터 20세기 초였던 점을[82] 고려할 때, 한화이론에서 말하는 '한'에 인종적 개념이 강하게 반영되어 있음은 부정할 수 없다.

그런데 어떤 특정 인종(또는 민족)으로서의 '한'은 어쩌면 무의미할 수도 있다. 역사적으로 볼 때, 차이나라는 지정학적 공간에 들어와 정착하여 살던 사람들은 모두 인종에 관계없이 대개 '한'이라는 이름으로 뒤섞였기 때문이다. 차이나라는 말은 Chin(Qin)秦에서 왔고, 그 땅에 사는 사람들을 통칭해서 부르는 '한'이라는 말은 Han漢에서 왔다. 이 두 명칭은 모두 당시부터 국제무대에서 통용되던 말이다. 이런 기본 틀을 한 번 더 확고히 한 중원국가가 바로 당唐이다. 국제무대에서 이 지역 사람들이 대개 한인漢人이나 당인唐人으로 불린 이유도 바로 여기에 있다.

그런데 한이나 당의 주민들이 모두 인종적ethnically으로 한족이었다고 주장할 근거는 사실 별로 없다. 은殷나라를 세운 종족이 동이족일 가능성이 높은 것에서부터 시작하여, 소위 중국문명의 토대를 구축했다는 주周나라의 건국자들도 당시 은나라 사람들로부터는 야만인 취급을 받던 혼혈 종족이었다. 전국戰國을 통일한 진秦나라 사람들도 사실은 다른 전국들로부터 야만인 취급을 받던 혼혈 종족이었다. 한나라와 삼국시대를 거쳐 남북조시대에 이르기까지 비교적 오랜 시기에 걸쳐 차이나라는 지정학적 공간에 점차적으로 포함된 양자강 이남의 남방 일대의 주민들도 인종적으로 한족이 아니었음은 두말 할 나위도 없다. 당나라의 황실 구성원들도 혈연으로만 본다면 오히려 돌궐족에 훨씬 가깝다. 따라서 동아시아 고대 역사에서 '한족'을 말할 때, 그것은 생물학적 개념의 특정 인종일 수 없으며, 어디까지나 지정학적 개념일 수밖에 없는 것이다. 솔직히, 동아시아의 수많은 인종들이 유럽의 인종들처럼 외모상의 색깔 차이가 분명했다면, 소위 당대唐代 차이나라는 공간은 마치 지금의 미국사회처럼 인종 전시장을 방불케 했을 것이다. 이런 점을 부정할 수 없다면, 역사상의 '한'은 어떤 특정 종족을 명시하여 가리키는 인종적 개념이 아니라, 차이나라는 지정학적 공간에 살던 사람들을 총칭하는 개념으로 이해해야 할 것이다. 이런 점에서 볼 때, 한화이론이란 이미 고대부터 차이나라는 지정학적 공간에 들어와 살던 수많은 종족들이 중국衆國이나 통일제국을 형성하며 한데 어우러져 일구어낸 한漢문명이 근대의 문턱에서 '내셔널리즘'이라는 포장지로 포장된 결과로 등장한 '중국中國 이데올로기'일 뿐이다. 요컨대, 한漢의 개념 설정이 중요하다는 뜻이다.

어쨌든, 패어뱅크를 축으로 한 전통 담론, 곧 '중국적 질서'와 '한화' 이론은 여전히 세계 학계의 주류를 형성하고 있다. 또한 이런 패러다임의 허구성을 드러내는 데 기여한 수많은 연구들은 대개 반증 사례들을 제시하는 선에서 그칠 뿐, 그것을 대체할 수 있는 보편적인 설명 틀을 아직 새롭게 제시하지 못하고 있다. '신청사'나 '정복국가' 론이 하나의 대안이 될 수는 있어도, 한漢을 어떤 특정 인종이나 문화로 이해하는 한 기존의 한화이론을 극복하는 데에는 일정한 한계가 있다. 그럴지라도, '중국적 질서'와 '한화' 패러다임은 이제 빛이 많이 바랬다고 해도 과언이 아니다. 실제로, 전근대 동아시아 국제질서를 이해하는 패러다임은 현재 서서히 군웅할거 시대로 접어들고 있다고 해도 지나치지 않다.

일본 학계

한편, 냉전 시기에 일본에서도 중원국가 중심의 고대 동아시아 국제관계에 초점을 둔 '동아시아세계'라는 개념이 등장하여, 지금까지도 꾸준히 학계의 쟁점이 되고 있다. '동아시아'라는 개념은 일본이 서양 열강에 맞서던 19세기 후반부터 이미 등장하여 정세에 따라 진화와 부침을 겪었는데, 현재 학계에서 논의되고 있는 '동아시아세계'론은 1960~70년대에 니시지마 사다오西嶋定生에 의해 그 모습이 갖추어졌고,[83] 다양한 비판과 변화를 겪으며 오늘에 이르고 있다. 분석의 틀과 강조점은 각기 다르더라도 많은 학자들이 이 논쟁에 뛰어들었는데, 넓은 의미의 '동아시아세계'론은 크게 책봉체제론과 기미체제론으로 구분되는 경향이 있다.[84] 이들은 각기 중원국가가 주도하였던 책봉정책이나 기미정책에 초점을 맞춤으로써 서로간에 차별성을 보인다. 그렇지만, 책봉을 강조하건 기미를 내세우건, 정도의 차이는 있을지라도 이들 모두 중원국가 중심으로 전근대 동아시아세계를 본다는 점에서는 대동소이하다.

이런 '동아시아세계'론은 문명의 초기(고대)에 이미 서로 밀접한 관계를 맺으면서 공통분모를 지닌 특정 문명을 일구어 온 동아시아 지역을 하나의 정치적 문명권으로 묶어 통시적으로 조망했다는 점에서 의의가 있다. 그러나 통시적 거대담론을 도출하는 데에 치우친 나머지, 자료의 해석과 취사선택에서 문제를 안고 있다. 이를테면, 패어뱅크 등 일부 서구 학자들에게서도 보듯이, 니시지마 등 일본 학자들도 문서에 기록된 '책봉'의 의미를 대체로 기록된 그대로 받아들이는 점을 꼽을 수 있다. 책봉의 개념과 의미는 주는 자와 받는 자 사이에 얼마든지 차이가 있을 수 있었고, 전근대 2,000년 기간 동안에도 시기에 따라 달랐으며, 같은 시기라도 왕조에 따라 달랐고, 지역에 따라 달랐다. 이렇게 다양한 외교양식을 모두 '책봉'이라는 하나의 용광로에 집어넣고 일률적으로 설명하는 것은 무리다.

특히, 니시지마 식의 책봉체제론이 그나마 비교적 잘 들어맞는 시기는 그가 집중 연구한 고대가 아니라, 오히려 책봉체제에서 획기적인 변화를 겪은 원대元代 이후, 곧 명·청 시기인데, 이 점도 그의 이론이 안고 있는 또 다른 문제다. 왜냐하면 책봉의 '외피'적 성격이 가장 덜하던 시기, 다른 말로 책봉의 의미가 실제로 매우 커진 때가 바로 원·명·청 시기였기 때문이다.

　이와 관련하여, 몽골제국을 이해하는 니시지마의 관점을 잠시 살펴 볼 필요가 있다. 책봉체제와 관련하여 몽골제국을 어떻게 보는가에 따라 이후 명·청 시기 책봉체제의 본질에 대한 이해도 달라질 수 있기 때문이다. 니시지마는 원(몽골제국)을 동아시아 책봉체제에서 예외적인 시기로 치부하고, '동아시아세계의 자기완결성'은 명의 건국과 함께 부활된다고 보았다.[85] 그러나 원이 대륙의 동아시아 기존 국제질서를 하드디스크 포맷 수준으로 바꾸면서 북경에 새로운 중심을 확고부동하게 건설한 점을 고려할 때, 그 토대 위에 등장한 명·청은 몽골제국과 마찬가지로 비교적 제국적인 성격을 띠었고, 그에 따라 책봉의 의미도 이전보다 훨씬 더 강화될 수밖에 없었다. 따라서 명대明代의 책봉체제를 단순히 원 이전 책봉체제의 부활로 이해하기보다는 원의 영향을 받아 제국적 성격이 한층 강화된 새로운 체제로 보는 새로운 접근이 필요해 보인다.[86]

　한편, 호리 도시카즈堀敏一가 주도한 '세계제국'론 또는 '기미체제'론의 경우도,[87] 중원국가의 다양한 외교 방법들 가운데 책봉에만 주목하지 않고 그 이외의 모든 양상들을 총괄하여 '기미'라는 개념으로 확대하여 이해한 점은 의의가 있다. 그렇지만 대상의 확대라는 측면 외에는 '책봉체제'론과 큰 차이가 없다. 여전히 중원국가들이 남긴 자료를 그대로 받아들여 그들 시각에서 동아시아를 바라보기 때문이다. 기록에 보이는 '기미'의 의미가 역사 현실과 정확히 일치한다면 문제가 없겠으나, 책봉과 마찬가지로 '기미' 또한 중원국가의 사서 편찬자들이 자기들 중심으로 윤색하여 사용한 수사(레토릭)에 지나지 않는 경우가 비일비재한 상황을 무시한 채 '기미'라는 코드로 동아시아 질서를 통시적으로 조망하기는 어렵다.

결국, 이 책의 대상 시기이자 주제인 조선시대 한중관계와 관련하여 '동아시아세계' 론의 문제는 다음과 같이 지적할 수 있겠다. 먼저, 고대의 사례들을 토대로 하여 만든 '동아시아세계' 론이 오히려 고대보다는 원 이후의 명·청 시기, 곧 근세에 더 잘 들어맞는다는 문제를 꼽아야 할 것이다. 고대로 올라갈수록 오히려 책봉이라는 것이 하나의 '체제'로 굳어져 있었다고 보기는 어렵기 때문이다. 책봉의 실제 운용면에서도 고대는 일률적이지 않았다. 그것은 중원국가에서 일방적으로 그렇게 개념화하여 부른 것이지, 그들이 남긴 기록의 문자적 의미가 책봉을 받는 국가들에게도 그대로 받아들여지지는 않았다. 실제로, 책봉을 받는 국가들 입장에서 보면, 상황에 따른 전략적·경제적 요인이 매우 강하게 작용하던 시기가 바로 고대였다. 따라서 몽골이 기존의 동아시아 질서를 포맷해 버린 후에 등장한 명이나 청의 책봉체제는 질적으로나 외형면에서나 고대의 책봉과는 사뭇 달랐다. 몽골제국 이후 명·청 시기는 책봉 자체가 정치·외교면에서 국가 간의 수직적 종번관계를 좀 더 분명하게 보여주기 때문이다.

그런가 하면, '동아시아세계' 론은 기존의 '중국중심' 시각의 탈피가 아니라, 오히려 그것을 더욱 강화시켜주는 면이 있음에 주의할 필요가 있다. 이를테면, 중원국가 중심의 일방적인 시각을 동아시아 권역의 다자적 多者的인 시각으로도 바꾸어 이해하지 않는 한, 니시지마의 '동아시아세계' 론은 어차피 기존의 '중국중심' 시각과 그에 기초한 역사 서술에서 동쪽의 사례를 강조하여 말하는 표현으로 전락할 우려가 없지 않기 때문이다. 다른 말로, 한국과 일본에서 보면 '동아시아세계' 일 수 있으나, 중원에 중심을 두었던 제국들 가운데에는 몽골의 원이나 만주족의 청처럼 '동아시아' 범위를 초월하는 경우가 적지 않았으므로, '동아시아세계' 론 자체가 소위 '중국적 질서' 의 부분집합으로 전락할 수도 있다는 것이다.

아울러, '책봉체제' 론을 전근대 동아시아 국제사회에 통시적으로 적용할 경우에, 그 국제체제 안으로 제대로 들어온 시기가 그다지 길지 않은 일본의 위상이 문제된다. 이에 대하여 니시지마는 일본이 '중국' 왕조와의 책봉관계에서는 벗어났어도 책봉체제의 논리까지 벗어나지는 않았다고 설명하였다. 그 예증으로, 일본이 백제와 신라를 번국으로 봄으로써 자기를 중심으로 한 소세계小世界를 형성하였음을 지적하고, 일본의 경우를 고구려와 백제와 신라를 조공국으로 삼아 구축한 고구려의 소세계와 대비하였다.[88] 그렇지만 이는 논리의 비약이다. 이를테면, 고구려의 소세계는 역사 현실로 증명이 되지만, 일본의 소세계는 일본인의 관념상 그랬을지는 몰라도 당시 국제무대의 실제 상황은 아니었기 때문이다. 어떤 '상상의 인식' 을 곧 국제 현실로 간주하는 것은 논리의 비약이자, 사실의 왜곡일 수도 있다. 요컨대, 일본은 6세기 이후로 니시지마 자신이 말하는 '책봉체제' 로부터 떨어져 나간 것이지, '책봉체제의 논리' 라는 표현은 말의 유희일 뿐이다.

특히, 이 책의 대상 시기인 '조명시대(명과 조선이 겹치는 시기: 1392~1644)' 만 놓고 보아도, 당시 일본이 북경 중심의 '책봉체제' 에 들어와 있었다고 보기는 어렵다. 15세기 벽두에 무로마치 막부의 쇼군들 중 일부가 북경에 조공하고 '일본국왕' 으로 책봉을 받은 적은 있으나, 그것은 오히려 일회성에 가까운 관계였을 뿐만 아니라, 그 내용을 보더라도 그것은 차라리 책봉보다는 무역 행위를 위한 '외피' 일 뿐이었다. 결국, 이런 일본을 포함해 동아시아세계를 논할 때, 그의 말대로 '중국(한자)문화권' 으로 묶을 수는 있어도, 그것을 '책봉체제' 라는 코드로 묶기는 어렵다.

이런 문제들을 안고 있는 니시지마의 설명을 그대로 따를 경우, 비록 무게 중심은 '중국'에 놓여 있었을지라도, 한·중·일을 중심으로 하는 동아시아 권역은 오래 전부터 중국과 일본으로 양분되었다고 설명할 수 있다. 그렇다면 전근대에서는 서로 다른 성격의 두 중심(중국과 일본)을 굳이 하나의 권역으로 묶을 필요 자체가 사라지게 된다. 영어권 서구 학계에서 나온 동아시아 역사 개설서의 대부분은 중국사와 일본사로 양분되며, 한국사는 전근대는 중국에 붙이고, 근대는 일본에 붙여 매우 간략하게 취급하는 것이 아직도 추세다.[89] 패어뱅크의 '중국적 질서'에서도 일본은 사실상 배제된다.[90] 이런 구도에서 조선(한국)의 위상은 자동적으로 축소되고, 더 나아가 두 중심의 변경으로 전락하게 되어, 소위 대륙세력과 해양세력의 사이에 끼어 상황에 따라 각기 다른 중심의 영향을 받았다는 식의 전형적인 식민사관의 한 축으로 회귀할 수도 있다. 실제로, 일본 학계에서 출간된 동양사 관련 저작들을 보면, 중국과 일본을 중심으로 기술하지, 한국 관련 장章을 아예 배정조차 하지 않는 경우가 비일비재하다. 한 예로, 일본 학계의 대표적인 동양사 저작을 선별하고 종합하여 한글로 번역한 한 책의 편제를 보면,[91] 중국과 일본을 필두로 하여 인도·동남아시아·내륙아시아·서아시아 등을 독립 장章으로 다루면서도, 한국에 대해서는 단 하나의 소절조차 할애하지 않고 있다. 이런 현실은 소위 '동아시아세계'론이 안고 있는 좀 더 근원적인 문제를 잘 보여준다.

인식의 전환

어쨌든, 말도 많고 탈도 많은 '중국적 질서' 패러다임과 일본 학계에서 시작된 '동아시아세계' 담론은 한국 사학계와도 긴밀하게 소통하였는데, 거기에는 양면성이 있다. 먼저, 조선이 명·청과 맺은 조공·책봉 관계가 조선만의 특수한 것이 아니라 전근대 동아시아 사회의 '보편적' 현상이었다는 해석이 가능해짐으로써, 식민사관의 타율성이론을 어느 정도 극복할 수 있는 디딤돌을 확보할 수 있었다. 사대와 조공이 한국만의 독특성이 아니라고 설명할 수 있기 때문이다. 반면에, 조명관계나 조청관계와 비슷한 조공·책봉 체제가 마치 2,000년 동안 한중 간에 유지되었고, 동아시아 전체로 볼 때 그 전형적인 모습이 바로 조선시대 한중관계라는 설명도 가능해짐으로써, 여전히 '중국적 질서'라는 패러다임에 예속될 수밖에 없는 모습을 보이기도 한다.

이를 극복하는 방법으로 한국 학계에서 많이 논의되는 대안으로는 '조공관계론'을[92] 들 수 있다. 이는 책봉과 조공이 책봉국의 일방적인 의도에 따라 이루어지기보다는 조공국의 의도와도 맞물릴 때에만 작동이 가능한 상호적 관계의 산물임을 강조하는 시각이다. 이런 접근은 중원국가 중심의 일방적인 시각을 벗어나, 책봉을 받는 국가들이 행하였던 조공을 강조함으로써, 쌍방성雙方性을 중시하는 관계사 차원에서 국제질서에 접근했다는 점에서 의의가 있다. 그렇지만 조공국의 입장과 선택이 중요한 요인이었을지라도, 그 선택의 결과가 언제나 책봉이라는 모습을 통해 나타날 수밖에 없었던 현실을 지나치게 과소평가한 면이 있다. 또한 조공국이 자기의 필요와 의사에 따라 선택적 차원의 조공을 하기가 사실상 어려워지는 몽골제국 시기 및 그 이후의 명·청제국 시기를 제대로 설명하기 어렵다는 문제도 있다.

이런 점에서 보면, 현재까지 나와 있는 어떤 담론이나 이론도 전근대 2,000년 동아시아의 국제질서를 총괄적으로 설명한 데에 각기 문제를 안고 있음을 알 수 있다. '중국적 질서' 이론이나 '동아시아세계' 이론을 비판하는 학자들도 그런 설명 틀에 들어맞지 않는 사례들은 많이 제시하지만, 비판의 대상을 극복할 새로운 설명 틀을 제시하는 데에는 여전히 애로를 겪고 있다.

그렇다면 이런 문제는 어디에서 기인할까? 혹시 '고민'의 패러다임 자체에 문제가 있는 것은 아닐까? 이를테면, 왜 굳이 전근대 2,000년 전체를 아우를 설명 틀을 만들어야 하는가, 라는 질문을 던질 필요가 있다는 뜻이다. 국제관계 내지는 국제질서와 관련하여 동아시아 역사를 전근대와 근대로 구분하는 것은 충분히 그럴 수 있다. 그런데 근대는 다시 근대modern와 현대contemporary로 구분하여 이해하면서, 왜 전근대는 더 이상의 구분 없이 2,000년 전체 시기를 동질의 시기로만 보아야 하는가의 문제를 지적하는 것이다. 그렇게 해서도 전근대 2,000년을 설명할 수 있는 보편적 설명 틀이 가능하다면 그렇게 하면 되겠지만, 그런 틀이 거의 불가능하다면, 전근대도 시기 구분을 하면 되지 않는가, 라는 발상의 전환이 필요하다는 뜻이다.

한 예로, 중원에 중심을 둔 대제국의 도읍이 북경에 확실하게 자리 잡은 이후의 한중관계(또는 동아시아 질서는)는 그 이전에 비하여 훨씬 더 정치적일 수밖에 없다는 가설이 가능하다. 중원에 기반을 둔 대제국의 중심(도읍)이 압록강으로부터 그다지 멀리 떨어져 있지 않다는 지정학적 요인은 한중관계의 본질을 심각하게 바꿀 정도의 큰 변수가 아니었을까? 이렇듯, 동아시아 역사에서 몽골제국이 갖는 의미를 좀 더 신중하게 연구한다면, 동아시아 국제질서를 이해하고 담론화 하는 패러다임을 굳이 전근대와 근대라는 이분법만으로 나누는 '근대적' 선입견에서 벗어날 수 있지 않을까? 이 책의 큰 주제인 '한중관계'도 이런 다양한 논의들 속에 이미 들어와 있으며, 이 책의 소주제인 '조선시대 한중관계'를 논하는 데에도 이러한 인식의 전환은 매우 중요하다.

3장
계산된 결정:
15세기 해외파병 문제와
조선의 명나라 인식

조선 초기(15세기)만 해도 조선 조정은 명으로부터 파병 요청을 받을 때 국가의 실익을 매우 세심하게 저울질해 결정을 내렸다. 세종 때의 거절과 세조 때의 적극 파병, 그리고 성종 때의 마지못한 파병 등, 그 결과는 서로 달랐다. 그렇지만 그런 결정을 내리게 된 배경과 판단의 기준은 언제나 조선이라는 국가의 손익 계산이었다. 이 점은 사대와 유교를 새로운 국가정책으로 내걸고 출범한 조선왕조의 문물제도가 확실하게 틀을 갖춘 것으로 알려진 성종 때까지만 해도 조선에게 명은 하나의 대국大國이었을 뿐이지, 유일한 상국上國이 아니었음을 강하게 시사해 준다. 또한 당시 위정자들은 사대와 국익이 서로 마찰을 빚을 수도 있는 상황을 늘 염두에 두고 국가의 정책 결정에 임했음을 잘 보여준다. 15세기 조선인의 이러한 명에 대한 인식은 중원의 정치적 상황에 따라 책봉국을 수시로 바꾸었던 고려시대의 인식과 비슷했다.

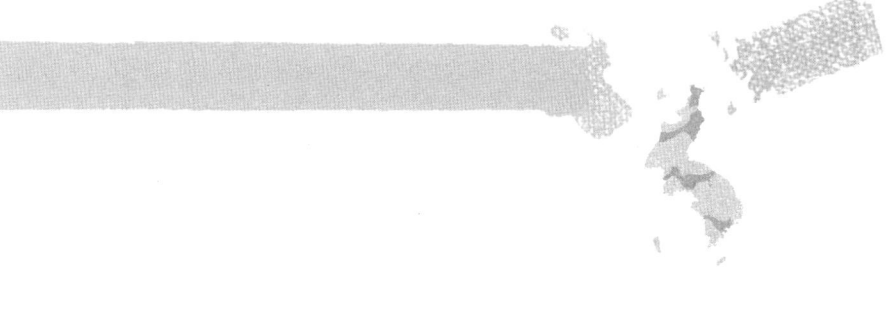

　조선의 왕이 명 황제로부터 고명誥命과 인신印信을 받음으로써 명나라가 주도한 조공·책봉 체제에 정식으로 합류한 1401년 이후 200여 년이 넘는 동안, 조선 조정은 여러 차례에 걸쳐 명의 청병請兵을 놓고 대응책을 논의한 바 있다. 이 가운데 이 장에서 다룰 15세기(조선 초기)에는 모두 세 차례의 논의가 있었다. 첫 사례는 1449년(세종 31)에 명이 몽골 원정을 감행하면서 조선에 군사를 요청한 경우다. 두 번째는 1467년(세조 13)에 명이 건주여진建州女眞을 공격하면서 조선에 군사를 요청한 경우다. 세 번째는 1479년(성종 10)에 명이 건주여진을 다시 치면서 조선에 출병을 요청한 경우다. 이 장에서는 이 세 개의 사례를 다루되, 명의 파병 요청을 대하는 조선 조정의 태도에 어떤 변화가 있었는지 검토함으로써, 이후 비슷한 사안을 놓고 전개될 조정의 논의들과 비교할 수 있는 근거를 마련하고자 한다. 이에 앞서, 조선 전기(15~16세기)에 있었던 해외파병 논의는 대개 명이 건주여진을 정벌하는 문제와 관련해 발생했으므로, 전체적인 이해를 돕기 위해 먼저 조선 초기의 여진정책을 간략히 개관할 필요가 있다.

당근과 채찍: 조선 초기의 여진정책

　조선이 '명질서'에 참여한 것은 동아시아 국제무대에서 조선이 명의 우월성을 공식적으로 받아들였다는 의미를 갖는다. 그렇지만, 다른 주변국이나 종족들에 대해서는 조선 나름대로 우월의식을 가지고 있었다. 명이 여러 여진 추장들에게 인신印信과 작위를 주고 조공을 허용했듯이, 조선도 독자적으로 여진의 여러 추장들에게 인신에 해당하는 관교官敎와 작위를 주고 조공을 허용했다. 1446년(세종 28)에는 상경, 내조來朝하는 여진 추장들에게 작질爵秩의 고하와 부락의 강약에 따라 차등을 두어 사급賜給하는 격식을 정했으며, 명의 관직을 받은 여진 추장이 내조할 경우에는 그것에 상응하는 등급의 조선 관직을 하사했다.[93] 특히, 조선은 내조한 여진 추장들에게 녹봉을 지급했을 뿐만 아니라 그 자제들로 하여금 상경해 시위케 함으로써, 명보다 더 적극적으로 여진의 추장들을 포섭했다. 또한, 여진인이 조선으로 귀화하는 것도 적극 장려해, 세금 면제 등 다양한 특혜를 주었다.[94]

그 결과, 1395년부터 1554년까지 약 160년 동안 조선의 관직을 받은 여진 추장은 모두 675명에 달했으며, 명이 요동과 만주 지역에 설치한 184개의 위衛 가운데 43퍼센트에 해당하는 79개 위의 여진 추장이 조선에도 입조入朝했다.[95] 현재 중화인민공화국의 랴오닝 성 바깥의 만주 일대에 존재한 위들은 겉으로는 명에 편입된 것처럼 보이지만, 실제로는 명과 조공·책봉 관계를 맺은 여진 추장들의 독립적인 정치체였다.[96] 후에 만주의 새로운 패자로 등장하는 누르하치의 건주위建州衛도 그런 독립체 중 하나였다. 따라서 이들 위는 명과 조선으로부터 동시에 직첩을 받을 수 있었던 것이다. 이렇듯, 많은 여진 부족들은 명과 조선에 이중으로 복속되었으며,[97] 15세기 중엽까지만 해도 명과 조선은 더 많은 여진 부족을 자기 세력권으로 흡수하기 위해 서로 경쟁했다.

그렇지만 명은 이미 조선에 입조해 관작을 받은 여진 추장들을 지속적으로 회유해 명에 입조하게 함으로써, 조선의 여진정책에 제동을 걸기 시작했다. 그 결과, 두만강 유역의 일부 여진 부족들을 제외하고는 대개 조선뿐 아니라 명에도 입조했다. 한 예로, 동맹가첩목아童猛哥帖木兒는 1404년(태종 4)에 조선에 입조해 이미 호군護軍이라는 직첩을 받았으나, 이듬해에 명의 회유를 받고 북경에도 입조해 건주좌위도지휘사建州左衛都指揮使라는 직첩을 받았다. 그의 장남인 동창童倉도 조선으로부터 종2품에 해당되는 가선대부웅무시위사상호군嘉善大夫雄武侍衛司上護軍의 직첩을 받았지만, 후에 명에도 입조해 아버지의 지위를 계승해 '건주좌위도지휘사'에 임명되었다.[98] 그런데 후에 후금을 건국한 누르하치는 바로 맹가첩목아의 10대손이자 동창의 9대손이었다. 즉, 청 황실의 조상은 바로 건주여진 출신으로,[99] 명·조선과 이중으로 조공·책봉 관계를 맺고 있었던 것이다.

만주 일대의 여진 부족들이 명과 조선에 동시에 입조하는 상황은 정도의 차이는 있으나 15세기 내내 지속되었다. 이런 문제로 인해, 1459년(세조 5)에 명은 건주3위의 여진인 도독들이 모두 조선과도 별도로 결탁하고 있어 자국의 변경에 우환이 된다고 판단해, 여진 문제를 놓고 명 조정과 더불어 경쟁하지 말고 여진과의 직접 교통을 삼가라는 내용의 국서를 조선에 두 차례나 보내왔다. 명이 조선에 대해 취한 이런 노골적인 간섭과 압력은 이후 조선의 여진정책을 둔화시키는 데 결정적 전환점으로 작용했다.[100] 명의 조공국인 조선이 명의 압력을 쉽게 무시하기는 어려웠기 때문이다. 실제로, 명이 가장 관심을 두고 관리하던 건주여진과 조선의 관계는 이로부터 10여 년 뒤에 사실상 단절되었다.

한편, 조선과 여진 사이에 평화적 관계만 있지는 않았다. 명이 여진에 대해 회유책과 강경책을 아울러 구사했듯이, 조선도 상황에 따라 두 가지 방법을 병행했다. 한 조사에 의하면 태종 대(1400~1418)부터 선조 대(1567~1608)까지 200여 년 동안(15~16세기) 여진은 조선 변경에서 131차례에 달하는 소요사태를 일으켰고, 조선은 모두 13차례에 걸쳐 원정을 감행했다고 한다.[101] 특히, 세종 대(1418~1450)에는 여러 차례에 걸쳐 대규모 원정군을 파견해서 건주여진과 해동海東여진을 집중적으로 공격해 압록강과 두만강 남쪽 지역을 조선 영토로 편입했다.[102] 이 경계선이 그 즉시 조선의 영원한 국경선으로 자리 잡은 것은 아니지만,[103] 이때의 북변 개척은 조선의 대여진 강경책을 보여주는 좋은 예다. 이번 장에서 다룰 세 사례 가운데 둘째와 셋째 사례는 바로 이런 상황에서 명이 주도해 일으킨 건주여진 원정에 조선이 자국의 이해관계를 저울질하며 동참하게 되는 과정이다.

파병은 없다: 세종 대(1418~1450)의 사례와 그 특징

1449년(세종 31) 8월 1일[104] 밤에 요동으로부터 올라온 보고를 놓고 조선 조정은 술렁이기 시작했다. 보고의 내용은 야선也先이 이끄는 몽골의 병마가 장성을 돌파하고 들어와 광녕廣寧을 포위하고 있다는 것이었다. 이 급보를 접한 조선 조정은 바로 다음날 서울의 군관들을 대거 평안도 방면의 양계兩界로 파견하는 한편, 충청·전라·경상도의 잡색군을 소집하고 추가 징병을 명하는 등 비상 방어체제에 돌입했다.[105] 그러나 이에 대한 반대도 만만치 않았다. 반대 논의는 신료들을 대표해 이조 판서 정인지鄭麟趾(1396~1478)와 집현전 부제학 정창손鄭昌孫(1402~1487) 등이 주도했는데, 갑작스런 징병으로 인해 농민들의 피해가 클 것이라는 점,

농민들을 군대로 급히 편성하더라도 야선의 군대를 막기에는 역부족이라는 점, 중원 공략에 큰 뜻을 두고 있는 야선 입장에서는 조선을 적으로 삼으려 하지 않을 것이므로 굳이 병력을 나누어 조선을 치러 내려오지는 않을 것이라는 판단 등에 근거해 신중론을 전개했다.[106] 이러한 정세 판단이 가능했던 근본 이유는 당시 조정 신료들은 사대라는 것을 그저 대국을 섬기는 것으로 이해했고, 따라서 사대의 대상은 국제정세에 따라 얼마든지 바뀔 수 있다고 보았기 때문이다.

이런 논의가 진행되던 중에 황제의 친정군이 승리를 거두었으며 요동 지역도 평온을 되찾았다는 보고가 올라오자, 조선 조정은 사태가 진정된 것으로 판단하고 전국적인 징병을 일단 중지하기에 이르렀다.[107] 그러나 주지하듯이, 약 50만에 달하는 정통제正統帝(r. 1435~1449)의 친정군은 승리는커녕 전투다운 전투 한 번 해보지 못하고 야선의 군대에게 거의 궤멸되었고, 정통제 자신은 포로가 되었다.[108] 그런데도 황제가 이미 친정을 마치고 돌아왔다는 따위의 잘못된 소문에 의한 보고가 계속 올라옴에 따라[109] 조선 조정은 완전히 긴장을 풀었다.

조선에 군대를 청하는 칙서는 바로 이런 상황에서 서울에 도착했는데, 그 골자는 야선을 정벌하기 위해 대규모 원정을 준비 중이니 조선도 10만 병력을 요동에 파견해 명을 도우라는 것이었다. 그러나 조선 조정은 출병할 경우 왜나 여진이 그 틈을 노릴지도 모른다는 구실을 내세워 청병을 완곡하게 거절하고, 그 대신 조선의 강토를 굳건히 지켜 번국藩國의 도리를 다 하겠다고 회답했다.[110] 실록의 기사가 자세하지 않아, 이때 조정에서 어떤 대응책이 논의되었는지 정확히 알 수는 없으나, 답서의 내용으로 미루어 볼 때 청병을 거절하자는 의견이 압도적이었을 것으로 보인다.

한편 정통제가 몽골의 포로가 되고 경태제景泰帝(r. 1449~1456)가 즉위

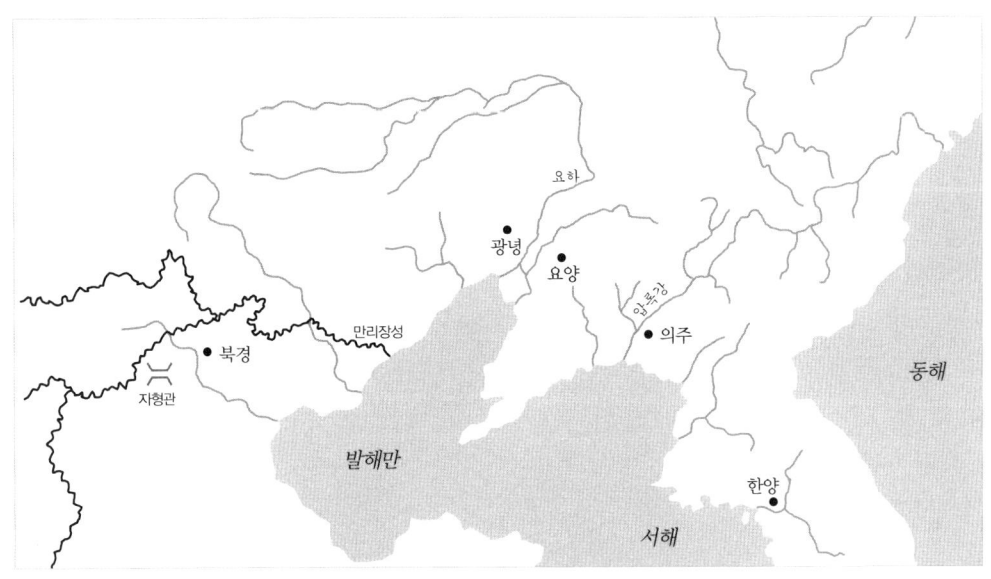

1449년 몽골의 북경 압박 당시 동북아시아

한 사실은 북경으로 가던 사신의 보고를 통해서야 뒤늦게 서울에 알려졌다. 조선 조정은 이 소식에 놀라기는 했으나, 새 황제의 즉위를 축하하기 위한 진하사와 정통제의 일을 위로하기 위한 진위사를 파견하는 등의 의례적인 조치만 취했으며, 또한 양계로 파견했던 서울의 군관들을 다시 돌아오게 하는 등,[111] 오히려 비상 방어체제를 해제하는 조치를 취했다.

그 뒤 야선이 대공세를 재개해 자형관紫荊關을 돌파하고 북경까지 이르러 사태가 급박해지자, 명은 다시 조선에 원병을 청했다.[112] 그러나 야선이 며칠 만에 포위를 풀고 퇴각하자, 모든 원군 요청을 즉각 중지해, 이 칙서는 조선에 도착하기 전에 취소되었던 것 같다. 실제로, 《세종실록》에는 이 청병과 관련된 기사는 전혀 보이지 않는다. 그 뒤 북경에 갔던 사은사가 받아온 칙서의 내용은 사태가 진정되었으니 군대를 파견하지 말고 대신 말 2, 3만 필을 보내면 값을 치르겠다는 것이었다. 그렇지만 조선 조정은 말이 부족하다며 500필만 보냈고, 명도 이미 사태가 호전되었으니 이왕 가져온 말은 값을 쳐서 지불하되 나머지는 다 중지하게 함으로써[113] 파병 문제는 일단락되었다.

세종 대 사례의 특징 중 하나는 처음부터 끝까지 신료들 중 어느 누구도 청병에 응하자는 의견을 내지 않았다는 것이다. 조선 조정의 일관된 관심은 예상되는 변란에 대비해 방어태세를 갖추고 기다리는 것이었다. 그나마도 너무 갑자기 징집하면 농민들의 피해가 심하다는 이유로 천천히 해야 한다는 것이 중론이었다. 세종과 부교리 양성지梁誠之(1415~1482) 등이 비록 국가 재정에 무리가 되더라도 예상되는 변란에 대비해 국방을 강화해야 한다는 의견을 내었지만, 소수 의견에 불과했으며 별다른 호응도 얻지 못했다.

북쪽 변경의 안정을 위한 북방 개척에 관심이 높던 당시의 조선 조정이 야선의 흥기와 관련해 명의 청병에 응하기는커녕, 자위를 위한 국방 강화책과 관련해서도 특기할 만한 조치를 취하지 않았던 이유는 무엇이었을까? 그것은 이 사태를 조선과 무관한 문제로 인식하고 있었기 때문이다. 또한 북경을 포위할 정도로 막강한 야선의 군대를 조선의 군사력으로는 어차피 막을 수 없을 것이니, 야선이 이끄는 몽골군이 조선에도 침입하는 경우에는 그들과 강화를 맺으면 된다는 의견이 지배적이었다.[114] 양성지의 국방강화론도 사실은 야선과의 강화를 전제로 한 것이었다. 그는

"······의논하는 사람들은 반드시 이르기를, '적이 만일 침범해 짓밟는다면

겸손한 말과 후한 선물로써 한때의 환란을 면할 수 있다'고 말합니다. 신이 보건대, 전조前朝는 원나라를 섬긴 뒤에도 살례탑撒禮塔·차라대車羅大·홍다구洪茶丘의 침략하는 군사가 없던 해가 없었으니, 이들은 예절과 신의로써 상대할 수 없는 [자들]입니다. 만약 우리 병력이 부족하다면 달달達達이 어찌 우리를 사랑하는 자이겠습니까? [이번 사태는] 부득이 임시방편을 좇아 강화를 맺는 것이니, 모름지기 한 번 대승을 거둔 후에 [강화하는 것이] 옳을 것입니다. 저들이 우리의 병력이 서로 대적할 수 있다는 것을 알게 된 연후에야 감히 가볍게 군사를 일으키지 못해, [황제의] 봉함을 받은 [우리] 영토를 지킬 수 있습니다. 전조 때에 요遼와 금金에게 한 것이 이것입니다. 그런즉, 화친을 하거나 전쟁을 하거나 모두 군사를 쓰지 않을 수 없으므로, 신이 감히 장수와 군졸을 뽑고 군량을 저축하며 병장기를 준비하고 성보城堡를 수리하는 것이 지금 [이 사태를] 당해 급히 힘써야 할 일이라고 하는 것입니다. ……"[115]

라고 해, 강화를 하더라도 고려가 거란을 크게 무찌른 뒤에 강화했던 것처럼 조선도 야선의 몽골 군대를 한 번쯤은 크게 무찌른 뒤에 강화를 해야 국토를 제대로 보존할 수 있다는 점을 분명히 했다. 이렇듯 모든 조정 신료들이 강화를 최선책으로 받아들이는 분위기에서 명을 위해 파병한다는 것은 고려의 대상조차 될 수 없었다.

그런데 만약 당시 명이 조선에 청병한 이유가 몽골을 막기 위함이 아니고 여진을 토벌하기 위한 것이었다면, 아마도 조선 조정에서는 이를 조선과 관련이 있는 사안으로 보아 응했을 가능성이 높다. 야선의 북경 포위가 발생하기 불과 10여 년 전에 조선이 두 차례나 독자적으로 군사를 일으켜 건주여진을 토벌한 사실을 고려할 때 특히 그렇다. 최윤덕崔潤德(1376~1445)이 이끈 1차 원정은 북경에 통보도 하지 않은 채 독자적으로 단행한 원정이었고, 이천李蕆(1376~1451)이 지휘한 2차 원정은 사전에 통보해 명의 동의하에 거행했다.[116] 따라서 만일 명이 건주여진의 토벌을 위해 조선에 청병했다면, 건주여진의 동태를 예의주시하고 있던 조선 조정은 그에 응했을 가능성이 높았던 것이다. 이는 당시 조정 신료들이 야선의 흥기를 조선과 무관한 일로 간주해, 야선이 조선에도 침입해 올 경우에는 강화한다는 결정을 했을지라도, 그것이 단순한 판단에 따른 결정이 아니라, 국제정세를 치밀하게 분석하고 국가의 실익을 충분히 저울질해 본 후에 합리적으로 산출해 낸 결정임을 강하게 시사해 준다.

세종 대 사례의 또 다른 특징은 조선의 파병 거절에 대해 명에서도 아무런 이의 없이 그대로 수용했다는 점이다. 그 이유는 당시 정세와 관련이 있었다. 칙서는 정통제가 원정을 떠나기 직전에 작성되었는데, 친정 계획은 당시 권력을 천단하던 환관 왕진王振의 독단으로 이루어졌으며, 황제와 문무중신들을 포함해 50만에 이르는 대규모 원정이었다. 돌아오는 길에는 왕진의 고향을 경유하도록 되어 있었다. 사실 이것은 원정이라기보다는 명의 위용을 과시하기 위한 순수巡狩의 성격이 짙은 것이었다. 따라서 이때 명이 조선의 군대를 진정으로 원했다기보다는, 명의 대규모 원정을 만천하에 과시하려는 의도가 더 강했던 것으로 보인다. 따라서 정통제의 원정이 이미 실패한 상황에서 명은 조선의 파병 거절을 문제 삼아야 할 절실함도, 그럴 여유도 없었던 것이다.

또한 여말선초 시기에 요동 지역을 놓고 명과 고려·조선 사이에 있었던 군사적 긴장상태도 주요 배경으로 작용했을 것으로 보인다. 몽골제국(원)은 고려의 왕족을 심양왕瀋陽王에 임명해 일부 요동 지역을 관할하게 했으므로, 원이 몰락한 이후 고려인들은 요동을 고려의 영토로 인식하고 있었다. 실제로, 명이 요양遼陽에 요동도사遼東都司를 설치하기 불과 1년 전인 1370년에 고려의 요동 원정군은 동녕부東寧府·복주復州·요양遼陽 등을 점령하고 방을 붙여 요동 지역이 고려의 영토임을 선포한 바 있으며,[117] 이후로도 고려와 조선이 추진했던 두 차례의 요동 공략 계획 등 요동 지역을 둘러싼 양국 사이의 긴장은 꽤 오래 지속되었다.[118]

시대에 따라 정도의 차이는 있으나, 요동의 경계 문제를 놓고 벌어진 명과 조선의 신경전은 이후 성종 대에도 여전했다. 명의 동팔참東八站 점령으로 인해 야기된 명과 조선 사이의 외교 분쟁은 그 좋은 예라 할 수 있다. 동팔참이란 곧 요동팔참遼東八站을 말하는데, 요양遼陽에서 압록강 사이에 설치된 8개의 역참驛站 및 그 일대를 일컫는 말이다. 이 여덟 개 가운데 압록강을 사이에 두고 의주의 바로 건너편에 위치한 진강鎭江부터 시작해 북쪽으로 여섯 개의 역참은 요동의 경계선을 의미하는 울타리 바깥에 설치되었던 까닭에 행정적으로는 명과 조선 어느 쪽에도 포함되지 않는, 일종의 완충지대였다. 그런데 이 지역을 지나야 하는 북경-서울 간 사행로使行路가 여진과 몽골의 위협으로 인해 위태로워지자, 명은 이 지역에 위치한 봉황성鳳凰城을 직접 점거했다. 이로 인해 동팔참 지역은 사실상 명의 영역으로 편입되었고, 이런 과정은 필연적으로 조선과 명 사이에 이 지역을 둘러싼 긴장을 야기하기에 충분했다.[119]

요동을 둘러싸고 오래 지속된 이런 긴장 분위기를 감안한다면, 명의 입장에서 조선의 군대가 압록강을 건너 요동으로 진주해 들어오는 것은 결코 환영할 일이 아니었다. 새로 즉위한 경태제가 북경이 포위당한 다급한 상황에서 어쩔 수 없이 조선에 원병을 청했다가, 야선의 몽골군이 포위망을 풀고 북경에서 퇴각하자마자 즉각 청병을 취소하고, 두 달 뒤에 굳이 다시 칙서를 보내어 조선군은 국경만 지키고 더 이상 진군하지

(요동으로 들어오지) 말라고 재차 다짐해 둔 것도[120] 바로 이런 이유 때문이었다. 따라서 조선의 파병 거절로 인한 명과의 외교 갈등은 전혀 일어나지 않았다.

즉각적인 파병: 세조 대(1455~1467)의 사례와 그 특징

이로부터 18년 뒤인 1467년(세조 13)에 명은 조선에 다시 파병을 요청하는 칙서를 보냈는데, 이번에는 건주여진을 치기 위한 것이었다. 당시 건주여진은 1년에 거의 100차례나 요동 변경을 침범하는 등 기세를 올리고 있었다.[121] 또한 그들은 조선으로부터 직첩과 녹봉을 받고 있었으므로, 명 조정은 건주여진과 조선의 결탁 가능성에 대해 신경을 곤두세우고 있었다. 실제로, 조선에 직접 칙서를 보내 건주여진과 사사로운 왕래를 하지 말도록 경고하는가[122] 하면, 건주여진에게도 비슷한 내용의 경고성 칙서를 보낼[123] 정도로 예민하게 반응하고 있었다. 명의 출병 요청은 이러한 상황에서 이루어졌으며, 칙서의 골자는 명군明軍이 건주여진을 공격할 것이니 조선군은 그들의 퇴로를 차단하라는 것이었다.[124] 또한 명의 사신이 명과 조선이 건주여진을 협공하면 다른 여진 부족들은 그 소문만 듣고도 두려워해 충성을 바칠 것이라고 말한 점으로 보아,[125] 조선과의 합동 군사작전이 가져올 선전 효과도 노리고 있었음을 알 수 있다.

한편 이에 대한 조선 조정의 반응은 파병 일변도였으며, 반대 의견은 전혀 없었다. 특이한 점은 이 문제를 풀어나가는 방법이 조정의 충분한 논의를 통한 결론의 도출이 아니라, 처음부터 세조의 일방적인 지시를 따랐다는 점이다. 세조가 조선의 왕들 가운데 비교적 강력한 왕권을 행사한 왕이라는 점을 고려할 때,[126] 이 점은 당연해 보이기도 한다. 실제로, 칙서를 받자마자 세조는 명군이 9월 22일에 요동을 출발해 27일에 건주여진을 공격한다고 하니, 따로 의논할 것도 없이 조선군은 바로 그 날짜에 맞추어 공격하라는 명령을 내림으로써[127] 조정의 논의를 수렴할 여지조차 제공하지 않았다.

이후 조선의 출병 준비는 일사천리로 진행되어, 주장主將 강순康純 및 대장 어유소漁有沼(1434~1489)와 남이南怡(1441~1469) 등이 이끄는 1만 명의 병력을 출정시켰다. 조선군은 9월 26일에 만포灣浦에서 압록강을 건너 북진해 건주여진 추장 이만주李滿住의 본거지인 구미부仇彌府를 점령하고, 이만주를 포함해 참수 45명, 사살 225명, 이만주의 처자를 포함해 생포 24명, 한인漢人 구출 7명 등을 비롯해 가구 195채를 불태우고 무수한 가축을 죽이는 전과를 올렸다.[128] 한편 명은 이보다 앞서 북경에 내조한 건주좌위 추장 동산董山을 처형했고, 조선과 합동 군사작전을 전개했던 9월 하순부터 10월 초순에는 5만 병력을 동원해 건주여진의 북서쪽 일대에 걸쳐 폭넓은 토벌작전을 펼쳤다.[129] 이 합동 군사작전으로 인해, 그동안 명과 조선의 변경을 자주 침범하던 건주여진의 기세는 한풀 꺾였다.

그러면 세조와 조정 신료들은 명의 청병에 왜 그렇게 적극적으로 응했을까? 먼저 청병이 있기 전에 조선이 독자적으로 건주여진 정벌을 준비하고 있었던 점에 주목해야 할 것이다. 당시 건주여진은 요동뿐만 아니라 조선의 변경도 침범했으므로 조선은 변경을 안정시킬 필요가 있었다. 실제로 건주여진은 조·명 합동 군사작전이 있기 넉 달 전에 의주義州에 침입해 조선 수비대를 격파한 적이 있었다.[130] 이에 대한 보복으로 세조는 대대적인 정벌을 명해, 즉시 1만 5,000명에 달하는 원정군을 편성하고 작전 계획에 돌입했다.[131]

그런데 계획을 수립한 지 열흘 만에 함경도에서 이시애李施愛(?~1467)의 난이 발생하는 바람에 건주여진 원정은 뒤로 미루어지게 되었다. 이 반란은 5월 16일에 발생해 거의 석 달을 끌다가 8월 12일에 완전히 평정되었는데, 도중에 세조가 친정을 선포할 정도로 온 나라를 뒤흔들 만한 큰 사건이었다.[132] 그런데 반란을 진압한 후 여진 정벌을 다시 고려할 즈음에, 명군이 건주여진을 공격할 것이니 조선군은 그들의 배후를 치라는 내용의 칙서가 있었음을 알리는 자문이 요동도사로부터 도착했다.[133] 이런 상황에서 조선이 출병을 거절할 이유는 없었던 것이다.

또 다른 배경으로는 당시 건주여진 문제로 인해 조선과 명의 관계가 매우 껄끄러웠던 점을 고려할 필요가 있다. 앞에서 이미 언급했듯이, 두 나라 사이가 삐걱거리게 된 결정적인 이유는 건주여진에 대한 서로의 경쟁 때문이었다. 처음에 명은 건주여진 추장들이 명에 복속한 후에도 조선과의 조공·책봉 관계를 계속 유지하는 사실에 대해 제대로 모르거나 알더라도 묵인했다. 그러나 1450년대부터 건주여진의 요동 침입이 빈번해지자 조선과 건주여진의 관계를 심각하게 받아들이기 시작했다. 조선과 건주여진의 군사적 결탁 가능성을 진지하게 염려하기 시작했던 것이다. 이러한 우려는 요동의 군문軍門들에 의해 이미 여러 차례 북경에 보고되었고, 그 결과 명의 천순제天順帝(r. 1457~1464; 영종英宗)는 1459년에 세조에게 두 번이나 칙서를 보내 (황제의) 조정과 경쟁하려 들지 말라고 경고했다.[134] 심지어 이듬해 조선이 건주위의 이웃인 모린위毛隣衛의 추장을 잡아 처형하고, 명의 의심을 사지 않기 위해 그 사실을 북경에 알렸을 때에도, 명 조정에서는 칭찬은커녕 사전 허락도 없이 임의로 일을 처리했다고 질책을 할[135] 정도로, 조선의 영향력이 만주에 미치는 것에 대해 매우 민감하게 반응했다. 당시에 명은 건주3위의 여진인 도독들이 모두 조선과 사사로이 결탁하고 있어 자국의 변경에 우환이 된다고 판단해, 여진 문제를 놓고 조선에 연이어 경고를 보냈던 것이다.

당시 명과 조공·책봉 관계를 맺고 있던 조선이 명의 경고를 쉽게 무시할 수는 없었지만, 그렇다고 무조건 순응하지도 않았다. 경고성 칙서에 대한 답변에서도, 변방의 안정을 위해 여러모로 생각한 끝에 건주여진에게 왕래를 허용했다는 등의 여러 가지 이유를 들어 변명으로 일관하면서,[136] 독자적인 여진정책을 쉽게 포기하지는 않았다. 특히 세조 자신이 이 문제와 관련해 함길도 도체찰사 신숙주申叔舟(1417~1475)에게 내린 유시諭示에서, 중국(명)에서는 이 문제로 조선을 위협할 형편도 못되고 그렇다고 그대로 묵인하기도 어려워 칙서를 보내온 것이니, 여진 추장들을 너무 노골적으로 초무招撫하지 말고 형적이 남지 않게 지혜롭게 처리할 것을 지시한[137] 바 있다.

또 다른 예로, 명과 조선의 합동 군사작전이 있기 불과 6개월 전에 명은 건주여진의 동쪽, 곧 요동의 입장에서 볼 때 건주여진의 배후에 위치한 모린위에 칙사를 보냈는데, 이 칙사가 북경으로 돌아가는 길에 혹시라도 조선 땅을 경유할 가능성에 대비해 세조가 함경도 체찰사에게 특별히 내린 유시는 당시 세조의 여진정책 및 명나라 인식을 매우 잘 보여준다. 이를테면, 칙사가 조선 영내로 들어오더라도 그를 성안으로 들이지 말라거나, 만약 조선이 여진인 추장들에게 상급을 내린 연유를 칙사가 따져 묻더라도 그저 구례舊禮에 따른 것이라고 답하라는 등의 매우 구체적인 지침을 하달했다.[138] 요컨대, 당시 조선 조정을 확실하게 장악하고 있던 세조는 여진정책을 둘러싸고 명과의 사이에서 벌어진 외교

문제에 대해 분명하게 이중적 태도를 취하고 있었던 것이다.

그렇지만 명의 연이은 경고와 압력은 이후 조선의 여진정책이 위축되는 결정적 전환점으로 작용하기에 충분했다. 실제로 한 연구에 따르면, 후금의 등장(1616) 이전에 여진인이 조선에 입조入朝한 사례로 실록에 보이는 횟수는 모두 1,097회인데, 세조 이후 성종 대(1457~1494)를 고비로 횟수가 급격히 줄어들어, 중종 대(1506~1544)의 7회를 마지막으로 더 이상 나타나지 않는다고[139] 한다.

당시 동아시아에서 초강대국인 명과의 관계가 악화될 경우에 조선의 손해가 더 크다는 점은 자명했다. 따라서 조선 조정은 여진 문제에 대해 매우 조심하면서 명의 비위를 건드리지 않으려 노력했고, 그 결과 심각한 외교 문제는 발생하지 않았다. 명의 청병 칙서는 바로 이런 상황에서 서울에 도착했던 것이다. 따라서 세조의 적극적인 파병은 명과의 관계를 깨지 않기 위한 외교 전략의 일환으로도 이해할 수 있다. 즉 건주여진 이외의 다른 여진 부족 추장들과는 명의 눈을 피해가며 기존의 독자적인 관계를 계속 유지하면서도, 다른 한편으로는 건주여진을 협공하자는 명의 제안을 수락함으로써 명과의 관계에도 신경을 썼던 것이다.

생색내기 파병: 성종 대(1469~1494)의 사례와 그 특징

이로부터 12년이 지난 1479년(성종 10)에 명은 다시 조선에 파병을 요청했다. 칙서의 골자는 건주여진을 다시 치고자 하니 조선군은 퇴로를 차단하고 응원하라는 것이었다.[140] 청병 칙서가 서울로 가고 있다는 통보를 미리 받은 조선 조정은 대응방안에 대한 논의를 바로 시작했다.

조정의 의견은 찬반으로 명확하게 갈라졌다. 영의정 정창손鄭昌孫, 좌의정 윤필상尹弼商, 우의정 홍응洪應, 영사 한명회韓明澮, 영사 김국광金國光, 병조판서 이극증李克增 등은 파병 찬성 의견을, 영중추부사 이극배李克培, 영사 윤사흔尹斯昕, 좌찬성 한계희韓繼禧, 좌참찬 권감權瑊, 우찬성 어유소漁有沼, 우참찬 어유공魚世恭, 병조참판 여자신呂自新, 병조참의 이길보李吉甫, 병조참지 신부申溥 등은 반대 의견을 내었다. 찬성론의 근거는 대국을 섬기는 예의상 거절하기 어렵다는 점과 세조 때에도 칙서를 받고 출병한 전례가 있다는 것이었다. 반면에 반대론자들은 평안도 지역의 흉년, 겨울이라는 시기상의 문제, 패배할 가능성, 세종 때 명의 청병을 거절한 전례 등을 이유로 제시했다.[141] 상고할 만한 두 차례의 전례 가운데 파병 수락과 거절이 각각 한 차례씩 있었던 탓에, 논의는 쉽게 결론이 나지 않았다. 전례를 중시하던 당시 조선사회에서 찬반 양쪽 모두 자기에게 유리한 확실한 전례를 가지고 있었기 때문이다.

성종의 마음은 반대로 기울었으나, 문제는 거절할 구실을 찾는 것이었다. 이미 명 조정에서 작전 기일까지 확정하고 칙서를 보내는 상황에서 시기 문제를 구실 삼아 반대하기는 어려웠고, 흉년을 구실로 내세울 경우에도 명 조정에서 그것을 사실로 믿지 않을 것이라는 우려가 지배적이었다. 이에 다양한 논의를 거친 후, 일단 파병한다는 결정을 내리고 그 준비에 들어갔다.[142]

그런데 며칠 후에 올라온 한 통의 상소는 이 결정을 번복하게 만들었다. 상소의 주인공은 1467년(세조 13)의 건주여진 원정에 종군한 바 있는 하급관리 승문원참교承文院參校 정효종鄭孝終이었다. 그가 새롭게 제시한 출병 반대 근거는 다음과 같다.

"……신이 듣건대 맹자께서 말씀하시기를 이웃 마을에 싸움이 있으면 비록 문을 닫아도 괜찮다고 했습니다. 오늘의 일로써 말한다면 …… 이것은 우리에게 이웃의 싸움이니 문을 닫아야 할 처지에 있습니다. ……옛말에 이르기를 이적夷狄이 서로 공격하는 것은 중국의 이익이라고 했습니다. [따라서] 신은 이웃나라가 서로 공격하는 것은 우리에게 이익이라고 말하겠습니다. [그런데] 하필 우리 백성을 내몰아 [그들의] 창칼 사이로 나아가게 해 타국의 이익을 도와주겠습니까? ……세종대왕의 사대 정성은 천성에서 나왔지만, 오히려 시세를 짐작해 임시편의대로 진주해 [파병을 거절했던] 것은 진실로 나라의 근본을 굳게 하지 않을 수 없고 변방의 우환을 염려하지 않을 수 없기 때문이었습니다. ……만약 세조께서 이미 [파병에 응해] 순종했으니 지금에 와서 홀로 어길 수 없다고 말하면서 금년에 따르고 명년에 또 따른다면, 신은 상국이 [이를] 보고 [우리 군대 청하기를] 예삿일로 여겨 오랑캐를 정벌할 때마다 우리나라에서 [군사를] 징발함이 한 뱃속에 있는 것처럼 [쉽게] 할까 두렵습니다. 그런즉 그것에 일일이 [다] 응할 수 있겠습니까? ……혹 황제의 명을 중히 여겨 부득이 응해야 한다면 ……다시 봄날의 화창한 때를 [출전] 기일로 삼을 것을 청하고 ……혹시 중국이 기일에 앞서 [단독으로 정벌] 나선다면 우리 백성은 전쟁에 나가는 수고[를 할 필요]가 없을 것입니다. ……대개 오랑캐가 우리를 침범하는 까닭은 정해년(세조 13) 싸움이 계기가 되었습니다. ……무릇 건주의 추장 이만주는 성심으로 투화했으므로 본래 [우리와] 원한이 없었는데, 이제 정해년의 싸움 때문에 원한을 품고 지금까지 여러 차례 침범해 오니 어찌 해가 심하지 않겠습니까? (이는 마치) 갑에게 노한 것이 을에게 옮겨간 [것 같아, 우리가] 남을 대신해 적을 맞게 되었으니, 신은 그것이 과연 가당한지 알지 못하겠습니다. ……"[143]

《맹자》〈이루장離婁章〉에 나오는 구절을 인용하면서 정효종이 내세운 논리의 핵심은 쓸데없이 이웃의 싸움에 개입해 남 좋은 일 해 줄 필요가 없다는 것이었다. 아울러 명에 대한 사대정책도 조선에 유익하게 될 경우에만 유지되어야 한다는 더 큰 논리를 그 바탕에 깔고 있었다. 이에 그는 최대한 일을 지연시켜 명이 단독으로 출정하도록 상황을 만드는 것이 상책이라는 결론을 내었던 것이다. 이런 주장은 당시 정효종이 명을 그저 조선의 이웃에 있는 하나의 국가로 인식하고 있었음을 잘 보여준다.

그런데 여기서 더 중요한 것은 정효종의 이런 생각이 성종을 비롯해 당시 조정 신료들 사이에 아무런 이의 없이 그대로 받아들여졌다는 점이다. 심지어, 파병에 찬성하던 대신들조차도 이 상소를 계기로 파병 문제를 재고해야 한다는 쪽으로 입장을 바꾸었다. 그 결과, 조정에서는 칙사의 서울 도착에 대비해 다음과 같은 내부 지침을 마련했다.

1. 칙서에는 따르겠다고 하되, 겨울철 파병은 어렵겠다고 한다.
2. 혹시 칙사가 파병할 군사 수를 물으면, 1만 명 이상은 불가능하다고 한다.
3. 만약 칙사가 직접 조선 군대와 함께 요동으로 돌아가겠다고 하면, 우리 장수가 직접 지휘할 것이라고 하면서 거절한다.
4. 공격 기일에 대해서는 날씨와 지형을 핑계로 그 날짜에 맞추기 어렵겠다고 한다.[144]

요컨대 이 내부 지침은 청병에는 응하겠지만 세부적인 사안에 대해서는 따르기 어렵다는 것이었다. 다른 말로, 명의 파병 요청에 애매모호하게 답하는 것이 이 지침의 골자였던 것이다. 아울러 이 지침을 조정 관원들이 숙지하는 등 대책 마련에 시간이 더 필요하니, 의주에서 칙사를 맞

이해 서울까지 안내해 오고 있는 접반사로 하여금 칙사의 행차를 최대한 지연시키라는 명령도 하달했다.[145]

칙사가 서울에 도착하자, 성종은 실제로 이 지침에 의거하여 칙사와의 대화에 임했다. 대화 내용을 요약해 정리하면 다음과 같다.

성종: 칙서에는 따르겠지만 겨울철이고 길이 멀어 지금 군대를 보내기는 어렵다.
칙사: (황제의) 조정朝廷에 군사가 부족한 것은 아니다. 퇴로만 차단해 달라는 것이다.
성종: 겨울철은 거병하기 힘든 시기다. 조정에서 잡은 공격 일자는 언제인가?
칙사: 이 달(윤10월) 25일이다.
성종: 칙서에는 기일에 대한 언급이 없다. 그 날짜는 너무 촉박해서 미치지 못하겠다.
칙사: 칙서에는 대강만 기록했을 뿐이다. 작전 계획이 그러하니 기일에 맞춰야 한다.
성종: 징병에는 절차가 있어 시간이 필요하고, 거리도 멀기 때문에 맞출 수 없다.
칙사: 전하의 말씀은 지당하지만, 그래도 기일은 지켜야 한다.
성종: 하겠다고 해 놓고 못 지키면 도리가 아니다.
칙사: 전(세조 때)에는 시기에 맞게 출병했는데, 이번에는 왜 안 되나?
성종: 그때는 칙서에 앞서 미리 통보를 받았지만 지금은 칙서를 보고 알았기 때문이다.
칙사: 이번에도 칙서에 앞서 통보가 미리 갔을 텐데, 무슨 말인가?
성종: 칙서가 온다는 보고만 받았지, 내용은 알지 못했다.
칙사: 기일에 지켜 응하면, 큰 상이 있을 것이다.
성종: 군대는 보내겠으나, 기일은 지킬 수 없다.

칙사: 그렇다면 전하가 생각하는 기일은 언제인가?

성종: 전쟁은 멀리 앉아서 판단할 수 없다. 장수가 현지에서 형세를 보아 결정할 것이므로 이 자리에서 기약할 수는 없다.[146]

요컨대 성종은 칙서에 따르겠다는 대답을 해 놓고도 출병 시기와 작전 날짜를 꼬투리 삼아 끝까지 확답을 주지 않았던 것이다. 심지어 칙서의 내용을 전혀 몰라 준비하고 있지 않았다는 거짓말까지 했다. 작전 기일에 맞출 수 없다면 언제쯤 가능하느냐는 칙사의 질문에 대해서도 매우 능숙하게 확답을 피하는 등, 정효종의 상소를 계기로 작성된 내부 지침에 따라 성공적으로 대화를 이끌었다.

그렇지만 작전 기일에 맞출 수 없다고 했을 뿐 파병 자체를 거절한 것은 아니었기에, 칙사를 배웅한 후 3도 도체찰사 어유소를 원정군 대장으로 삼고 불러 보았다.[147] 그러나 정말로 건주여진을 공격하려는 의도는 없었다. 성종은 어유소에게 섣불리 공격해 들어가지 말 것과 명군이 토벌하고 지나간 다음에 살며시 들어가 포로를 잡는 것이 상책이라고 말함으로써, 처음부터 이 원정의 목적을 여진인 포로를 몇 명 잡아 북경에 보내는 데에 두고 있었다. 성종의 이러한 의도는 이미 서울을 떠난 어유소에게 경솔히 전진하지도 말고 오랫동안 머물러 있지도 말라는 유지를 재차 내린 데에서도[148] 분명히 알 수 있다.

그런데 압록강에 다다른 어유소는 강의 어름이 얇아 기병대가 건널 수 없다는 이유를 내세워 자신의 재량으로 군대를 해산해버림으로써 문제가 되었다. 군대를 해산했다는 사후 보고를 접한 성종은 어유소의 판단이 정확했을 것으로 보고 그것을 문제 삼지 않았다.[149] 그렇지만 강도 건너지 않고 중간에 돌아왔다고 북경에 보고할 경우, 명 조정에서 조선의 출병 사실 자체를 믿지 않을 것이라는 우려 때문에 다시 고민하기 시작했다. 대신들도 비록 적을 공격하지는 않을지라도 최소한 강은 건너야 황제에게 보고할 근거가 된다고 하면서 우려를 표했다. 특히 이미 원정을 마치고 요동으로 돌아온 명의 병사들이 조선이 여진 추장들에게 발급했던 직첩을 다수 노획했을 뿐만 아니라 작전 중에 조선군의 그림자도 보지 못했다는 소문을 퍼뜨리고 있다는 첩보는[150] 조선 조정을 긴장하게 만들었다. 이에 성종은 황제에게 보고할 근거를 만들기 위해 2차 출병을 결정하고 좌의정 윤필상을 도원수로 삼았으며, 조선군이 지나가는 곳은 지도상에 반드시 표시하라는 특명을 내렸다.[151]

그런데 이번에는 대간에서 출병을 강력하게 반대하고 나섰다. 그럼에도 성종은 끝내 출정 명령을 철회하지 않았는데, 성종의 의도는 대사간 박안성朴安性과 대사헌 김양경金良璥에게 한 다음의 말에서 잘 드러난다.

"……이번에 우리 군대가 겨우 (압록)강에 다다르자 [강을 건너지도 않고] 돌아와 즉시 [군사를] 파해 돌려보냈다. …… 비록 주문하려 해도 그 말에 실로 근거가 없으니 [명나라] 조정에서 우리를 책망함이 없겠는가? 전에 마시랑馬侍郎이 우리나라의 궁각弓角 수매를 금할 것을 청했지만, [우리가] 주청한 후에야 조정에서 허락했다. 또한 중국 조정은 우리나라를 친히 신임해 [우리] 사행단의 행차에 다 활을 메고 칼을 차도록 허락했다. [그런데] 지금 칙서에 따르지 않는다면 반드시 의심을 내어 사신을 보내 책망할 것이니, 장차 무슨 말로 대답하겠는가? 지금 비록 [명나라의 책망이 고려에 대한] 원나라의 침해와 책망에까지 이르지는 않았지만, 천하의 일이란 기약할 수 없는 법이다."[152]

"내가 계산해보건대 야인野人은 명나라 군대의 침입을 당하면 우리나라의 협공을 두려워해 반드시 사람을 보내 이를 엿볼 것이다. [그러니] 비록 깊이 들어가 공격하지 않더라도 만약 척후하는 자를 만나 [그를] 사로잡아 [북경에] 바치면 책망은 면할 수 있을 것이다."[153]

대간과의 논쟁에서 성종이 한 이 말들은 당시 조선이 원치 않는 출병을 하게 된 이유를 잘 설명해 준다. 즉 명과의 전통적 관계를 유지하는 것 외에도, 명이 바로 얼마 전에 조선에게 궁각 무역을 특별히 허락해 주었는데, 이제 명의 합동 군사작전 요구를 거절한다면 조선을 의심해 궁각 무역을 다시 금할지도 모른다는 것이었다. 그러니 신용을 잃지 않기 위해서는 군대를 파견해 여진인 포로 한두 명이라도 잡아 북경에 보내야 한다는 것이었다. 활을 만드는 데 필요한 재료로 수우각水牛角으로도 불렸던 궁각은 본래 무기 재료로 분류되어 명의 수출 금지 품목에 들어 있었다. 그런데 조선은 이 파병 여부 논의가 있기 불과 4년 전인 1475년(성종 6)에 명에 청원해 특별히 그 수매를 허락 받아, 국내에서 필요한 전량을 명으로부터 수입하고 있었다.[154] 따라서 성종이 2차 출병을 고집한 이유는 지극히 현실적 필요에 기인하고 있었음을 알 수 있다.

이런 이유로 조선은 결국 4,000명의 군사를 다시 출정시켰고, 윤필상이 직접 이끄는 950명 규모의 부대는 압록강을 건너 몇몇 건주여진 부락을 급습해 참수 15명, 사살 1명, 한인漢人 구출 7명, 부녀 및 아이 생포 15명 등의 전과를 올렸다. 그런데 이러한 전과를 올리는 과정을 보면 그것은 전혀 전투라고 볼 수 없는 것이었다. 조선군이 공략했다는 부락들은 대개 6~7호 정도에 불과한 조그마한 규모였기 때문이다. 실제로 이 토벌은 불과 950명 정도의 소규모 병력으로 가능했고, 단 한 명의 전사자도 없는 일방적인 검거였으며, 포로를 잡자마자 즉각 귀환했던 것이다. 이러한 전과에 대해 성종은 한두 명만 잡았어도 만족인데 포로가 참 많다고 하면서 매우 기뻐했다. 또한 조선이 승첩을 보고하자 명 조정은 조선이 작전 기일을 지키지 않은 것을 문제 삼기는커녕 칙서에 순종해 건주여진을 무찌른 것으로 간주해 크게 포상하고 금패까지 하사했다.[155]

15세기 조선 조정의 명나라 인식

이제 앞서 살펴본 세종(1449), 세조(1467), 성종(1479) 때의 사례를 함께 묶어 비교해 봄으로써 15세기(조선 초기)에 명의 청병을 대하는 조선 조정의 태도 및 대명관對明觀이 어떠했는지 살펴보자. 첫 사례가 되는 세종 때 경우는 명이 몽골 원정을 감행하면서 조선에 군사를 요청한 경우다. 이때 조선 조정은 한 목소리로 파병에 반대했는데, 조선과는 무관한 명과 몽골의 싸움이라는 인식이 지배적이었기 때문이다. 심지어 당시 조선 조정은 만일 몽골이 조선에 침입할 경우에는 강화하는 것이 상책이라고 미리 결정해 놓고 사태의 추이를 관망할 정도였다. 따라서 명의 파병 요청을 놓고 대명사대정책과 조선의 이해득실 사이에 마찰이 있을 경우 어느 쪽을 택할 것인가는 논의의 대상조차 되지 않았다. 이러한 태도는 고려 때의 사대정책과 맥을 같이 하는 것으로, 사대의 대상은 상황에 따라 언제라도 바꿀 수 있다는 인식이 당시 조선 지배층 사이에서 지배적이었음을 잘 보여준다.

이는 요·금 교체(1115), 금·원 교체(1234), 원·명 교체(1369) 등과 같은 중원의 빈번한 패자霸者 교체를 경험한 고려 때의 기억이 아직도 강하게 남아 있던, 특히 원명 교체로부터는 아직 100년도 채 되지 않은 조선 초기의 시점에서 몽골의 또 다른 흥기를 지켜보아야 했던 조선 조정의 입장에서는 어쩌면 매우 당연한 결과였다고 할 수 있다. 다른 말로, 명나라의 북경을 포위한 야선의 몽골군이 언제라도 압록강을 건너 국내로 침입해 올 가능성을 충분히 염두에 두고 정책 결정에 임할 수밖에 없었고, 정작 그런 일이 벌어질 경우에 조선으로서는 굳이 몽골과 싸우기보다는 강화하는 쪽을 선호하는 것이 매우 당연하고 자연스러웠다. 따라서 이런 조선이 명의 몽골 원정에 굳이 동참할 이유는 전혀 없었던 것이다.

물론 세종 때는 조선 조정에서 명나라와의 군신관계를 중시하는 분위기가 조성되고 있었다. 태종을 거쳐 세종 대에 이르면 왕과 신료들 사이에서 유교적 상하 군신관계에 기초한 사대론이 매우 강조되었다는 연구도 있다.[156] 그러나 이 연구는 변계량邊季良(1369~1403) 개인의 이론적인 사대관 및 한인漢人의 송환 문제나 과중한 조공 문제 관련 논의를 조사해 얻은 부분적인 이해일 뿐이다. 파병이나 전쟁과 같은 보다 중차대한 사안에 대해서는 세종과 조정 신료들 중 어느 누구도 그런 의리론적 사대관을 갖고 있지 않았다. 별다른 고민의 흔적도 없이 명의 파병 칙서를 거의 일방적으로 무시해 버린 당시 조정의 분위기는 이 점을 극명하게 보여준다.

세조 때의 사례는 1467년(세조 13)에 명이 건주여진을 공격하면서 조선에 군사를 요청한 경우다. 이번에는 조선 조정이 한 목소리로 파병을 추진함으로써 세종 때의 사례와 정반대의 방침을 세웠다. 그렇지만 그런 결정을 내리게 된 판단과 인식의 바탕은 서로 같았다. 당시 조선 조정은 명의 파병 요청이 있기 전에 이미 독자적으로 건주여진 정토를 준비하고 있었으므로, 때마침 도착한 명의 합동 군사작전 요청을 굳이 거부할 필요가 없었던 것이다. 또한 그동안 건주여진 문제를 놓고 다소 껄끄러웠던 명과의 관계를 개선할 수 있는 기회로 보고 출병한 점도 간과할 수 없다. 요컨대 세종과 세조 때의 사례들은 겉으로 드러난 대응 방침은 정반대로 나타났지만, 그 이면에는 명에 대한 사대정책 자체를 중시하기보다는 오로지 조선 스스로의 필요성과 국가 이익을 최고의 기준으로 삼아 결정을 내렸다는 공통점이 있다.

그런데 성종 때 사례에서는 분위기가 다소 바뀌는 점을 간파할 수 있다. 성종 때의 논의는 1479년(성종 10)에 명이 건주여진을 다시 치면서 조선에 출병을 요청해옴으로써 시작되었다. 당시 조선은 건주여진을 공격할 계획도 없었고 그럴 필요성도 느끼지 않던 차에 명의 파병 칙서를 받았으므로, 명의 요구를 받아들여 원치 않는 파병을 할 것인가, 아니면 파병을 거절할 것인가에 대한 논쟁이 처음으로 불붙었다. 이때 여러 의견들을 수렴해 내린 결론은 명과의 외교관계상 파병은 하되, 적극적으로 개입하지는 말고 그저 포로나 몇 명 잡아 보냄으로써 성의를 보인다는 일종의 절충안이었다. 또한 명과의 외교관계를 고려하는 이유도 명분론적인 사대의 예의보다는 활 제조에 필요한 궁각을 명으로부터 계속 수입하기 위한 현실적인 문제 때문이었다. 결국 조선은 명의 합동 군사작전 제의에는 따르지 않으면서도, 나중에 별도로 소규모 군대를 파견해 약간의 포로를 잡아 보내는 성의를 보임으로써 명과의 관계에 금이 가지 않도록 지혜롭게 처신했던 것이다.

현재 학계에서는 성종 대를 조선의 건국 이후 유교적 문물과 국가제도가 정비되어 모화사상과 사대정책이 본궤도에 진입한 시기로 보는 경향이 있다. 실제로, 성종 대에 이르면 유교적 군신의리에 기초한 사대론이 더욱 심화되어 이에 대한 거역은 곧 국내의 예禮 질서마저 무너뜨리는 행위로 간주되었으며, 대명사대론이 하나의 정치론이자 국가론으로 정립되었다는 주장이 제기된 바 있다.[157] 그러나 이런 해석 또한 한인 유민의 송환 여부 논의나 명 황제를 위한 복상 문제 논의 등을 조사해 얻은 극히 부분적인 이해일 뿐이다. 이미 살펴보았듯이 파병과 같은 중대 사안에 있어서는 명을 그저 하나의 이웃나라로 보는 인식이 아직도 훨씬 우세했다. 단순히 의례儀禮적인 사안들만으로 조선의 명나라 인식의 실체를 섣불리 단언하기 어려운 이유는 바로 여기에 있다. 국가의 중대사인 파병이나 전쟁과 같은 사안에서 대명사대와 조선의 국익은 언제라도 서로 충돌을 일으킬 수 있었고, 그럴 경우에 조선은 마땅히 전자를 포기하고 후자를 택한다는 공감대는 성종 대까지도 조전 조정에 팽배해 있었던 것이다.

요컨대 세종, 세조, 성종 때(15세기) 사례들은 겉으로 드러난 대응 방침은 파병 거절, 적극적인 파병, 생색내기 파병 등과 같이 서로 달랐지만, 그 이면에는 대명사대라는 이념적 가치보다는 오로지 국가의 이해득실에 따라 결정을 내렸다는 공통점이 있다. 이는 사대의 대상은 상황에 따라 언제라도 바뀔 수 있다는 인식이 15세기 조선 지배층 사이에서 지배적이었음을 잘 보여준다. 이런 분위기는 이전 고려시대의 중원국가(중국) 인식과도 그 맥을 같이 한다고 볼 수 있다.

4장
사대와 국익:
16세기 중종 대(1506~1544) 사례와 조명관계의 변화

이 장에서는 16세기 전반 중종 대에 조정에서 파병 여부를 둘러싸고 벌어진 논의를 검토하고, 그것을 이전 15세기의 사례들과 비교해봄으로써, 명나라를 보는 조선 조정의 인식과 태도가 16세기에 들어와 이전에 비해 달라졌음을 확인하려고 한다. 이러한 변화 양상은 비단 파병 논의뿐만 아니라 조칙을 받는 의전 등 다른 분야에서도 비슷하게 발견된다. 아울러 중종 대에 이르러 조선을 중국의 내복內服으로 간주하는 인식이 조선과 명 양국에서 거의 동시에 대두한 사실은 이 시기 대명관의 변화를 더욱 잘 뒷받침해 준다. 조선 초기의 현실적인 사대, 곧 대명사대와 국익이 마찰을 빚을 경우에는 국익을 우선한다는 조건부적인 대명사대관이 16세기 전반 중종 대에 이르러 정신적인 사대, 곧 대명사대와 국익이 마찰을 빚을 수도 있다는 생각 자체를 아예 하지 않고 사대와 국익을 거의 동일선상에서 이해하는 절대적인 사대관으로 바뀌는 모습을 보인다. 이렇게 된 배경으로는 '천자'와의 특별한 관계를 통해 자신의 왕권을 확립하려 했던 중종의 저자세적인 대명 태도, 한족漢族의 문화와 유교 예법을 흠모하는 소중화小中華 의식의 확산, 주자학의 발달에 따른 배타적 화이관의 팽배, 그 결과 조선이 명에게 순종하는 것을 음양관계에 기초한 천리로 받아들이는 새로운 태도, 더 나아가 명나라를 부모의 나라로 여기는 인식의 확산 등을 꼽을 수 있다.

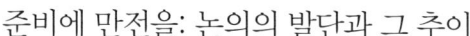

준비에 만전을: 논의의 발단과 그 추이

성종 대의 파병 논의 이후 17세기 초에 후금이 흥기할 때까지 명의 파병 요청은 더 이상 없었다. 이는 16세기에는 명나라에서 조선의 파병을 원하는 칙서를 한 번도 보내지 않았음을 뜻한다. 그런데 1543년(중종 38)에 조선 조정에서는 명의 청병請兵을 예상해 그 대비책을 미리 논의한 적이 있었다. 명의 청병이 끝내 이루어지지 않아 조정의 논의도 얼마 후 흐지부지 끝나고 말았지만, 이 논의는 16세기 전반 무렵 조선 조정이 명의 청병을 어떻게 받아들이고 있었는지 살필 수 있는 좋은 사례가 된다.

당시 북경에 가 있던 동지사 최보한崔輔漢은 산동 순무어사山東巡按御使 호여보胡汝輔라는 자가 조선에 청병해 건주여진을 정벌하자는 내용의 장계를 병부에 올렸다는 정보를 입수해 곧장 서울에 알렸다. 보고를 접한 중종은 청병에 대비해 미리 준비해야 하니 이 문제를 상의하라고 의정부와 병조의 당상관들에게 지시했고, 의정부와 병조 또한 파병을 미리 준비하고 대기해야 한다고 회계했다.[158] 이어 계속된 논의의 초점은 파병 여부가 아니라 파병 준비에 있었다.

이때 중종의 의지는 매우 단호했다. 승정원에 내린 한 명령에서 중종은 조정 논의의 방향을 분명하게 제시했다. 그는 세조 때와 성종 때의 사례를 전례로 삼아 파병을 준비하라는 명령을 내리는 한편, 성종 때 강에 얼음이 얼지 않았다는 이유로 임의로 군대를 해산함으로써 작전 기일에 맞추지 못하게 만든 장본인으로 어유소魚有沼를 지목해 비난했다. 특히 어유소의 죄목으로 천조天朝(명나라)를 기망한 점을 강조했다. 아울러, 작전 기일에 제대로 맞추지 못했던 성종 때와는 달리, 이번에는 칙서가 도착하는 즉시 그 작전 날짜에 맞추어 즉각 출동할 수 있도록 준비에 만전을 기해 사대의 도리를 다 해야 한다고 강조했다.[159] 실제로, 조정의 논의는 이러한 지침에 따라 그 실천 방안을 협의하기 위한 성격이었다.

대신들도 비록 갑작스러운 출병 준비가 어려운 일이라고 지적은 하면서도, 파병 준비에 최우선을 두는 것에 주저하지 않았다. 특히 당시 국가 차원에서 역점을 두고 있던 북방 사민정책을 보류하면서까지 파병을 위한 징병을 서둘렀다.[160] 조선 조정은 건국 초기에 확보했던 두만강 유역 육진 지역에 백성들을 꾸준히 이주시키고 있었는데, 당시에는 이것이 제대로 이루어지지 않고 있었을 뿐만 아니라, 기왕에 이주해 있던 주민들마저도 지역을 이탈하는 경우가 많아, 경원慶原과 경흥慶興 지역은 주변이 텅 비어 방어 대책조차 제대로 세우기 어려운 상황이었다.[161] 따라서 도망한 자들을 쇄환하고 죄수나 일반 백성을 추가로 이주시키는 문제가 자주 논의되던 중이었다. 이런 상황이었음에도 불구하고, 아직 결정되지도 않은 명의 파병 요청 가능성만으로 파병 준비를 위해 사민정책을 잠시 보류하자는 의견이 압도적이었던 것이다.

이후 파병 준비 관련 기사가 실록에 구체적으로 보이지 않아, 이후의 추이를 정확히 알 수는 없다. 그렇지만 전국적으로 징병이 이루어지고 군수품을 조발하는 등 파병 준비가 실제로 진행되었던 것으로 보인다. 왜냐하면 이 논의가 있었던 때로부터 약 6개월이 경과한 1543년(중종 38) 7월의 국내 상황을 전하는 한 실록 기사에 따르면, 파병 가능성에 따라 갑자기 추진된 전국적인 군비 점검으로 인해 활과 화살 값이 폭등했다는 기록이[162] 나오기 때문이다. 이런 점으로 미루어 볼 때, 이때의 파병 논의는 단지 논의로만 그치지 않고, 파병 준비 겸 국방 강화라는 취지로 전국에 걸쳐 이미 시행 단계에 들어서있음을 알 수 있다. 예상되던 청병 칙서가 오지 않아 파병 준비가 중간에 취소되었고, 그에 따라 사안의 중요도가 떨어져 실록에 자세하게 기재되지 않은 것이지, 파병을 염두에 둔 국방 강화정책이 전국적으로 진행된 사실은 분명해 보인다.

어쨌든, 파병 논의가 처음 있은 지 약 한 달 뒤에 북경에서 돌아온 동지사 일행이 명은 지금 몽골을 막는 문제가 더 급해 북경 방어에 신경을 쏟을 뿐 여진을 정토할 계획은 세우지 않았다고 보고하자,[163] 파병 준비는 주춤했다. 달포 후 북경에 간 사은사가 명은 건주여진 정토 계획을 가지고 있지 않다는 보고를 다시 올리자, 파병 준비는 사실상 중단되었다.[164] 결국, 명이 조선에 파병을 요구해 올지도 모른다는 일말의 가능성만으로 조선 조정에서 벌어졌던 논의와 그에 따른 파병 준비는 해프닝으로 끝나게 되었다.

중종 때의 사례에 나타난 조선 조정의 반응은 이전과는 매우 달랐다. 정식 파병 요청이 있기도 전에 미리 파병을 결정하고 그 준비를 위한 논의를 시작한 것은 앞 장에서 살핀 15세기의 조정 분위기와는 매우 다른 모습이었다. 더욱이 그렇게 서둘러 준비해야 하는 이유가 명이 요구해 올 예상되는 작전 일자에 맞추기 위해서라는 중종의 말은 예전에 성종이 칙사에게 거짓말을 하면서까지 명의 작전 기일에 응하지 않으려 했던 점과 비교해 볼 때 매우 새로운 태도였다. 특히, 약속 기일에 대지 못한 성종 때의 사례와는 달리, 이번에는 기일에 제대로 맞추어야 사대의 도리를 제대로 행하는 것이라는 의식은 중종뿐만이 아니라 당시 조정의 중론이었다. 의도적으로 기일을 맞추지 않은 성종 때의 사례를 기일에 맞추지 '못한' 것으로 자의적으로 바꾸어 이해한 중종과 신료들의 인식은 이미 70년 전의 조정 분위기와는 매우 다른 모습이었던 것이다.

아울러 당시 조선은 여진 정벌 계획이 전혀 없었음에도 불구하고, 출병 반대 의견이 조정에서 전혀 제기되지 않았다는 점도 매우 특이하다. 출병의 어려움을 지적은 하면서도, 어느 누구도 그 어려움 때문에 출병을 거절해야 한다는 의견을 내지 않았다. 심지어, 당시 국가의 주요 사안이며 국경 방어 문제와도 밀접한 관련이 있던 사민정책을 보류하면서까지 파병 준비에 더 역점을 두었다. 특히 세종 때 만장일치로 파병을 거절한 것은 말할 나위도 없고, 파병을 하더라도 이것저것 따져보고 최소한의 규모로 했던 성종 때와 비교해도, 중종 대의 조정 분위기는 전혀 다른 새로운 것이라 할 수 있다.

이런 점은 현실적인 정세 판단에 기초해 파병에 따르는 국가의 손익을 저울질해 보는 논의가 전혀 없었던 사실에서도 잘 드러난다. 손익 계산도 없이 파병을 기정사실화 한 것은 이전에는 전혀 볼 수 없었던 대응 태도였다. 그런데 일국을 다스리는 왕과 대신들이 해외파병과도 같은 중대 결정을 내리면서 전혀 손익 계산을 하지 않았다고 보기는 어렵다. 그렇다면 중종 대의 사례는 당시 조선의 왕과 신료들이 대명사대와 조선의 국익을 완전히 동일시하고 있었음을 알려주는 예로 보아야 할 것이다. 다른 말로, 중종과 신료들은 대명사대와 조선의 국익이 마찰을 빚을 수도 있다는 가정 자체를 아예 하고 있지 않았다는 것이며, 그러한 대명의식은 아직 결정되지도 않은 명의 파병 요청을 예상해 미리 파병을 준비하는 모습으로 나타났던 것이다. 실제로 이때 중종과 신료들이 한 목소리로 파병을 당연시하며 내세웠던 이유들도 사대의 예의에 어긋나는 일이 없도록 파병에 응해야 한다는 것과 그 예의를 제대로 갖추려면 명에서 통보할 작전 날짜에 맞추기 위해 사전에 미리 준비해야 한다는 등, 사대의 예의가 가장 중요한 파병 이유였다. 이러한 점들은 중종 대 조선 조정의 대명관이 이전에 비해 달라졌음을 잘 보여준다.

황제와 왕: 중종과 가정제의 밀월관계

중종 대 조선 조정의 대명 태도에 중대한 변화가 있었음을 알려주는 예는 파병 논의 외에도 많이 있다. 이런 변화는 이후 조명관계와 조청관계의 성격을 좀 더 구체적으로 비교, 이해하는 데에 매우 중요하다. 조선 시대 한중관계에서 중종 대에 무엇인가 큰 전환이 일어났음을 잘 보여주기 때문이다. 이번 소절에서는 그 한 예로 조선의 왕이 명 황제의 조칙을 받을 때 행하던 의전상의 변화를 검토함으로써, 중종 대의 대명 태도 변화가 파병 문제에만 국한되어 나타난 현상이 아니라는 점을 밝히고, 아울러 이런 변화 현상이 하필 중종 대에 두드러지게 나타나게 된 제반 원인에 대해서도 살피고자 한다.

칙서맞이와 고두례叩頭禮

전통적으로 조선의 왕은 명의 조사나 칙사가 도착하면 도성 밖 모화관에 나가 한 번 읍하면서 맞이한 뒤, 궁궐에 돌아와 편지를 개봉한 직후에 조서의 경우에는 4배 3고두四拜三叩頭, 칙서의 경우에는 4배 1고두의 예를 행했다.[165] 그런데 명의 사신들이 교외에서부터 5배 3고두를 행할 것을 고집함에 따라 논쟁이 오래 지속되었다.

명 사신과 조선 조정 사이에 벌어진 첫 논쟁은 1450년(세종 32)에 있었는데, 이때 조선 측이 제시한 근거는 홍무제洪武帝(r. 1368~1398)가 조공국의 의전 절차를 제정해 1370년에 반포한 《번국의주蕃國儀注》로, 거기에는 5배 3고두라는 말이 없으니 시행할 수 없다는 것이었다. 이에 대해 명 사신은 그런 책이 있었음을 미처 몰랐다고 사과하고 5배 3고두 주장을 즉각 철회했다.[166]

이로부터 2년이 지난 후 같은 성격의 논쟁이 다시 있었다. 이때 명 사신은 《번국의주》는 홍무 3년(1370)에 제정된 것인데, 그 후 예제가 많이 바뀌었으므로 《대명집례大明集禮》나 《대명회전大明會典》에 의거해 5배 3고두를 행할 것을 재차 요구했다. 그러나 조선 조정은 《대명집례》나 《대명회전》은 명의 관리들을 대상으로 한 규례이지 외국 왕에 대한 규정이 아니라는 점을 들어 역시 따르지 않았다.[167] 이후로도 비록 5배 3고두 문제는 아니더라도, 조서를 받는 의전 절차 문제로 명 사신들과 의견이 맞지 않을 때마다 홍무제 이래 내려오는 전례임을 구실로 삼아 기존의 입장을 고수했다.[168]

그렇지만 명 사신의 끈질긴 요구에 조선 조정은 결국 굴복하고 말았는데, 그 첫 사례가 바로 1537년(중종 32), 즉 파병 준비 논의가 있기 불과 6년 전의 일이었다. 이 조서는 명의 태자 탄생을 알리는 것이었는데, 명의 조사詔使는 태자 탄생 조서의 특별성, 조서를 받을 때 5배 3고두를 명시한 《대명회전》의 보편성, 조선의 명에 대한 사대 정성 표현의 당위성 등을 내세워, 압록강을 건너 입국한 직후부터 줄곧 5배 3고두를 고집했다. 조정 대신들 사이에서는 조사의 말 한 마디로 종래의 예제를 바꾸는 것은 부당하다는 견해가 우세했다. 그러나 중종은 5배 3고두의 보편성을 받아들여 찬성하는 입장을 표했고, 끝내 의주儀注의 내용을 5배 3고두로 고칠 것을 명했다.¹⁶⁹ 결국 중종은 조선의 왕으로서는 처음으로 도성 밖 교외에서 구경나온 일반 백성들까지도 모두 지켜보는 가운데 조서를 향해 5배 3고두를 행했던 것이다.¹⁷⁰

이후 명종明宗(r. 1546~1567)과 선조宣祖(r. 1567~1608)도 도성 밖 영조례迎詔禮에서 5배 3고두를 행한 적이 있었다.¹⁷¹ 그렇지만 모화관에서의 5배 3고두가 아직 확실한 의전으로 굳어지지는 않았던 것으로 보인다. 왜냐하면 선조의 책봉영조례 때에 문무백관만 5배 3고두를 행하고 선조는 국궁鞠躬만 했다는 기록¹⁷² 및 조서나 칙서를 맞되 5배 3고두례를 행했다는 기록이 없는 경우도 있기 때문이다. 그러나 임진전쟁(임진왜란)이 발생하고 조선이 명의 군사 원조에 의존해야 하는 상황이 발생하자, 조칙을 받을 때 왕이 5배 3고두를 행하는 것이 상례화되었다. 심지어 선조는 명 장수 이여송李如松(?~1598)을 접견한 자리에서 황은에 감사한다는 의미로 북경을 향해 5배 3고두를 자청해 행하기까지 했으며,¹⁷³ 관련 의주를 정식으로 수정하기에 이르렀다.¹⁷⁴

이로써 본다면 중종이 최초로 모화관에서 5배 3고두례를 행한 것은 그것이 상례화되는 길을 연 중요한 의미를 갖는 사건이었음을 알 수 있다. 아울러 16세기 전반 중종 대에 이르러 조선의 대명 태도가 좀 더 저자세로 변하고 있었음을 잘 보여준다. 확정되지도 않은 명의 청병 가능성만으로 파병을 결정하고 그 준비를 서두르고자 했던 중종과 신료들의 태도는 이러한 분위기와 결코 무관하지 않았을 것이다.

중종의 왕권과 북경 사행

이렇듯 16세기 전반에 명을 대하는 조선 조정의 태도에 중요한 변화가 일고 있었음은 분명한 사실이다. 또한 그런 변화의 중심에서 핵심 역할을 담당한 사람은 바로 중종 자신이었다. 그렇다면 이러한 변화는 왜 하필 16세기 전반, 즉 중종 대에 일어났을까? 당시의 여러 정황 및 몇몇 관련 자료를 통해 그 배경과 원인을 살필 수 있다.

먼저 중종이 처했던 특수한 상황을 고려해야 할 것이다. 정변 주역들에 의해 왕위에 '앉혀진' 중종의 왕권이 처음에 취약했음은 주지의 사실이다. 더욱이 중종에 대한 명의 승인 거절은 중종의 지위를 불안하게 만들기에 충분했다. 정변 직후 새 조정은 중종의 책봉을 청하는 사신을 명에 파견했는데, 정변을 통한 왕위 교체를 사실대로 쓰지 않고, 연산군燕山君(r. 1494~1506)이 몹쓸 병에 걸려 국사를 볼 수 없게 되자 아우에게 선위했다고 거짓말을 했다. 그러나 명 조정에서는 중종을 승인했다가 나중에 연산군의 병이 호전될 경우에 야기될 수 있는 정치적 혼란 가능성을 이유로 들어 중종의 왕위 계승을 승인하지 않았다. 이에 조선 조정은 대비의 이름으로 특별 청원을 다시 한 후에야 어렵게 책봉 승인을 받아낼 수 있었다.[175]

이런 경험 때문인지는 몰라도, 중종은 재위 기간 내내 명에 대해 상당히 저자세를 취하곤 했으며, 명 황제와의 돈독한 관계를 통해 자신의 권위를 내세우려는 경향을 보였다. 실제로, 조선왕조 전체를 놓고 볼 때, 명의 조공국으로 존재하는 것에 대해 신료들보다는 대체로 왕이 더 적극적이었다. 5배 3고두 사례 외에도, 조선의 왕과 관련된 의전과 격식을 황제국의 제후에 맞게 격하하는 데도 신료들보다는 왕이 좀 더 적극적이었다. 이러한 경향은 신권臣權 위에 군림하지 못하던 조선의 왕들이 '천자'와의 관계를 통해 자신의 권위와 정통성을 확립하려 했던 의도와 관련이 있다.[176]

어쨌든, 중종의 이러한 태도는 북경에 보다 잦은 사행을 파견하는 형태로 나타났다. 주지하듯이, 대명사대를 국시의 하나로 천명한 조선 조정은 정기사행 이외에도 허다한 사행을 발주했다. 또한 비록 정기사행은 아닐지라도 마땅히 진하進賀하거나 진위陳慰해야 하는 경우도 적지 않았다. 이를테면 새 황제가 등극하거나 황태자를 책봉할 경우에, 명 조정은 외국에도 조서를 보내 알렸으므로, 조선에서는 선택의 여지없이 진하사를 파견했다. 따라서 이런 경우의 진하사는 비록 정기사행은 아니었지만, '당연' 사행으로 봐야 할 것이다. 조선이 명과 종번관계宗藩關係를 유지하는 한 대명 태도에 관계없이 당연히 진하해야 하는 성격의 진하사였던 것이다.

그런데 중종 대에 이르면 정기사행도 아니고 당연사행도 아닌, 다른 말로 조선의 독자적인 선택에 따른 '비당연' 사행이 이전에 비해 빈번해지는 현상이 나타난다. 이 '비당연' 사행은 보내는 측의 의지가 강하게 반영된 사행이기에, 그 의지라는 것은 당시 조선의 정치 상황 및 명나라 인식과 불가분의 관계에 놓여 있었다. 이런 현상은 중종 자신 내지는 당시 조정 신료들의 대명 태도에 변화가 일고 있었음을 보여주는 좋은 증거가 될 수 있다. 실록에서 찾을 수 있는 몇 가지 사례들을 살펴보자.

1521년(중종 16)에 명나라에서는 정덕제正德帝(r. 1505~1521)가 죽고 그 사촌 가정제嘉靖帝(r. 1521~1566)가 즉위했다. 이때 조선 조정에서는 가정제의 생일이 4월이라는 설과 8월이라는 설이 양립함에 따라 성절사 파견을 놓고 논란이 벌어졌는데, 때는 이미 7월이라 모든 신료들은 파견을 반대했다. 만약 생일이 4월이라면 이미 기일이 지났으니 뒤늦게 성절사를 보내는 것은 예법에 어긋나고, 8월이라고 해도 이미 시일이 촉박해 그 날짜에 맞출 수 없다는 이유였다. 그러나 결국 중종의 의지에 따라 때늦은 성절사를 파견했다.[177] 이 사례는 앞으로 중종이 진하에 매우 적극적일 것임을 상징적으로 보여준다.

이듬해(1522) 사은사 강징姜澂이 명의 예부에 "상국에 비록 경사스러운 일이 있더라도 본국에서 알 수 없는 경우가 있으니, 이제부터는 예부가 요동에 알리면 요동이 본국에도 알리도록 해 달라"는 주청을 넣은 것을 놓고, 신료들은 그것이 항구적인 예가 되어 폐단을 야기할 것이라 지적하며 강징의 문책을 촉구했다. 그런데 중종은 신료들을 면대한 자리에서는 강징의 경솔함을 인정했으면서도, 막상 강징을 인견한 자리에서는 아무런 문책도 하지 않았다.[178] 실제로 강징의 주청은 예부를 통해 황제의 윤허를 받았고, 얼마 지나지 않아 요동도사遼東都司로부터 앞으로 요동이 조칙을 받으면 그것을 등서해 조선에도 알리겠다는 통보를 받기까지 했다. 그러나 이때에도 강징에 대한 문책은 전혀 이루어지지 않았다.[179] 이 점 또한 중종이 앞으로 보일 대명 태도의 일단을 예견할 수 있는 좋은 예다.

진하사행을 강조하는 중종의 의도가 잘 드러난 첫 사례는 1524년(중종 19)에 벌어진 조정 논의였다. 사촌형의 뒤를 이어 즉위한 가정제가 자기 친아버지를 황제로 추숭追崇하고 새 존호를 추존했다는 선래통사先來通事의 보고가 있자, 중신들과 대간의 반대에도 불구하고 중종이 진하를 고집함에 따라 벌어진 논의였다. 가정제의 아버지는 주우보朱祐甫로, 홍치제弘治帝(r. 1487~1505)의 이복아우이며, 가정제가 즉위하기 전에 이미 죽었다. 홍치제의 아들 정덕제가 후사 없이 죽자, 그 사촌아우인 가정제가 후사를 이어 즉위했다. 그런데 가정제는 자신이 홍치제의 입양아들로서 황통을 이었음을 인정하기보다는 자기 아버지인 주우보를 황제로 추숭하려 해, 조정의 심한 반대에 부딪혔다.[180] 주우보의 추숭에 대해 즉각 진하사를 파견해야 한다고 중종이 주장함으로써 서울에서 촉발된 이 논의는 처음에는 승문원과 예조에서 전례가 없다며 반대했으나, 중종의 고집을 의정부 대신들이 받아들임으로써 진하사를 파견하는 쪽으로 일단 결론이 났다.

그런데 논쟁은 여기서 끝나지 않았다. 대간에서 요동의 자문도 없는데 진하사를 보냄은 불가하다고 여전히 반대했기 때문이다. 그러자 중종은 압해관押解官을 요동에 보내 진하의 타당성 여부를 문의하게 했고, 이에 요동에서 진하사를 보내라는 내용의 답신을 보내오자, 중종은 기세등등하게 진하를 추진했다. 이후에도 한 시강관侍講官이 존호에 대한 시비가 명 조정에서도 어지러운 판국에 외국이 먼저 진하하는 것은 사론邪論을 조장하는 행위라고 극언하는 등 반대가 심했으나, 중종은 중원의 일은 조선 조정이 시비할 일이 아니라며 고집을 꺾지 않았고, 대신들의 마지못한 동의를 받아 끝내 진하사를 파견했다.[181]

주우보의 추존을 계기로 조선 조정에서 벌어진 진하 여부 논쟁은 1527년(중종 22)에 가정제가 주우보를 부묘祔廟하게 되자 다시 불거졌다. 북경에 갔던 사은사가 돌아와 부묘 소식을 전한 것이 발단이었다. 보고를 받자마자 종종은 즉각 예조와 승문원 당상관들에게 진하 여부를 의논하게 했다. 예조는 명 내부에서도 친왕親王들만 진하하라는 어명이 있었고, 13포정사布政司조차 진하를 면제받은 상황에서 외국이 진하하는 것은 부당하다고 회계했다. 그럼에도 중종은 신료들의 자문을 반복해 구하다가, 결국 삼정승이 명나라에서도 시비가 있는 부묘건으로 외국이 진하한다면 식자識者들의 말을 들을 것이라고 강하게 지적하자 마지못해 뜻을 꺾었다.[182]

모든 조서나 칙서가 요동을 통해 조선에도 전달되게끔 한 새로운 제도로 인해 이후에도 진하 여부를 놓고 논쟁이 끊이지 않았다. 1529년(중종

24)에 가정제는 친어머니(황태후)의 생일에 진하하도록 명하면서, 요동에도 조서를 보내 요동도사 관할에 속한 모든 위소衛所에도 전달해 모두 진하 표문을 올리도록 지시했다. 이에 요동도사는 모든 조칙의 조선 이자移咨 원칙에 따라 조선에도 이 사실을 알렸다.[183] 이로 인해 진하사 파견 여부를 놓고 조정에서 논란이 일었는데, 중종이 즉각 진하사를 파견해야 한다는 입장을 보인 반면에, 모든 신료들은 자문의 내용은 명나라 국내의 위소에 효유한 것에 지나지 않으며, 황태후의 생일에 외국이 진하한 전례가 없고, 조선은 요동에 속하지 않는 외국이라는 점을 들어 강력하게 반대하는 것이 논쟁의 흐름이었다.[184] 결국 삼정승마저 강력히 반대하자 중종이 뜻을 꺾었지만, 이 사례 또한 명에 대한 중종의 자세를 생생하게 보여준다.

중종의 이런 태도는 1533년(중종 28)에 가정제가 염씨閻氏로부터 황태자를 낳자, 그에 대한 진하 여부를 둘러싼 조정 논의에서 다시금 드러났다. 마침 북경에 가 있던 성절사로부터 명 조정에서 황태자의 탄생을 진하하고 황제는 천하에 대사령을 내렸다는 보고를 받은 것이 발단이었다. 이때도 이전과 마찬가지로 신료들이 진하사 파견에 부정적인 태도를 취한 반면에, 중종은 매우 적극적으로 나섰다. 다만 문제는 명 조정에서 황태자를 책봉한 후에 조사詔使를 보낼지, 아니면 탄생만으로도 조사를 보낼지 정확한 판단이 어렵다는 점이었다.

그런데 관련 고례를 상고하라는 지시를 비롯해 일체의 모든 논의가 중종의 지시로 인해 시작된 점이 흥미롭다. 뿐만 아니라, 신료들이 성절사와 동지사가 귀국하면 그들의 보고를 듣고 진하 여부를 결정하자는 주장을 편 반면에, 중종은 비록 그럴지라도 미리 진하사와 서장관 등을 차출해 만반의 준비를 하고 있어야 한다는 주장을 굽히지 않았다. 이후 성절사가 귀국해 "명의 예부에서도 황태자의 탄생을 알리는 조사를 당장 보낼지, 아니면 3년 후에 책봉을 알리는 조사를 보낼지 의견이 분분하지만, 예부의 관헌들 중 일부가 조선에서 일단 황태자 탄생을 축하하는 진하사를 보낼 것을 권했다"고 보고하자, 중종은 어떤 조사가 나올지 진하사를 파견해 직접 알아보자는 억지 논리를 펴, 진하사 파견을 끝내 관철시켰다.[185]

그런데 황태자가 생후 두어 달 만에 죽음으로써 또 다른 문제가 발생했다. 진하사가 평안도 정주定州를 지날 때 마침 귀국하던 동지사를 만나 그로부터 황태자의 죽음을 전해 듣고, 진하를 위해 계속 북경으로 갈지 여부를 문의해 왔기 때문이다. 이에 대해 중종은

"진하사는 태자의 존몰存歿을 위해서 가는 것이 아니고, 특별히 황제의 태자 탄생을 하례하기 위해 가는 것이다. 공문이 없는데도 중지해 버리면, [진하사를] 떠나보낸 여부를 중국 조정에서는 반드시 모를 것이니, 어떻게 정성을 다해 사대하는 뜻을 드러내겠는가? 진하사가 일을 안다면 비록 [황태자의] 훙서를 들었을지라도 마땅히 못들은 체하고 [계속] 들어갔어야지, [이렇게] 취품한 것은 부당하다."[186]

고 전교함으로써, 자신의 단호한 의지를 분명하게 드러내었다. 즉 중종의 골자는 이번 일로 조선이 특별히 진하사를 파견한 사실을 명 황제와 조정에서 반드시 알아야 한다는 것이었다.

이에 삼정승이 이미 배표拜表해 보낸 진하사를 도중에 중지하기는 비록 어렵더라도 일단 전례를 상고하자며 완곡하게 반대했으나, 중종은 상고를 하다보면 시일이 지체되어 시기를 놓치게 됨을 들어 상고하지

말고 길을 재촉에 북경으로 가 진하할 것을 일방적으로 명했다. 뿐만 아니라, 황태자의 죽음을 애도하는 진위사의 파견도 명했으며, 더 나아가 조정에서 거애하는 전례가 있는지 상고하라고 지시했다. 거애가 여의치 않자, 중종은 조시朝市를 정지하고 음악과 사형을 중지하는 전례를 상고하도록 다시 지시했다. 중종의 의지를 간파한 삼정승이 비록 전례는 없으나 정례情禮로 변통해 황태후의 상례에 의거해 조시를 정지해도 무방하겠다고 회계하자, 즉각 그대로 시행했다.[187]

그러나 대간은 황태자의 죽음을 이미 알고도 아직 국내를 벗어나지 않은 진하사로 하여금 국경을 넘게 하는 것은 사체事體에서 크게 벗어나는 거짓 행위로, 후세의 비난을 받을 것이라며 강하게 반대했다. 이에 중종은 이 일은 탄생을 축하하는 것이며, 죽음에 대해서는 따로 진위사를 보내기로 했으니, 이번 조치는 거짓도 아니고 사체에 어긋나지도 않는다고 강변했다. 그러나 중종의 진짜 의도는

> "태자의 죽음이 사실이더라도 이미 방물을 봉하고 표문을 올렸는데 중간에 홍서를 듣고 중지한다면, 중원에서는 우리나라가 진하한 뜻을 모를 것이다. 탄생으로 인해 진하하고 홍서로 인해 진위한다면, 사체에(도) 타당할 것이다."[188]

고 거듭 강조한 말 속에 생생하게 들어 있다. 즉 중종은 명 조정의 모든 길흉사에 대해 자신이 이렇게 각별하게 신경을 쓰고 있다는 사실을 명 황제에게 반드시 알리고자 했던 것이다. 따라서 이런 중종에게, 황태자의 죽음은 진하를 중지해야 하는 이유가 아니라, 오히려 특별사행(진위사)을 한 번 더 파견할 수 있는 기회였던 것이다.

이런 중종이었기에, 구묘九廟의 건립이라는 또 다른 기회를 놓치지 않은 것은 어쩌면 당연하다 할 수 있다. 1536년(중종 31)에 가정제는 2년여의 공사 끝에 북경에 9묘를 완공해 홍무제를 비롯해 9명의 조종祖宗을 새롭게 부묘하고, 생존한 두 명의 태후에게 존호를 추증하고 하례를 받았다.[189] 마침 북경에 가 있던 동지사의 보고를 통해 이를 알게 된 중종은 진하를 기정사실로 하고, 다만 공문公文을 받지 않고 진하해도 무방한지 고례를 상고하도록 승문원에 명했다.

그러나 이런 조치는 즉각적으로 승문원, 승정원, 대간의 반대에 부딪혔다. 주요 반대 이유는 부묘에 대해 외국이 진하한 전례가 없다는 것과 이번 부묘와 휘호는 그 자체가 이미 예법에 어긋나는 일이므로 진하가 불가하다는 것이었다. 영의정 김근사金謹思(1466~1539)조차 대간을 두둔하며, 만일 이번에 존호건으로 진하사를 보낸다면 후세의 비난은 물론이거니와 선비들의 웃음거리가 될 것이라며 강하게 반대했다. 그러나 긴 논쟁의 와중에 좌의정 김안로金安老(1481~1537)와 우의정 윤은보尹殷輔(1468~1544)가 사대함에는 일의 옳고 그름을 따질 필요가 없다는 논리를 내세워 중종에 동조했다. 이에 중종은 더욱 힘을 얻어, 이미 명 조정에서 존호를 추가했는데, 그것을 진하지 않은 채 이후의 표문에 새 존호를 쓰기도 우습고, 그렇다고 이미 존호 추가를 알면서 그것을 쓰지 않을 수도 없다는 구차한 이유를 들며 뜻을 굽히지 않았다.[190]

이 논쟁은 결국 신료들이 양보해, 부묘건은 무시하고 존호건에 대해서만 진하하되, 진하사를 별도로 보내지 않고 다른 사은사 편에 함께 진하하기로 중종과 대신들 사이에 타협이 이루어졌다. 그런데 일단 진하하기로 결정이 나자, 두 가지 경사가 있는데 한 가지만 진하할 수는 없다는 주장이 새롭게 제기되었고, 그 결과 부묘도 하례하는 쪽으로 최종 결정

이 났다. 대간의 반대는 여전했으나, 영의정 김근사 등이 중종의 고집에 결국 굴복했기 때문이다.[191]

이 진하를 받은 가정제는 조서를 보내지도 않았는데 스스로 달려와 진하한 것에 대해 중종을 크게 치하하고, 특별히 칙서와 선물을 내려[192] 중종의 위세를 높여 주었다. 이에 크게 고무받은 중종은 이후로 사행에 더욱 적극적으로 임했으며, 진하나 진위를 하기 위해 명나라 내부 사정에 세심한 주의를 기울이는 모습을 보였다. 특히, 알리지도 않았는데 스스로 달려와 진하한 것을 가정제가 특별히 치하했기에, 이후 전개된 거의 모든 조정 논의는 공문公文과 상관없이 가급적 빨리 진하하려는 중종이 주도권을 쥐는 방향으로 전개되었다.

중종의 특별 진하사 파견은 그 예가 이 밖에도 상당히 많지만, 중종의 태도는 지금까지 살핀 사례와 같으므로 그 모든 사례를 일일이 다 제시할 필요는 없다. 다만, 중종의 태도를 좀 더 자세히 알기 위해, 존호 추상과 무관한 다른 진하 관련 논의 사례를 몇 가지 더 제시하면 다음과 같다.

1539년(중종 34)에 예부에서 태자를 책봉한 지 3년 안에는 해내제후海內諸侯도 치하하지 않으니 외국은 거론할 일이 못 된다고 했음에도, 중종은 진하사가 들어갔다가 거절당하면 3년이 지나 다시 보낼지언정 일단은 보내야 한다고 고집했다. 존호 추상을 하례한 조선의 진하 표문을 가정제가 이례적으로 종묘에 고했다는 소식에는, 대간의 심한 반대에도 불구하고 사은사 파견을 주장했다.[193] 1541년(중종 36)에 9묘가 화재로 전소되었을 때, 대간에서 요동에서도 하지 않는 진위를 외국인 조선이 한다면 세상의 조롱거리가 될 것이라며 강하게 반대했으나, 중종은 대신들이 이미 동의했으니 멈출 수 없다면서 일축하고 파견했다.[194] 1544년(중종 39)에는 태자가 출강出講했다는 소식을 들은 중종이 진하사 파견

을 주장하다가, 전례가 없는 일이라는 강력한 반대를 받고 결국 뜻을 접었다.[195]

이렇듯 중종이 특별 사행에 보인 관심은 정도를 벗어나 거의 병적인 집착 수준이었다. 마침 가정제는 재위 45년간 친부모의 추숭을 비롯해 역대 조종들에게 수많은 존호를 연이어 올렸는데, 생부와 생모의 무리한 추숭에 대한 반대를 조금이나마 누그러뜨리기 위해 다른 조종들에게도 추존을 남발한 면이 있다. 그런데 이런 상황은 중종에게 진하사를 파견할 좋은 빌미를 계속 제공하는 결과가 되었다. 특히 가정제가 즉위한 것은 1521년으로, 중종 대 진하사 파견이 급증하게 되는 큰 배경으로 작용한 셈이다.

따라서 정기사행과 비정기 당연사행까지 합친다면, 1521년 이후 조선 조정에서는 각종 사신 파견 관련 논의가 뜸할 날이 거의 없을 정도였다. 그 결과 사행은 늘 줄을 이었고, 사행단이 지나는 관서 지방과 요동 일대의 민생 피폐를 지적하는 논의도 아울러 증가했다.[196] 특히 요동의 주민들과 역졸들이 고생을 견디지 못해 조선인을 원망하고, 산동山東의 한 향시鄕試에서는 조선의 진하사와 사은사의 부정적인 면을 출제하기도 했다는 보고는[197] 1521년 이후 지나치게 빈번해진 조선 사행의 실태를 잘 보여준다. 그렇다면 중종은 왜 그렇게도 대명사행에 병적으로 집착했으며, 이런 잦은 사행을 통해 중종이 얻고자 한 것은 과연 무엇이었을까?

중종과 가정제

중종이 굳이 하지 않아도 좋을 진하에 집착한 것은 그가 처한 정치 상황과 밀접한 관련이 있었다. 쿠데타를 통해 왕위에 앉혀진 중종은 정변 주도세력은 물론이고, 정치적으로 그 대척점에 있던 도학정치론자들(사림)로부터도 끊임없는 견제를 받았다. 왕권의 안정과 왕실의 안녕을 위한 군사적 기반이 전무했던 중종은 자신이 처한 정치적 환경을 명 황제와의 돈독한 관계를 통해 타개하려고 노력했다.

실제로 명 가정제와의 관계 형성에서 중종이 보인 태도는 매우 집요하고 세심한 것이었다. 앞서 살핀 사례들이 중종의 집요함을 잘 보여준다면, 연산군의 일을 깨끗하게 마무리하려는 중종의 태도는 그 세심함(조심스러움)을 보여주는 예라 할 수 있다. 정변을 통해 즉위한 지 30여 년이 지난 1537년(중종 32)에 중종은 불쑥 폐주 연산군의 부고를 가정제에게 고하고 시호를 받아야 한다는 말을 대신들에게 꺼냈다. 연산군이 병이 들어 선위했다고만 했으므로 명 조정에서는 연산군이 아직 살아있을 것으로 알고 있을 텐데, 이제 30년이 흘러 연산군의 나이가 천수를 다하고 죽을 때이니 부고를 알려야 뒤탈이 없을 것이라는 이유였다.[198]

가정제와의 관계가 이미 매우 돈독해지고 있던 시점에서 중종은 왜 이렇듯 30년 전의 일로 고심하는 모습을 보였을까? 그것은 바로 안남국安南國의 일 때문이었다. 당시 안남에서는 권신이자 왕족인 막등용莫登庸이 왕을 살해하고 권력을 장악했는데, 이를 북경에 알리려는 사신들마저 국경에서 살해했다. 이에 명으로서는 황제의 책봉을 받은 왕을 시해하였을 뿐만 아니라 황제에게 오는 사신마저도 살해한 막등용의 일을 알고도 그대로 방치할 수 없어, 안남의 토벌 여부를 두고 결정의 번복을 거듭하는 열띤 논의를 진행하고 있었다.[199] 중종이 연산군의 일을 끄집어낸 것은 바로 이 소식을 들은 직후였다. 특히 중종은

"가정嘉靖 이래 중국 조정에도 일이 많았으니 누가 우리나라의 일[연산군의 일]까지 물을 수 있었겠는가? [그러나] 만세萬歲 사이에 행여 명군과 양상良

相이 나와서 자세히 살펴보고 하문한다면, 끝내는 대처하기 어려울 것이다. 지금 [안남의 일로] 보건대, 중국 조정에서도 기강을 세우고 있다. 그래서 안남의 반적을 장수에게 명해 토벌하게 했으니, 이는 곧 천자의 도리이다. ……지금까지 30년 동안은 비록 무사할 수 있었으나, 언제까지라도 무사하고 근심이 없다고 말할 수는 없다. 다른 날 중국 조정에서 만약 [연산군의 일을] 논의한다면, 후세 [사람들은] 반드시 전왕前王은 어찌하여 심사숙고하여 일을 처리하지 않고 [이렇게] 후회할 일을 물려주었는가, 라고 할 것이다. [그러므로] 자손의 근심을 염려하지 않을 수 없으며, 침묵만 지키면서 유유하게 세월만 보낼 수는 없다. [이번에] 한 번 시원하게 조처해 놓는다면, 뒷날에 무슨 어려운 일이 생기겠는가?"[200]

라고 구체적인 이유를 밝힘으로써, 왕위를 찬탈하고 황제를 속여 책봉받은 자신의 과거전력에 대해 매우 불안해 하는 심리를 솔직히 드러내었다. 왕위를 찬탈한 막등용에 대해 명이 정벌을 결정한 사실은 같은 찬탈자인 중종을 불안의 늪으로 내몰았던 것이다. 역설적이게도, 찬탈의 전력은 가정제와의 관계가 돈독해질수록 더 큰 앙금으로 중종에게 다가왔던 것이다. 이후 기록이 없는 것으로 보아, 연산군의 부고 문제는 흐지부지 끝난 듯하다. 그러나 이런 심리적 앙금이 있었기에 중종은 어쩌면 가정제와의 돈독한 관계 구축에 더욱더 열성적이었는지도 모른다.

명나라가 조선과 베트남을 상대로 구사한 정책은 각각 달랐다. 베트남의 경우, 명은 임의적 판단에 기초해 필요하다고 느낄 경우에는 언제라도 군사적 개입을 서슴지 않았다. 황제의 책봉을 받은 왕을 반란세력으로부터 보호한다는 명분은 늘 최상의 구실로 이용되었다.[201] 반면에, 조선의 왕위 계승에 대해서는 거의 개입하지 않아, 설혹 쿠데타에 의해 왕위가 바뀌었을지라도 군사 개입은 전혀 고려하지 않았다. 그러나 자신의 왕위에 극도로 예민하던 중종으로서는 명의 대외정책 및 명질서 안에서 조선의 위상을 객관적으로 파악할 마음의 여유가 없었다. 이렇듯 자신의 안전과 권위 문제에 몰두한 중종은 가정제가 자신을 가장 흠 없는 번왕으로 기억하기를 갈구했던 것이다.

이와 관련해, 명 황제가 조칙을 반포할 때 상투적으로 쓰는 '천하天下와 중외中外에 알린다'는 표현에서 '천하'와 '중외'에 외국이 포함되는지 여부에 대한 중종 대 조정 논의는 당시 동아시아 국제무대에서 조선이 갖는 특수한 지위와 조명관계의 실상에 대해 시사해 주는 바가 크다. 신료들이 대개 포함되지 않는다는 해석을 견지한 반면, 중종은 포함된다는 입장을 취하곤 했다. 이에 따라 사절단은 그 유권해석을 명의 예부에 문의한 적이 있는데, 포함되지 않는다는 답을 받은 바 있다.[202] 결국, 명에서 조선을 조칙의 대상에 포함한 것은 매우 예외적인 임시 조치였던 데 반해, 조선에서는 (특히 중종은) 그것을 조선이 이제 중국의 일부, 즉 내복內服이 된 것으로 인식하기 시작했음을 알 수 있어 흥미롭다. 실제로, 조명관계와 관련해 내복이라는 말이 사용된 사례를 실록에서 검색해 보면 매우 흥미로운 사실을 알 수 있다. 중종 이전 15세기에는 그 사례가 전혀 발견되지 않기 때문이다. 첫 사례는 1535년(중종 30)에 나타나며, 이후로는 매우 빈번하게 등장한다. 이런 점도 중종 대를 대명 관계상에 중요한 변화가 발생한 분기점으로 볼 수 있는 좋은 증거가 된다.

요컨대 중종이 대명사행에 쏟았던 정성은 자신의 왕권을 확립하려는 몸부림이었지만, 그런 방법이 비교적 잘 먹혀들었던 데에는 당시의 이러한 분위기가 주요 배경으로 작용했던 것이다. 훈척과 도학정치론자(사림) 사이에서 이미 정치적 눈치가 밝아진 중종은 이런 분위기를 충분히 감지하고 대명사대를 강조했을 것으로 생각된다. 특히 허다한 추존을 거행한 가정제의[203] 때맞춘 즉위(1521)는 중종이 명 황제에게 더욱 긴밀하게 접근할 수 있는 구실을 거의 무한정 제공했다.

이런 상황에서, 사행을 가장 반긴 이는 명에서는 가정제였고, 조선에서는 중종이었다. '예의지국' 조선이 줄지어 보내는 진하사는 생부와 생모의 무리한 추숭 및 자신의 방탕으로 인한 내부 비난을 조금이라도 모면하려는 가정제에게 훌륭한 명분을 제공하는 반가운 손님이었다.

부모와 자식: 조명관계의 변화

중종 대 대명관의 변화는 당시 조선 지식인 사이에 스며들고 있던 소중화小中華 의식과도 관련이 있었던 것으로 생각된다. 명나라 사람들이 조선을 소중화로 인식했다는 가장 빠른 기록은 성종 대에서 찾아지며, 이후 중종 대에서도 확인된다.[204] 조선에 온 명 사신이 조선을 소중화로 인정했다는 기록이 성종 대에 이르러 처음 등장한 점은 이전의 명 사신들이 조선을 이夷로 인식하고 있었던 것과 좋은 대조를 이룬다. 한 예로, 세종 때 서울에 왔던 명 사신 예겸倪謙이 사행 여정을 적으면서 명의 경계를 가리켜 중화와 이적을 구분하는 경계라고 함으로써[205] 조선을 '이'로 분명하게 구분한 점을 들 수 있다. 다른 예로는, 세조 때 서울에 온 명 사신 장녕張寧이 영칙례에 세자가 불참한 것을 트집 잡아 "누가 조선을 예의의 나라라고 했는가?"라며 분노를 드러냈던 점을 들 수 있다.[206] 물론 명나라 사람의 조선관은 사신 개인의 성향 및 정세에 따라 얼마든지 가변적일 수 있다. 그렇지만 내복의 용례에서도 나타나듯이, 중종 대를 기점으로 해 명 사신의 조선관이 이적보다는 내복에 더 가까운 쪽으로 형성되어 갔던 것은 하나의 분명한 '경향'이었다.

그런데 조선에 온 명 사신들이 조선을 소중화로 인정한 이유는 조선의 학문과 예법이 중화의 그것과 다를 바 없다고 느꼈기 때문으로, 독서讀書와 지예知禮라는 표현은 명나라 사람들이 조선을 칭송할 때 즐겨 쓰던 표현 중의 하나였다. 1489년(성종 19)에 서울에 온 명사明使 동월董越의 진술이나,[207] 1582년(선조 15)에 서울에 온 명사 황홍헌黃洪憲이 명 건국 이후부터 당시까지의 대조선관계를 기록하면서 그 결론 부분에서 조선의 '독서'하는 분위기를 지적한 것은[208] 그 좋은 예다. 이 점은 그들이 조선을 문화적인 차원에서 중화의 일부로 보기 시작했음을 의미하며, 이러한 추세는 실록에 보이는 내복의 사용 용례가 중종 대에 이르러서야 비로소 등장하는 사실과도 잘 부합한다.

이에 대해 조선의 양반 관료들은 그것을 영광으로 인식하고 있었다. 실제로 그들은 조선이 다른 오랑캐들과는 달리 공맹孔孟의 학문을 논하고 그 예법을 실천함으로써 중화를 닮아간다는 것에 대해 자부심을 느끼고 있었다. 이 점은 바로 당시 조선의 양반문화가 중화를 여러 면에서 따르려고 노력하고 있었으며, 그들 스스로 그 따르는 정도를 곧 문화 수준의 척도로 여기고 있었음을 의미한다. 실제로, 조선 양반사회는 양명학을 배척한 것 외에는 중화의 문화를 본받으려는 데에 대체로 적극적이었다.[209]

요컨대 이러한 소중화 의식은 대략 15세기 후반에 시작되어 16세기에 걸쳐 양반사회에 그 뿌리를 내리게 되었으며, 중종 대는 바로 이런 분위기가 본격화되던 시기였다. 소중화라는 인식 자체는 고려 때 이미 등장했으며, 중화인과 고려인 모두 고려를 소중화로 인식하고 있었다.[210] 그렇지만 소중화를 언급한 이규보李奎報(1168~1241)와 이승휴李承休(1224~1300) 등이 살았던 당시의 국제정세를 고려한다면, 고려를 소중화로 인정했다는 소위 '중화인'은 송나라 사람뿐만 아니라 원나라 사람을 가리키는 의미도 된다. 실제로 이승휴는 원을 중화의 정통으로 보고 있었다.[211] 따라서 고려시대의 소중화 의식은 현재 중원의 패권을 잡고 있는 나라를 그 종족에 관계없이 중화의 정통으로 보는 의식에서 형성된 것이었다.[212] 이런 점에서 볼 때, 고려시대의 소중화 의식은 한족漢族이 주도하는 유교적 중화문화를 거의 절대적으로 신봉했던 조선시대의 소중화 의식과는 차이가 있었다. 요컨대 한족이라는 종족 개념이 강하게 투영된 중화를 전제로 한 소중화 의식은 15세기 말, 16세기 초에 이르러서야 본격적으로 퍼지기 시작한 것이다. 따라서 이러한 흐름도 중종 대 대명관의 변화에 영향을 주었을 것임은 자명하다.

그런가 하면 주자학의 배타적 우위가 점차 분명해지던 당시의 사상 조류도 대명관 변화의 중요한 요인으로 작용했을 것이다. 왜냐하면 조선의 성리학은 주희朱熹(1127~1200)가 강조했던 한족 중심의 화이론적 세계관과 밀접한 관련을 맺으며 발전했기 때문이다.[213] 한 예로, 음양의 원리를 논하면서 중화를 양, 이적을 음으로 보는 해석이 중종 대 조정에서 집중적으로 거론된 사실을 들 수 있다. 조선이 명과 조공·책봉 관계를 유지했던 15세기와 16세기에 걸쳐(17세기 초 광해군 대까지 포함) 왕과 신료들이 경연 석상에서 음양의 원리를 토론했음을 알려주는 실록 기사는 시대에 따른 큰 기복 없이 고르게 발견된다. 이해를 돕기 위해 그중에서 중화와 이적의 관계를 음양관계의 한 예로 거론한 13건의 사례들만 따로 모아 〈표2〉로 만들었다.

〈표2〉를 보면, 우선 음양의 원리를 설명하면서 중화와 이적의 관계를

〈표2〉 화이론적 질서를 음양의 원리로 설명한 사례들(1392~1622)

#	시기 및 실록 전거	거론자	거론 배경
1	1503년 (연산군 9.2.계축)	승정원	일월식과 덕치와의 관계를 설명하며
2	1516년 (중종 11.10.기유)	남곤 (우참찬)	친강親講 중 재변災變과 관련하여
3	1517년 (중종 12.4.병인)	이언호 (부제학)	재변과 관련하여
4	1517년 (중종 12.8.을사)	기준 (검토관)	조강朝講 중 재변과 관련하여
5	1517년 (중종 12.11.무술)	조광조 (시강관)	석강夕講 중 재변과 관련하여
6	1518년 (중종 13.6.경오)	조광조 (부제학)	군자, 소인 논쟁과 관련하여
7	1528년 (중종 23.1.을미)	주세붕 (검토관)	석강 중 재변과 관련하여
8	1541년 (중종 36.11.신축)	윤사익 (특진관)	조강 중 재변과 관련하여
9	1551년 (명종 6.2.계해)	홍문관	불교 폐단을 재변과 관련해 비판하며
10	1559년 (명종 14.1.무술)	윤인서 (부제학)	재변을 논하면서
11	선조 때 (명종 9.11.무술)	명종실록 사관	불사 성행을 재변과 관련해 비판하며
12	1613년 (광해군 5.6.경인)	이성 (부제학)	서울의 지진을 논하면서
13	1616년 (광해군 8.12.정사)	윤선도 (진사)	이이첨 일파를 비난하는 상소문에서

* 전거는 《조선왕조실록》이며, 연월은 편의상 점(.)으로 바꾸어 나타냈다.

예로 든 사례가 15세기에는 단 한 건도 없다는 점이 특이하다. 이 극명한 대조를 기록의 누락이나 우연으로 설명하기는 어려울 것이다. 그보다는 이미 살펴보았듯이, 성종 대까지만 해도 명을 그저 하나의 이웃나라 정도로 여겼던 당시 분위기와 관련해 이해하는 것이 더 설득력이 있을 것이다.

또한 거론된 빈도가 16세기 중에서도 특히 중종 대에 집중된 사실을 (13건 중 7건) 주목할 필요가 있다. 특히 그중에서도 조광조趙光祖(1482~1519) 일파가 득세했던 4년이라는 짧은 기간(1515~1519)에 그러한 논의가 집중되어 있다는 사실은 결코 우연일 수 없으며, 조선의 대명관 변화와 관련해 시사하는 바가 크다. 즉 조광조 등이 끈질기게 주장했던 도학정치와 화이론에 바탕을 둔 대명사대론 사이에 일정한 관련이 있었음을 시사해 주기 때문이다. 아울러 이러한 분위기가 정치노선에 관계없이 모든 관료들 사이에 널리 조성되어 있었던 점에도 주목할 필요가 있다. 한 예로 〈표2〉 #2의 남곤南袞(1471~1527)이 바로 기묘사화(1519)를 일으켜 조광조 일파를 제거하는 데 앞장섰던 인물이라는 점은 좋은 증거가 된다. 이렇듯 화이론에 기초한 주자학의 배타적 우위가 분명해지던 당시의 사상 조류는 대명관의 변화에 큰 영향을 주었을 것임이 거의 확실하다.

이러한 추세와 관련해 명을 부모의 나라로 보는 인식이 중종 대에 이르러 널리 퍼지기 시작했다는 점에도 주목할 필요가 있다. 한 예로 태조 이성계李成桂(1335~1408, r. 1392~1398)가 이인임李仁任(?~1388)의 아들로 기록된 《대명회전》의 내용을 고치기 위한 종계변무宗系辨誣 주본奏本에서 명 황제와 조선 왕의 관계를 부자관계에 견주고 부자관계와 군신관계가 이치상 동일한 것임을 밝힌 표현을 들 수 있다.[214] 물론 이것은 명 조정에 간청을 하는 입장에서 작성된 주본이므로 명과의 특별한 관계를 의도적으로 강조하기 위한 상투적인 표현에 지나지 않는 것으로 볼 수 있다. 실제로, 중종 이전에 명나라에 보낸 몇몇 주본에서도 비슷한 표현을 찾을 수 있다. 이해를 돕기 위해, 실록에서 찾은 10개의 사례를 모두 제시하면 다음과 같다.

먼저, 태조 이성계의 즉위 및 표전表箋 문제를 해명하기 위한 주본에서 조선을 대하는 홍무제洪武帝(r. 1368~1398)의 태도를 부모가 자식을 훈계하고 생육生育하는 것에 견준 세 개의 사례가[215] 있다. 세종 말년에 세자의 면복을 청하는 주문에서 황제의 은혜가 부모의 은덕보다 더 하다는 표현도[216] 보인다. 문종의 왕위 계승을 사은하는 표문에서 황제의 인자함이 부모의 덕과 같다는 표현도[217] 찾을 수 있다. 퇴위를 허락해 준 것에 대한 노산군魯山君(1441~1457; 단종, r. 1452~1455)의 사은 표문에서도 황제의 자애로움이 부모보다 더 하다는 표현이[218] 보인다. 피로被擄

되었던 조선인을 송환해 준 것에 대한 사은 표문에서도 황제의 인애함이 부모보다 더 하다는 표현을 쓴 바[219] 있으며, 예종과 성종의 왕위 계승을 사례하는 표문에서도 황제의 인자함이 부모보다 더 하다는 표현을[220] 사용한 바 있다. 따라서 명을 부모의 나라로 보는 인식이 특별히 중종 대에 이르러 이전보다 더 분명해졌다고 말하기는 어렵다.

  그렇지만 중종 대의 특별한 점은 그러한 인식이 외교문서상의 상투적인 표현으로만 그치지 않고 조정 논의 중에도 등장할 뿐만 아니라, 명나라 사람마저도 명과 조선의 관계를 부자관계로 이해하는 모습이 새롭게 나타났다는 것이다. 한 예로, 요동에 다녀온 역관이 조정에 보고한 내용 중에 상국上國의 경내에 들어가면 부모의 나라처럼 여겨 평안히 길을 간다는 표현을 쓴 사실을 들 수 있다.[221] 다른 예로는 시강관 김노金魯가 조선의 사행이 최근에 너무 잦은 결과 요동 일대의 민생이 피폐해진 것을 지적하며 사행을 줄일 것을 건의하면서, 부모의 집이 우리 때문에 피곤하다면 불필요한 효심을 자제해야 한다고 비유해 설명한 것을 들 수 있다.[222] 또 다른 예로는 중종 대에 조선을 다녀간 명 사신이 본국에 돌아가 보고한 내용 중에 조선 국왕이 사대하기를 마치 효자가 부모를 공경하듯이 한다는 표현을 쓴 점[223] 및 그 보고서 전문을 굳이 실록에 옮겨 적은 실록 편집 방향 또한 당시의 전반적인 분위기와 잘 부합한다고 할 수 있다. 요컨대 중종 이전의 사례들은 모두 외교문서에서 명 황제 개인을 칭송하기 위한 상투적인 표현으로 부모라는 단어가 사용되었을 뿐인 데 비해, 중종 대에 이르러서는 그런 차원을 넘어 명을 실제로 부모의 나라로 인식하는 표현이 조정의 일반적인 논의 중에도 등장하기 시작한다는 것이다.

  그런데 부자관계는 어떤 상황에서도 바뀔 수 없는 천륜天倫이라는 점에서 이러한 인식 변화는 매우 중요한 의미를 가진다. 즉 중종 대를 거치면서 조선의 대명사대관계는 군신관계에 기초한 실리적, 계약적 차원에서 어떤 환경에도 영향을 받지 않는 절대 가치인 부자관계, 곧 천륜에 기초한 정신적 의리관계로 바뀌고 있었다는 것이다. 결국 조선(음)이 명(양)을 따르는 것을 아내(음)가 지아비(양)에게 순종하고 자식이 부모에게 순종하는 것과 같은 성격으로 이해하는 분위기가 확산된 상황에서 중종과 신료들의 즉각적인 파병 결정은 어쩌면 매우 당연한 결과였던 것이다.

16세기 전반 중종 대에 이미 본격화되었던 이러한 추세가 이후 시간이 지나면서 더 강화되어 갔음을 고려한다면, 17세기 초에 후금 원정을 위해 명이 조선에 군대를 요청했을 때 조선 조정의 중론이 15세기에 있었던 사례들보다는 16세기 전반 중종 대의 사례와 비슷할 것이라는 점을 쉽게 예측할 수 있다. 비록 임진전쟁(왜란) 때 명의 도움을 받음으로써 재조지은再造之恩에 보답해야 한다는 의리론적 명분이 새로운 요인으로 추가되기는 했지만, 전란 이전부터 이미 조선 양반엘리트의 대명관은 현실적인 손익 계산보다 사대의 도리를 우선하는 방향으로 변하고 있었던 것이다. 다른 말로, 명에 대한 사대의 예를 다 하는 것이 천리天理라고 믿는 풍조가 양반사회에 거의 무비판적으로 받아들여지고 있었다는 것이다. 실제로, 다음 장에서 다룰 광해군 대(1608~1623) 파병 관련 논쟁은 이런 흐름에서 한 치도 벗어나지 않았다.

5장
명분과 현실:
광해군 대(1608~1623)
파병 여부 논쟁과 그 성격

광해군 대는 명의 파병 요청으로 인해 조정의 논쟁이 격렬했던 시기다. 명은 모두 네 차례에 걸쳐 조선에 병력을 요청했는데, 비변사를 필두로 거의 모든 신료들이 찬성론을 펴고 광해군이 외롭게 반대하는 형세로 논쟁이 전개되었다. 파병 찬성론의 근거는 군부의 나라인 명에 대해 '재조지은再造之恩'을 갚아야 한다는 것과 200년 사대 전통을 어길 수 없다는 것이었다. 반면에 반대론의 근거는 명의 원정은 실패할 것이라는 현실적 정세 판단이었다. 이번 장에서는 모든 사례를 자세하게 살피겠지만, 특히 1622년의 마지막 사례에 초점을 맞춘다. 1618년 이후 광해군과 비변사가 명의 청병을 놓고 줄곧 대립해 왔지만, 1622년의 논쟁은 매우 특별한 의미가 있었다. 왜냐하면 광해군이 상황 논리를 들어 칙서에 따르기를 '공개적으로' 거부했기 때문이다. 번국藩國의 왕으로서 황제의 명을 거부한다는 것은 일종의 항명이므로, 칙서의 거부는 이제 광해군의 외교가 은밀하게 명을 속이는 차원에서 공개적으로 명을 기피하는 차원으로 전환되었음을 의미한다. 그러나 대명사대를 정正과 의義의 절대 개념으로 굳게 믿고 있던 신료들의 눈에 칙서의 거부는 곧 윤기倫紀를 저버리는 패륜행위나 다름없었다. 계해정변(인조반정) 직후 정변 주도세력이 반포한 '반정교서'에서 광해군 폐위의 제일 명분으로 인목대비에 대한 핍박보다도 명나라에 대한 배신을 더 강조한 것은 결코 우연이 아니었다.

1610년대의 건주여진은 예전처럼 요동이나 조선의 변경을 침입해 약탈하고 돌아가는 집단이 아니라, 이미 국가 형태를 갖추고 명과 군사적으로 맞서고 있었다. 대치 상황을 유리하게 이끌기 위해 명과 후금은 각기 조선의 지지를 필요로 했다. 명은 후금의 측면을 견제하기 위해 조선이 필요했고, 후금은 배후의 약점을 없애기 위해 조선과의 우호관계가 필요했다. 이에 따라 조선을 사이에 놓고 두 나라의 외교전은 시간이 지날수록 더욱 첨예하게 맞붙었다. 급기야 명은 조선에 지속적으로 군대를 요청했고, 후금은 조선에게 우호조약의 체결을 재촉하면서 명을 돕지 말도록 압력을 가했다.

이런 상황에서는 조선이 어떤 결정을 내릴지라도 명이나 후금 가운데 어느 한 쪽에 유리하게 작용할 수밖에 없었다. 한 예로, 두 나라 사이에서 중립을 지키기 위해 전쟁에 개입하지 않는 정책을 펼지라도, 그것은 일단 명의 파병 요청을 거절해야 가능하므로, 결과적으로 후금의 조건을 들어주는 셈이 될 것이기 때문이다. 따라서 명의 파병 요청과 후금의 압력 사이에서 조선 조정이 고심했던 문제의 본질은 중립의 문제라기보다는 양자택일의 문제에 더 가까웠다.

명과 후금 사이에서 어떤 노선을 택할 것인가에 대한 조정 논의는 1618년 초여름에 명이 후금 정벌 계획을 세우면서 조선에 파병을 요청한 것을 계기로 본격화되었다. 이 파병 여부 논쟁을 시작으로, 심하深河

의 패전(1619) 직후 후금의 국서를 처리하는 문제, 후금에 억류된 조선군 포로의 처리 문제, 조선으로 밀려들어온 요동 난민의 처리 문제, 명의 추가 파병 요구 문제, 광해군의 존호尊號 문제와 같은 갖가지 논쟁들이 꼬리를 물었다. 그 결과, 광해군이 계해정변(인조반정, 1623)으로 인해 강제 폐위 당할 때까지 약 5년간 조선 조정은 외교노선에 대한 견해 차이로 인해 걷잡을 수 없는 논쟁의 소용돌이에 휩싸였으며, 이 논쟁을 통해 광해군과 양반신료들의 대외인식과 정세 인식 수준의 차이가 적나라하게 드러났다. 또한 이 논쟁이 왕의 강제 폐위라는 극단적인 사건을 통해 마무리 된 사실은 당시 조선사회를 움직인 권위의 실체와 관련해 시사해 주는 바가 크다.

이 장에서는 먼저 명이 조선에 파병을 요청하게 된 근본 원인, 곧 누르하치의 팽창 과정을 조선과의 관계에 초점을 두어 살핌으로써, 당시 논쟁의 배경인 된 동아시아 정세를 보다 거시적인 틀에서 구체적으로 파악하고자 한다. 이런 이해 위에, 1618년부터 1622년까지 5년 동안 광해군의 조정에서 거의 하루도 쉬지 않고 격렬하게 벌어졌던 파병 관련 논쟁의 추이를 단계별로 살피고, 각 단계별 논쟁의 성격을 분석할 것이다. 아울러, 광해군 대의 이 논쟁이 갖는 역사적 의미를 해석할 것이다.

질서와 변화: 누르하치의 성장과 조선의 대응

16세기 후반까지 잘 유지되던 명 중심의 동북아시아 국제질서는 1580년대에 이르러 누르하치(1559~1626)가 건주여진建州女眞 부족들을 통합하면서 변화의 조짐을 보이기 시작했다. 1583년에 약관의 나이로 건주좌위建州左衛의 실권자로 등장한 누르하치는 여러 차례 군사 행동을 통해 건주위에 소속된 여러 부족을 통합했으며, 1589년에는 건주3위를 다 아우르고 건주위 통일을 이룩함으로써 명실 공히 만주의 실력자로 떠올랐다.[224] 4년 뒤인 1593년에는 반反누르하치 동맹을 체결하고 침입한 해서여진海西女眞과 몽골의 연합군을 대파했다.[225] 이 전투는 누르하치가 건주여진을 벗어나 국제무대에서 치른 첫 전투로, 여기서 승리함으로써 누르하치의 입지는 더욱 굳건해졌다.

임진전쟁 시기 누르하치의 조선 접근

1592년 봄에 임진전쟁(임진왜란)이 발생하고, 개전 초기에 조선이 일방적으로 밀리자, 누르하치는 1592년 가을에 군대를 파견해 조선을 돕겠다는 의사를 명의 병부兵部에 전해 왔다. 그는 파병의 명분을 일본군이 조선을 침탈한 후에는 만주도 침범할 것이니 건주여진도 미리 정예병을 파견해 일본군을 무찌르고 황조皇朝에 공을 바치기 위한 것으로 설명했다.[226] 당시 양응룡楊應龍의 난(1587~1600)과 영하寧夏의 군사반란(1592) 진압으로 군사력에 여유가 없던 명으로서는[227] 건주여진의 참전을 무조건 반대하지는 않았다. 만약 조선이 누르하치의 원병을 받아들이겠다면 이이제이以夷制夷 전략 차원에서 수용하겠다는 의도를 가지고 있었다. 당시 조선 조정에서도 명이 누르하치의 제안을 받아들일 가능성을 높게 보고 있었으며, 조선에 보내온 병부의 자문도 조선의 의향을 묻는 것이었다.[228]

그렇지만 병부의 자문을 접한 조선 조정의 반응은 단연 수락 불가였다. 당시 조선 조정은 명의 원병을 간절히 청할 뿐, 건주여진의 원병은 전혀 염두에 두지 않고 있었다. 이러한 태도는 조선의 명에 대한 신뢰와 여진에 대한 불신에 기초한 것으로, 명과는 200년 가까이 친밀한 관계를 유지해오고 있었던 반면에, 건주여진과는 교통이 끊긴 지 100년이 넘었을 뿐만 아니라, 예전에 여러 차례 변경을 침탈당했던 부정적 경험에 기인한 결과였다. 특히 안사安史의 난(755~763)을 진압하기 위해 불러들인 위구르[回紇]의 원병에게 오히려 도성을 빼앗겼던 당나라의 사례를 교훈 삼아, 건주여진의 참전을 곧 국가의 화근으로 보는 인식이[229] 지배적이었다.

이후의 상황에 대해서는 별다른 기록이 없는 것으로 보아, 이 문제는 그렇게 흐지부지 끝난 것으로 보인다. 그런데 정유재란(1597~1598)이 한창이던 1598년 초에 누르하치는 2만 명의 군대를 보내 조선을 돕겠다는 의사를 다시 요동아문遼東衙門에 전해왔다. 그러나 건주여진이 참전할 경우에 명과 조선의 군사적 실체가 그대로 노출될 것을 염려한 조선과 명이 거절함에 따라,[230] 누르하치의 참전은 이번에도 이루어지지 않았다. 누르하치도 반드시 파병을 원했던 것 같지는 않고, 건주여진의 국력을 과시하며 국제무대에서 명과 조선을 상대로 일정한 발언권을 행사하기 위한 외교적 제스처로 그런 제안을 했던 것으로 보인다. 왜냐하면 당시 누르하치가 2만 병력을 선뜻 외국에 파견할 정도의 군사력을 갖추고 있었다고는 믿어지지 않기 때문이다.[231] 어쨌든, 이러한 사례들은 전쟁 기간인 1590년대에 건주여진이 이미 명과 조선에 위협적인 존재로 성장해 있었음을 잘 보여준다. 이러한 성장에는 마시馬市 무역을 통해 식량과 농기구 등을 구입하고 축적하는 등 경제력의 증대도 큰 동력으로 작용했다.[232]

원병 파견을 자청하는 것 외에도, 누르하치는 전란을 피해 만주 지역으로 넘어온 조선인들을 다시 조선으로 돌려보내는 우호적 행동을 보이며 교섭 재개를 요청했다. 일본군이 영남 지방 해안으로 후퇴해 전쟁이 소강 상태에 있던 1595년에 누르하치는 조선인 14명을 쇄환하면서 두 차례에 걸쳐 서신을 보내 교섭 재개를 요청했다. 그러나 조선 조정에서는 번국藩國 간의 직접 교통이 불가하다는 점과 또 다른 변란의 화근이 될지도 모른다는 우려 등의 이유로 누르하치의 요청을 받아들이지 않았다. 대신, 쇄환에 감사하는 의미로 만포灣浦에서 잔치를 베풀어주고, 완곡하게 거절하는 답신을 만포첨사의 이름으로 보내도록 조치했다.[233]

그런데 바로 이 무렵 산삼을 캐러 조선 영내로 몰래 들어온 건주여진인들이 조선의 군민과 충돌하는 과정에서 여진인 27명이 피살되는 돌발 사건이 발생했다.[234] 평소에도 조선의 국경 수비대는 무단 월경해오는 여진인을 발견하면 그 자리에서 사살하곤 했다. 그런데 이번에는 누르하치가 먼저 월경 조선인들을 안전하게 돌려보내고 상호 교섭을 제의한 상황에서 발생한 데다, 살해당한 여진인 수가 많은 관계로 양국 간의 외교 문제로 비화했다. 실제로 이에 대한 불만의 표시로 누르하치는 차관을 만포에 보내 정식으로 항의했으며, 조선 측에서 쇄환에 감사하는 의미로 만포에 배설해준 향연에 응하지 않았다. 이런 긴장 상태에서 건주여진이 조선을 보복 침범할 것이라는 첩보마저 들어오자, 조선 조정은 대비책 마련에 부심했다.[235]

상황이 다급해지자 조선에서는 이 문제를 요동도사遼東都司에 알리는[236] 한편, 당시 평양에 주둔하면서 조선군의 훈련을 담당하고 있던 명나라 장수 호대수胡大受에게 누르하치에게 변란을 일으키지 말도록 선유해줄 것을 부탁했다. 호대수가 이에 응함으로써 선조宣祖(r. 1567~1608)가 결재한 선유문이[237] 누르하치에게 전달되었으며, 약식이나마 만포에서 회담도 이루어졌다. 이 회담에서 누르하치의 차관은 살해된 여진인에 대한 보상, 서울 상경 허용, 교통 재개 등을 제안했다. 이에 호대수의 부관으로서 선유의 임무를 맡고 만포에 당도한 여희원余希元은 조선은 언제라도 20만 대군으로 건주를 공격할 태세를 갖추고 있다는 공갈로 분위기를 제압한 뒤, 중국의 금법을 어긴 월경인을 살해한 것은 정당한 행위이므로 보상이 불가함을 천명했다.[238]

그럼에도 불구하고, 선유문을 누르하치에게 직접 전달한 조선인 향통사鄕通事 하세국河世國(?~1622)은 누르하치의 환대를 받았고, 앞으로 불법으로 국경을 넘는 일이 있을 경우에는 피차 사살하지 말고 체포해 인도함으로써 서로 사이좋게 지내자는 제안을 받아 가지고 돌아왔다. 이에, 조선에서는 누르하치의 제안을 받아들이겠다는 내용의 답신을 만포첨사의 이름으로 작성해 중앙의 관원인 신충일申忠一(1554~1622)에게 임시로 만포 군관의 직임을 주어 누르하치를 만나 답신을 전하도록 했다.[239]

신충일은 여드레 동안 건주여진의 도성인 훼알라佛阿拉에 머물며 누르하치의 큰 환대를 받다가 만포로 귀환했다. 신충일이 가지고 간 답신의 골자는 쇄환에 대한 답례로 만포에서 잔치를 열어주겠다는 것과 여진인 살해에 대한 책임을 물어 담당관을 이미 문책 인사 조치했음을 알리고, 앞으로는 명의 금약을 준수해 서로 자국민이 무단으로 월경하는 일이 없게끔 철저히 단속해 사단을 만들지 말자는 것이었다.[240] 이것은 무단 월경자를 체포해 넘겨주자는 누르하치의 제안을 수락하는 의미의 서신이었다.

신충일이 누르하치의 부관들과 가졌던 여러 차례 회담 내용은 당시 건주여진과 조선의 입장을 더욱 분명하게 보여준다. 회담에서 건주여진 측이 실질적으로 제시한 안건은 크게 우호관계의 체결, 조선의 직첩 제수, 서울 상경 등으로 요약할 수 있는데, 이는 곧 정식 국교를 트자는 것이었다. 특히 쇄환에 대한 답례로 상물보다도 직첩의 제수를 원한 점은[241] 당시 누르하치의 주요 관심사가 무엇이었는지 여실히 보여준다. 만포에서의 교역을 허락받는 것보다 상경 허락에 더 우선순위를 둔 점도[242] 같은 맥락으로 이해할 수 있다. 이에 대해 신충일은 관직 제수건은 돌아가 보고하겠다고 하면서 답을 피했으며, 상경건에 대해서는 명의 금법이 지엄함을 들어 불가함을 그 자리에서 분명히 밝혔다.[243]

그럼에도 누르하치는 매일 연회를 베풀어 신충일 일행을 대접하고 푸짐한 상물을 주었는데, 이는 조선의 공식 서신을 받은 것만으로도 일단 만족했기 때문으로 여겨진다. 신충일을 접견한 자리에서 간단한 인사말 후에 누르하치가 처음 물어본 말이 바로 서신의 휴대 여부였던 점은[244] 당시 누르하치의 관심이 문서 왕래를 통해 조선과의 대화 창구를 여는 데 있었음을 잘 보여준다. 따라서 그는 우선 이런 정도의 진전에 의미를 부여하며 만족했던 것 같다.[245]

신충일의 귀환 보고를 계기로 조선 조정에서는 건주여진의 실정과 그 세력의 강성함을 구체적으로 알게 되었다. 이에, 선조는 누르하치의 심기를 건드리지 않기 위해, 앞으로는 산삼을 캐러 월경해 오는 여진인을 함부로 사살하지 말 것을 변경의 장수들에게 특별히 지시했다.[246] 이로써 월경 문제로 야기된 조선과 건주여진의 불화는 두 당사자가 서로 한 발씩 양보함으로써 무사히 해결되었다.

이렇듯, 누르하치는 조선과의 직접 교섭을 재개하기 위해 다양한 노력을 기울였다. 당시 명은 번국 상호 간의 직접 교통을 원칙적으로 금하고 있었으며, 1467년(세조 13) 조선의 건주여진 토벌을 계기로 조선과 건주여진 사이의 직접 교통은 120년 이상 끊겨 있었다. 따라서 조선과 직접 교통을 재개하려는 누르하치의 의도는 경제적인 목적뿐 아니라 명이 주도하는 국제질서에서 서서히 이탈하기 위한 외교적인 목적도 있었던 것으로 보인다. 또한 누르하치의 입장에서는 건주여진의 남쪽 후방에 위치한 조선과 평화관계를 유지하는 것이 북쪽의 해서여진과 서쪽의 명을 상대로 군사작전을 수행하는 데 매우 중요했다. 이런 이유로, 그는 조선과의 우호관계를 시종일관 강조했다.

반면에, 조선은 누르하치의 요청을 계속 거부했는데, 그 명분은 번국 간의 직접 교통을 명이 금지하고 있다는 것이었다. 뿐만 아니라, 일본과 싸우기 위해 명의 군대가 조선에 진주해 있는 상황에서 섣불리 건주여진과 독자적으로 외교관계를 수립하는 것은 현실상 거의 불가능했다. 더욱이, 조선 스스로도 명질서가 그대로 존속되기를 원하고 있었으므로, 누르하치의 국교정상화 제안을 번번이 거부하곤 했다.

누르하치의 정복사업과 조선의 태도

조선과의 우호관계 수립 외에도, 누르하치는 혼인이나 정복 등의 방법을 통해 전체 여진의 통일을 강력하게 추진했다. 임진전쟁(1592~1598) 동안 사태의 추세를 주시하며 군사작전을 자제하던 누르하치는 전쟁이 끝나자마자 정복사업을 재개했다.[247] 1599년 봄에 해서여진에 속하는 합달哈達과 엽혁葉赫 간의 분쟁에 개입해 합달을 점령하고 복속시켰으며, 2년 뒤에는 명의 간섭을 물리치고 합달을 완전히 병합했다.[248] 1600년에 누르하치는 동쪽으로 세력을 확대해, 해동여진海東女眞의 여러 부족들을 복속했으며, 해서여진의 한 갈래로 지금의 길림吉林에서부터 목단강 유역에 거주하며 조선의 직첩을 받고 있던 오랍烏拉(또는 홀자온忽剌溫)의 군대를 격파했다. 이때 일부 패잔병들이 누르하치 군대에 쫓겨 두만강을 건너 조선의 경성鏡城까지 밀려 들어왔다. 조선군은 이들을 무력으로 막으려 했으나, 오히려 패퇴했다. 이를 계기로, 오래 전부터 조선의 번호

藩胡로 두만강 일대에 살고 있던 해동여진의 일부 부족들이 조선에서 이탈해 건주여진이나 오랍에게 복속하기도 했다.[249] 이런 일련의 사태를 겪으면서 두만강 일대에 걸친 조선의 방위력은 점차 약화되었다.

한편, 1601년부터 만주 일대를 휩쓴 흉년으로 인해 건주여진의 팽창은 잠시 주춤했다. 대신, 필요한 식량을 얻기 위해 1601년에 누르하치는 조선과의 교섭 재개를 다시 추진해, 10월에 부관을 만포에 보내 식량 원조와 조선의 직첩 받기를 정식으로 요청했다. 그러나 조선 조정에서는 누르하치는 이미 명의 직첩을 받았으니 조선이 임의로 별도의 직첩을 줄 수 없다는 이유로 완곡히 거절했다. 그러나 속으로는 건주여진 난민들이 정말 난민인지 의심할 정도로 누르하치를 불신하고 있었다. 왜냐하면 조선에 복속해 있던 두만강 유역의 해동여진 부락들의 거의 절반 정도를 무력으로 병합시키면서, 다른 한편으로는 조선에 식량과 직첩을 요청하는 누르하치의 상반된 행동 때문이었다.[250] 이로써, 조선과 정식으로 외교관계를 맺고자 한 누르하치의 시도는 또 다시 거부되었다.

1601년 이후 건주여진의 군사적 팽창은 잠시 주춤했으나 누르하치는 이미 만주 일대에서 독보적인 위치를 굳힌 상태였다. 건주여진에 맞설 만한 세력은 건주여진의 북쪽에 동서로 길게 위치한 해서여진 갈래의 엽혁·휘발輝發·오랍 정도였다. 당시 누르하치는 이들 모두와 혼인관계를 맺고 있었으므로,[251] 이들은 속으로는 서로 견제하면서도 겉으로는 큰 충돌 없이 느슨한 연맹 상태를 유지했다. 이런 상황에서, 건주여진과 오랍은 서로 세력을 확장하기 위해 간도와 두만강 일대에 산재해 있던 해동여진 계열의 조선 번호들을 자기편으로 복속시키는 경쟁을 치열하게 전개했다. 오랍이 두만강 일대의 조선 번호와 조선 부락에 대해 적극 공세를 편 것은 바로 이 무렵이었다.

후금 건국(1616) 이전 만주 일대의 여진족 세력 판도

1605년에 일단의 오랍 군대는 조선의 동관성潼關城을 기습해 점령한 뒤 조선인들을 포로로 잡아 데리고 퇴각했다. 이에 조선군은 두만강을 건너 오랍의 군대를 추격했으나 두만강 북쪽 약 30킬로미터 지점의 건퇴件退에서 역습을 받아 패퇴했다. 오랍에게 연이어 패하면서 조선의 국위는 손상되었고, 오랍은 기세등등하게 조선에 직첩과 녹봉을 요구했다. 조선은 오랍을 무력으로 제어할 수 없다고 판단해 그 요구를 들어주었다. 또한, 더 이상 조선을 침범하지 말도록 오랍에게 개유해 주도록 명 황제에게 청했다.[252]

오랍에 대한 명의 개유는 요동과 오랍 사이에 위치한 건주여진을 통해 간접적으로 이루어졌다. 이를 계기로 누르하치는 조선에 서신을 보내 자신의 중재 역할을 과시했는데, 이때 처음으로 칸을 자칭했다. 이는 누르하치가 이전까지는 조선과의 통교를 원하면서도 여전히 조선의 왕에 대한 자신의 열등한 지위를 인정하는 기존의 조공·책봉 관계의 틀 속에서 행동했던 데 비해, 이제는 조선의 왕과 대등한 관계에서 교제하려는 의지를 공식적으로 드러냈음을 뜻한다. 이 서신에서 누르하치는 조선에 복속해 있는 번호 부락민들의 건주여진 송환, 오랍에 대한 공동 정벌, 상호 통교 및 월경 문제의 해결 등을 제안했다. 그러나 조선 조정은 각자의 경계를 지키며 우호관계를 유지할 것과 조선을 침범하지 않도록 오랍을 계속 타이르며 견제해 달라는 내용을 담아 만포첨사의 이름으로 답신함으로써, 누르하치가 제안한 안건들을 논의하기 위한 협상에는 응하지 않았다.[253]

오랍에 대한 공세와 함께 누르하치는 두만강 일대의 조선 번호 부락들에 대해 대대적인 선무 공작을 펴 건주여진으로 투항하게 하는 작업을 전개했다. 오랍의 공격에 시달리던 번호들 중 일부는 이에 응해 자발적으로 건주여진에 투항했다. 이런 과정에서 두만강 일대의 주도권을 놓고 건주와 오랍의 갈등은 더욱 심해졌고, 마침내 1607년 봄 두만강 북쪽 현성縣城에서 격돌해, 건주는 오랍의 7,000기병을 대파하는 승리를 거두었다.[254] 여세를 몰아 같은 해 가을에는 휘발을 공격해 병합했다.[255] 휘발은 건주여진의 북동 방면에 위치하고 있었으며, 서쪽으로는 엽혁, 동쪽으로는 오랍과 접하고 있었는데, 이들은 모두 해서여진의 부족으로 혼인을 통해 느슨한 연맹을 형성하고 있었다. 따라서 누르하치의 휘발 원정은 해서여진 연맹의 연결 고리를 끊어 엽혁과 오랍을 분리, 약화시키려는 전략상의 목적이 있었다. 휘발의 병합으로, 건주여진의 동쪽에서 건주여진을 견제할 만한 세력은 오랍만 남게 되었는데, 오랍도 1613년에 끝내 완전히 병합을 당했다.[256]

이런 일련의 사태를 겪으면서 두만강 일대 조선 번호들의 건주여진 복속은 가속화 되었다. 복속을 거부하는 번호들은 조선의 내지로 이주하기를 원했다. 그러나 그들이 대거 내지로 들어올 경우에 예상되는 사회 불안 및 건주여진과의 외교적 마찰을 우려해 조선 조정은 이를 허락하지 않았다. 조선은 두만강 일대 번호에 대한 책봉국으로서의 권위를 스스로 포기하고, 그들이 건주여진에 복속되는 상황을 속수무책으로 지켜볼 뿐이었다. 명에 자문을 보내어 위급한 상황을 보고했지만, 이미 명으로서도 아무런 조치를 취할 수 없을 정도로 건주여진은 강성해 있었다. 따라서 15세기에 두만강 중하류에 6진을 구축하고 두만강 북쪽의 여러 해동여진 부족들을 번호로 거느리던 조선의 동북면 방어체제는 사실상 그 기능을 상실했다.[257]

건주여진이 휘발을 멸망시킬 1607년 가을에 선조는 위독한 병세가 반복되어 정사를 제대로 보지 못하고 있었다. 선조는 이듬해(1608년 2월)

초에 사망하고, 광해군光海君(r. 1608~1623)이 즉위했다. 따라서 광해군이 즉위할 당시는 조선이 이미 두만강 북쪽의 번호들을 많이 상실한 때였으며, 사실상 누르하치가 만주 전역을 아우르는 때였다. 실제로, 건주여진은 이미 명의 간섭에서 벗어나 독립국가로 성장해 요동을 사이에 두고 명과 대립각을 세우고 있었다. 한 예로, 1608년에 누르하치는 약 800명의 조공 사신단을 북경에 파견했는데,[258] 그들은 황제가 하사한 은의 양이 적다고 대놓고 불평할 정도로 '오만한' 태도를 감추지 않았다. 마침 북경에서 이 상황을 목도한 조선 사신은 서울에 돌아온 후 그들이 중국 조정을 모욕하고 깔보았다고 보고했다.[259] 이 점은 1608년에 이미 누르하치는 명질서에서 벗어날 준비를 완료했음을 강하게 시사해 준다. 실제로, 그는 이후로 다시 조공하지 않았으며, 1616년에는 후금 건국을 공식 선포함으로써 명질서를 전면 부정했다.

약 30년에 가까운 이런 건국 과정 내내 누르하치는 조선과의 마찰을 원치 않았다. 왜냐하면 서쪽으로 요동의 명과 대립이 불가피한 상황에서, 조선은 건주여진의 남쪽에 위치해 있으면서 명과 매우 친밀한 관계를 유지하고 있기 때문이었다. 두 나라를 동시에 적으로 만들 경우, 세가 불리해질 것은 자명했다. 따라서 두만강 유역의 조선 번호들 문제로 일시적으로 관계가 악화된 적은 있었지만, 누르하치는 조선과의 무력 충돌을 시종일관 피하는 노선을 유지했다.[260]

한편, 조선은 15세기 중반까지는 나름대로 독자적인 여진정책을 추구했으며, 3장에서 살폈듯이, 더 많은 여진 부족을 번호로 삼기 위해 명과 경쟁하기까지 했다. 그러나 15세기 중반 이후 칙서사건을 계기로 크게 위축되었다. 뿐만 아니라, 명의 파병 요청에 따라 군대를 파견해 건주여진을 두 차례나 직접 공격함으로써, 조선과 건주여진의 관계는 완전히 단절되었다. 그 후, 이 책의 4장에서 살폈듯이, 16세기에 이르러 모화와 사대가 점차 양반엘리트의 생각과 이념을 지배하게 되면서 거의 모든 분야에 걸쳐 명에 의존하는 경향이 심해졌다. 명과 조선의 관계는 기존의 군신관계에 더해 부자관계로 심화되었고, 임진전쟁 중에 명이 참전한 것을 계기로 재조지은再造之恩이라는 이데올로기를 겉에 두르면서 더욱 공고해졌다.

따라서 누르하치의 거듭되는 통교 요청에 대해 조선 조정은 명의 금법을 어길 수 없다는 이유로 번번이 거절했으며, 변경 방어에 어려움이 생길 때마다 명의 선유를 통해 문제를 해결하려 했다. 건주여진과는 외교 관계 없이 현 상태를 그대로 유지하되, 명이 건주여진을 견제해 주기 바라는 정책을 시종일관 구사했던 것이다. 그러나 17세기에 들어서면서 명도 이미 힘으로는 건주여진을 제어하기 어려웠으므로, 장기적으로 볼 때 조선의 정책은 실효를 거두기 어려웠다. 대의로써 건주여진을 직접 '타이르는' 조선의 대응 방법 또한 건주여진에게 조롱감이 되고 있었다.[261] 광해군은 바로 이런 상황에서 즉위했다.

왕의 고독: 파병 논쟁의 추이와 칙서의 위력

대립의 서막: 왕과 신료

후금의 팽창이 우려할 만한 상황으로 나타난 1618년 이른 봄에 명과 조선의 국경 지방에서 발생한 한 사소한 문제는 이후 5년간 왕과 비변사 사이에 첨예하게 벌어질 본격적인 논쟁을 예시해 주기에 충분했다. 봄이 되자 의주부윤義州府尹 이극신李克信은 압록강변을 따라 초소들을 건설하고 군사 훈련을 실시했다. 초소를 설치한 것은 조정의 명령에 따른 것이었고, 군사 훈련은 매년 봄과 가을에 실시하는 정규 훈련이었다. 그런데 마침 후금의 세력 확대에 위협을 느끼던 인근의 요동 주민들은 이 광경에 놀라 대피 소동을 일으켰으며, 요동의 군문軍門에서도 조선의 의도를 의심하고 의주와 마주보이는 압록강 북단에 성을 쌓을 준비를 시작했다. 예상하지 못한 요동의 적대적 반응에 놀란 이극신은 불필요한 마찰을 피하기 위해 요동 지역 유격장군遊擊將軍 구단丘坦에게 즉시 해명 서신을 보내고 강가의 초소들을 철거하는 한편, 이 문제를 조정에 보고했다.[262]

보고를 접한 비변사에서는 부주의한 행동으로 명의 의심을 야기한 이극신의 죄를 물어야 한다고 주장했다. 대간은 이극신을 강변에서 참해 효수함으로써 명에 대한 조선의 충성심을 보여 줘야 한다고 목소리를 높였다. 대간이 제시한 이극신의 죄목은 요동의 아문에 사전 보고도 안 하고 군사 훈련을 실시한 것과 초소들을 지나치게 높고 크게 세워 상국(명)을 놀라게 했다는 것이었다. 유생들도 상소를 올려 이극신을 대역죄로 처벌하라고 주장했다. 그러나 광해군은 이극신의 처벌을 보류한 채 먼저 요동의 각 아문에 사건을 해명하는 자문을 보냈고, 약 한 달 뒤에 각 아문들로부터 모든 의심이 깨끗하게 풀렸다는 회답을 받았다. 아울러, 축성건은 이번 일과 무관하게 몇년 전부터 계획했던 일이니 개의치 말라는 해명도 들었다.[263]

그런데 문제는 여기서 끝나지 않았다. 왜냐하면 광해군이 축성을 계속 문제 삼았기 때문이다. 그는 축성 계획을 당장 중지할 것을 촉구하는 회자回咨를 요동으로 보낼 것을 비변사에 명했다. 이에 비변사와 승문원에서는 요동 군문에서도 축성 시작을 내년으로 연기하는 성의를 보였으니, 축성 문제는 더 이상 거론하지 않는 것이 좋겠다면서 반대했다. 그러나 광해군은 저들의 말은 믿을 수 없으며, 조선의 초소와 요동의 축성은 같은 사안이므로, 저들이 축성을 포기하지 않는 한 문제가 해결된 것이 아니라면서 강경 자세를 견지했다. 더 나아가, 요동의 장군들을 상대로 이 문제를 따질 것이 아니라, 성절사聖節使가 가지고 갈 국서에서 이 문제를 주문해 황제로 하여금 직접 축성 계획을 중지하게 하는 방안을 제시했다. 그러나 비변사에서는 이미 축성에 대해 요동도사가 해명했는데도 자꾸 의심해 황제에게까지 중지를 요청하면 문제가 더 어렵게 될 것이라는 이유를 들어 계속 반대하는 한편, 성절사의 주문에서 오해를 해명하는 말은 하되 축성건은 언급하지 말자고 절충안을 내놓았다. 그러나 광해군은 해명만 할 것이라면 주문할 필요도 없다면서 입장을 굽히지 않았다.[264]

이 문제는 광해군과 비변사의 의견이 팽팽히 맞서 타결점을 찾지 못한 채 두 달 남짓 논쟁이 계속되었다. 그러던 중, 같은 해 윤4월에 후금이 요동에 침입해 무순撫順을 사흘간 점령하고 약탈해 돌아가는 사태가 발생하자, 명은 후금 정벌 계획을 수립하고 추진했다. 이에 명과 후금 사이에는 본격적인 전운이 감돌았다. 그러자 이렇게 긴박한 때에 번국藩國이 상국上國에게 변방의 축성 공사를 중지하라고 요구하는 것은 적절치 않다는 비변사의 설득에 광해군이 일단 양보함으로써 논쟁은 일단락되었다.[265]

이극신의 초소 건설과 명의 축성 시도로 야기된 두 나라 사이의 외교문제는 어쩌면 쉽게 넘어갈 수도 있었던 조그마한 사안이었다. 그러나 이 문제를 논의하는 과정에서 드러난 왕과 신료들의 상반된 시각차는 이후 약 5년에 걸쳐 명과 후금 사이에서 외교노선 문제를 둘러싸고 치열하게 전개될 광해군과 신료들의 극한 대립을 예시해 주는 상징적 사건이었다.

요동 파병 논쟁의 추이

1618년 윤4월에 요동군무遼東軍務 이유번李維藩으로부터 후금 정벌에 조선도 군대를 보내도록 준비하라는 내용의 자문을 받으면서[266] 조선 조정의 파병 여부 논쟁은 본격화되었다. 도사都司 구단丘坦과 경략經略 왕가수汪可受 등 다른 군문의 파병 요청 자문들도 연이어 도착했다. 모두 한결같이 후금 정벌을 위해 군사를 일으키니 조선도 군대를 파견해 도우라는 내용의 자문이었다.[267] 파병 여부를 놓고 조정의 의견은 둘로 갈라졌는데, 비변사를 중심으로 한 절대 다수의 신료들이 즉각 파병을 적극 주장한 반면, 광해군은 매우 강한 반대 입장을 견지했다.

처음에 비변사는 왜 파병을 해야 하는가에 대한 논의나 설명도 없이 파병을 당연한 것으로 받아들이고, 파병 요구에 응하겠다는 회답 준비에 착수하려 했다. 그러나 광해군이 파병에 반대하고, 한 발 더 나아가 이번 원정에서 후금을 섬멸하기는 어려우니 경솔하게 정벌하지 말고 재고하라는 뜻으로 오히려 명을 설득하는 내용으로 회답하라고 지시하자,[268] 비로소 파병이 불가피한 이유를 설명했다.

비변사가 제시한 즉각 파병의 근거는 중국 조정의 군기軍機에 관한 문제는 번국이 간여할 일이 아니니, 중국 조정의 지휘에 그대로 따르는 것이 사리에 맞는다는 것이었다. 그렇지만 왕의 반대를 참작해, 군부君父가 징병하니 신자臣子로서 마땅히 따르되 칙서가 도착하기를 기다려 응하겠다는[269] 정도로 약간 후퇴했다.

그러나 광해군은 칙서를 청하는 듯한 표현을 삭제하도록 지시하는 한편, 파병 불가 이유를 보다 구체적으로 제시했다. 조선은 병농兵農이 그다지 분리되어 있지 않기 때문에 군사를 뽑기도 어려울 뿐더러, 그나마 모두 약졸이니 정벌 참여가 불가능하다는 점을 들었다. 따라서 이런 사정을 무시하고 억지로 파병하면 국경 방어가 허술해져 오히려 허를 찔리는 환란이 우려된다는 점을 전략상의 이유로 제시했다. 또한, 번국의 도리는 번국의 영토를 지키는 것이니, 번국의 도리로 보아도 국경 밖으로 나가는 파병은 재고해야 한다고 재차 강조했다.[270]

그러나 비변사가 순순히 응하지 않자 광해군은 이 문제에 대해 2품 이상의 신료들로 하여금 각자의 의견을 헌의獻議하도록 명했다.[271] 이때의 헌의 결과를 포함해 당시 조정에서 파병 반대 의사를 개진한 사람은 황중윤黃中允,[272] 동부승지 조찬한趙纘韓,[273] 좌부승지 박정길朴鼎吉(?~1623),[274] 우부승지 이위경李偉卿(?~1623),[275] 형조참판 박자흥朴自興(?~1523),[276] 풍안군豊安君 임연林衍,[277] 행사직行司直 윤휘尹暉[278] 등 7명에 불과했다. 약 200여 명 가운데 오직 7명만이 파병에 부정적 의견을 개진한 것이다. 반대 논리의 주안점과 강도에 약간의 차이는 있었으나, 이들의 의견을 종합하면 다음과 같이 세 가지로 요약할 수 있다.

첫째는 군사력의 취약과 재정상의 어려움 등 현실적인 문제였다. 농민들로 구성된 약졸들을 파견해 봐야 정벌에 실질적인 도움이 안 될 뿐더러 재정 부담이 너무 크다는 것이었다. 둘째는 조선군이 국경을 넘어 요동으로 들어가면 국경 방어가 허술해진다는 전략상의 문제였다. 일본이나 후금이 틈을 노려 침공할 경우, 주력군이 빠져나간 상황이므로 방어 대책이 없다는 뜻이었다. 셋째는 군대를 준비는 하되 파병 요구를 철회해 주도록 황제에게 직접 청하는 한편 요동의 각 아문에는 칙서가 없으니 국경을 넘을 수 없다고 하면서 시간을 끌자는 것이었다.[279] 이러한 논리는 이미 광해군이 밝힌 논리와 대동소이한 것이었다. 실제로 위 7명 중에 승지가 3명인 점으로 보아, 이들 모두는 광해군의 뜻을 좇은 것으로 보인다.

반면에, 비변사 당상을 비롯해 절대 다수는 적극적으로 파병의 당위성을 밝혔다. 이들의 논리 또한 크게 세 가지로 정리할 수 있다. 첫째, 명과 조선의 부자관계 및 임진전쟁(임진왜란) 때의 재조지은再造之恩을 고려할 때 명의 요구대로 파병하는 것이 당연하다는 의리론이었다. 파병에 따르는 제반 문제들보다는 명과의 의리가 훨씬 더 중요하다는 입장인 셈이다. 둘째, 파병을 거절할 경우에 예상되는 명의 책망을 감당할 수 없을 것이라는 점과, 훗날 임진전쟁 때와 같은 비상사태에 다시 처하게 될 경우에 명에 구원을 청할 명분을 잃게 된다는 점 등, 현실적인 이유도 제기했다. 비록 어려움이 따르더라도 이번에 파병해 명을 돕는 것이 장기적으로 볼 때 유리하다는 논리였다. 셋째, 따라서 미리 준비에 만전을 기해 황제의 명령이 떨어지면 즉각 출동시켜야 한다는 것이었다. 명의 후금 원정이 확실한 상황인데도 칙서가 없다는 이유로 준비를 소홀히 하고 있다가, 막상 출병 날짜를 통보 받았을 때 그 기일에 맞추지 못하게 되면 명의 견책을 감당할 수 없다는 것이었다.[280] 이런 논리는 4장에서 살핀 중종 대 파병 관련 논쟁 가운데 애초에 파병 찬성론을 제기한 의정부 대신들의 논리와 거의 비슷함을 알 수 있다.

그렇지만 광해군의 반대도 매우 강력해, 이 논쟁은 쉽게 결론을 보지 못했다. 특히 요동의 일개 군문에서 보내온 자문 때문에 법석을 떨며 온 나라를 파병 준비로 몰아가려는 비변사에 대해 광해군은 불쾌한 감정을 드러내곤 했다. 더 나아가, 1467년(세조 13)과 1479년(성종 10)에도 모두 칙서를 받은 연후에 파병한 전례들을 제시하며 비변사의 성급한 파병 태도를 비난하는 한편, 요동 군문들이 임의로 파병을 요청한 것일 수도 있으니 자세한 실정을 탐문해 오라고 지시했다.[281]

광해군의 강력한 반대에는 그의 정세 판단이 크게 작용한 것으로 보인다. 명의 후금 정벌 계획을 처음 들었을 때부터 광해군은 그것이 실패할 것임을 확신했다. 그는 명의 군사력으로 후금의 기병을 막는 최선의 방법은 그저 군세를 과시하며 방어하는 길뿐인데, 오히려 군사를 일으켜 적진으로 깊이 들어가려고 하니 승산이 없다고 단언했다. 심지어 그런 무모한 정벌 계획을 세운 요동 장수들의 수준을 알 만하다고 비아냥거리기까지 했다.[282] 정벌 계획이 무모함을 황제에게 알려 속히 중지시켜야 한다고 여러 차례 강조한 것은[283] 바로 이런 정세 판단에 확신이 있었기에 가능한 일이었다. 후금의 조선 침입 가능성에 대해서도, 광해군은 후금과 원한관계만 맺지 않는다면 후금은 조선을 침입하지 않을 것으로 보았다. 따라서 그는 실패가 자명한 명의 군사작전에 동참하는 것은 조선 스스로 후금과 원수를 맺어 침입을 자초하는 일이라 결론짓고 파병에 강력하게 반대했던 것이다.[284]

광해군의 뜻이 이렇게 단호하자, 왕명을 정면으로 거스르는 것에 부담을 느낀 비변사로서도 한 발 후퇴하지 않을 수 없었다. 따라서 요동의 군문에 보내는 회답의 골자는 대개 광해군의 의도대로 작성되었다. 서론에서는 군부·신자 관계와 '재조지은'을 강조했지만, 본론에서는 조선의 피폐한 상황과 군대의 허약함을 호소하고, 7,000명 정도의 군사를 준비해 국경을 지키는 것으로 임무를 다 하겠다는 뜻을 개진했다. 더 나아가, 이번 정벌 계획을 신중하게 재고해 보라는 조언도 빠뜨리지 않았다.[285] 결국, 파병 요청을 거절하는 답신이었던 것이다.

광해군은 북경에 보내는 주문도 비슷한 내용으로 작성할 것을 명했다.

그러나 주문 작성 과정에서 광해군은 신료들의 거센 반발에 다시 직면했다. 특히, 예조판서 겸 대제학으로서 당시 외교문서를 거의 전담하던 이이첨李爾瞻(1560~1623)은 광해군의 파병 불가 입장에 정면으로 맞서

> "……신도 진실로 성상께서 염려하시는 바를 [잘] 알고 있습니다. 다만 생각건대, 중국에 난리가 있으면 제후가 [달려] 들어가 돕는 것이 바로 춘추春秋의 대의大義요, 번국이 지켜야 할 직분입니다. 하물며 우리나라는 재조再造의 [은혜를 입어] 오늘에까지 이를 수 있었으니, 황제가 [우리를 위해 쏟은] 힘의 털 한 오라기라도 어찌 갚아야 할지 모를 [정도입니다.] 노추老酋가 난리를 일으키자 천조天朝에서 [그를] 토벌하려고 해, 지금 무원撫院의 자문과 군문軍門의 격서가 교대로 급히 몰려오고 있습니다. [그러니, 우리는] 늘 잘못되지 않도록 경계하며 양껏 군병을 조발調發해, 칙서가 오는 대로 국경 밖으로 출동시킬 [태세를 갖춘다고 해도] 오히려 충분치 못할까 봐 두려워해야 합니다. [그런데] 어찌 먼저 [파병을 거절하는] 사신을 보내어 요행을 도모한단 말입니까? ……지금 장차 사신을 보내는 한 조목을 가지고 주문奏文을 [또] 지으려 하니, [신의] 말과 생각이 서로 어긋나는 [탓에] 문장이 이루어지지 않고 말이 혼란스러워 [문서를] 잘 작성하지 못할까 두렵습니다. ……"[286]

고 하면서 불만을 원색적으로 토로했다. 문서 작성을 노골적으로 기피한 셈이다. 그러나 광해군은 누르하치의 목을 쉽게 베어올 것처럼 큰 소리만 치지 말고 현실을 직시할 것과 현재 조선의 국력으로는 병력을 국경 안에 머물게 하는 것이 유일한 희망이라고 하면서 명령대로 주문을 작성할 것을 재촉했다.[287]

이에, 비변사에서는 다시 한 발 더 후퇴해 절충안을 내놓았다. 왕의 뜻

대로 주문을 작성하되 결론부에 "칙유勅諭만 내리면 즉각 파병에 응하겠다"는 문구를 넣자는 것이었다. 그러나 광해군은 '칙유'라는 단어 자체를 사용하지 말라고 명함으로써[288] 비변사의 절충안마저 거부했다. 이런 이유로, 주문 작성에 무려 20여 일이나 걸렸으며, 결국 광해군의 의도대로 작성되었다. 주문에 '칙유'라는 단어는 사용되었지만, 문맥상으로 보면 황제께서 조선의 형편을 헤아려 칙유를 내려 요동 군문의 파병 요구를 중지시켜 달라는 것이었다.[289]

논쟁의 전환점과 왕의 고립

그런데 이렇게 어렵게 작성한 회답과 주문을 가지고 가던 사신들이 원정군 책임자인 경략經略 양호楊鎬의 저지 때문에 문서를 전달하지도 못하고 중도에서 돌아오게 되자, 조선 조정의 분위기는 일순간에 반전되었다. 무원撫院의 군문에 보내는 회답서를 가지고 가던 재자관齎咨官 이잠李埁(홍문관 교리)은 광녕廣寧에서 만난 양호에게 회답서를 빼앗겼다. 답서의 내용이 의리에도 어긋나고 파병하지 않으려는 변명 일색이라는 이유 때문이었다.[290] 아울러, 양호는 조선 국왕에게 자문을 보내어, 자기가 받은 칙서 안에 '조선을 고무하라'는 내용이 있음을 들어 파병 요구를 정당화했다. 또한 1만 명을 국경에 대기시키고 추후 명령을 기다리라고 했으며, 이번에 파병에 응해 후금을 정벌하는 데 일조하면 조선의 강토도 안정되고 충의의 명성까지 얻게 될 테니, 양쪽을 기웃거리지 말고 단안을 내릴 것을 촉구했다.[291]

양호의 자문은 그동안 광해군의 위세에 눌려 있던 비변사로 하여금 파병론을 더 적극적으로 펼 수 있는 결정적 발판을 마련해 주었다. 또한, 대간과 승정원도 비변사를 적극 지지하며 광해군을 압박했다. 신료들은 양호의 자문이 갖는 의미를 나름대로 분석하고 대응책을 제시했는데, 크게 네 가지로 정리할 수 있다.

첫째, 양호가 받은 칙서 안에 조선을 고무하라는 구절이 있으니 조선에 파병을 요구하는 칙서는 이미 내린 것이나 마찬가지라고 분석했다. 이것은 칙서가 없으니 파병할 수 없다는 광해군의 주장을 반박하려는 것이었다. 둘째, 양호의 질책을 들음으로써, 선왕들이 200년 이상 쌓아온 사대의리와 정성이 허사가 되는 치욕을 당했다고 분석했다. 이것은 광해군이 조선의 국시인 '사대'를 위반함으로써 선왕들의 얼굴에 먹칠을 했다고 경고하는 의미였다. 셋째, 잘못된 길로 가는 왕을 보필하기 위해, 앞으로는 천조天朝에 득죄하느니 차라리 왕명을 거스르는 죄를 짓겠다는 의지를 우회적으로 드러내었다. 이것은 앞으로 외교노선에 관한 광해군의 지시를 쉽게 따르지 않겠다는 또 다른 경고였다. 넷째, 이 시점에서는 양호의 충고를 그대로 따르는 것만이 순리라는 대응책을 제시했다. 이미 떠나보낸 주문사의 행차를 중지시키고, 모든 자문을 양호의 말대로 고쳐서 다시 보내야 한다는 것이었다.[292]

이처럼 안팎의 반발에 직면한 광해군은 칙서를 직접 받지 않고 출병한 전례가 없다는 이유로 파병을 계속 거부하는 한편, 주문 사신을 도중에 소환한 전례도 없으니 그대로 주문을 해야 한다고 맞섰다. 그러나 비변사에서 사신을 중도에 소환한 전례들을 찾아 제시하자, 이미 떠난 사신을 소환하기보다는 주문과 회답의 내용을 좀 고쳐서 보내자는 쪽으로 한 발 후퇴했다. 그렇지만 새로 고친 주문의 내용도 그 골자는 크게 다르지 않았다. 파병에 응하겠다는 말을 좀 더 강조하고, 양호가 요구한 대로 조선군 지휘관들의 명단과 주둔 지역 등의 정보를 상세하게 첨부함으로써 많은 성의를 보였지만, 무리한 파병에 따른 국가방위 문제 및 칙서가 없으면 파병할 수 없다는 등의 핵심 내용은 표현만 좀 더 부드럽게 바뀌었을 뿐 그대로 다 포함되었던 것이다.[293]

그 결과, 주문사 박정길朴鼎吉 또한 양호에게 다시 저지당했다. 양호는 박정길에게 자문과 주문이 죄다 애매모호해 징병을 거부하는 내용이라고 질타하고, 이 주문이 북경에 도착하면 조선을 규탄하는 논의가 일어날 것이며, 조선을 고무하라는 명을 받고 온 자신도 제대로 고무하지 못한 죄를 받게 될 것이라고 했다. 또한, 일본·조선·후금이 연결하고 있다는 소문이 중국에 자자하다는 식으로 박정길을 겁주다가, 박정길이 그런 소문은 금시초문이라고 하면서 구체적으로 물으려 하자, 허망한 와언이니 개의할 필요 없다는 식으로 발뺌하기도 했다. 그런가 하면, 비록 1만 명을 다 못 채우더라도 말로는 1만 명이라고 큰 소리를 치라는[294] 조언 아닌 조언도 서슴지 않았다. 즉, 양호는 조선을 고무해야 하는 자신의 책임 때문에, 파병에 미온적인 조선의 주문이 북경으로 가는 것을 극력 저지했던 것이다. 결국, 양호는 박정길을 요동에서 추방해 의주로 돌려보내면서 조선 국왕에게도 자문을 다시 보내어, 주문 내용에 새로운 것이 하나도 없고 파병해 돕겠다는 뜻도 전혀 없으니 이제 조선은 신망을 잃었다고 질책한 뒤, 앞으로 모든 자문과 주문은 자기에게 먼저 가져와 검열을 받으라고까지 극언했다.[295]

한편, 박정길과는 별도로, 성절사의 임무를 받고 사행使行에 오른 윤휘는 아예 처음부터 양호를 피해 멀리 돌아 북경에 도착하는데 성공했다. 윤휘는 병부가 조선군의 주임무를 국경의 요충지를 지키면서 적의 퇴로를 차단하고 남쪽으로는 일본을 막도록 하는 내용의 복제覆題를 올려 황제의 준허를 받았다고 보고함으로써,[296] 광해군으로 하여금 희망을 갖게 했다. 그러나 막상 윤휘가 받아온 칙서의 내용은 번직藩職을 잘 수

행할 것과 경략經略(양호)의 지휘를 받아 진격해 협공하는 형세를 이루기에 힘쓰라는 것으로,[297] 파병하라는 칙서였다.

광해군이 이 칙서를 모화관에 나아가 맞이한 것은 이듬해 2월이었지만, 칙서는 9월 17일자로 작성되었으며, 조선 조정이 칙서의 사본을 접수한 것은 10월 9일이었다.[298] 따라서 10월 9일을 고비로 광해군은 더 이상 파병 반대를 고집할 구실을 모두 상실했다. 이때부터 모든 자문의 내용은 전적으로 비변사의 의견대로 작성되었다. 칙서의 내용을 확인하자마자 비변사에서는 칙서의 내용에 근거해 충의를 위해 목숨을 아끼지 말고 싸우도록 장병들을 격려하는 교서를 내리자고 건의했고, 광해군은 아무런 반대도 하지 못하고 윤허했다.[299] 도독都督 유정劉綎의 자문에 대해 비변사에서 명과 조선은 군신 및 부자관계인만큼 지금 '재조지은'에 보답할 준비를 완료하고 거국적으로 정벌에 참여해 오로지 명령대로 따르며 책임을 다하려고 만반의 준비를 갖추고 있다는 내용의 답신을 보내자고 했을 때에도, 광해군은 아무런 이의를 제기하지 않았다.[300] 이 밖의 자문들도 모두 신하와 자식의 당연한 도리를 지켜 기꺼이 명령에 따르겠다는 내용 일변도였지만, 광해군은 전혀 이의를 제기하지 않고 즉각 윤허하곤 했다.

한편, 이러한 급반전은 예전에 파병에 대해 반대 의견을 헌의했던 7명도 궁지에 몰아넣었다. 양호가 조선의 관망 자세를 질책하는 자문을 보내왔을 때, 양사에서는 사론邪論(파병 반대론)을 선창해 왕을 함정에 빠뜨렸다는 이유로 임연의 처벌을 주장하고 나섰다. 광해군이 임연을 보호하자, 대간에서는 임연에 대한 탄핵을 한 달 이상 계속했다.[301] 성절사로 떠났던 윤휘 또한 대간의 공격을 집중적으로 받았다. 윤휘에 대한 탄핵은 그가 칙서를 받아서 돌아오는 도중에 벌써 폭발했다. 교묘한 말로 파병을 회피하고 중국 조정을 우롱하는 등 매국의 죄를 범했으니 그를 참해 국경에 효수함으로써 중국과의 오해를 풀어야 한다는 것이었다.[302] 광해군이 임연을 총애했고, 윤휘에게 특별한 임무를 맡겨 명에 파견한 점을 고려할 때, 이들에 대한 원색적인 탄핵은 곧 광해군에 대한 비난을 의미했다. 조선을 의리도 모르는 금수의 나라로 떨어뜨린 장본인이 광해군임을 노골적으로 지적하는 것이나 다름없었던 것이다.

그런데 파병에 반대한 사람을 공격하는 분위기는 이미 헌의할 당시부터 조정에 팽배해 있었다. 헌의한 지 불과 이틀 뒤에, 윤휘는 자신의 뜻은 비변사의 견해와 같은데도 불구하고 표현상의 오해로 말미암아 온갖 비방을 받고 있으니 사신의 임무를 감당할 수 없다고 토로했다.[303] 즉, 파병에 대해 반대 태도를 취했다는 이유로 주위로부터 비난을 받고 있다는 호소였다.

이런 상황에서, 자신의 주장을 계속 고수한 사람은 7명 중에서 아무도 없었다. 파병을 피하기 위해 황제에게 직접 주문하자는 등의 강성 발언을 함으로써 광해군의 의견을 가장 강력하게 지지했던 박정길조차도 주문을 가지고 북경으로 가다가 양호에게 저지를 당한 이후에는 양호의 지시대로 따르는 것이 상책이라는 식으로 입장을 바꾸었다.[304] 승지 이위경도 박정길의 주문을 즉각 중지시켜야 한다는 승정원의 논의에 참여함으로써,[305] 자신의 입장을 수정했다. 요컨대, 광해군의 외교노선을 꾸준히 지지한 사람은 7명 중 아무도 없었다.

이렇듯, 양호의 자문 압수와 칙서의 도착은 파병을 거절하고자 했던 광해군과 소수 지지자의 목소리를 잠재우는 데에 결정적으로 기여했다. 따라서 이제 조선군의 파병을 반대할 사람은 조정에 아무도 없게 되었다. 황제의 칙서를 거부하자고 주장할 사람은 당시 조선 안에 아무도 없었기 때문이다. 오직 광해군만이 홀로 고립되어 파병에 반대했으나, 파병을 요구하는 칙서로 인해 그나마도 불가능하게 되었다. 강홍립姜弘立(1560~1627)이 이끄는 1만 3,000여 명의 조선군은 바로 이런 분위기에서 압록강을 건너 요동으로 들어갔던 것이다.

협박과 거짓: 명의 추가 군사 요청과 논쟁 2라운드

명의 원정군(연합군)은 네 방면에서 후금의 영토로 진격해 들어갔으나 싸움다운 싸움을 한 번도 제대로 못한 채, 광해군의 예상대로 궤멸되고 말았다.[306] 총병總兵 유정劉綎의 지휘를 받은 조선군도 기습을 받아 좌군과 우군이 거의 다 패몰했고, 도원수 강홍립이 직접 이끈 중군은 후금 군대에게 완전히 포위된 상황에서 후금 진영과 몇 차례의 교신을 주고받은 뒤에 곧 투항했다.[307] 연합군이 참패하고 강홍립 등이 포로가 되었다는 소식은 3월 12일에 조선에 전해져,[308] 온 조정을 놀라게 했다.

한편, 명과 조선의 연합군을 물리친 후 후금 내부에서는 조선에 대한 강경파와 온건파 간의 의견 대립이 있어, 그 와중에 조선군 포로 400여 명이 살해되기도 했다. 이때 살해당한 400여 명의 포로는 모두 양반이었는데, 양반 포로들 가운데 몇 명이 여진인 부녀를 강간, 살해하고 도주한 데 대한 보복 학살이었다.[309] 조선군 포로들의 처리 문제를 놓고 강경파와 온건파가 대립하던 차에 발생한 강간, 살해사건은 강경파에게 포로들을 학살할 수 있는 좋은 빌미를 제공한 셈이었다.

그렇지만 누르하치가 이끄는 온건파가 우세해, 결국 두 명의 차관을 조선 국경에 보내어 국서를 전달하면서 우호관계의 체결을 제의했다.

이때 조선군 포로 중에서 종사관 정응정鄭應井과 부원수 김경서金景瑞 (1564~1624)의 아들인 장관將官 김득진金得振 등 5명을 석방해 함께 보냈다.[310] 도원수 강홍립의 장계도 석방된 포로들 편으로 광해군에게 전달되었다. 국서에서 누르하치는 명의 파병 요구에 응할 수밖에 없었던 조선의 사정을 이해한다고 했으며, 예전 금나라와 고려의 우호관계를 예로 들어 후금과 조선의 우호관계를 강조하면서 명을 응징하는 데 함께 나서자고 제의하고, 조선 국왕의 입장을 국서로 알려 달라고 했다.[311] 한편, 강홍립도 그의 비밀 장계에서 전투 상황 및 포로가 된 이유를 설명하고, 후금과 화친할 것을 건의했다.[312]

이후 조선 조정은 누르하치 국서를 처리하는 문제를 놓고 왕과 비변사가 거센 논쟁에 휩싸였다. 광해군이 후금과의 직접 대화를 내세워 우호적인 답신을 보내려 한 데 비해, 비변사를 필두로 모든 신료들은 강홍립이 항복해 이미 조선에 대한 명의 의심이 커진 상황에서 누르하치의 서신에마저 우호적인 답서를 보낼 경우에 예상되는 명의 질책을 우려했기 때문이다. 국가의 안위를 지키는 방법으로 광해군이 후금과의 직접 대화에 주력한 반면, 비변사는 명과의 관계 유지에 전력했던 것이다. 이런 논쟁 구도는 패전 이후 명과의 관계 설정 문제를 놓고도 계속 이어져, 광해군과 비변사가 서로 평행선을 달리게 되는 주요 원인으로 작용했다.[313]

명의 추가 파병 요청과 논쟁의 재개

패전 직후에 명은 조선에 칙서를 보내왔다. 칙서에서 명 황제는 패전의 원인이 명 장수들에게 있음을 분명히 자인하고, 조선 군사들이 분전해 공을 세웠음에도 불구하고 장수가 포로로 잡히고 사졸들도 피해를 입은 것에 대해 위로했다. 또한 군대를 정돈해 국경을 지키면서 요동을 응원하는 형세를 계속 보일 것을 당부했다. 아울러 전몰자들에 대한 위로금 명목으로 은 1만 냥을 함께 보내왔다.[314]

강홍립의 항복 및 조선과 후금 사이의 서신 교환 때문에 조선에 대한 명의 의심이 커지고 있던 당시 상황을 고려해 볼 때, 칙서의 내용은 의외였다. 왜냐하면 강홍립이 후금에 항복한 것을 질책하기는커녕 군대를 파견해 준 조선의 의리를 치하하고, 패전으로 인해 조선이 입은 피해에 대해 위로하는 내용 일색이었기 때문이다. 이 점은 패전 이후에 명 조정이 조선을 매우 세심하게 배려했음을 잘 보여준다. 명으로서는 조선을 통해 후금을 견제할 필요성이 더욱 절실해진 만큼, 조선을 질책하기보다는 위무하는 정책을 선택했던 것이다.

그런데 칙서를 가지고 온 명의 차관 원견룡遠見龍이 추가 파병을 요구함에 따라, 조선 조정은 또 다시 파병 여부 논쟁에 휩싸이게 되었다. 당시 명은 패전의 책임을 물어 양호를 구속하고 대신 웅정필熊正弼을 새 요동경략으로 임명할 즈음이었는데,[315] 원견룡은 바로 웅정필의 부관이었다. 원 차관은 압록강을 건너 조선 영내로 들어오면서부터 조선의 추가 파병 필요성을 강조했다.[316] 그런데 이번 경우는 파병을 요구하는 칙서도 없고 요동 군문의 자문조차도 없이 원 차관이 임의로 요구했다는 점에서 이전과 달랐다.

원 차관은 먼저 우의정 조정趙挺에게 개인적으로 서신을 보내 파병이 이루어지도록 선처해 달라고 부탁했다. 더 나아가 그는 요동의 위급한 상황 및 조선이 명을 돕는다는 소문만으로도 후금의 공세를 다소 늦출 수 있을 것이라는 전략적 판단에 근거해 광해군에게까지 직접 게첩을 올려 요동 방어가 조선에 미치는 영향 및 '재조지은'을 입은 조선의 의

리를 강조하며 조선 총수병의 파병을 요구했다.[317]

원 차관의 추가 파병 요구에 대해 광해군과 비변사가 정반대의 반응을 보임에 따라 논쟁이 다시 불붙었다. 광해군의 파병 불가 논리는 크게 두 가지로 정리할 수 있다. 첫째는 칙서는커녕 아무런 문서도 없이 일개 차관의 말만 듣고 군대를 움직일 수는 없다는 논리였다. 특히 칙서 전달의 임무만 띠고 온 차관이 무례하게 군사를 요청한 월권행위에 대해 광해군은 분노했으며, 원 차관을 가리켜 황제의 명령도 없이 자기 선에서 파병을 관철시켜 공을 세우려는 부류의 인간이라며 원색적으로 비난했다. 둘째는 어렵게 양성한 포수 수천 명을 이미 잃었는데, 이제 2,000~3,000명을 더 보낸다면 나라를 방비할 수 없다는 이유를 들었다.[318]

반면에 비변사는 원 차관의 청병에 즉각 응할 것을 주장했다. 비변사의 파병 불가피 논리는 네 가지로 정리할 수 있다. 첫째는 조선의 의중을 떠보려는 속셈일 수도 있는데, 무조건 거부한다면 저들이 화를 낼 것이니 곤란하다는 것이었다. 둘째는 새 경략이 곧 부임하면 어차피 추가 파병 요청이 있을 것인데, 진노를 받은 뒤에 파병하느니 미리 수락하는 편이 더 낫다는 논리를 폈다. 셋째는 국경에 군대를 보내어 대기시키면, 청병하는 칙서가 올 때까지 변경 방어에도 도움이 될 것이니 일석이조라는 논리였다. 넷째는 요동과 조선은 이와 입술의 관계이므로 요동이 위급한 지금 속히 달려가 구원해야 한다는 논리였다.[319]

그런데 논쟁 중에 비변사와 신료들은 새로운 행동을 보이며 광해군의 외교노선에 노골적으로 불만을 나타내었다. 왕의 윤허도 없이 대신들이 임의로 원 차관에게 파병을 약속해 놓고, 이미 수락한 이상 이제 와서 말을 바꿀 수 없으니 파병해야 한다는 억지 논리를 폈던 것이다.[320] 이것은 왕권에 대한 심각한 도전으로 받아들여질 수 있는 사안이었다. 그런가 하면 광해군은 원 차관이 서울에 머무는 동안 외교와 관련된 조정의 논의 내용을 관보에 싣지 말도록 승정원에 여러 차례 지시했다. 그러나 논의 내용은 실리기 일쑤였다.[321] 광해군의 왕명을 바로 왕의 비서실 격인 승정원이 번번이 무시하곤 했던 것이다. 그럼에도 불구하고 광해군은 승정원의 해당 관원을 추고한다거나 원 차관의 말에 너무 겁먹지 말라고 비변사 당상들을 설득할 뿐,[322] 왕명을 거스르는 신료들의 대담한 행동을 제재하기 위한 아무런 실질적인 조치도 취하지 못했다.

결국, 원 차관은 끝내 파병에 대한 확답을 듣지 못하고 돌아갔는데, 이것은 광해군이 신료들의 반대를 무릅쓰고 거둘 수 있었던 최상의 성과였다. 그렇지만 이러한 결과는 광해군의 왕권이 신료들을 압도했기 때문이 아니라, 파병을 요구하는 칙서가 없었기 때문에 가능했다는 점을 간과하면 안 된다. 신료들은 칙서도 없이 번국이 군대를 움직일 수는 없다는 광해군의 방어 논리를 꺾을 다른 논리를 찾을 수 없었던 것이다.

조선감호론 파동과 논쟁의 성격

소위 조선감호론朝鮮監護論 파동은 이렇듯 추가 파병 문제를 놓고 광해군과 비변사가 첨예하게 대립하던 상황에서 발생했다. 조선감호 문제는 북경에 가 있던 천추사 이홍주李弘胄와 성절사 남발南撥이 서광계徐光啓(1562~1633)와 장지발張之發이 병부에 올린 주본의 내용을 입수해 조선 조정에 보고함으로써 처음 알려졌다.[323] 패전 이후, 명의 한림원 검토翰林院檢討로 있던 서광계는 후금의 공세로부터 요동을 지키기 위한 여러 가지 대책을 건의했는데, 그중의 하나가 조선을 감호하자는 것이었다. 서광계는 패전 직후인 1619년 3월부터 11월까지 8개월 동안에 전력 강화 방안 등 요동 방어책에 대한 상소를 무려 일곱 차례나 올렸다. 그

중에서 조선감호론은 6월 28일자로 올린 〈요좌점위이심소遼左阽危已甚疏〉에서 가장 마지막에 언급되었다.[324]

서광계는 먼저 조선의 지정학적 중요성을 역설했다. 즉 여러 차례 승리에도 불구하고 후금이 더 깊숙이 침입하지 못하는 이유는 북관北關과 조선이 양쪽에서 견제하기 때문인데, 개원開原이 함락되어 북관과의 교통이 끊어진 지금 <u>조선마저도 후금의 위협에 굴복해 친교를 맺는 등 명을 배반할 조짐이 농후하니</u>, 그대로 두면 요동 방어는 불가능하다는 것이었다. 그러니 현 시점에서는 조선과 연합해야 명에 승산이 있다고 진단했다. 따라서 사신을 조선에 보내 군신 사이의 대의를 밝히는 한편 조선을 병합하려는 후금의 흑심을 일깨워 주면, 조선은 의리를 잘 아는 나라이니 감동해 분발할 것이라고 예측했다. 아울러 자신이 직접 참모와 교사들을 대동하고 사신으로 갈 것을 자청했다.[325]

때마침 운남도 어사雲南道御使 장지발도 국방강화책을 건의했다. 그의 골자는 산해관山海關과 통주通洲의 방비를 강화하는 것 외에도 해안 방비를 철저히 해 조운 통로를 안전하게 해야 한다는 것이었다. 특히 그는 <u>조선이 후금과 밀통해 바닷길을 열어줄 가능성도 배제할 수 없으니 수군을 강화해 해안 지대를 철저히 지켜야 한다고</u> 지적했다.[326]

이 소식을 접한 조선 조정은 밑줄 친 내용이 사실과 다르므로, 사신을 보내 모함을 씻어야 한다는 원론에 모두 동의했다. 그러나 그 방안에 대해서는 광해군과 신료들 사이에 큰 차이가 있었다. 광해군은 조선과 후금의 관계에 대해 서광계가 말한 것은 사실이 아니니, 즉시 북경에 사신을 보내 서광계의 모함을 알리고 해명하도록 명했다.[327]

반면에 비변사와 대간을 비롯한 모든 신료들은 이 문제를 다른 각도에서 보고 있었다. 신료들은 해명도 급하지만, 그에 앞서 의심을 받을 만한 모든 단서를 없애는 것이 일의 순서라고 지적하고 나섰다. 감호론이 나오게 된 까닭은 강홍립의 항복과 추가 파병 거부로 인해 조선에 대한 명의 의심이 커졌기 때문이니, 먼저 후금과의 모든 왕래를 끊고 항복한 장수들의 가족을 처벌하는 등의 조치를 취하지 않는다면, 아무리 사신을 보내어 변명을 하더라도 헛수고라고 하면서[328] 광해군을 압박했던 것이다. 진주사로 임명된 이정구李廷龜(1564~1647)도 최상의 변론은 중국에 순종해 돕는 성의를 다 하는 것이며 그 실천 방안은 강변에 군대를 배치해 준비를 갖추고 대기하는 것이라고 단언했다.[329] 감호론을 계기로, 신료들은 그동안 광해군의 반대로 시행하지 못하고 있던 문제들을 다 끄집어내어 자신들의 뜻대로 관철시키려 한 것이다. 이는 감호론을 불러온 장본인이 바로 광해군임을 지적하는 것이나 다름없었다.

신료들의 이러한 태도는 광해군에게 감호론의 실상을 과장해 보고하는 것으로 나타났다. 그렇게 함으로써 광해군을 더욱 압박하고자 했던 것이다. 비변사에서는 명 조정에서 조선을 의심하는 사람은 서광계 한 사람만이 아닐 뿐더러 구경九卿이 황제에게 건의한 내용도 서광계의 뜻과 같으니, 철저히 해명하지 않으면 엄청난 화가 닥칠 것이라면서[330] 광해군을 겁주었다. 이정구도 차자를 올려 명 조정에서는 대각도 서광계를 지지할 뿐 아니라 6부도 매일 정청庭請을 하며 비준을 재촉하고 있다고 했다. 또한 서광계의 논의에 반대한 병부상서 황가선黃嘉善이 탄핵을 받는 중이라는 말도 곁들였다.[331] 즉 신료들의 보고에 따르면, 명 조정에서는 지금 온통 조선에 대한 감호론이 들끓고 있다는 것이었다.

그렇지만 그것은 허풍이자, 거짓이었다. 서광계의 상소가 있었던 6월 하순에 명의 백관이 정청을 한 것은 사실이지만, 그것은 조선감호론과는 아무런 상관이 없었다. 그 정청은 이미 6월 23일에 시작되어 7월까지 계속되었는데, 정청의 내용은 개원의 상실에 따라 위급해진 요동의 상황을 타개하기 위해 요동 방면에 군사력을 증강하고 군량을 지원하는 등의 조치를 속히 취하자는 것이었다.[332] 그런데 서광계가 상소를 올린 것은 6월 28일이므로 조선감호론을 채택하기 위해 백관이 정청을 했다는 것은 사실과 달랐다. 더 주목할 점은 6월 28일자 《명실록》에는 요동 방어와 관련된 수많은 의견들이 수록되어 있는데, 서광계의 상소는 기록에 없다는 점이다. 그 이후의 기록에도 감호론은커녕 서광계의 상소에 대한 언급조차 없다. 다만 조선에 선유해 요동을 응원하게 하자는 서광계의 논의가 있었다는 짧은 기록이 다른 책의 7월 기사에 보일 뿐이다.[333] 《명실록》에 감호론 논의에 대한 기사가 없다는 것이 곧 명 조정에서 조선에 대한 감호 여부를 논의하지 않았음을 의미하지는 않는다. 그렇지만 서광계가 제시한 조선감호론이 당시 명 조정에서 그렇게 중요한 사안이 아니었던 것만은 분명해 보인다.

한편 서광계의 감호론을 조선 조정에 알린 천추사 이홍주와 성절사 남발이 북경에 머물고 있던 9월 초순에도 백관의 정청이 있었다. 그런데 이 정청은 당시 정무를 거의 돌보지 않고 있던 만력제萬曆帝(r. 1573~1620)에게 정무를 속히 볼 것을 청하기 위한 것이었다.[334] 특히 개원에 이어 7월 25일에는 철령鐵嶺이, 8월 21일에는 북관이 연달아 함락되어[335] 요동이 풍전등화의 위기에 처하자, 요동의 전력을 강화하기 위한 병사 충원과 군량 확보를 위해 황제에게 내탕금을 내놓도록 압력을 넣는 것이 정청의 주목적이었다.[336] 따라서 이때에도 정청 중에 조선감호 문제가 거론되었다는 기록은 보이지 않는다. 그럼에도, 비변사와 이정구는 명 조정에서 벌어지고 있는 정청의 주목적이 마치 조선감호 계획을 관철시키기 위한 것인 양 크게 과장하며 광해군을 겁주었던 것이다.

뿐만 아니라 이정구는 '감호'의 의미마저도 고의적으로 과장해 설명했다. 서광계는 자신의 상소에서 감호의 의미를 "감監이란 그 [나라의] 사정과 형편을 살피는 것이고, 호護란 그 [나라의] 위급함을 돕는 것이다"[337] 라고 설명했다. 그런데 광해군을 알현한 자리에서 이정구는 "감이란 그 [나라의] 행정行政과 형정刑政을 감독하는 것이고, 호란 그 [나라의] 위급함을 돕는 것이라고 합니다"[338] 라고 했다. 이정구는 먼저 찰察을 감監으로 바꾸어 설명함으로써 서광계가 의도한 감호의 의미를 좀 더 강화했다. 또한 정형情形을 정형政刑으로 바꿈으로써 서광계의 감호론이 마치 조선의 행정과 사법을 감독해 조선을 명의 보호국으로 만들겠다는 뜻인 것처럼 호도했다. 그런데 이정구는 외교문서와 문필에 능통한 관리였다. 따라서 그가 아무 생각 없이 정형情形을 정형政刑으로 착각했다고 보기는 어려울 것이다. 한국어에서 이 두 단어의 발음이 같다는 점을 고려할 때, 이정구는 서광계가 의도한 감호론의 실체를 과장하기 위해 의도적으로 정형情形을 정형政刑으로 바꾸었다고 보는 것이 더 타당할 것이다.

더 나아가 이정구는 서광계와 장지발을 따르는 무리가 명 조정에 가득한 까닭에, 서광계의 이름을 직접 거론하면서 그가 조선을 모함했다고 지적하면, 그 무리들이 들고일어나 조선을 공박할 것이니, 해명은 하되 서광계와 장지발의 이름은 구체적으로 거론하지 말아야 한다고 주장했다.[339] 이것은 일견 변무를 성사시키기 위한 외교적 기술로 볼 수도 있다. 그러나 다른 한편으로 이것은 아예 변무하지 말자는 얘기와도 상통할 수 있다. 왜냐하면 이정구의 말처럼 서광계의 지지자가 명 조정에 정말 가득하다면, 조선의 변무가 곧 서광계의 감호론이 잘못임을 지적하는 일종의 반박이라는 것을 그들이 모를 리 없을 것이기 때문이다. 요컨대,

이정구는 조선감호론을 제기한 서광계를 조선의 적으로 보기는커녕 오히려 그를 보호하는 듯한 태도를 보였던 것이다.

이정구의 이러한 태도는 병부상서 황가선에 대한 설명에서도 단적으로 드러난다. 그는 애초에 명 조정이 온통 감호론을 지지하는데 황가선 혼자 반대하다가 탄핵을 받았다고 말한 적이 있었다.[340] 그런데 약 두 달 반 후 진주사로 떠나기 전 광해군을 알현한 자리에서 광해군이 "모함이 [서광계 같은] 명신名臣에게서 나왔으니 변무의 일을 각별히 잘 주선하라"고 했을 때, 이정구는 이 일은 모두 병부상서 황가선이 한 짓이라고 대답하면서 그를 비난했다.[341] 조선감호론이 잘못된 것임을 밝히는 임무를 맡은 사신으로서, 감호론을 발론한 서광계를 옹호하고 오히려 감호론에 반대한 황가선에게[342] 모든 책임을 전가하는 자기모순을 드러내었던 것이다.

더 중요한 사실은 당시 서인이던 이정구를 사사건건 트집 잡아 탄핵을 일삼던 대북 주도하의 대간에서도 이정구의 이러한 태도에 대해 전혀 탄핵하지 않았다는 것이다. 이것은 당시 대북도 이정구의 논의를 지지하고 있었음을 시사해 준다. 그렇다면 지금까지 살펴본 이정구의 논지는 바로 당시 전체 신료들의 생각을 그대로 대변한 것으로 볼 수 있다. 광해군의 외교노선에 시종일관 반대하던 신료들은 겉으로는 감호론에 대해 큰일이라고 하면서 법석을 피웠지만, 사실은 광해군의 외교노선을 비판할 수 있는 호재를 제공한 감호론을 의도적으로 과장해 십분 이용함으로써, 광해군을 압박하고 자신들의 외교노선을 관철시키려 했던 것이다.

신료들의 이러한 이중적 태도는 이후의 몇 가지 사안에서도 그대로 반복되어 나타났다. 고급사告急使 홍명원洪命元 파동은 그 대표적인 예다. 감호론 소식이 조선 조정에 알려지기 얼마 전에 조선은 홍명원을 명에 보내 진강鎭江 지역에 군대를 주둔시켜 후금의 침입에 대비하라고 건의 형식의 청을 한 적이 있었다.[343] 진강은 압록강을 사이에 두고 의주義州와 마주보고 있는 곳으로, 조선과 명의 사신들이 왕래할 때 반드시 통과하는 관문이었다.[344] 따라서 조선의 요청이 있기 전에 이미 명의 장수들도 진강에 군대를 주둔해야 한다고 건의한 바 있으며, 명 병부에서도 조선과의 육상 교통로를 안전하게 유지하기 위해 진강 등지에 군대를 주둔시켜 방비할 필요성을 강하게 느끼고 있었다.[345] 당시 요동경략 웅정필도 이에 매우 적극적이었다.[346] 따라서 홍명원은 아무 어려움 없이 임무를 완수할 수 있었다. 실제로 명 조정에서는 병부의 건의에 따라 조선의 건의를 즉각 받아들이는 데 그치지 않고, 특별히 흠차사신欽差使臣으로 하여금 칙서와 함께 은 2만 냥을 직접 가지고 가서 조선을 격려하도록 했다.[347]

그런데 홍명원이 칙사 파견을 거절한 데에서 문제가 발생했다. 당시 명 조정에 떠돌던 여러 소문들 중에는 칙사를 파견해 선유하는 것은 명목일 뿐이고 사실은 조선을 감호하려는 의도라는 소문도 있었다고 한다. 이 소문을 듣자마자 홍명원은 조선의 민생 피폐를 구실로 내세워 칙사 파견 계획을 철회해 줄 것을 임의로 병부에 청원했던 것이다. 이에 병부에서는 청원을 즉시 받아들여, 칙사를 파견하는 대신 홍명원으로 하여금 칙서와 은 2만 냥을 직접 가지고 돌아가게 했다.[348]

그런데 이 소식을 접한 비변사에서 홍명원을 탄핵하고 나섰다. 황제가 칙사를 보내 칙서와 함께 은 2만 냥을 하사하는 것은 개국 이래 큰 경사인데, 감히 일개 사신이 임의로 거절함으로써 조선에 대한 명의 의심만 더 커지게 했다는 것이 탄핵 이유였다.[349] 그런데 홍명원은 명이 칙사 파견을 통해 조선을 감호할지도 모른다는 소문을 듣고 그것을 막아보기 위해 병부에 그 철회를 청원했다. 따라서 감호론의 시행을 막기 위해 진주사 이정구를 파견하기로 이미 결정해 놓고 있던 조선 조정의 입장에서는 오히려 홍명원의 임기응변을 칭찬하는 것이 논리적이고 자연스러운 반응일 것이었다. 그런데 모든 신료들은 홍명원을 당장 소환해 처벌하고, 본래 예정대로 칙사를 파견해 달라는 주청사를 즉각 보내야 한다고 들고 일어섰던 것이다. 비변사의 이러한 이율배반적인 태도는 당시 신료들이 서광계의 감호론을 진정으로 배척하고 있었는지 의심스럽게 한다. 아울러 이 점은 광해군이 홍명원을 끝까지 옹호하고 보호한 것과 좋은 대조를 이룬다.

진주사 파견과 명 조정의 내부 사정

한편 명 조정에서는 광해군의 표리부동한 외교노선을 눈치채고 있었음에도 불구하고, 조선의 변무에 대해 그저 칙서만 내려 효유하는 것으로 감호론 문제를 마무리 지었다. 칙서에는 명과 후금 사이에서 관망하려는 조선의 태도를 질책하는 내용도 일부 있었지만, 전통적인 종번관계에 대한 강조 및 다시 분발해 적을 협공하자는 내용이 대부분이었다. 그런데 이러한 결정은 병부의 의논을 그대로 따른 것이었으며, 예부도 병부의 의논에 즉각 동의했다.[350] 당시 명 조정에서 조선의 변무를 받아들이지 말고 감호를 시행해야 한다는 논의는 없었던 것으로 보인다.[351]

변무가 이렇게 손쉽게 이루어진 점으로 미루어 볼 때 조선의 신료들이 감호론의 실상을 매우 과장해 설명했음이 더욱 분명해진다. 특히 감호론 문제와 관련해 이정구가 병부상서 황가선을 매우 비난했던 점과 조선의 해명을 받아들이는 데 앞장섰던 관청이 바로 황가선이 이끌던 병부였던 점을 생각해 볼 때, 광해군을 알현한 자리에서 이정구가 했던 말들이 얼마나 왜곡된 거짓이었는지 쉽게 알 수 있다.

당시 명 조정이 감호론을 채택하기는커녕 그 논의조차 제대로 할 수 없었던 근본 이유는 명의 내부 사정 때문이었다. 대략 다섯 가지 이유를 생각해 볼 수 있다. 첫째로 만력제의 정치적 무관심을 들 수 있다. 당시 그는 죽기 불과 몇 달 전이었으며,[352] 거의 몇 년째 정무를 보지 않고 있었다. 따라서 역사의 전례가 없는 조선감호와 같은 큰 사안을 선뜻 시행하기에는 명 조정의 정치력이 너무 약했다. 명의 관료사회에서 황제가 차지하는 비중이 그다지 크지 않았을지라도, 만력제의 두문불출로 인해 황제의 윤허 자체를 받기가 어려웠던 상황을 고려할 때, 명 조정의 정치력 약화는 큰 걸림돌이 되었다.

둘째로는 재정 부족 문제를 꼽을 수 있다. 주지하듯이 당시 명은 이미 심각한 재정난에 허덕이고 있었다.[353] 특히 패전 이후 요동 방어를 위한 지원 요청이 줄을 잇고 있었지만 명 조정은 그것을 거의 들어줄 수 없을 정도로 재정적 어려움을 겪고 있었다. 만력제가 내탕금을 풀지 않았다거나 환관과 관료들의 부정부패도 한 원인이었지만, 근본적인 원인은 국가 재정의 전반적인 부족 현상 때문이었다.[354] 이런 상황에서 조선을 감호한다는 것은 사실상 불가능했다. 한 예로, 감호론을 제기했던 서광계가 감찰어사로서 통주 방면의 군사 연병 책임을 맡았을 때, 그는 군량과 군비의 공급이 턱없이 부족해 병부에 지원을 독촉한 적이 있다. 병부로부터 군량 일부를 지원받기는 했지만, 여전히 절대적으로 부족했다. 이에 서광계는 친지들로부터 헌금을 받기도 했지만, 그런 식의 모금으로 군비를 충당하기에는 역부족이었다. 이 일화는 당시 명의 동북면 방어를 위한 재정 지원이 매우 취약했음을 잘 보여준다.

셋째로는 명 조정의 당쟁을 들 수 있다. 당시 명 조정은 유교적 도덕을 강조하는 동림당東林黨과 그에 대립하는 세력으로 나뉘어 정치적 알력이 매우 심했다. 서광계와 동림당의 관계는 불분명하다. 단 환관 위충현魏忠賢(1568~1627)이 이끌던 반反동림세력이 동림당에 대해 대대적인 숙청을 단행했던 1625년에[355] 서광계도 위충현 일파의 탄핵으로 벼슬에서 쫓겨나 낙향했던 점을[356] 고려한다면, 정치적으로는 동림당 계열에 가까웠을 것으로 생각된다. 그런데 만력제 재위 기간 내내 동림당은 소수파에 불과했다. 환관뿐만 아니라 고위 관료들 대부분도 동림당을 좋아하지 않았다. 실제로 국방에 관련된 서광계의 제안들은 병부에서 거의 채택되지 않았다. 서광계가 감호론을 제기하던 당시의 병부상서였던 황가선뿐만 아니라 그 후임인 최경영崔景榮도 서광계와 의견 충돌이 잦았으며, 결국 이로 인해 서광계는 낙향한 적도 있었다.[357] 이런 이유로, 서광계의 조선감호론이 병부에서 채택될 가능성은 처음부터 그다지 높지 않았으며, 실제로 논의가 진지하게 이루어진 적도 별로 없었다. 따라서 진주사 이정구 일행이 북경에 도착하기도 전에 이미 명 조정에서 조선감호론은 큰 관심을 끌지 못하던 사안이었던 것이다.

넷째로는 서광계의 감호론이 안고 있던 취약점을 들 수 있다. 그의 조선감호론이 당시 일부 관료들의 호응을 얻었던 것은 사실일 것이다. 그러나 무엇을 하고 싶은 마음이 있다는 것과 그것을 실제로 실행할 능력이 있는가는 별개의 문제다. 후금의 공세 앞에 연전연패하던 명의 입장에서는 조선을 감호해서라도 후금을 견제하려는 마음을 갖는 것은 자연스러웠다. 그러나 이미 살펴보았듯이, 감호를 시행하는 것은 그렇게 간단한 문제가 아니었다. 서광계 자신도 조선이 명의 감호를 거부할 경우의 대안을 제시하지 못했다. 단지 황제에게 비밀리에 보고해 추후 대책을 강구한다는 것이 그가 제시한 유일한 대책이었다.[358] 이 점은 조선이 명의 감호를 거부할 경우에, 명에게는 이렇다 할 대응책이 별로 없었음을 말해 준다. 상대방이 거부할 경우에 그에 대한 적절한 대응 방법이 없는 외교적 제안이라면, 그것은 한 장의 휴지 조각에 지나지 않을 것이다.

다섯째로는 때마침 연이은 국상으로 명의 조정 분위기가 어수선했던 점도 일부 기여했다. 이정구 일행이 북경에 도착했을 때는 이미 황후의 국상 기간이었으며,[359] 북경을 출발하기도 전에 만력제도 세상을 떴고, 뒤를 이어 즉위한 태창제泰昌帝(r. 1620)는 불과 한 달여 만에 죽었다. 이렇듯 1620년에 연달아 발생한 세 차례의 국상은 명 조정이 정상적인 정무를 수행하는 것을 방해했다. 이 점도 하나의 배경으로 작용했을 것이다.

요컨대 여러 가지 내부 요인으로 말미암아 명 조정에서는 조선감호 계획을 수립한 적도 없거니와, 그것을 실천에 옮길 능력도 없었다. 그런데 이런 상황에서 조선에서 온 변무 사신 일행은 명의 체면을 세워주기에 충분했다. 논의조차 제대로 해 본 적이 없는 사안에 대해 먼저 스스로 찾아와 간절히 해명하며 충성을 다짐하니, 대국의 은혜로 수락한다는 명분을 세울 수 있었던 것이다. 조선의 변무에 대해 질책하기보다는 즉시 칙서를 내려 수락하고 금폐와 은까지 하사한 사실은 당시 조선에 대한 명의 입장이 어떠했는지 보여주는 좋은 증거가 된다.

결국, 심하深河의 패전 이후 명으로부터 온 추가 파병 요청은 비록 칙서에 따른 청병은 아니었으나, 조선 조정에 심각한 논쟁을 불러일으켰고, 그것은 왕과 신료들 사이에 감정의 골을 더욱 깊게 만들기에 충분했다. 이런 대립구도는 이후의 정국을 좌우할 정도로 심해, 2년 뒤에 요동을 상실해 더욱 궁지에 몰린 명이 추가 파병을 요구하는 칙서를 보내오자 걷잡을 수 없는 방향으로 전개되어, 끝내 왕이 신료들에 의해 폐위당하는 극단적인 결말로 치달았다.

왕보다 천자: 파병 거부의 대가

　17세기 전반 명·청 교체기를 맞아 외교노선을 둘러싼 조선 조정의 논쟁은 1618년부터 1637년까지 20년간 치열하게 전개되었지만, 특히 광해군 대의 외교노선 논쟁에 대해서는 이미 적지 않은 연구가 쌓여 있다. 광해군 대가 많은 관심을 받는 이유는 논쟁이 그때 시작되었다는 점 외에도, 논쟁이 왕의 폐위라는 극단적인 방법으로 일단 결말이 났을 뿐만 아니라, 결과적으로 후금의 조선 침공을 초래하는 배경이 되었기 때문이기도 하다. 그렇지만 논쟁이 뜨거웠던 광해군 대 5년(1618. 4~1623. 2)간을 종합적으로 분석한 정치한 연구는 별로 없으며, 특히 마지막 1년간의 상황을 자세히 다룬 연구는 거의 없다.[360]

　그런데 당시의 국내외 정세는 시시각각 변했으며, 5년이라는 짧다면 짧은 기간 중에도 변화가 심했다. 특히 후금의 요동 장악으로 인해 명과 조선의 육상 교통로가 끊기게 되는 1621년 3월 이전에는 논쟁의 와중에서도 서로 절충의 여지가 어느 정도 있었던 데 비해, 그 이후에는 명과 후금 사이에서 어느 한 쪽을 분명하게 선택해야 하는 상황이 조선 조정을 더욱 압박했다. 이러한 변화가 외교노선 논쟁의 성격에 즉각적인 영향을 주었을 것은 이를 나위도 없다. 실제로 이 무렵 논쟁의 양상은 극단적인 대립을 거쳐 파경으로 치달았다. 예를 들어, 광해군은 명 황제의 칙서를 공개적으로 거부하기를 서슴지 않았으며, 신료들은 그런 광해군의 왕명을 노골적으로 거부하며 수시로 파업을 일삼았던 것이다. 이번 소절에서는 광해군 대 외교노선 논쟁의 클라이맥스이자 대단원에 해당되는 이 막바지 논쟁을 중점적으로 살피고자 한다.

요동 난민, 그 끝없는 논쟁

1621년 3월에 심양瀋陽과 요양遼陽이 후금에게 떨어지자 요동에 거주하던 한인漢人들 가운데 일부는 난리를 피해 조선으로 들어오기 시작했다. 후금을 배후에서 견제할 필요성을 절감하던 명 조정은 조선으로 흘러들어간 요동 난민들을 규합해 후금을 견제하려고 꾀했다. 이러한 정세에 잘 부응해 난민들을 모아 군대를 조직하고 독자적인 세력을 구축한 이가 바로 모문룡毛文龍(1576~1629)이었다.[361] 그는 여순旅順에서 무리를 이끌고 바다를 건너와 의주와 용천龍川 사이에 거주하면서 요동에 진주한 후금군의 배후를 견제했다. 이에 후금도 모문룡의 존재에 대해 신경을 곤두세우고 그의 제거를 꾀함에 따라, 후금의 조선 침공 가능성은 매우 높아지게 되었다.

조선의 입장에서도 모문룡의 존재는 매우 중요한 문제였다. 왜냐하면 그들을 받아들인다는 것은 바로 조선이 명을 도와 후금에 대적하겠다는 의미로 국제사회에 받아들여질 것이 자명했기 때문이다. 실제로, 이 당시 조선과 후금의 관계가 악화된 근본 이유 중 하나는 바로 모문룡의 존재 때문이었다. 따라서 모문룡을 대하는 문제를 놓고 조선 조정은 심각한 고민에 빠졌으며, 그것은 광해군과 신료들 간의 극한 대립으로 나타났다.

난민들은 1621년 봄에 요동이 후금의 손에 떨어지면서 평안도 지역으로 들어오기 시작했다. 여름에는 모문룡이 그들을 규합해 용천 근방에 기지를 세우고, 압록강을 건너 후금의 배후를 기습하기도 했다.[362] 그러나 모문룡의 등장과 그의 경솔한 군사 행동은 그동안 광해군이 어렵게 구축했던 후금과의 선린관계를 위협했고, 당장 후금의 침입을 유발할 수 있는 결정적인 구실이 될 수 있었다. 이 때문에 광해군은 모문룡을 조선의 '헤아릴 수 없는 화근'으로 인식했다.³⁶³ 따라서 그는 모문룡으로 하여금 속히 강변에서 철수해 조용히 숨어 있거나 아예 광녕으로 돌아가도록 강력하게 이르라고 비변사에 계속 지시했다.³⁶⁴ 후금에게 조선 침공의 구실을 주지 않겠다는 뜻이었다.

비변사도 모문룡 무리의 강변 주둔이 후금의 침공을 불러올 수 있다는 데에는 동의했다. 그렇지만 왕명을 선뜻 수행하려 하지 않았다. 왜냐하면 모문룡을 보는 시각이 광해군과는 기본적으로 달랐기 때문이었다. 비변사가 정작 우려한 것은 후금의 조선 침공 가능성 때문이라기보다는 명나라 장수 모문룡이 조선 영내에서 참변을 당할 경우 그를 잘 보호하지 못했다는 후세의 비난을 걱정했기 때문이다. 또한 이미 들어온 중국 장수를 돌아가라고 한다면 손님을 대접하는 도리에 어긋날 뿐 아니라 후일에 문제가 될 수 있다는 이유를 들어³⁶⁵ 광해군의 명령에 따르려 하지 않았다.

비변사의 이러한 태도에는 모문룡의 역할에 기대를 걸었던 비변사의 정세판단도 일조했다. 즉 빗발치는 광해군의 독촉에 대해 비변사에서는

"하늘의 도道로 말하자면, [지금 비록] 악惡이 [세상에] 가득하지만 [하늘은] 어지러움을 싫어합니다. 이 오랑캐로 말하자면, [지금 비록] 승승장구하지만 교만합니다. [그러니] 어찌 [저 오랑캐가] 쇠약해지는 날이 없겠으며, 어찌 그것을 [틈] 탈 [기회가] 없겠습니까?"³⁶⁶

라고 해, 후금의 배후에서 허점을 노리고 있는 모문룡의 역할에 대해 긍정적인 분석을 하고 있었다. 요컨대 광해군이 모문룡에게서 나라의 화근이 될 위험성을 보았다면, 비변사는 후금의 배후를 견제할 잠재력을

보았던 것이다.

이러한 인식의 차이 때문에 모문룡의 거취 문제를 처리하지 못하고 시간만 끌다가, 결국 광해군의 예상대로 후금의 침입을 받게 되었다. 이해 12월 15일에 후금 기병대가 얼어붙은 압록강을 건너 의주를 지나 모문룡의 군사들이 진을 치고 있던 임반관林畔館을 기습했다.[367] 모문룡은 간신히 피신했지만, 많은 한인들이 피살되었다. 당시 조선 조정에서는 피살된 한인을 578명으로 집계했다. 반면에, 후금 측 기록에 따르면, 이때 아민阿敏이 이끈 5,000명의 후금 기병대가 강을 건너 공격해 한인 1,500여 명을 죽였다고 한다.[368] 조선 측 기록은 숫자를 줄였을 가능성이 높고, 후금 측 기록은 과장해 늘렸을 가능성이 높다. 어쨌든, 후금군은 인근 용천을 돌아 남쪽으로 가산嘉山까지 진격해 들어왔으나, 끝내 모문룡을 찾지 못한 채 며칠 뒤 강을 건너 철수했다.[369]

그런데 이 사건은 후금이 사전에 예고한 것이었다. 후금은 침입하기 열흘쯤 전에 국서를 의주에 보내, 요동 난민들이 조선 땅에 들어와 사는 것을 용납하지 말라고 경고한 바 있다. 그런데 열흘 남짓 후에 후금 기병대가 모문룡을 제거하려고 압록강을 건너 침입한 사실로 미루어 보아, 모문룡 등 요동 난민들을 계속 조선 영내에 방치할 경우 후금군이 직접 모문룡을 제거하러 조선 영내로 들어갈 수밖에 없다는 경고와, 조선과는 나쁜 감정이 없으니 서로 대적하지 말자는 내용이 있었을 가능성이 높다. 따라서 국서의 표현은 예전보다 더 '흉악' 했다.[370]

그런데 이 경고성 서신을 놓고도 광해군과 비변사는 대립했다. 쟁점은 후금군과 싸울지 여부였다. 비변사가 승패 여부를 떠나 즉각 응전할 것을 주장한 데 반해, 광해군은 후금군과 불화를 일으켜서는 안 된다고 맞섰다. 이러한 의견 대립은 후금이 실제로 침입한 후에도 계속되었다. 광

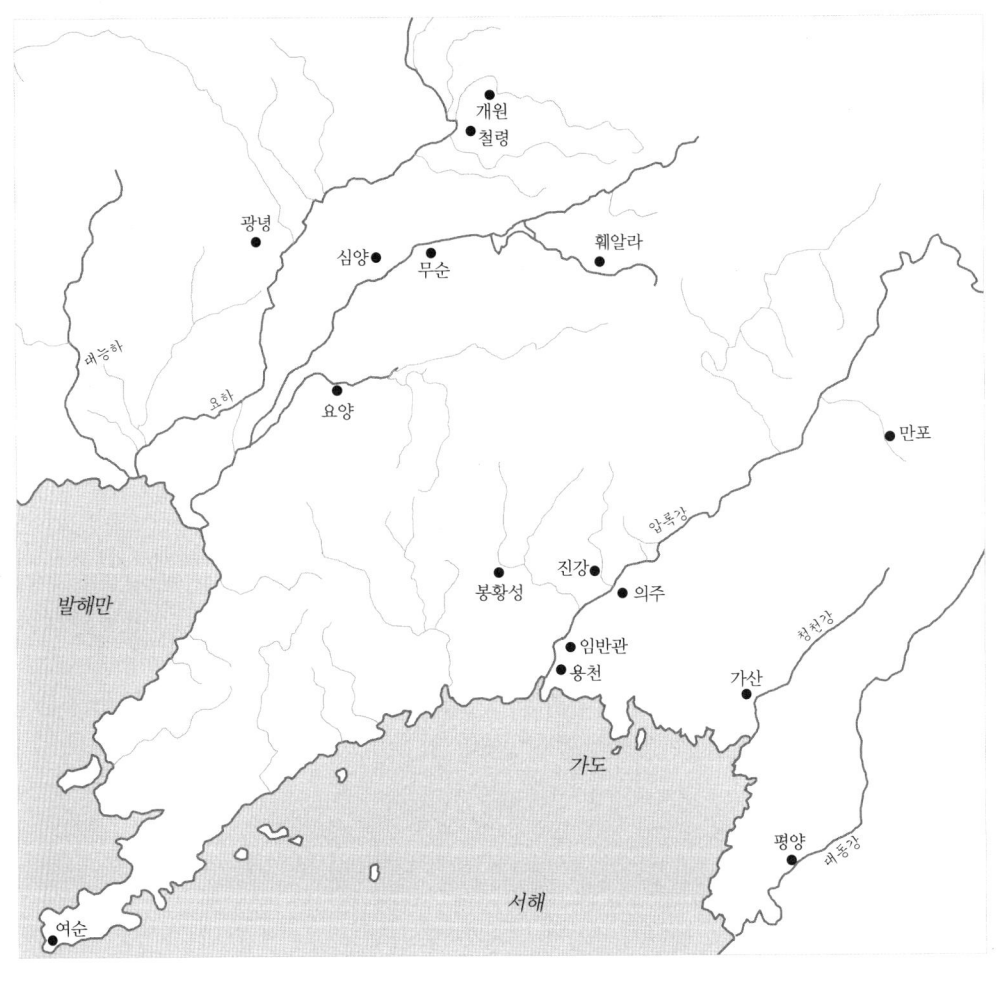

1621년 요동 지역과 평안도

해군은 비변사 및 변방 장수들에게 후금군은 단지 모문룡을 잡기 위해 들어온 것이니, 적대적인 군사 행동을 자제하고 저들이 스스로 물러가도록 내버려 둘 것을 거듭 지시했다.[371] 즉 광해군의 골자는 명(모문룡)과 후금의 싸움에 말려들지 말라는 것이었다.

그러나 도원수 한준겸韓浚謙(1557~1627)은 적이 내지에 들어온 이상 싸움은 불가피하다고 주장했다.[372] 비변사 당상관 권반權盼도 후금군을 맞아 싸움으로써 조선의 입장이 분명함을 명 조정과 모문룡에게 확실하게 보여주어야 한다고 주장했다.[373] 심지어 비변사에서는 전투 여부는 예로부터 야전 사령관들의 판단에 맡겨 왔으니 왕이 일일이 관여할 일이 아니라는 식의 억지까지 쓰면서, 군 최고 통수권자인 왕의 권위에 도전했다.[374]

그런데 후금군도 조선군과의 충돌을 내내 피하다가 사흘 만에 철수함으로써, 후금의 임반관 침입은 더 큰 사태로 발전하지 않고 종결되었다. 그렇지만 모문룡이 살아남은 난민들을 다시 규합해 기지를 재건했기 때문에, 모문룡의 거취 문제를 놓고 광해군과 비변사의 의견 충돌은 계속되었고 후금과의 긴장도 지속되었다.

신료들은 모문룡을 명의 분신으로 인식했으며, 그가 평안도 지방에 주둔함으로써 요동의 상실로 인한 충격과 위기를 상쇄할 수 있을 것으로 보았다. 그들은 모문룡의 존재를 후금의 침입으로부터 조선을 막아줄 방파제로 보았던 것이다. 모문룡에 대한 신료들의 긍정적 태도는 1624년에 그의 송덕비를 세우는 것으로도[375] 나타났으며, 모문룡이 제거된 후에도 그동안 후금을 막아준 그의 공적을 인정해 그 죽음을 애석해 하는 의견이 많았다.[376]

물론 모문룡에 대한 부정적 견해가 신료들 사이에 전혀 없지는 않았다.³⁷⁷ 그러나 이러한 부정적 평가는 대개 계해정변(인조반정, 1623) 이후에, 다른 말로 모문룡이 조선 영토 안에 자신의 군사 기지를 구축한 지 몇 년이 지나도록 이렇다 할 공적은 없이 조선의 군량만 타 먹고, 정묘호란 당시에는 전혀 군사 행동을 취하지 않고 오히려 후금과 내통하기에 이르자 나타나기 시작한 반응이라는 사실에 주목해야 한다. 한 예로, 나중에 마음을 바꾸어 모문룡을 부정적으로 평가한 심광세沈光世(1577~1624)도 자신의 한 오언시五言詩에서 모문룡이 처음에는 조선인(양반신료)의 큰 지지를 받았다고 표현했다.³⁷⁸

요컨대, 모문룡이 진강을 기습하기도 했던 1621년 여름 및 감군어사가 도착해 모문룡을 격려했던 1622년 여름까지만 해도 신료들의 중론은 모문룡에 대해 매우 긍정적이었다. 신료들의 이러한 태도는 애초부터 모문룡을 싫어했던 광해군과 극한 대립을 일으키는 중요한 요인으로 작용했다. 실제로, 광해군은 모문룡을 후금의 침입을 유발시킬 골치거리로 인식했다. 패잔병에 지나지 않는 모문룡 무리가 조선 영토 안에 주둔함으로써 괜히 후금에게 조선 침입의 구실을 제공하고 있다고 판단했던 것이다.

추가 청병 칙서의 거부

한편 명 조정에서는 모문룡과 조선을 격려하고 고무하기 위해 감군어사監軍御使를 파견했다. 이때 감군으로 나온 자는 요동남로감군遼東南路監軍 양지원梁之垣으로, 1622년 3월에 병선 60여 척에 수군 4,000을 태우고 용천에 도착했으며, 한 달 뒤에는 칙서를 가지고 서울에 당도했다.³⁷⁹ 당시 요동을 상실해 다급해진 명은 감군을 통해 조선에 군사와 군량을 요청했고, 그 경비 명목으로 은 3만 냥을 보내왔다. 또한 요동 난민들을 산동山東으로 실어 가는 명목으로 선박 100척을 요청했다. 결국 명이 조선에 요청한 것은 크게 병력·군량·선척 등 세 가지였다.[380] 이런 임무를 띤 감군의 조선 도착이 후금을 크게 자극했음은 이를 나위도 없다.

감군의 요청에 대해 비변사는 모두 수락해야 한다는 입장을 취한 반면, 광해군은 강력하게 반대했다. 광해군은 오히려 감군에게 세 가지 요구 사항을 역으로 제시하고자 했다. 그것은 요동 난민의 조속한 도서島嶼 이주, 명나라 배의 조선 포구 정박 금지, 그리고 감군의 압록강변 순시 계획 취소였다.[381] 광해군의 골자는 요동 난민이나 군사들이 조선의 한 섬에 머무는 것은 용납하겠으나, 국경 일대에 머무는 것은 물론이고, 조선 본토에 배를 대는 것조차도 용인할 수 없다는 것이었다. 따라서 광해군과 비변사의 충돌은 또 다시 불가피했다.

사실 광해군은 애초부터 감군이 오는 것을 반기지 않았다. 감군이 서울로 오는 도중에도 광해군은 감군 접반사 이정구와 부사 박정길에게는 물론이거니와 비변사와 승정원에도 여러 차례 전교해 감군에게 모문룡과 요동 난민을 이끌고 빨리 섬으로 옮길 것과 경솔히 행동해 문제를 일으키지 말도록 강력하게 전하라고 누차 지시했다.[382] 그러나 광해군의 왕명은 시행되지 못했다. 어느 누구도 왕명을 따르려 하지 않았기 때문이다. 광해군이

"……우리나라의 인심은 매번 명 장수의 의심을 불러일으킬까 염려해 미루고 지체해 결정을 내리지 못한다. [이 때문에] 장차 종묘사직의 위태로움을 보게 되었고 앉아서 풍진風塵의 변란에 이르게 되었다. 천하 만고에 어찌 이렇게 통탄할 일이 있겠는가? 비록 백 번을 하유下諭해도 이정구는 아프다고 [핑계 대며] 지금껏 평산平山에 머물러 있고, 박정길은 한 가지 일도 [지시

받은 대로] 주선하지 않고 있다. ……왕명을 [염두에도] 두지 않으며, [감군을] 잘 타일러 보려는 약간의 의지조차도 없으니, 통탄할 만한 정상은 [이루 다] 말로 하기도 힘들다.……"[383]

라고 하면서 누차 재촉했지만, 상황은 바뀌지 않았다. 이에 광해군은 명나라 장수들이 자꾸 조선으로 나온다면 조선은 후금이 아니라 명의 장수들 때문에 무사할 수 없을 것이라고[384] 호통을 치기에 이르렀다. 이것은 이제 명의 존재가 조선의 안위에 도움이 되기는커녕 오히려 방해가 되고 있다고 신료들 앞에서 천명한 것으로, 광해군의 명나라 인식 및 정세 판단 수준을 극명하게 보여준다. 그러나 신료들도 매우 완강했다.

광해군과 신료들의 대립은 감군이 제시한 3대 요구 사항의 처리 문제를 놓고 벌어진 논쟁에서 분명히 드러났다. 사안별로 살펴보면 다음과 같다. 첫째, 군사 요청에 대해 비변사는 평안도 지역에서 병사들을 더 차출해 국경을 튼튼히 지키며 충분忠憤을 가다듬어야 한다고 주장했다.[385] 그러나 광해군은 단호한 거부 입장을 표명했다. 조선 군사들을 요해처에 머물게 하라는 등의 구체적인 내용을 담은 칙서에도 불구하고, 광해군은 칙서가 작성되었을 때와 지금은 상황이 많이 다르다는 이유를 들어 칙서의 타당성을 부정하며 파병을 거부했다. 칙서가 작성될 때는 아직 요서遼西가 건재했으므로 명이 군사를 다시 일으킬 가능성이 다소나마 있었지만, 광녕마저 함락되어 산해관 이동을 거의 다 상실한 현재 그럴 전망도 요원한 마당에 조선의 군사를 섣불리 움직일 수 없다는 것이었다.[386]

둘째, 군량 요청에 대해서도 비변사는 수락 의사를 분명히 했다. 심지어 명이 조선에게 군량을 청하는 것은 당연한 것이니 비록 조선 군사들의 군량을 줄여서라도 명나라 병사들을 먹여야 한다고까지 극언했다.[387] 그렇지만 광해군은 이에 대해서도 거부 의사를 분명히 했다. 그는 산동의 양식을 실어오지 않는 한 군량 문제는 해결될 수 없으니, 군량이 필요하다면 산동에 요청해 조달하라고 못 박았다.[388]

셋째, 선박 조달 요청에 대해서도 비변사는 적극적으로 수락해야 한다고 주장했다. 다만 100척을 일시에 준비하기에는 기일이 촉박하니, 준비되는 대로 10여 척씩 인도하자고 제안했다. 선박에 대해서만큼은 광해군도 별다른 이의를 제기하지 않았다. 광해군이 유독 선박 문제에 대해서만 수락 의사를 밝힌 이유는 선박의 용도 때문이었던 같다. 감군이 요청한 선박의 용도는 조선에 들어와 있는 요동 난민들 가운데 명의 내지內地로 이주하기 원하는 자들을 산동으로 실어 가기 위한 것이었다. 또한 감군은 모든 선척에 대해 그 값을 지불할 계획이었다.[389] 따라서 요동 난민들이 조선에 머무는 것 자체를 싫어하던 광해군은 선박을 돈을 받고 넘기는 것에 대해 크게 반발하지 않았던 것 같다.

이런 논쟁을 거쳐 마침내 광해군의 왕명을 받은 3정승과 대신들은 양 감군을 찾아가 그의 부관인 모 도사毛都司와 긴 회담을 가졌다. 회담은 모 도사가 일방적으로 주도했다. 대신들은 광해군의 뜻을 관철시키려고 노력하기는커녕 애초에 자신들이 비변사에서 기안했던 내용마저도 적극적으로 주장하지 못하고, 모 도사가 제시한 요구 사항들을 그대로 다 수락했다. 예를 들어, 대신들은 후금은 조선의 원수이니 마땅히 칙서의 뜻을 받들어 군사를 더 늘려 국경을 방수하겠다고 답했다. 그 결과 애초 비변사의 계획이었던 1만 명에 새로 1만 명을 더 보태 도합 2만 명을 국경으로 보내라는 모 도사의 요구를 쉽게 수락하고 말았다. 군량건에 대해서도 비록 흉년을 강조하며 어려움을 피력하기는 했지만 결국에는 전국적으로 미곡을 징수해 보급하겠다고 약속했다. 그런가 하면 모문룡 등 한인漢人의 압록강변 철수 및 명나라 선박의 조선 포구 정박 금지 등 광해군이 누차 제기했던 사안들은 아예 의안으로 상정조차 하지 않았다. 감군의 강변 순시에 대해서는 재고해 달라고 제의했으나, 모 도사가 일언지하에 거절하자 더 이상 거론하지 않았다.[390] 요컨대 이것은 회담이라기보다는 일방적으로 명령을 받은 것에 가까웠다.

이러한 결과에 광해군은 분노했다. 특히 왕의 뜻을 관철시키려는 노력을 전혀 보이지 않은 비변사의 태도에 격노했다.[391] 그러나 비변사도 항명하다시피 강력하게 반발했다. 비변사 대신들은 사세事勢와 나라의 체면을 참작해 이번 회담에 임했다고 응수했다. 청병을 수락한 것에 대해서도, 칙서에 쓰인 대로 협공의 형세를 갖추기 위해 국경 일대에 병력을 증강하기 위한 것이라고 설명한 뒤, 조선의 병력으로 조선의 경계를 지키라는 것인데 무슨 말로 쟁론을 할 수 있겠는가, 라고 강력히 반박했다. 군량 원조에 대해서도, 훗날 산동에서 큰 병력이 건너온다면 그때는 산동의 양곡을 요청해야 하겠지만, 현재 조선에 와 있는 명군의 수는 많지 않으니 마땅히 조선에서 군량을 보급해야 한다고 반발했다. 아울러 칙서의 뜻에 따르지 않는 것은 200년 충순을 거스르는 큰 문제라고 지적했다. 또한 산해관 밖이 다 함락되었을지라도 번국이 천자의 조정을 섬기는 도리는 상황에 따라 달라질 수 없다고 못 박았다.[392]

비변사의 노골적인 반발에도 불구하고 광해군은 그들을 힘으로 누르지 못했다. 종묘사직의 위태로움을 강조하며 비변사를 '설득'한다거나, 대신들과 모 도사의 합의 사항에 대해 인준을 거부하는 것이 광해군이 취할 수 있는 유일한 무기였다. 그 결과, 실무회담에서 양측 대표들이 합의점을 도출했음에도 불구하고 회자回咨는 작성되지 못했다.

이런 식으로 시간만 흐르자 양 감군도 진노해 왕에게 게첩을 보냈다. 그는 회담에서 칙서에 따르겠다고 해 놓고 한 달이 넘도록 일을 처리하지 않는 조선 조정의 태도를 비난했다. 또한 군사비 명목으로 은 3만 냥을 이미 받아 놓고도 군사나 군량 어느 것 하나 눈에 보이는 조치가 없으니, 이것은 칙서의 뜻을 명백하게 어기는 것이라고 질타했다. 그래도 왕이 인준을 하지 않자, 즉각 회보하지 않으면 담당 관리를 군율로 처단하겠다는 등의 방자한 언동까지 서슴지 않았다. 그러나 광해군은 끝내 비준을 하지 않았다. 결국 감군은 자신의 임무를 완수하지 못한 채 서울을 떠날 수밖에 없었다.[393]

1618년 4월 이후 광해군과 비변사가 외교노선을 놓고 사사건건 대립해 왔지만, 이번의 논쟁은 매우 특별한 의미가 있었다. 왜냐하면 광해군이 칙서에 따르기를 '공개적으로' 거부했기 때문이다. 4년이 넘게 논쟁을 벌여왔지만 그동안 칙서에 대한 노골적인 거부는 한 번도 없었다. 앞서 살폈듯이, 1618년에 광해군이 요동 군문의 파병 요구를 강력히 거부하다가 뒤에 결국 수락한 것은 뒤늦게나마 청병 칙서를 받았기 때문이었다. 1619년의 패전 직후 명나라의 원훙 차관이 제기했던 추가 파병 요청을 광해군이 일언지하에 거절했을 때, 그 수락을 강력하게 주장하던 비변사가 끝내 광해군의 뜻에 굴복한 이유는 바로 칙서가 없기 때문이었다. 1621년 3월 요동 함락 직후 관전寬奠 지역 참장參將 왕소훈王紹勳이 보내온 협박성의 청병 서한을 광해군이 거절했을 때,[394] 청병에 응하자던 신료들이 또 다시 왕의 뜻에 따를 수밖에 없었던 까닭 또한 칙서가 없기 때문이었다. 그런데 이번에는 칙서에서 분명히 청병했음에도 불구하고 광해군이 상황 논리를 들어 칙서의 타당성을 부정하며 거부했던 것이다.

번국의 왕으로서 황제의 명을 거부한다는 것은 일종의 항명이었다. 해석하기에 따라서는 이제 더 이상 대명사대 원칙에 매이지 않겠다는 선언으로 받아들여질 수도 있을 만큼 매우 심각한 것이었다. 광해군이 비록 후금과의 우호관계 유지를 위해 명을 기만했을지라도, 대명사대 원칙을 대놓고 부정한 적은 그동안 한 번도 없었다. 그런데 칙서의 거부는 이제 광해군의 외교가 은밀하게 명을 속이는 차원에서 공개적으로 명을 기피하는 차원으로 전환되었음을 의미했다. 감군이 청병하며 서울에 머물고 있던 바로 그 시간에도 황제의 청병 칙서는 단호하게 거절하면서 후금에는 우호적인 국서를 속히 보내라고 독촉했던 광해군의 태도는[395] 바로 이런 맥락에서 보아야 정확히 이해할 수 있다.

 신료들도 사태의 심각성을 십분 감지하고 있었다. 논쟁 때마다 칙서의 뜻을 받들어야 한다고 누누이 강조했던 것은[396] 바로 이런 이유 때문이었다. 산해관 밖이 다 함몰되었다는 상황 논리로 파병을 거부하는 광해군에게 사대의 의리는 형편에 따라 변하는 것이 아니라고 극력 간했던 것도 마찬가지 이유에서였다. 그럼에도 불구하고 광해군이 뜻을 굽히려 하지 않자, 신료들은 이제 광해군의 정통성에 대해 의심을 품기 시작했다. 왜냐하면 그들은 광해군이 명나라 감군어사의 면전에서 황제의 칙서를 분명하게 거부하는 것을 목도했기 때문이었다. 조선의 왕은 양반 신료들의 지지와 명 황제와의 군신관계에서 정통성을 확보해 오고 있었다. 따라서 광해군이 모든 신료들의 반대에도 불구하고 황제의 칙서에 따르기를 공개적으로 거부했다는 것은 일종의 '도박'에 가까운 것이었다. 도박을 할 만큼 당시 광해군의 입장도 매우 절실했다.[397]

마지막 기회: 존호 문제

광해군의 칙서 거부를 목도한 신료들은 이제 마지막 카드를 빼 들었다. 그것은 바로 광해군에게 존호尊號 받기를 강청하는 것이었다. 존호란 왕의 공적이나 덕행을 기리기 위해 신하들이 왕에게 올리는 것이었다. 신하들이 존호를 청하면 왕은 대개 몇 번 거절하다가 못 이기는 척 받는 것이 상례였다. 광해군은 즉위 이후 역적 토벌 및 임진전쟁(왜란) 때의 공훈 등을 구실로 이미 많은 존호를 받았다. 그런데 광해군 재위 말년에 신료들이 광해군에게 받기를 청했던 존호는 이전과는 성격이 판이한 것이었다. 신료들의 요청도 거의 압력에 가까웠지만 광해군의 거부 의사 또한 완강했다. 그 결과, 이 존호 문제는 광해군과 신료들 간의 논쟁으로까지 발전해 계해정변(인조반정)이 발생할 때까지 1년 가까이 계속되었다. 그렇다면 광해군 재위 말년에 존호 문제가 왜 그렇게 중요한 쟁점이 되었는가?

존호를 받으라는 조정의 여론은 대간에서 시작되었다. 그 명분은 왕의 사대 정성이 지극해 명 황제로부터 칙서와 함께 은 3만 냥을 하사 받는 등 전례 없는 황은을 입었으니, 왕은 당연히 이 경사스러운 큰일을 종묘에 고하고 그에 합당한 존호를 받아야 한다는 것이었다. 그런데 이때는 바로 명의 추가 청병 문제를 놓고 광해군과 비변사가 첨예하게 대립하던 1622년 5월이었다. 따라서 이 존호 문제는 당시의 정국과 밀접한 관련이 있었다. 실제로, 대간에서는

"감군이 관소에 머물고 있을 때 왕의 사대 정성을 드러내고, 황조皇朝에서 후하게 대우하는 은혜를 [널리] 펴서 [알려] [번]국으로서 마땅히 해야 할 일을 거행한다면, 그것이 어찌 감군에게[도] 영광이 되지 않겠습니까?"[398]

라고 한다거나, 또는

"중화인들이 [조선에] 왕래하는 이때에 황조에서 후하게 대하는 은혜를 [널리] 펴서 [알리고][황제를] 감동시킨 전하의 정성을 드러내 사방에 전파해 해와 별처럼 빛나게 한다면, 단지 오늘에만 영광을 더하는 것이 아니라 문득 천하에도 찬사가 있을 것입니다."[399]

라고 함으로써, 존호를 올리려는 의도가 어디에 있는지 명쾌하게 밝혔다. 즉 문무백관과 감군이 지켜보는 가운데 종묘에서 명 황제의 은덕에 감사하는 행사를 주관하고 존호를 받으라는 것이었다. 이것은 황제의 책봉을 받은 번국의 군주임을 명심하고 그 사실을 공개적으로 재확인 받으라는 '경고'나 다름없었다.

그러나 이미 칙서를 거부하기로 마음을 굳힌 광해군에게 이런 존호는 이제 아무런 의미가 없었다. 이미 앞에서 살펴보았듯이, 당시 광해군은 황제의 칙서를 거부하면서까지 후금과의 우호관계 유지에 온 신경을 집중하고 있었다. 그렇게 하는 것이 종묘사직을 재앙으로부터 구하는 유일한 길이라고 믿고 있었기 때문이다. 광해군이 칙서는 공개적으로 거부하면서 후금에는 역관을 보내 모문룡과 감군이 곧 돌아갈 것이라고 알렸던 행위는 이제 명의 존재가 조선의 안위에 도움이 되기는커녕 오히려 방해가 되고 있다는 무언의 선언인 셈이었다. 이런 광해군이 존호를 수락할 리 없었다. 황은에 감사하는 의식을 행하고 존호를 받을 경우, 청병 거절이 어려워질 것이 자명했기 때문이다.

이에 대간뿐만 아니라 비변사, 홍문관, 승정원, 예문관, 시강원 등 각 관청들도 존호 수락을 연일 청했다. 그래도 광해군이 수락하지 않자, 감군이 돌아간 뒤 문무백관들은 집무를 중지하고 정청庭請을 개시해 하루에도 세 차례씩 계사 올리기를 계속했다. 종실도 이 정청에 참여했다.[400] 왕비마저도 나서서 광해군에게 사대 원칙의 준수를 강조할 정도였다.[401] 고립무원의 상태에서 국사가 마비될 지경에 이르자 광해군은 하는 수 없이 존호 수락 의사를 표했으나, 이후에도 핑계거리만 있으면 그것을 빌미로 수락 의사를 두 번이나 번복했는데, 존호 문제를 처음 발론한 공을 신하들이 서로 다툰 일과 인경문仁慶門 문에 벼락이 떨어진 일 등을 수락을 취소하는 구실로 이용했다.[402] 따라서 이 존호 문제는 몇 달을 더 끌게 되었다.

그렇지만 광해군이 백관의 정청을 언제까지 무시할 수는 없었다. 나라가 위급한 시기에 국가 업무의 마비 사태를 오래 방치할 수는 없기 때문이었다. 결국 광해군은 이해 9월에 세자와 대신들로 하여금 고묘제告廟祭를 지내게 하라고 한 발 후퇴했다가, 10월에는 한 발 더 후퇴해 직접 고묘제를 거행했다. 이후에도 존호 받는 날짜를 계속 미루다가 11월에 마침내 '건의수정창도숭업建義守正彰道崇業'이라는 존호를 받았다.[403] 그 의미는 "의義를 세워 정正을 지켰으며 도道를 밝혀 업業을 드높였다"는 것인데, 의·정·도 등은 모두 '사대의 도리'를 가리키는 것이며, 업은 '국가의 기업' 정도로 해석할 수 있다. 따라서 존호의 뜻만 놓고 보아도 이 존호 문제가 왜 광해군과 신료들 사이의 극한 대립 양상으로 발전했는지 쉽게 알 수 있다.[404]

그런데 광해군이 존호를 받았음에도 불구하고 존호 문제는 끝나지 않았다. 왜냐하면 존호를 받은 지 불과 아흐레 만에 예조에서 또 다른 존호를 받아야 한다고 주장하고 나섰고, 예조의 논의는 곧바로 백관들의 정청으로 다시 이어졌기 때문이다. 신료들은 황제가 칙서와 선물을 연이어 보내는 것은 황제가 왕을 자식같이 여기고 충정을 크게 치하하는 것으로 전례에 없던 특별한 은총이니, 마땅히 그에 어울리는 존호를 다시 받아야 한다고 주장했다.[405] 1622년 당시에 명 황제의 칙서와 선물이 계속 도착한 것은 사실이다. 요동을 상실한 이후 명은 광해군을 설득해 명을 돕게 하기 위해 많은 선물과 칙서를 수시로 조선에 보내고 있었다. 따라서 신료들은 그것을 빌미로 계속 존호 문제를 연장함으로써 광해군에게 압력을 넣었던 것이다. 그렇지만 광해군도 더 이상 물러서지 않았다. 존호의 수락은커녕 아예 영칙迎勅 자체를 거부했다. 그 결과 이 추가 존호 문제는 국가 업무를 다시 마비시켰으며, 이러한 상황은 광해군이 폐위 당할 때까지 계속되었다.

이 시기 광해군의 칙서 기피 태도는 꽤 단호해, 조선 사신들이 받아온 칙서의 영칙례迎勅禮를 자꾸 연기함으로써 결과적으로 사신과 칙서를 영은문迎恩門 밖에 무한정 머무르게 했는데, 쿠데타를 맞아 강제 폐위 당할 때까지도 두 통의 칙서를 5개월이 넘도록 받지 않고 있었다. 이렇듯 광해군이 영칙례를 종종 무한정 연기한 탓에 칙서를 받아온 사신 일행이 영은문 밖에 오래 머무는 일이 잦게 되자, "만 리 길을 갔다가 돌아오기는 쉬워도 도성이 보이는 곳에서 [칙서를 가지고] 성에 들어가기는 어렵다"는 노래가 민간에서 불리어졌다고 한다.[406] 이 기록이 어느 정도까지 사실인지는 알 수 없어도, 영칙 자체를 기피하던 광해군의 태도를 보여주는 자료로는 별 문제가 없을 것이다. 조선 역사에서 칙서를 5개월 이상이나 도성 밖에 방치한 왕은 광해군뿐이었을 것 같다.

칙서에 따르기를 공개적으로 거부했을 뿐만 아니라, 황제의 은총과 사대 정성을 기리기 위한 존호를 계속 거부하는 자세로 일관한 광해군은 이제 더 이상 명의 번국인 조선의 왕일 수 없었다. 번국의 사대 도리를 정正과 의義의 개념으로 인식하고 있던 양반 신료들의 눈에, 칙서를 거부하고 후금과 대화를 모색하는 광해군의 태도는 사邪와 불의不義로 보일 수밖에 없었다. 이제 광해군의 권위는 결정적으로 추락했으며, 레임덕 현상이 도처에서 탐지되었다. 광해군은 신료들로부터 철저하게 고립되었으며, 자신의 비서실인 승정원으로부터도 외면당했다. 어떤 붕당이나 소수의 정치 그룹도 광해군을 지지하지 않았다. 조정 신료들은 왕에게 집단적으로 항의하기 위해 수시로 집무를 중단하고 밖으로 나가기 일쑤였다. 대부분의 대신들은 고의적으로 직무를 게을리 하거나 아예 결근을 함으로써 불만을 표시했다. 그 결과 광해군 재위 마지막 1년 동안 조선의 행정은 수시로 마비되곤 했다. 광해군과 신료들은 이제 다시는 화합할 수 없을 정도로 멀리 어긋나 있었다. 정변이 일어나기 좋은 환경은 이렇게 조성되고 있었던 것이다.

대단원의 막: 정론正論과 사론邪論

지금까지 광해군 대 명의 연이은 파병 요구로 야기된 외교노선 논쟁을 광해군의 칙서 거부 및 그에 대한 신료들의 집단 반발을 클라이맥스로 삼아 살펴보았다. 이 논쟁은 단순히 외교노선 문제만은 아니었다. 왜냐하면 대명사대를 국가정책의 하나의 근본으로 천명한 조선에서 모든 외교의 시작과 끝은 명나라와의 관계에 있었기 때문이다. 특히 명나라를 하나의 대국이 아닌 유일한 상국(천자국)으로 보고, 더 나아가 부모라는 개념까지 도입해 '군부'의 나라로 섬겼던 조선사회에서, 대명사대 원칙에 약간이라도 저해가 될 수 있는 새로운 국제관계라면 그것은 단순한 외교 문제를 떠나 국가의 정체성 문제와 직결될 수밖에 없었기 때문이다. 다른 말로, 흔히 '사대교린'을 붙여 말하지만, 엄밀히 말해 교린이라는 것은 사대와 동등한 위치에 있는 것이 아니라, 늘 대명사대를 전제로 해서만 가능한 부수적인 외교노선이었던 것이다.[407] 따라서 대명사대를 하나의 상대적인 외교노선으로 보지 않고 절대적 가치로 보는 한, 조선이 명나라와 다른 나라 사이에서 중립적 외교를 추진하는 것은 우선 이론적으로 불가능했다. 교린이니 기미羈縻니 하는 정책이 결코 진정한 의미의 중립정책이 될 수 없는 이유는 바로 여기에 있는 것이다.[408]

광해군 대 말엽 외교노선 논쟁의 이러한 성격은 당시 논쟁의 대립구도가 정파 간의 대립이 아니었다는 점에서도 확인된다. 이 장의 여러 주석에서 일일이 살폈듯이, 광해군 대의 외교노선 논쟁을 당쟁 구도로 설명하는 것은 사실에 어긋난다. 왜냐하면 당시 양반신료들은 외교노선 문제에 관한 한 당색을 초월해 공동전선을 구축하며 왕에게 대항했기 때문이다. 이 점은 조선의 정치무대에서 대명사대는 토론을 통해 조정이 가능한 하나의 정책이 아니라, 그 자체로 이미 절대적 가치였음을 시사해 준다. 비유하자면, 요즘 한국사회의 정쟁이 아무리 심할지라도 민주주의라는 가치를 공개적으로 부정하는 사람은 소속 정당에 관계없이 아무도 없듯이, 당시 대명사대라는 가치를 공개적으로 부정할 양반신료는 당색에 관계없이 아무도 없었던 것이다. 아울러 후금과의 대화가 필요함을 역설하는 상소가 논쟁 기간 5년 동안 단 한 통도 올라오지 않은 사실은 당시 재야 양반사회도 신료들의 외교노선을 적극 지지하고 있었음을 잘 보여준다.

배금론排金論을 가리키는 용어의 선택에서 신료들이 굳이 정론이라는 단어를 고른 까닭은 이런 맥락에서 보아야 제대로 이해할 수 있으며, 동시에 당시 외교노선 논쟁의 실체와 성격을 극명하게 보여준다. 1621년 봄에 후금이 요동을 장악한 후 조선에 보내온 국서에 답을 하는 문제를 놓고 조정에서 벌어진 논쟁 중에, 우호적인 답신을 속히 작성해 보내라는 광해군의 빗발치는 독촉에 못 이겨 영의정 박승종朴承宗(1562~1623)이 올린 계사啓辭에서

"본래 신과 동료들은 의견이 시종일관 같아 다름이 없었습니다. 요즘 신이 오랫동안 병석에 있어 사람과의 접촉이 없었으니, 어찌 조금이라도 강화만을 주장하려는 마음을 지니고 있겠습니까? 다만 오랑캐의 세력이 점차 강해지는 반면 나라의 형세는 점차 약해지므로, 매번 예로써 스스로를 공고하게 해 우선 병화兵禍를 완화시켜 보고자 한 것뿐이었습니다. 그러나 정론正論을 주장하는 사람들에 대해서는 마음속으로 항상 기뻐하며 이르기를 "나라에 이러한 정론이 없어서는 안 된다. 모름지기 한편으로는 정론을 배양하고 한편으로는 적과의 문제를 미봉해 나가야 한다"고 했으니, [이는] 진실로 임금을 사랑하는 정성에서 나온 것입니다."[409]

라고 한 점으로 보아, 당시 조정 신료들은 물론이거니와 박승종 본인도 후금 배척론을 정론으로 부르고 있었음을 알 수 있다. 반면에 광해군은 후금에 보낼 답서의 작성을 노골적으로 기피하는 비변사를 겨냥해

"우리나라 병력이 과연 요양遼陽의 병력만 하겠는가? [그러니 후금에] 답서를 보내지 않을 수 없다. [적을] 결코 당해내지 못할 것을 분명히 알면서도 그저 한 때의 사의邪議를 두려워해 [답서 작성에 나서지 않고 있으니], 종묘사직을 어찌하려는 것인가? [이는] 또한 그저 자기 자신만 사랑하고 나라의 위망危亡은 돌아보지 않는 [작태]다. 아울러 왕으로 하여금 기미책을 고집하

도록 하는 것은 곧 훗날 [기미책을 주장한] 죄를 왕에게 돌리려는 의도다. 옛날의 대신들이 과연 이와 같았는가? 이제 만일 [나라의] 관문을 닫고 사신[의 왕래]를 끊겠다면, 그런 준론峻論을 펴는 자들을 먼저 [국경으로] 내려 보내 적을 막게 하는 것이 마땅하다. 오늘 내일 하면서 그저 [나라의] 위망함을 지켜볼 뿐이도다. ……"[410]

라고 해, 후금과의 대화 자체를 거부하는 배금론을 사론邪論으로 규정했다.

도통道統이니 학통學統이니 종통宗統이니 하여 결벽증에 가까울 정도로 정통을 따지는 성리학적 유교지상주의로 들어선 조선사회에서[411] 어떤 문제를 놓고 그에 대한 평가가 정론과 사론으로 갈렸다면, 그 문제는 더 이상 대화를 통해 절충점을 찾기 어려운 사안임을 뜻하는 것이었다.[412] 대명사대에 절대적 가치를 부여하고 있던 조선 양반엘리트의 눈에 '중립'이라는 것 자체가 이미 중립이 아니라 군부의 나라에 등을 돌리는 '패륜' 행위로 받아들여질 수밖에 없었던 이유는 바로 여기에 있는 것이다. 즉 논쟁의 성격은 정책 대결이 아니라 조선의 국가 정체성 논쟁이었으며, 냉전구도 붕괴 후 대한민국 사회의 한미관계 논쟁 및 대북정책 논쟁과도 흡사한 면이 있었던 것이다.

대외관과 국내외 정세는 불가분의 관계에 있으므로 정세에 따라 대외관은 수시로 변할 수 있으며, 실제로 그래야 한다. 그러나 조선 양반신료들의 대명관은 그런 상식만으로는 이해할 수 없는 매우 독특한 것이었다. 많은 학자들이 조명관계를 중국질서 하에서 이루어진 조공·책봉 관계의 전형적인 예라고 보고 있지만,[413] 조명관계는 2,000여 년에 걸친 한중관계에서 오히려 매우 특이한 관계였다. 왜냐하면 조공국(조선)이 망하는 한이 있더라도 책봉국(명)에 대한 의리를 지켜야 한다는 주장은 말할 것도 없고, 심지어 종주국이 완전히 멸망해 사라졌음에도 불구하고 그에 대한 사대의리를 영원히 지켜야 한다는 논리는 유교정치이론의 어디에도 없기 때문이다. 더 나아가 종번관계宗藩關係를 군신관계로만 보지 않고 부자관계로 이해하고 실제로 그렇게 실천까지 한 예는 동아시아 역사상 조명관계가 거의 유일한 사례이기 때문이다. 어떤 사례가 역사상 전무후무한 것이라면, 그것은 전형적이라기보다는 특수한 예로 보는 것이 좀 더 합리적일 것이다. 명과 조선의 조공·책봉 관계는 이런 시각으로 접근을 해야, 이미 명이 망해 사라진 후에도 계속 대명의리를 내세웠던 조선 정치사상의 흐름을 사실적으로, 거시적으로 이해할 수 있을 것이다.

그런가 하면, 배금론을 사론으로 불렀던 광해군의 의식구조도 연구 대상이 되어야 한다. 자신의 왕권이 어디에 기초하고 있는지 누구보다 잘 알고 있었을 광해군이 바로 그 자신의 왕권을 받쳐 주던 두 축인 양반신료들의 전체 의견과 명 황제의 칙서를 동시에 거부하고, 더 나아가 칙서에 따르자는 신료들의 주장을 심지어 사론으로까지 몰아붙인 이유는 무엇인가?[414] 지금까지 한국 및 일본 학계는 광해군의 국내외 정책을 선악善惡, 현우賢愚라는 이분법적 시각에 사로잡혀 고찰한 감이 짙다. 그렇지만 어떤 사안을 놓고 온 조정이 몇 년 동안 시끄러웠고, 또한 그 논쟁이 왕의 강제 폐위라는 극단적인 방법으로 일단락되었다면, 역사가는 그 논쟁의 성격과 의미를 당시 사회의 전체 틀 속에서 역사적으로 규명하려는 노력을 좀 더 다방면으로 기울일 필요가 있다. 왜냐하면 그 논쟁 안에는 조선 왕조의 역사를 거시적으로 이해할 수 있는 다양한 열쇠들이 놓여 있기 때문이다.

6장
자식의 눈물:
인조 대(1623~1649) 파병 문제와
그 성격

정묘호란(1627)과 병자호란(1636~1637)을 겪으며 조선이 후금(청)의 칙서를 받아야 하는 상황에 처하자, 대명의리론은 위기를 맞는 동시에 더욱 빛을 발하는 역설적인 상황이 전개되었다. 특히 청의 연이은 파병 요구는 조선의 조야에 엄청난 정신적 충격과 이념적 공황을 불러일으켰다. 바로 군부·신자 관계로 이념화된 명과의 관계 때문이었다. 실제로 조선의 왕과 신료들은 명과의 관계를 통해 충·효를 실천했고, 그것은 왕조의 정통성을 확보하고 국내의 통치 기반을 공고히 하는 데에 매우 중요한 요소로 작용하고 있었다. 따라서 이런 조선사회에서 삼전도의 항복이 갖는 의미는 단순히 굴욕 차원을 넘어, 명나라의 번국이자 유교사회라는 국가 정체성이 뿌리 채 흔들리는 중차대한 위기일 수밖에 없었다. 조선의 왕이 오랑캐(청) 황제 앞에 나아가 고두례叩頭禮를 행하고, 앞으로 명(군부)과의 관계를 끊겠다고 맹세한 일은 조선의 왕과 신료들 스스로 유교의 양대 가치인 충·효를 동시에 범한 행위였기 때문이다. 유교 가치를 바탕으로 통치질서를 유지하는 사회에서 그 사회의 지도층 스스로 그 가치를 범했다면, 그것은 체제의 붕괴로까지 연결될 수 있는 심각한 문제였다. 설상가상으로 정명征明에 동참하라는 청의 강압은 조선 조정의 고민을 극대화하기에 충분했다. 파병을 한다면 조선(아들)이 청(원수)의 편을 들어 명(아비)을 공격하는 상황이 불가피할 것이므로, 양반 지배층의 심리는 정신적, 이념적 패닉 상태에 가까웠다. 이 시기 청의 연이은 파병 요구를 대하는 조선 조정의 고민은 이런 딜레마에 닿아 있었다.

흔히들 병자호란은 피할 수 있었던 전쟁이라고 한다. 그렇다면 어떻게 하는 것이 청의 침입을 미연에 방지할 수 있는 길이었으며, 조선의 지배 엘리트들은 왜 그런 선택을 할 수 없었을까? 그들은 왜 국제정세의 변동에 현실적으로 대처하기를 거부하고, 끝내 굴욕적인 항복에 이르도록 사태를 악화시켰을까? 당시 조선의 엘리트들이 느꼈던 위기의식의 본질은 무엇일까? 또한 그 위기를 타개해 나가는 방법은 무엇이었으며, 이후 200여 년 넘게 전개된 조청관계에 어떤 영향을 주었나? 그 결과, 조청관계의 본질은 어떠했나? 또한 그것은 장기적으로 한국사에 어떤 유산을 남겼나? 이 장에서는 삼전도 항복(1637)부터 청의 북경 점령(1644)까지 약 7년 사이에 연이어 있었던 청의 파병 압력과 그에 따른 조선 조정의 대응을 살핌으로써 이런 일련의 질문들에 대한 답을 찾고자 한다.

조선의 딜레마

왜 조선은 고려와 같이 국제정세의 변동에 융통성 있게 대처하지 못했을까? 아니, 오히려 그러기를 거부해, 현실에 엄연히 존재하는 청질서를 관념세계에서 의식적으로 부정하고자 노력했을까? 조청관계의 본질은 이 문제에 대한 답을 찾는 데에서 출발한다. 동시에 이는 바로 조명관계의 본질과도 직결되는 문제다. 왜냐하면 전쟁과 항복이라는 극단적인 방법을 통해 강제로 시작된 조청관계 자체가 바로 이념적·현실적으로 튼튼하게 구축되어 200년 이상 지속되었던 조명관계의 산물이기 때문이다. 다른 말로 조명관계의 본질이 어떠한가에 따라 명·청 교체의 격동기에 처한 조선 조정의 대응책은 달랐을 것이고, 그것은 바로 조청관계의 성격을 규정짓는 결정적인 요인으로 작용했을 것이라는 전제가 가능하다는 뜻이다.

조명관계의 본질

조명관계의 성격이 시종토록 동일하지는 않았다. 비록 겉으로는 명과 조선이 조공·책봉 관계로 묶여 있는 것처럼 보이지만, 앞에서 이미 자세히 살폈듯이, 조선이 명을 대하는 태도나 인식은 조선 전기만 놓고 보아도 15세기와 16세기에 서로 다른 모습을 보였다. 특히 임진전쟁(임진왜란)이라는 당시로서는 미증유의 국난을 경험한 후인 17세기 초 무렵의 조명관계는 그 이전의 어느 때보다도 가깝게 밀착되어 있었다. 흔히 알려진 재조지은再造之恩이라는 구절은 임진전쟁 이후 조선 조정과 양반엘리트들이 명나라를 어떻게 인식하고 있었는지 보여주는 단적인 예다.

재조지은이란 임진전쟁 때 명의 도움을 받음으로써 명으로부터 다시 생명을 받는 은혜를 입었으니 조선은 이에 보답해야 한다는 일종의 숭명의리崇明義理 의식에 기초한 시대 담론이었다. 실제로, 이 재조지은 논리는 전쟁 이후 조선사회 정치사조의 큰 흐름을 오래도록 주도했다.[415] 그런데 때마침 만주에서 흥기한 후금(청)의 등장과 그 여파로 빚어진 명·청 교체의 격동기를 맞아, 지정학적으로 두 강대국 사이에 낀 조선에서는 외교 문제가 초미의 화두로 떠오르게 되었다. 이 과정에서 조선이 현실 정세에 기초해 융통성을 발휘할 수 없게 올무로 작용했던 것이 바로 숭명의리 내지는 재조지은 이데올로기였다. 다만 재조지은이라는 정치선전이 어떻게 그렇게 전체 양반사회에 급속도로 확산될 수 있었는지에 대해서는 고려해야 할 필요가 있다.

어떤 정권이 정치선전을 할 때에는 아무것이나 하지 않고, 어떤 사안이 가장 빠른 시일 안에 폭넓은 호소력을 가질지 치밀한 계산을 거듭한다. 이는 동서고금을 막론하고 통하는 사실이다. 예를 들어, 박정희가 무력으로 권력을 잡은 후에 '잘 살아 보세'를 내세운 것이나, 패전 후 외세의 압박에서 신음하던 독일에서 히틀러가 '독일'을 기치로 내세워 당선된 것도 이런 숱한 예들 가운데 하나다. 요컨대, 정치선전을 하려는 위정자들은 마치 조그만 연못 위에 물감을 떨어뜨리는 심정으로, 톡 건드리기만 하면 효과가 극대화될 수 있는 사안을 정치선전의 소재로 고른다는 것이다. 그것이 가장 효율적인 방법이기 때문이다.

마찬가지로, 조선 조정에서 권위의 회복을 목적으로 명나라 군대의 역할을 과대평가하면서 '재조지은'을 강조했다면, 선택 가능한 여러 사안들 중에서 선조 정권은 왜 하필 재조지은을 정치선전의 소재로 삼았는지를 고려해야 한다. 이런 면에서 볼 때, 재조지은과 같은 정치선전이 잘 먹혀들어갈 풍토가 임진전쟁 전에 이미 양반사회에 조성되어 있었다는 해석은[416] 충분히 설득력이 있다. 이와 관련해, 이미 임진전쟁 이전부터 조선이 명과 맺고 있던 부자관계가 주목된다. 유교화와 대명사대를 새 왕조의 양대 근간으로 천명하고 출범한 조선왕조에서 그 둘이 군신(충)과 부자(효)라는 유교적 가치에 기초해 서로 불가분의 관계로 결합된 것은 어쩌면 지극히 당연한 일이다. 이 책의 4장에서 이미 살폈듯이, 조선의 양반지배층이 명을 부모의 나라로 인식한 것은 임진전쟁 전의 일로,

16세기 전반 중종 대부터 이미 조야에 널리 받아들여지고 있었다. 즉 그런 의식은 임진전쟁 때 처음 등장한 재조지은을 계기로 비로소 형성된 것이 아니라, 이미 그 이전부터 형성되어 있던 의식에 재조지은이라는 정치선전이 덧입혀졌던 것이다.

그런데 군신관계와 부자관계는 그 가치의 절대성과 지속성이라는 면에서 볼 때 확연히 다르다. 정치적인 군신관계는 정세 변화에 따라 얼마든지 가변적이지만, 인륜에 기초한 부자관계는 상황을 초월하는 절대적 관계, 곧 절대가치이기 때문이다. 이렇듯, 같은 유교 이념에 바탕을 두었을지라도, 군신관계와 부자관계는 그 의미에서 크나큰 차이가 있다. 맹자가 명시했듯이, 신하들의 간언에도 불구하고 군주가 거듭 도道를 저버린다면, 신하는 아예 새로운 군주를 세우거나, 조용히 그 군주를 버리고 떠날 수 있다. 반면에, 부모는 아무리 잘못을 하더라도, 자식이 그 부모를 바꾸거나 버릴 수 없다는 결정적인 차이가 있다. 이것이 바로 "천하에 옳지 않은 부모는 없다"는 명유名儒의 말이 유교사회인 조선에서 횡행한 이유이자,[417] "부모가 자애慈愛한데 효도하는 것은 평상적인 일이지 (그것을) 효도라고 하기에는 부족하며, 부모가 자애롭지 않은데도 효도해야 자식이 효를 잃지 않았다고 말할 수 있다"는 송나라 명관名官의 말이 조선에서 즐겨 인용된 까닭이다.[418]

어떤 가치가 상대성을 잃고 절대성만 가질 경우, 그 가치는 상황을 초월하며, 따라서 상황 논리로는 조정할 수 없다. 이것이 바로 부자관계(효)가 윤기倫紀·이륜彝倫·천륜天倫 등으로 설명되는 이유이며, 유교정치의 근간이 이효이국以孝理國, 곧 '효도정치'라는 말로 요약되는 까닭인 것이다. 국사편찬위원회가 온라인으로 제공하는 《조선왕조실록》 원문 검색 기능에서 이효이국, 이효위치以孝爲治, 솔일국이효率一國以孝 등의 구절로 검색해 보면, 이런 표현들이 대개 성종 대와 중종 대에 집중적으로 나타나는 흥미로운 현상을 읽을 수 있다. 요컨대 군신관계가 일종의 상대적 가치에 기초한 계약적 관계라면, 부자관계는 절대적 가치에 기초한 영원한 관계였던 셈이다.

결국, 군신관계 하에서는 종주국이 망할 경우 천명天命이 옮겨갔다는 명분을 내세워 얼마든지 그 관계를 정리할 수 있으나, 부자관계 하에서는 그러한 융통성이 원천적으로 불가능했다. 명·청 교체기를 맞아 조선의 양반 엘리트들이 이전 고려왕조의 현실적인 외교노선을 따르지 않고 대명의리에 집착한 이유는 이러한 맥락에서 보아야 한다. 뿐만 아니라, 병자호란 이후 청이 주도하는 새 국제질서 하에서도 조선이 여전히 명에 대한 과거의 기억에서 자유로울 수 없었던 역사적 배경 또한 여기에 있다.

왕조의 통치이념

그렇다면 조선의 선택은 다분히 이념적이었을까? 조선의 양반지배층은 정말로 나라의 존망보다도 유교적 이념에 기초한 존명의리尊明義理를 더 중시했을까? 한편으로는 그렇지만, 다른 한편으로는 조선 지배층의 현실적 이해관계도 첨예하게 얽혀 있었다. 주지하듯이, 조선사회 지배구조의 이론적 근거는 사회 전체를 수직적 관계로 조직하는 충과 효였다. 더 나아가, 16세기 전반 중종 대부터 이미 조선 조정에서 명 황제를 군부로 믿은 사실은 이제 이러한 지배이데올로기가 국내 문제를 넘어 명과의 관계에까지 확대 적용되기 시작했음을 뜻한다. 요컨대 조선에게 명은 충의 대상임과 동시에 효의 대상으로 새롭게 다가와 자리를 잡았던 것이다.

한 예로, 명의 파병 요청을 거부하는 광해군에게 비변사 당상관들이

"전하에게 득죄할지언정 천조天朝에는 득죄할 수 없다"는[419] 말까지 하고, 또한 그런 발언으로 인해 어떤 처벌도 받지 않은 것은 이러한 세계관(천하관) 때문에 가능했다. 천자가 지배하는 세계의 한 신민인 조선 사대부가 충忠을 실천해야 할 최종 대상은 조선 안에서는 국왕이었지만, 세계무대에서는 명나라 '천자'였던 것이다. 천자의 책봉을 받은 제후를 섬기는 신하는 천자의 신하이기도 하다는 의미를 지닌 배신陪臣이라는 용어가 조선시대에 널리 사용된 점은 소위 '명질서'를 바라보는 조선인들의 의식 속에 엄존했던 이러한 보편적 위계질서를 잘 보여준다. 배신陪臣이라는 용어의 사용 빈도 수가 삼전도의 항복을 계기로 급격히 줄어들어 사실상 사라져 버린 현상도[420] 다 이런 이유 때문이었다.

이런 면에서 볼 때, 이러한 윤리의식에 기초해 왕조의 통치질서를 유지하던 조선사회에서, 삼전도의 항복이 갖는 의미는 엄청난 폭발력과 휘발성을 가질 수밖에 없었다. 신자臣子(조선의 국왕)가 군부君父(명 황제)를 공격해 죽이려는 원수(청 태종) 앞에 나아가 항복한 것은 단순히 굴욕 차원을 넘어, 유교국가의 정체성이 뿌리 채 흔들리는 중차대한 위기일 수밖에 없었다. 특히 원수 앞에 무릎을 꿇고 엎드려 이마를 땅바닥에 찧으며, 앞으로 명과의 모든 관계를 끊고 청나라 황제만을 새로운 천자로 섬기겠다고 맹세한 일은 조선의 왕과 신료들 스스로 유교의 양대 가치인 충과 효를 동시에 범한 행위나 다름없었다.

더 중요한 것은, 그런 행위가 어쩔 수 없었다는 상황 논리로는 설명될 수 없다는 점이다. 왜냐하면 군신관계(충)와는 달리 부자관계(효)는 상황에 따라 영향을 받는 가변적이고도 상대적인 가치가 아니었기 때문이다. 만약 청의 무력 때문에 어쩔 수 없었다는 상황 논리가 성립할 수 있다면, 충효에 바탕을 둔 조선의 유교적 지배 논리도 더 이상 절대적일 수 없을 것이었다. 왜냐하면 상민이나 노비들도 같은 상황 논리를 내세워 더 이상 양반이나 주인에게 무조건적인 충성을 할 필요가 없게 될 것이기 때문이다. 그렇게 된다면 그것은 곧 유교적 지배구조의 붕괴, 더 나아가 바로 그 바탕 위에 서 있던 조선왕조의 체제 붕괴를 초래할 수도 있었다.[421] 따라서 조선의 지배엘리트들은 외교상으로는 어쩔 수 없이 청을 새 책봉국(종주국)으로 받아들였지만, 국내에서는 그러한 현실을 부정하고, 오히려 이미 망해 없어진 명을 여전히 군부로 간주하며 더 철저하고도 애틋하게 흠모했다. 그렇게 함으로써, 항복으로 인해 야기될 수 있는 지배이데올로기의 위기를 타개하고자 했다.

요컨대 조선 지배층은 이때부터 외부세계로부터 스스로 고립되고, 내부적으로는 청을 부모의 원수로 부각시킴으로써, 그것을 통해 내부 통치력을 오히려 더 강화하는 '생존 전략'을 구사했다. 이러한 정책은 청이 중원과 그 주변을 완벽하게 아우른 17세기 후반 강희제康熙帝(r. 1661~1722) 때부터 조선에 대한 내정 간섭을 사실상 중지함에 따라 가능했다. 그 결과, 비록 명은 망했지만, 조선인들 마음속에서 명은 여전히 건재했고, 따라서 명나라 인식도 변하지 않았다. 오히려 더 병적으로 강해졌다. 이렇듯, '재조지은'으로 포장된 존명의리 이데올로기의 이면에는 양반지배층의 절박한 이해관계가 숨어 있었다.

설상가상으로, 명을 치는 전역戰役에 동참하라는 청의 끈질긴 요구와 강압은 조선 조정의 고민을 극대화하기에 충분했으며, 조선의 조야에 엄청난 정신적 충격과 이념적 공황을 불러일으켰다. 청의 위압에 못 이겨 파병을 한다면, 조선(아들)이 청(원수)의 편을 들어 명(부모)을 공격하는 상황이 불가피할 것이므로, 양반지배층의 정신적, 이념적 공황은 거의 패닉에 가까운 것이었다. 특히 조선의 왕과 신료들은 명나라와의 관계를 통해 유교의 양대 기본 윤리 덕목인 충과 효를 실천했고, 그것은 왕조의 정통성을 확보하고 국내의 통치 기반을 강화하는 데 매우 중요한 요소로 작용하고 있었다.[422] 따라서 이 시기 청의 연이은 파병 요구를 대하는 조선 조정의 고민과 일부 조선 장수들이 취한 반청反淸 행동은 이런 맥락에서 접근해야 그 동기를 쉽게 이해할 수 있다. 마지못해 출정하면서도 부모를 치러 가는 자식의 신세를 한탄하며, 보내는 조정이나 보냄을 당한 장수들이나 모두 스스로 패륜아의 심정으로 하늘을 향해 울부짖은 이유도 바로 여기에 있었다.

눈물어린 출병: 가도椵島에서 금주錦州까지

조선에 대한 청의 파병 압력은 삼전도의 항복 과정에서부터 시작되어 기승을 부리다가 청의 북경 입성을 고비로 크게 수그러들었다. 이 기간(1637~1644) 동안 청은 조선에 모두 여섯 차례 이상 병력을 요구했다.

첫 번째는 1637년 봄에 조선의 항복을 받고 철군하는 길에 평안도 철산鐵山 앞바다에 위치한 가도椵島의 명군 기지를 공격하면서 조선의 선박과 병력을 요구한 경우다. 두 번째는 같은 해 가을에 금주錦州를 공격하면서 조선에 병력을 요구한 경우다. 세 번째는 1638년 봄에 다시 금주를 치면서 조선의 병력을 요구한 경우고, 네 번째는 1639년 정월에 두만강 하류 유역의 웅도熊島를 조선으로 하여금 정벌케 한 경우다. 다섯 번째는 같은 해 가을에 금주에 대한 대공세를 다시 계획하면서 조선의 병력과 군량을 요구한 경우고, 여섯 번째는 1641년 3월에 다시금 금주를 공략하면서 조선의 병력을 재차 요구한 경우다.

이렇듯, 청의 조선 군사 징발이 잦았던 탓에, 위에 제시한 여섯 사례는 각각 그 시기와 내용면에서 독립적으로 분절된다기보다는 거의 일상사처럼 서로 연결되는 모습을 보인다. 그 정도로 청의 파병 요구는 수시로 이루어졌고, 또한 집요했다. 이에 비례해 조선 조정의 근심과 주름살도 더욱 깊게 패어갔다. 이 소절에서는 이 일련의 사례들을 세밀히 살피고자 한다.

가도 공략

청의 첫 파병 요구는 삼전도의 항복 직후 청군의 철수 과정에서 나왔다. 조선의 항복을 받고 철군 길에 오른 청나라 군대는 철군 도중에 그동안 청의 요동 배후를 위협했던 가도의 명군明軍 기지를 공격할 계획을 세웠는데, 조선에도 징병을 요구했던 것이다. 삼전도의 항복으로 경황이 없는 상황에서 조선 조정에서는 이에 응할 것인지 여부를 논의할 여유조차 없었다. 선택의 여지가 전혀 없었던 것이다. 특히, 삼전도 강화 조건 가운데, 청이 앞으로 명을 치기 위해 조선의 병력을 징발할 경우에 기한을 지켜 응하라는 내용은 말할 것도 없고, 청군이 가도를 공격할 때 조선도 병선과 군사를 제공하라는 구체적인 내용이 들어 있었으므로,[423] 당시 조선 조정은 이를 거절할 여력도, 마음의 여유도 없었다. 사실, 삼전도 항복 이후 조선 조정의 최대 관심사는 피로인被擄人과 징병 문제였다.[424]

삼전도의 강화가 있은 지 불과 사흘 만에 청이 용골대龍骨大와 마부대馬夫大를 통해 정식으로 조선군의 징발을 요구해 오자, 조선 조정은 지체 없이 그에 응해, 평안병사 유림柳琳을 수장으로, 임경업林慶業(1594~1646)을 부장으로 삼고, 황해도와 평안도에서 선박과 병사들을 징발해 청군에 합류시켰다.[425] 그렇지만 삼전도의 항복으로 귀결된 전란으로 인

가도

해 황해도와 평안도의 민심이 가뜩이나 흉흉했던 만큼, 병선 조발이 늦어진다거나 징집된 병사들 가운데서도 중도에 도주하는 자가 속출하는 등,[426] 조선군의 사기와 군기는 최악이었다.

이런 분위기에서 거병했기에, 조선군은 가도 공략 과정에서도 대체로 수동적으로 움직였고, 그로 인해 청 장수의 질책을 받기까지 했다.[427] 다만, 항복 직후의 상황이 상황이니만큼, 비록 청 장수의 구박驅迫과 위협에 못 이긴 탓이었지만, 이 가도 공략에서 조선군은 군사적으로 일정한 기여를 했던 것으로 보인다. 가도 공략 방법을 몰라 애를 먹고 있던 청 장수에게 임경업이 가도의 허와 실을 자세히 알려주고, 적절한 전략까지 제공했다는 기록은[428] 그 좋은 예다. 청 태종이 가도 공략에서 임경업 등의 공이 컸다고 하면서 인조에게 포상한[429] 점도 청 당국이 조선군의 역할을 공식적으로 인정했음을 잘 보여준다. 그렇지만 조선군 대장 유림이 청 태종이 하사하는 상을 받으러 가지 않고 지체해, 그로 인해 의주 인근 백마산성에 구류되기도[430] 하는 등, 가도 공략 과정에 참여한 조선군은 마음과 몸이 따로 움직인 것에 대해 심리적 갈등을 심하게 겪고 있었던 것으로 보인다.

조선군의 이런 모순적인 태도는 조선 조정의 태도를 그대로 반영한 것이나 다름없었다. 이는 가도 공략을 바라보는 조선 조정의 인식에서 그대로 드러난다. 한 예로, 조선 조정에서는 가도 공략 과정에서 조선군이 수행한 역할에 대한 사실 확인보다는, 해석에만 치중하는 태도를 보였다. 가도 함락 소식이 전해지자 인조와 대신들은 무엇보다도 먼저 명나라 군인들의 전몰을 애도했을 뿐만 아니라, 이번 원정에서 조선군이 비록 참여는 했지만 가도에 상륙해 한인漢人을 살육하는 데 동참하지 않아서 다행이며, 만약 동참했다면 후세에 비난을 들었을 것이라면서 안도했다.[431] 이는 사실 확인 없이, 자신들이 믿고 싶은 일을 사실로 믿어버리는, 그럼으로써 그 믿음을 기정사실로 간주하는 심리적 전이현상의 한 예라 할 수 있다.

이런 점에서 볼 때, 유림이 인조를 알현한 자리는 당시 조정에서 사실을 확인할 수 있는 결정적인 기회였다. 그런데 인조와 유림은 조선군의 역할에 대해서는 구체적인 언급을 피한 채, 가도 공략 과정과 가도에 근거하던 한인들의 피해 상황에만 중점을 두어 대화를 주고받았다.[432] 이는 국왕과 장수가 직접 면대해 가도 사태를 논하면서도, 조선군의 역할에 대해서는 서로 함구하고, 굳이 화제로 꺼내려 하지 않았음을 시사해 준다. 즉, 서로 알고는 있지만, 그런 부담스러운 주제를 피하는 데에 무언의 합의가 이루어졌던 것이다. 물론, 인조와 유림 사이에 당시 실제로 그런 대화가 없었는지, 아니면 후에 《인조실록》의 사관이 그 내용을 기록에서 제외한 것인지는 정확히 알 수 없다. 그렇지만 이런 대화 내용, 또는 기록 내용은 당시 조정의 분위기를 전하는 데에는 부족함이 없다.

 이러한 분위기는 당시 조선 조정의 가도 인식 문제와 직결되어 있었다. 당시 조선 조정은 가도가 본래 조선 땅에 부속된 조선 영토임을 분명히 알고 있었음에도, 가도를 사실상 명나라 땅으로도 간주하고 있었다.[433] 따라서 비록 어쩔 수 없는 상황으로 출병했을지라도, 조선군이 가도 공략에 참전한 것만으로도 이미 심각한 정신적 공황을 겪었던 것이다. 이런 이유로, 당시 조정 신료들에게 이 전역戰役은 가도 '정벌'이 아니라, 어디까지나 가도의 '함몰'이었다. 가도 원정을 가도를 범犯하는 행위로 이해한 것도[434] 마찬가지 이유에서였다. 당시 조선 조정에서는 가도 사태를 '가도를 함락시킨' 사건이 아니라, '가도가 함락된' 사건으로 인식했다는 것이다.[435] 청군의 가도 공격 계획을 가도의 명군 수뇌부에게 미리 통보하자는 취지의 말을 주고받은 조정 논의도[436] 마찬가지 맥락에서 가능했다. 이러한 조정 분위기는 청의 강요에 못 이겨 조선군이 마지못해 출정은 했지만, 자식(조선)이 부모(명)를 공격하는 패륜을 저지를 수는 없다는 의리론이 당시 국왕 인조를 비롯해 온 조정 신료들 사이에 팽배해 있었음을 잘 보여준다.

파병 지연과 질책

가도 공략을 위한 청의 징병은 서막에 지나지 않았다. 청은 이후에도 수시로 조선에 파병을 요구했고, 오히려 본격적인 징병은 이제부터였다. 그렇지만, 청군이 조선 영토에서 완전히 철수해 급한 사태가 어느 정도 진정되자, 조선 조정은 파병에 매우 부정적인 모습을 노골적으로 드러내기 시작했다.

가도 공략이 진행되던 그해(1637) 봄에 청은 금주錦州 공격을 위한 추가 징병을 요구해 왔는데, 이 문제를 놓고 조선 조정은 그해 내내 고심하며, 징병 철회를 위해 두 차례나 청에 주문했다. 처음에는 좌의정 이성구李聖求를 주문사로 보냈으나, 이성구는 심양의 분위기에 눌려 주문을 올리지도 못하고 그대로 돌아왔다.[437] 다음에는 좌의정 최명길崔鳴吉(1586~1547)에게 같은 임무를 주어 심양에 파견해, 전란의 여파로 나라가 피폐해 거병이 어려우니 선처해 달라는 내용의 주문을 올리도록 했다.[438]

왕과 신료들이 한목소리로 파병에 반대한 이유는 역시 명나라와의 부자지의父子之義 때문이었다. 특히 그들은 중원(명)을 직접 치는 일은 가도 사태 때보다 그 성격이 훨씬 더 심각하다고 보고 있었다. 즉 가도의 한인들은 본래 요동으로부터 이주해 들어온 피난민에 불과하지만, 금주는 곧 중원이므로 그 비중이 같을 수 없다는 논리였다.[439] 이런 식으로 시일을 끌며 조선이 기한을 넘기도록 파병하지 않고, 오히려 징병을 철회해 달라는 내용의 주문을 최명길을 통해 제출하자, 청 태종은 칙서를 보내 인조를 힐책하면서도, 징병에 즉각 응하지 않은 것에 대해 노골적으로 추궁하지는 않았다.[440] 이때 최명길은 병환으로 심양에 계속 머물며 귀국하지 못하고 있었는데, 일단은 징병 회피라는 소기의 목적을 달성한 것으로 보인다.

그렇지만 일은 이것으로 끝나지 않았다. 청이 바로 이듬해(1638, 인조 16) 5월에 금주 공격 명목으로 조선에 5,000병력과 군량을 다시 요구했기 때문이다. 조선 조정에서는 이때도 거병이 어려운 이유들을 들어 징병 철회를 간청하는 주문을 진주사 홍보洪霫 편에 심양에 보내어, 징병 면제를 호소했다.[441] 그러나 이렇게 두 번씩이나 상투적인 변명으로 일관한 조선의 태도는 오히려 청 태종의 노여움만 사는 결과를 초래했다. 청 태종은 칙서를 보내, 삼전도 강화 조건 가운데 청이 명을 칠 때 조선이 군사를 내어 돕는다고 한 조항을 구체적으로 거론하면서 조선의 위반을 지적하는 한편, 볼모로 심양에 억류되어 있는 소현세자와 봉림대군의 안전 및 병자호란 때 인조의 목숨을 살려준 일을 상기시키며 위협을 가했다. 이에 징병을 거듭 기피하기는 어렵다는 판단에 따라, 이시영李時英을 총독사總督使로 삼고 유림柳琳을 부장으로 삼아, 포수와 궁수로 편성된 5,000병력을 파견하기로 결정했다.[442]

그러나 이 파병 결정은 즉각 조야의 큰 반대에 부딪혔다. 신료들뿐만 아니라 관학유생들의 파병 불가 상소가[443] 연일 줄을 이었다. 비록 이후의 관점이기는 하지만, 《인조실록》의 사관조차도 명과의 부자관계를 강조하며 파병 결정을 매우 단호하게 비판했다.[444] 청 태종의 협박성 칙서로 인해 부득이 파병에 찬성했던 중신들도 이 출병 사실을 명에 즉각 알려야 한다는 입장을 취했으며, 국왕 인조도 어명을 내려 명에 알리도록 조치했다.[445] 특히 인조는 차라리 남한산성에서 죽는 게 더 나았겠다고 한탄하며, 자신이 겪는 엄청난 정신적 공황을 거듭 토로했다.[446] 그 결과, 조정의 파병 결정에도 불구하고 그 준비의 진척은 지지부진해, 청이 통보한 기일에 맞추어 군사를 들여보낼 수 없었다.

조선의 태도에 진노한 청 태종은 심양에 인질로 와 있던 소현세자에게 용골대龍骨大와 마부대馬夫大 등을 보내 조선의 태도를 심하게 질책하고, 조선군이 기일에 맞춰 나타나지 않은 대가로 세자를 대신 금주 전투에 종군케 했다.[447] 세자 수행원들이 성심으로 끈질기게 간청해, 세자를 대신해 봉림대군이 청 태종을 따라 48일간 종군하게 되었지만,[448] 조선의 지속적인 파병 지연에 따라 청의 징병 압박도 그 강도가 커지기 시작했음을 잘 보여준다.

8월까지도 조선군이 압록강을 건너 요동으로 들어오지 않자, 용골대 등은 다시 세자에게 와, 기일에 늦은 모든 책임은 국왕에게 있으니 왕이 죄를 받아야 한다면서 세자를 더욱 윽박질렀다.[449] 9월까지도 조선군 5,000병력이 완전히 도착하지 않자, 청 태종은 선발대로 봉황성鳳凰城에 이미 당도해 있던 일부 조선군을 쫓아 돌려보냄으로써, 조선에 대한 불쾌한 심기를 노골적으로 드러내었다. 특히, 용골대와 마부대는 조선이 청의 말을 듣지 않다가 끝내 정벌을 당했던 일(병자호란)을 소현세자에게 상기시키며, 노골적으로 위협을 가했다.[450]

위기를 타개하기 위해, 조선 조정은 최명길을 다시 심양으로 보내 청죄請罪하기에 이르렀다.[451] 이때 최명길이 죽음을 무릅쓰고 임무를 수행해 일단은 급한 불을 끈 것으로 보인다. 최명길의 행장行狀에 나오는 내용이기에 과장과 윤색의 가능성은 크지만, 최명길의 당당함에 청 태종이 오히려 그를 의리 있는 사람이라고 인정했다는[452] 기록이 있기 때문이다. 실제로, 청 태종은 최명길의 주문에 대해 어떤 즉각적인 조치를 취하지는 않았다. 그렇지만 인조에게 다시 칙서를 보내, 자기 휘하의 여러 왕들 중에서 군기軍期를 어겨 왕위에서 쫓겨난 경우도 있음을 거론하면서, 인조에 대해서도 죄의 경중을 물을 것이라고 위협하는[453] 것을 잊지 않았다.

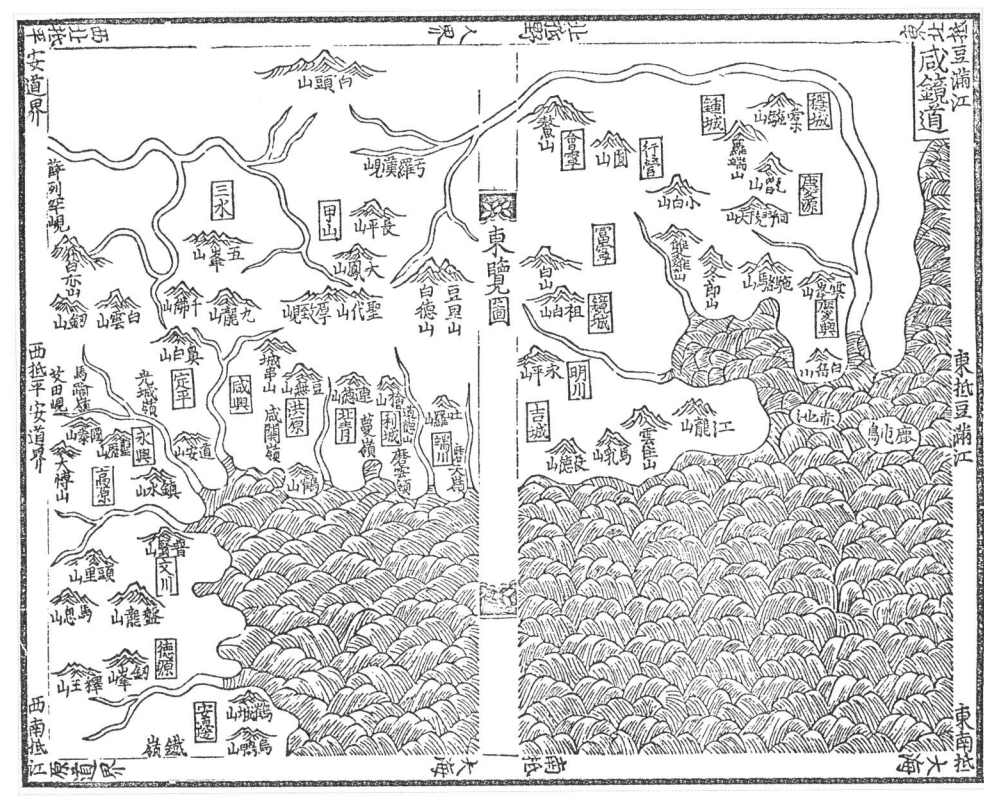

조선시대 함경도(출전: 《신증동국여지승람》)

그런데 이런 급박한 상황에서도 조정의 중론은 여전히 존명의리尊明義理에 깊게 빠져 있었다. 최명길의 뛰어난 외교 덕분에 급한 사태가 이런 식으로나마 일단 진정되자, 이렇게라도 해 결국 참전하지 않게 된 것이 그나마 다행이라는 의견이[454] 여전히 대세를 이루었던 것이다. 그렇지만 조선이 언제까지 이런 식으로 청의 징병을 회피할 수는 없었다.

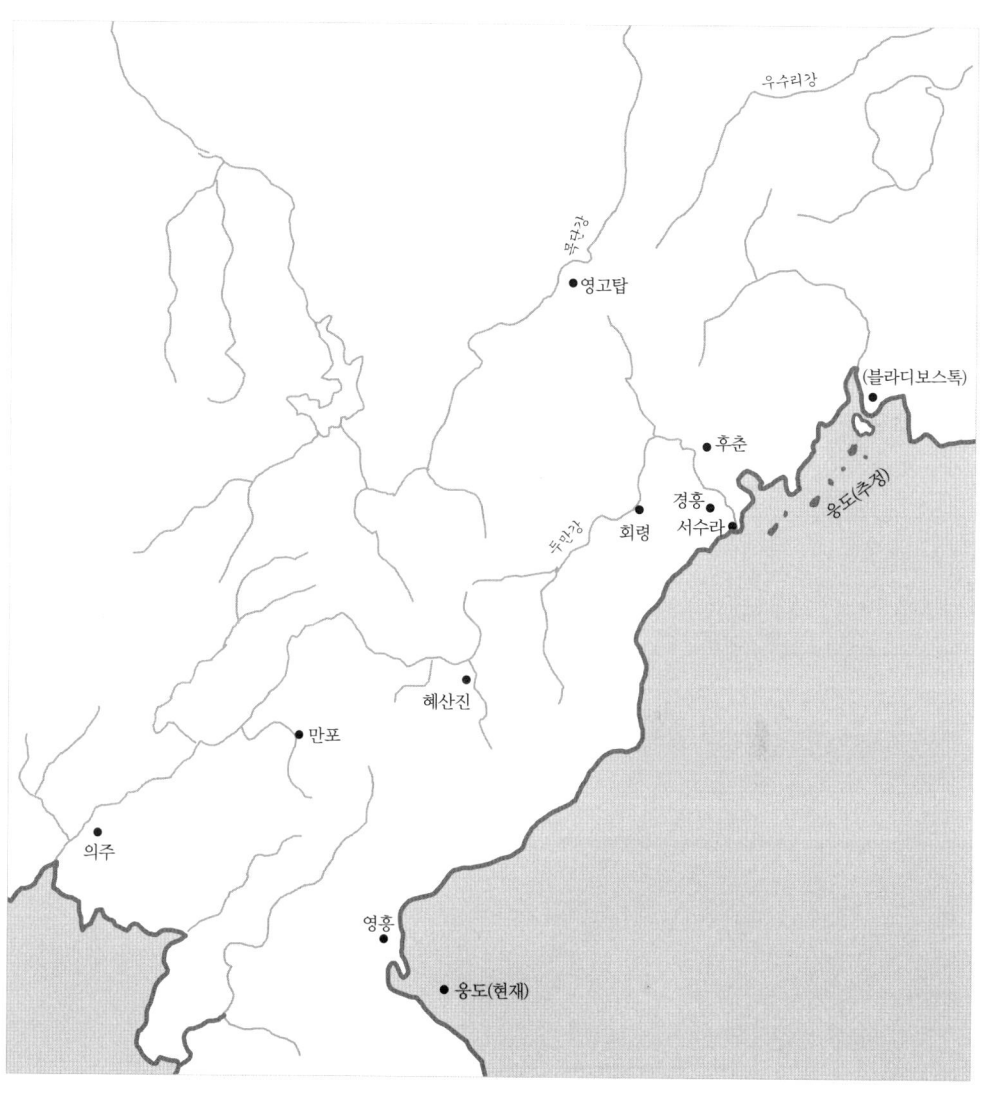

옹도의 추정 위치

웅도 원정

이듬해(1639, 인조 17) 청의 병부는 웅도熊島에 웅거해 반기를 든 경하창慶河昌 무리를 조선으로 하여금 정벌하도록 했다. 주요 내용은 가축의 가죽 등을 진공하던 여진인 경하창 무리가 청을 배반하고 동해의 웅도熊島라는 섬으로 들어가 웅거하면서, 조선의 경흥부慶興府 관하의 여러 지역과 교역을 하고 있으니, 그들을 토벌해 우두머리 일당은 붙잡아 심양으로 압송하고, 나머지 무리는 그대로 살게 하되 예전처럼 조공을 바치게 하라는 것이었다.[455]

웅도가 지금의 어느 섬을 가리키는지는 분명하지 않다. 웅도라는 지명은 《신증동국여지승람》의 함경도 영흥대도호부永興大都護府에서 찾을 수 있는데, 그에 따르면 도호부로부터 동남쪽으로 95리쯤에 있다고 한다.[456] 실제로, 현재 원산만에 웅도라 불리는 조그만 섬이 하나 있다. 그렇지만 이 웅도가 경흥창의 무리가 숨어들어간 바로 그 웅도인지는 분명치 않다. 왜냐하면 웅도가 경흥에서 가깝다는 자문의 내용을 고려할 때, 원산만의 웅도는 경흥으로부터 너무 멀리 떨어져 있기 때문이다. 또한 조선군이 웅도를 치기 위해 출항한 항구는 서수라西水羅라는 곳으로, 서수라 곶串·보堡·진鎭 등으로 불렸는데, 함경도 해안의 최북단에 위치한 경흥도호부 관할에 속했다.[457] 원산만에 있는 웅도를 치기 위한 원정군이 가까운 영흥 지역 포구가 아니라, 그보다 훨씬 북쪽에 위치한 경흥의 서수라항에서 출항할 이유도 없어 보인다. 따라서 이때 경하창 무리가 웅거한 웅도는 아마도 두만강 하구의 바다에 위치한 녹둔도鹿屯島 근처의 어느 섬이었을 가능성이 크다. 여진족인 경하창 무리가 숨어들어간 섬이기에, 지리상으로 보아도 더욱 그렇다.

어쨌든, 조선 조정은 이전과는 달리 청의 징병에 비교적 선뜻 응해, 3

월에 북우후北虞侯 유찬선劉纘先으로 하여금 포수와 사수 등 군사 500명과 112척의 선박을 지휘해 바다로 나가 웅도를 치도록 했고, 결과는 대성공이었다.[458] 경하창의 항복을 받아 그를 포함해 우두머리들을 붙잡아 심양으로 압송해 보냈고, 그에 대해 청 태종은 치하의 내용을 담은 칙서와 함께 상물을 보내왔다.[459] 조선군의 웅도 토벌에 뒤이어, 청에서도 100여 명의 군사를 별도로 웅도에 파견해, 섬에 아직 잔류하던 무리 500여 명을 포획함으로써,[460] 웅도 토벌은 막을 내렸다.

그렇다면, 조선 조정이 이전 사례들과는 달리 웅도정벌에 적극성을 보인 이유는 무엇일까? 이에 대한 구체적 기록은 없으나, 결정적인 이유는 정벌의 대상이 명이 아니고 다른 오랑캐였다는 점을 꼽아야 할 것이다. 비록 청의 강요에 못 이긴 출정이지만, 출병의 목적이 다른 오랑캐를 치는 것이었으므로, 군부의 나라인 명을 쳐야 했던 이전 사례들과는 달리 조선 조정은 거의 부담을 느끼지 않았던 것이다. 실제로, 당시 조정에서 웅도정벌을 논의하며 걱정했던 것은 이번 정벌이 혹시라도 변방의 화근이 될까 하는 것이었지,[461] 이전처럼 명에 대한 의리 때문에 고민할 필요는 전혀 없었다. 웅도정벌에서 조선 조정이 '예외적으로' 보여준 적극성은 이로부터 약 15년 뒤에 발생한 나선정벌(1654, 1658) 당시 조선 조정이 취했던 적극성을 이해하는 데에 좋은 실마리를 제공해 준다.

심옥瀋獄과 파병

한편 명에 대해 지속적인 공세를 취하던 청은 같은 해(1639) 봄부터 인조의 입조入朝 가능성까지 들먹이며 징병 준비를 미리 갖추어 대기하라고 압력을 가하다가, 가을에 정식으로 칙서를 보내 수군 6,000·병선·군량 등을 대능하大凌河·소능하小凌河 하구로 직접 파견할 것을 요구했다. 이에 조선 조정은 다시금 미온적인 태도를 보이며, 여러 경로를 통해 병력과 군량의 감면을 위해 노력했고, 그것이 여의치 않자 싸움에 적극적으로 임하지 않으려는 계책에 골몰하기도 했다. 병선에 함포를 장착하지 말고 출병하자는 비변사의 건의는 그중 한 예다.[462] 그러나 청의 강압에 못 이겨 결국 도원수 임경업林慶業(1594~1646)과 부원수 이완李浣(1602~1674)으로 하여금 병선 120척에 수군 6,000명과 군량 1만 석을 싣고 12월 10일에 의주를 떠나 요하遼河 하구로 이동하도록 했다.

그러나 정명征明에 나서지 않으려는 조선의 움직임은 출병 이후에도 다양한 방법으로 계속되었다. 예를 들어, 파병 결정이 또 다시 조야의 거센 반발에 부딪힌 것은 이를 나위도 없고, 파병이 불가피함을 인정하는 신료들도 대개는 이 사실을 명에 미리 알려야 한다는 입장을 견지했다.[463] 또한 각 도에서 징발한 병선이 군량을 싣고 조선의 연해를 항해하는 도중에 침몰하는 사건이 잇따라 발생하자, 청은 말할 것도 없고 조선 조정조차도 사건의 배경을 의심할 정도였다.[464] 뿐만 아니라 출정한 조선 장수들은 전투에 임하려 하지 않고 도리어 명과 밀통하기까지 했다. 이 출정에서 임경업이 고의로 선박을 파선시키고, 청의 전진 명령에 따르지 않고 명과 밀통한 일은 이미 잘 알려져 있다.[465]

조선의 이러한 태도는 마침내 청 태종의 진노를 격발해, 청과 조선 사이에 심각한 외교 문제로 비화되기에 이르렀다. 청 태종은 먼저 소현세자에게 사람을 보내 임경업의 수군이 기일에 맞추어 들어오지 않는 이유 및 군량을 금주로 운반하라는 명을 조선 조정이 즉각 따르지 않는 이유 등을 엄하게 질책했다. 또한 조선이 삼전도 강화 약조를 위반했음을 12개의 조항을 들어 지적하고, 곧이어 용골대 등을 중강中江으로 보내, 영의정 홍서봉洪瑞鳳, 이조판서 이현영李顯英, 도승지 신득연申得淵, 좌의정 신경진申景禛

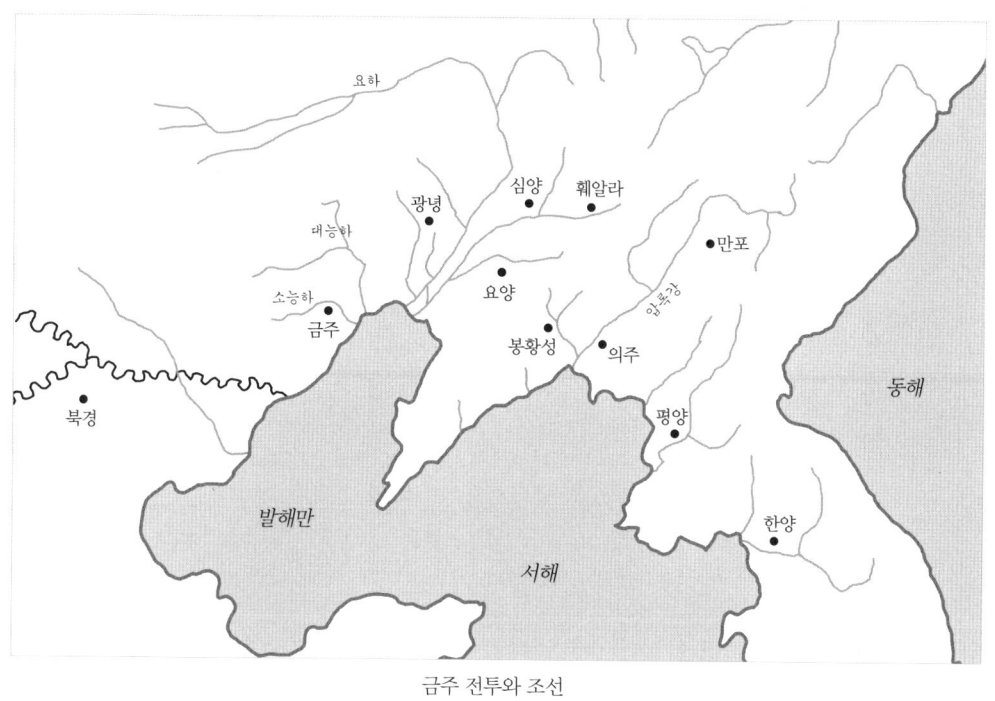

금주 전투와 조선

등 여러 대신들을 그곳으로 오게 해 엄히 심문했다. 살벌한 심문 분위기에 눌린 신득연이 파병 반대 상소를 올린 사람으로 김상헌金尚憲(1570~1652) 등 몇 명을 지목하자, 이들도 모두 소환해 재판에 회부했다. 의주에서 벌어진 심문 결과, 김상헌과 신득연 등 4명은 심양으로 이송되었고, 나머지는 의주에서 풀려났다. 심양으로 끌려간 4인은 거기서 다시 재판을 받아 사형을 선고받고 심양에 감금되었으나, 후에 청 태종의 특별 사면으로 사형을 면하고 의주로 옮겨 구금되었다.[466]

이것이 바로 소위 1차 심옥瀋獄으로, 당시 청이 조선을 문책한 주요 이유는 조선으로 도주한 여진인이나 한인들의 쇄환 실태에 대한 불만족, 남한산성 재건에 대한 의구심 등 여타 문제가 복합적으로 작용했지만, 가장 중요한 이유는 청의 징병에 대해 조선 조정이 지속적으로 보인 미온적인 태도가 결정적인 원인이었다.[467] 결국, 이러한 사태의 근본 원인은 존명의리 의식이 조선 지도층 내에 여전히 팽배해 있었기 때문으로, 이 심옥의 최종 목표는 인조에 대한 경고였다. 실제로 청 태종은 심옥 관련 재판 절차를 마친 후에 인조에게 칙서를 보내, 추후 사태의 전개에 따라서는 인조가 직접 입조入朝해야 할 것이라고 함으로써,[468] 인조를 직접 겨냥했던 것이다.

이 심옥을 계기로 청의 징병에 대한 조선 조정의 반대 목소리는 크게 꺾이기 시작했다. 1차 심옥 중에 청은 조선에 다시 징병했는데, 이번에는 조정에서도 청의 심기를 자극하지 않기 위해 비교적 즉각적으로 따르는 모습을 보였던 것이다. 이전에 파병 반대 상소를 올렸던 김상헌 등이 심양으로 끌려간 것을 계기로, 조야의 반대 상소도 더 이상 올라오지 않았다. 요컨대, 심옥은 조선의 파병 반대 목소리를 잠잠하게 하는 데에 결정적인 계기로 작용했던 셈이다.

결국 1941년 봄에 조선 조정은 유림柳琳이 이끄는 2,000병력을 파견해 금주 전투에 임하게 했으며, 전황에 따라 군마와 군량을 지속적으로 공급했다. 또한 금주를 마침내 함락할 때(1642년 3월)까지 조선은 병력을 계속 교체하며 전투에 임했다.[469] 비록 전투에 임한 조선군 일부가 탄환을 장전하지 않은 채 공포를 쏘는 일이 여전히 있었다고는 하지만,[470] 그래도 이전과는 다른 모습을 보여주었다. 실제로 청 태종은 유림을 칭찬하는 내용이 담긴 칙서를 보내기까지 했다.[471]

그렇지만 이러한 변화는 청의 강압에 의한 것이었을 뿐, 조선의 존명의리 의식이 약해진 때문은 아니었다. 그것은 조선의 중신들 사이에서 명과 밀통하려는 분위기가 여전히 강했기 때문이다. 이른바 2차 심옥(1642~1643)은 그러한 움직임이 실제로 드러나 발생한 것으로,[472] 조선의 대명의리 의식이 당시 조야에 얼마나 뿌리 깊었는지 잘 보여준다. 당시 조선 조정은 최명길 등이 주동이 되어 독보獨步라는 승려를 통해 명의 장수 홍승주洪承疇와 밀서를 주고받으며 연락을 취하고 있었는데, 1642년에 송산참松山站이 청군에게 함락되자, 항복한 홍승주가 그동안 조선과 비밀리에 교통을 한 사실을 청 당국에 발설함으로써 사태는 일파만파로 커지게 되었다. 그렇지 않아도 명나라 선박이 평안도에 들락거린다는 첩보를 입수하고 예의주시하며 진상 규명을 위해 조선을 압박하던 차에, 홍승주의 진술은 기름을 붓는 격이 되기에 충분했다. 최명길이 홀로 심양에 구금되는 것으로 이 2차 심옥은 일단 막을 내렸지만, 이후로 조선은 징병을 회피하지도, 명과 계속해 밀통하지도 못한 채, 청에게 더욱 강하게 속박되었다.

요컨대, 병자호란 후 청의 징병에 대해 조선 조정이 보여준 태도는 광해군의 외교정책에 반발했던 신료들의 친명·배금 의식을 그대로 계승한 것이며, 그 이념적 뿌리는 이효이국以孝理國을 바탕으로 한 통치이념상 국가 간의 부자관계는 어떠한 상황에서도 바꿀 수 없다는 존명의리 이데올로기에서 찾아야 할 것이다.[473] 따라서 청의 정명征明 동참 요구에 응하는 조선의 태도는 지극히 미온적일 수밖에 없었던 것이다. 임경업이 나중에 남경南京에서 청군에게 붙잡혀 조선으로 송환되어 처형된 후에도, 조선사회에서 그가 반청·존명의리의 화신으로 각인되고, 그를 기리는 사업과 전기류의 소설이 널리 회자된 것은[474] 당시 양반지식인 사회뿐만 아니라 일반 백성들 사이에서도 존명의리와 반청사상이 지배적이었음을 잘 보여준다.

이번 장에서 살핀 다양한 파병 여부 논쟁은 모두 군사적 판단이 아니라 정치적 판단에 기초해 진행되었다는 점을 그 특징으로 설명할 수 있다. 또한 그 정치적 고민과 판단의 기저에는 조선이 200여 년간 명나라와 맺어 왔던 매우 특수한 종번宗藩관계, 즉 군신 및 부자관계가 놓여 있었다. 따라서 명나라가 중원 땅에 존재하는 한, 청의 정명征明 동참 요구에 응하는 조선의 태도는 지극히 미온적일 수밖에 없었다. 다음 장에서 다룰 것이지만, 조선 왕조의 마지막 해외파병을 장식한 나선정벌(1634, 1658)은 바로 이러한 역사적 배경에서 이루어졌으며, 명이 이미 망한 상황에서 다른 '오랑캐'인 러시아를 상대로 한 원정이라는 점이 색다른 특징이었다. 그런데 바로 이 점 때문에 청의 징병 요구를 대하는 조선 조정의 태도는 금주 전투를 위한 파병에 미온적이던 것과는 달리, 웅도정벌 때와 비슷한 양상을 띠게 되었다.

7장
만들어진 역사:
효종 대(1649~1659) 나선정벌과
후대의 기억

청의 강압에 못 이겨 마지못해 출병한 나선정벌은 조선의 조야에 큰 정신적 상처를 남겼다. 북벌 담론이 휩쓸던 시대에, 북벌을 하기는커녕 오히려 타도 대상인 오랑캐(청)의 지휘를 받으며 출정한 데 따른 정신적 공황 때문이었다. 그러나 북벌론의 시대를 마무리하면서 나선정벌은 새로운 기억으로 윤색되기 시작했다. 18세기 이후 나선정벌을 대하는 조선인들의 기억 속에는 청나라가 들어설 자리가 거의 없었다. 청나라가 사라짐으로써 이제 나선정벌은 처음부터 조선과 러시아 양국 간의 문제로 자연스럽게 바뀌었고, 이전의 정신적 부담은 거의 사라졌다. 나선정벌 이야기는 민간에서 널리 읽히는 소설로까지 탈바꿈하기에 이르렀다. 굳이 청나라를 언급한 부분이 있다면, 청이 러시아에게 연전연패해 조선에 도움을 청했다는 점을 부각시키는 내용뿐이다. 청나라도 못하는 것을 조선군이 가서 무찔렀다는 이런 식의 배경설정은 이제 조선인들이 청에 대해서 내면적 우월의식을 느낄 수 있는 계제가 되었으며, 오랑캐를 정토한 북벌이라는 '실천적' 기억으로 조선인의 마음속에 되살아났음을 보여준다. 요컨대, 삼전도의 항복으로 조선인의 마음에 깊게 패였던 상처를 치유할 수 있는 좋은 소재를 나선정벌이 제공했던 것이다. 나선정벌 원정군 사령관과 동시대인이 함께 고민했던 나선정벌의 내면적 상처가 세월이 흐른 뒤 어느새 바로 그 상처를 치유하는 약재로 사용된 것은 역사의 아이러니라 할 수 있다. 조선 후기 삼전도 항복의 충격으로부터 벗어나기 위한 갖가지 자구노력 중에서 나선정벌에 대한 기억의 틀을 바꾸는 작업은 이렇게 한몫을 했다.

역사와 기억

앞 장에서는 삼전도의 항복 이후 정명전征明戰에 동참하라는 청의 요구에 대해 조선의 조야가 느꼈던 이념적 패닉 상황에 초점을 두어 인조(r. 1623~1649) 때의 해외파병 문제를 살폈다. 그런데 청의 파병 요구는 청이 북경을 점령(1644)하는 것으로 끝나지 않았다. 인조의 뒤를 이어 즉위한 효종(r. 1649~1659) 때 청나라가 러시아를 상대로 군사작전을 벌이면서, 조선에 파병을 요구했기 때문이다. 이에 응해 조선군이 출병을 했는데, 당시 '러시아'는 그 발음을 따라 나선羅禪으로 불렸다. 나선정벌은 17세기 중반에 북만주로 남하하던 러시아(코사크)를 저지하려던 청나라의 파병 요구에 따라 조선군이 어쩔 수 없이 송화강松花江과 흑룡강黑龍江 유역으로 두 차례 출정한 사건을 가리킨다.

나선정벌에 대해 선구자적 연구를 한 이는 1930년대 이나바 이와키치 稻葉岩吉일 것이다. 그는 조선의 관련 자료들을 소개하면서 원정의 배경과 전황을 개괄했다.[475] 이후 개설 수준의 검토가 몇 차례 있었는데,[476] 대체로 이나바의 연구 성과를 벗어나지 못했다. 영어권 학계에서도 이 전역戰役을 청과 러시아의 충돌로 볼 뿐, 조선군의 참전을 언급한 연구는 아직 없다. 그렇지만 1980년대에 들어서면서 국내에서는 《북정록北征錄》과 〈입송절목入送節目〉 등 새로운 자료의 발굴에[477] 힘입어 조선군의 규모, 전투 상황, 화력 등에 대해 좀 더 상세한 연구가 이루어졌다.[478] 특히 러시아 자료까지 국내에 일부 소개됨에 따라 전황에 대해서는 그 전모가 거의 다 드러났다고 해도 과언이 아니다.[479]

반면에 나선정벌의 역사적 의미에 대한 해석은 1930년대 이나바가 제시한 시각과 수준에 여전히 머물러 있어서 아쉽다. 동북아시아에서 러시아 세력의 확대를 청과 조선이 무력으로 저지했다는 세계사적 의의를 지적한다거나, 한국과 러시아 사이의 첫 접촉이었다는 외교사적 의의를 강조하지만,[480] 사실 이런 해석은 이나바가 이미 오래 전에 내린 바 있다. 효종이 추진하던 북벌운동의 부수적인 성과라는 해석도 있지만,[481] 이 또한 이나바가 이미 제시한 바 있다.

그런데 청을 쳐서 치욕을 씻고 명의 원수도 갚자는 북벌운동과 청의 요구에 따라 그 지휘를 받으며 출정한 나선정벌은 그 성격이 같을 수 없다. 실제로 명을 군부君父의 나라로 인식하던 조선사회에서 군부의 원수인 청을 위해 파병한다는 것은 그 자체로 심각한 이념적 공황을 야기할 수밖에 없었다. 앞서 살폈듯이, 군신관계는 상황에 따라 가변적이지만, 부자관계는 영원히 바뀔 수 없는 천륜天倫이라는 인식이 이미 조선사회에 확고하게 자리 잡고 있었기 때문이다. 따라서 병자호란 이후 청의 파병 요구를 접하는 조선 조정의 고민은 바로 이러한 틀에서 살펴야 하며, 나선정벌 또한 예외일 수 없다.

군부로 인식되던 명나라를 치기 위한 전쟁에 강제로 동원되었던 인조 때의 사례들과는 달리, 나선정벌에 임하는 조선 조정의 태도는 비교적 적극적이었다. 앞 장에서 다룬 웅도정벌 때와 마찬가지로, 군부가 아닌 오랑캐를 치는 원정이었기 때문이다. 그렇지만 다른 오랑캐인 청나라의 요구에 따라 어쩔 수 없이 출정한다는 자괴감과 정신적 공황은 여전했다. 이러한 내면적 갈등은 후대에 나선정벌에 대한 역사적 기억이 윤색되는 주요 원인이 되었다.

10여 년 전부터 학계에서는 어떤 역사적 사건(경험)이 후대에 어떻게 기억되는가에 초점을 둔 연구들이 줄을 잇고 있다. 역사적 사실에 대한 이해 차원을 넘어, 그 사실이 어떻게 기억되어 후대 및 현재와 연결되는지 살피는 새 방법론이 학계에 널리 받아들여진 결과다. 특히 문학작품·음악·풍습·의례·집단적 기억collective memory 등과 같이 과거에는 역사학에서 등한시되던 유형무형의 다양한 자료들을 통해 역사를 재구성하려는 망탈리테mentalité 역사학의 영향이 크다.[482] 학계의 이러한 동향은 '역사의 기억historical memory'이라는 담론을 통해 역사 연구의 시각을 넓힌 점에서 큰 의의가 있으며, 그동안 역사 연구에서 소외되었던 '보통 사람들'을 역사의 중앙무대에 올리는 데에도 기여했다. 요즘엔 다양한 기억의 양상 자체가 곧 또 다른 역사라는 인식이 상식처럼 되어 있다.

그런데 역사의 기억은 대개 그 기억의 대상이 되는 사건의 실체와 유리되는 경향이 강하다. 기억의 대상은 과거의 사건(경험)이지만 기억 자체는 현재의 행위이므로, 기억의 대상이 되는 사건과 그 사건을 기억하는 행위 사이에는 일정한 차이가 존재할 수밖에 없다. 특히 어떤 역사적 사건에 대한 집단적 기억이 형성되는 과정에서는 현실의 필요에 의해 왜곡과 날조가 다반사로 이루어진다.[483] 따라서 사건과 기억 사이의 차이를 밝히고 그 이유를 당시의 시대상과 관련해 설명하는 일은 어느 나라 역사를 불문하고 역사학의 주요 방법론으로 한동안 계속 유행할 것으로 보인다.

역사의 기억을 강조하는 이런 연구 경향은 최근에 한국에서도 서서히 붐을 이루고 있다. 특히 임진전쟁(1592~1598)과 병자호란(1636~1637)이라는 큰 전쟁 경험을 계기로 어렴풋하나마 '민족 정체성'이라는 의식이 하층민에게까지 파급된 조선 후기(1623~1875) 약 250년간은 이런 방법론을 적용할 수 있는 천혜의 보고라 해도 과언이 아니다. 다른 말로, 역사의 의도적인 기억 행위는 국민국가 형성기를 전후한 특정 시기에만 국한되지 않고, 현실과 이념(현실의 필요)이 괴리되는 사회라면 시대에 관계없이 강하게 나타날 수 있는데, 조선 후기 사회가 그 좋은 예를 제공한다는 것이다. 실제로, 조선 후기의 수많은 정치사상적 쟁점들은 새 국제질서인 청질서에 강제로 편입되었다는 현실과 유일한 중화는 명이며 청은 오랑캐에 불과하다는 존명의리尊明義理 이념 사이 갈등의 산물이었다. 조선의 지식인들이 따르려 애썼던 남송南宋(1127~1279) 지식인들의 고민도 결국은 현실과 이념의 갈등이었던 면이 크다고 할 수 있다. 실제로, 여진족에게 중원을 잃고 남방으로 쫓겨나 금나라 천자에게 조공을 바쳐야 했던 남송 지식인들의 우울한 심리 상태 및 남송 주자학의 성립에 주희朱熹(1130~1200)의 개인적 성격과 그가 처한 특수한 상황이 결정적으로 영향을 주었음은 이미 널리 지적되었다.[484]

이런 문제의식에 기초해, 이 장에서는 먼저 나선정벌(1654, 1658)의 추이와 조선의 파병 동기를 검토할 것이다. 또한 조선의 원정군 사령관이 느꼈던 나선정벌의 성격을 당시 양반사회의 일반적 시각과 관련해 살필 것이다. 아울러, 원정 당시 나선정벌에 대해 느꼈던 조선인들의 생각이 세월이 흘러 상황이 바뀌면서 어떤 역사적 기억으로 새롭게 윤색되어 유포되는지 추적하고, 그에 대한 역사적 해석을 시도할 것이다.

말라버린 눈물: 원정의 추이와 조선의 태도

개항(1876) 이전 조선왕조의 마지막 해외파병인 나선정벌(1654, 1658)은 명이 중원에서 사라진 지 10년이 지난 상황에서 이루어졌으며, 명이 이미 중원에서 사라진 후에 오랑캐(러시아)를 상대로 한 원정이라는 점이 특징이다. 바로 이 때문에, 조선 조정은 병자호란 이후 청의 강압에 의해 마지못해 정명전征明戰에 군대를 보냈던 이전 태도와는 달리, 비교적 적극적으로 임했다. 이번 소절에서는 나선정벌의 추이 및 청의 파병 요구에 적극적으로 응한 조선 조정의 태도와 그 동기에 대해 상세히 살펴보자.

러시아의 동진

러시아와 동아시아를 묶어준 주요 매개는 모피였다. 몽골의 러시아 침입(1237, 1240)이 있기 전부터 러시아 지역의 공국公國들은 세금의 반 이상을 모피로 걷었고, 모피는 화폐의 기능을 할 정도로 주요 재원이었다. 몽골의 지배권에 들어간 후에도 공국들은 조공의 일부를 모피로 바쳤다. 14세기에 들어서며 모스코Moscow 공국은 아시아와 유럽의 모피 무역을 거의 독점하다시피 하며 크게 성장했다.[485]

이런 추세는 급기야 러시아가 16세기 후반에 우랄 산맥을 넘어 동진을 시작하는 데에 큰 동인으로 작용했다. 실제로 러시아 당국은 국가 재정 수입의 큰 몫을 차지하는 모피를 확보하고 아시아와의 무역을 독점하기 위해 시베리아 원정을 적극적으로 추진했다.[486] 북아메리카산 여우와 해리beaver의 모피가 대거 유럽으로 유입되던 17세기 후반에 들어서면서 시베리아산 모피의 경제적 가치가 떨어지는 현상이 나타났고, 그에 따라 러시아 경제에서 모피가 차지하는 비중이 17세기에 들어 부침을 계속하기는 했지만, 그래도 모피는 17세기 내내 러시아 정부 1년 수입의 평균 10퍼센트를 차지할 만큼 매우 중요한 재원이었다.[487]

실제로 코사크Cossack인을 앞세운 러시아의 동진은 그 속도가 매우 빨라, 우랄 산맥을 처음으로 넘은 1581년 이후 식민도시를 건설하며 계속 동진해, 16세기가 끝나기 전에 이미 중앙아시아의 톰스크Tomsk(1598년까지 거점)를 확보했다. 그 뒤 1632년까지 바이칼Baikal 호수 서안에 이쿠츠크Irkutsk를, 북극해로 흐르는 레나Lena 강 중류에 야쿠츠크Yakutsk를 건설했다. 러시아는 바로 이 야쿠츠쿠를 거점으로 삼아 남진해 1643년부터 1646년까지 3년에 걸쳐 흑룡강 상류에서부터 하구까지 탐사를 마쳤으며,[488] 하구에서 바닷길로 북상해 1647년에는 오호츠크Okhotsk 항을 건설했다. 당시 오호츠크의 러시아(코사크)인 상주인구는 54명이었으며, 1675년의 150명을 제외하고는 1730년대까지 한 번도 100명 선을 넘지 못했다.[489] 그럴지라도, 러시아 세력은 우랄 산맥을 넘은 지 불과 60여 년 만에 아시아 대륙을 동서로 관통한 셈이다.

러시아는 이후 흑룡강을 따라 종횡무진하며 강 상류에 알바진Albazin 요새(1651)를, 강 중류에 하바롭스크Khabarovsk 요새(1652)를 건설함으로써 흑룡강 일대를 거의 통제권에 넣었고, 흑룡강의 큰 지류인 송화강을 거슬러 남하함으로써 만주 일대를 강하게 압박하기에 이르렀다.[490] 더 나아가, 극동 지역에서 자체 경제력을 갖추고 영주하기 위한 이주정책과 농지확보 정책을 꾸준히 전개했다.[491]

이에 청과의 충돌은 불가피해, 17세기 중반에 두 나라 사이에는 몽골과 북만주 일대에서 승패를 주고받는 전투가 끊이지 않았다. 이전부터 이미 청에게 단계적으로 복속되던 몽골사회는 이런 와중에 휩쓸리면서,

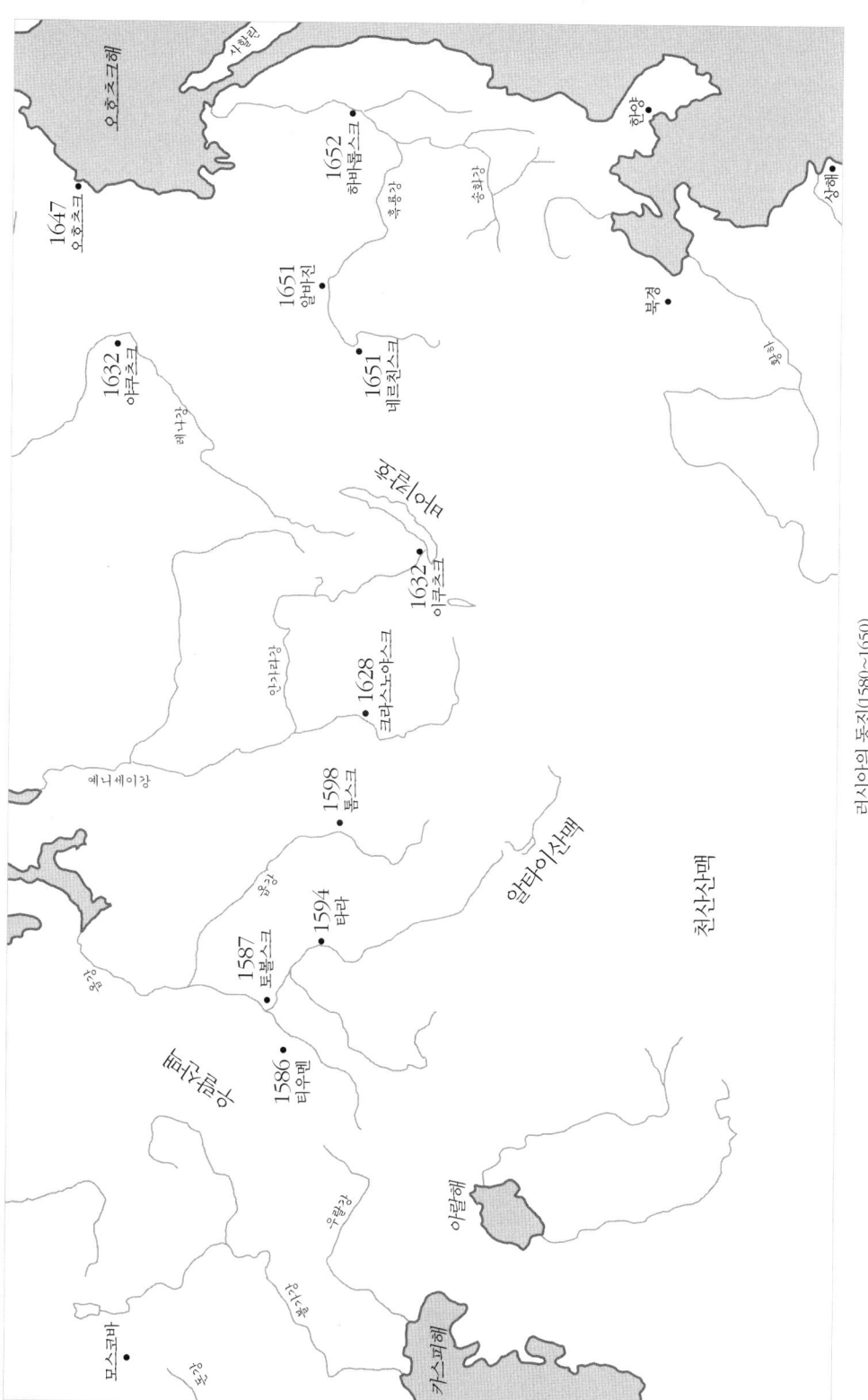

러시아의 동진(1580~1650)

결국에는 러시아와 청에게 점차 분할, 복속되는 와해의 길을 밟게 되었다.[492] 그런데 청을 건국한 만주족은 북경을 점령하면서 중원으로 대거 이주했으므로, 1650년대 당시 만주 일대의 인구는 이미 크게 감소해 러시아의 남하를 막는 데 애로를 겪고 있었다. 뿐만 아니라 당시 청나라의 주력군은 남방에서 여전히 항거하는 남명南明(1644~1662)을 제압하는 데 투입되었으므로, 청군의 주 화력 또한 대개 남쪽에 배치되어 있었다.[493] 이러한 사정은 당시 청의 북쪽 변경에 대한 관심과 지원이 상대적으로 크지 않았음을 잘 보여준다. 실제로 당시 청 조정에서는 흑룡강을 따라 만주를 압박하는 세력이 누구인지조차도 제대로 파악하지 못하고 있었다.

이렇듯 전투력의 열세와 정보 부족의 결과, 청군은 1652년에 우찰라烏札拉Acharsk 전투에서 대패했다. 이 전투는 영고탑寧古塔 방면 주둔 1,500여 청군이 하바로프Khabarov가 지휘하는 500여 명 규모의 러시아군 기지를 기습하면서 시작되었는데, 청군은 작전 미숙과 화력의 열세로 인해 오히려 676명의 전사자를 내고 후퇴했다. 반면에 러시아군의 손실은 전사 10명과 부상 78명이었다.[494] 이에 청은 재차 출정을 준비하면서 화력의 보강을 위해 조선에 총수병銃手兵의 파병을 요구했다.

1654년의 1차 원정

청의 파병 요구는 1654년(효종 5) 2월에 있었는데, 조선 조총수 100명을 3월 10일까지 영고탑으로 들여보낼 것을 요구했다. 이에 조선 조정은 즉각 출정 준비에 들어가 북여후北虞候 변급邊岌을 사령관으로 삼고, 초관哨官 1명, 사령관의 군관 및 통역관 22명, 초관의 군관 8명, 포수 100명, 화병火兵 20명 등 모두 152명 규모의 원정군을 구성하고, 영고탑에 도착하기까지 필요한 열흘 분량의 식량을 지급하는 내용의 절목節目을 완성했다. 그러나 청나라에서 오기로 한 통역관의 조선 도착이 늦어지는 바람에 조선군은 국경을 넘지 못하고 대기 상태에 있다가, 3월 26일에 마침내 회령會寧에서 두만강을 건넜다.[495] 이후의 원정 상황을 조선군 사령관 변급의 보고와 러시아 지휘관 스테파노프Stepanov의 보고를 토대로 재구성하면 다음과 같다.

조선군은 8일간의 행군 끝에 영고탑에 도착했고, 거기서부터 청군의 지휘를 받으며 100리쯤 행군해 현재의 목단강牧丹江인 홀가강忽可江에 이르렀다. 거기서부터는 선박을 이용해 강을 따라 이동했는데, 선단의 규모는 17인승 정도의 배가 20척, 4~5인승 크기의 배가 120척이었다. 이렇게 영고탑을 떠난 지 14일 만에 회통강會通江(홀가강의 하류)과 후통강後通江(송화강의 다른 이름)의 합류 지점에 위치한 왈합曰哈이라는 곳에 당도했는데, 영고탑으로부터는 약 2,400여 리쯤 떨어진 거리였다. 왈합은 왈가曰可로도 표기되며, 지금의 목단강 중류 이북 지역, 즉 목단강 중하류 지역을 일컫는 지명이지만,[496] 전체 문맥으로 볼 때 변급이 말한 왈합은 목단강이 송화강으로 합류하는 어떤 지점, 곧 현재의 의란依蘭 근처로 추정된다.

바로 이 왈합 지역에서 청·조선·왈합 연합군 선단은 러시아군 선단과 맞닥뜨렸다. 러시아군을 직접 목도한 변급은 러시아군 선단의 규모를 300석을 실을 만한 큰 배 13척과 왜선倭船처럼 생긴 작은 배 26척 등 모두 39척으로, 승선 인원은 도합 400명이 조금 안 되는 것으로 파악했다.[497] 당시 스테파노프는 320여 명의 러시아(코사크)군을 이끌고 송화강을 거슬러 남진하던 도중에 강안과 선상에 포진한 청군(이후 연합군)과 조우한 것이다.

연합군과 러시아군 사이에는 바로 총격과 포격을 주고받는 전투가 벌어졌다. 그런데 연합군이 모두 배를 버리고 강변으로 상륙해 진지로 들어갔다고[498] 한 점으로 보아, 이 수상총격전에서는 연합군이 밀린 듯하다.[499] 실제로 선박의 크기에서 밀려 수상전이 불리하다고 느낀 연합군은 변급의 건의에 따라 일부는 미리 강안에 상륙해 언덕에 올라 나무로 엄폐물을 설치한 바 있다.[500] 사기가 오른 러시아군이 일거에 연합군 진지를 빼앗으려 상륙 공격을 감행하자,[501] 조선 총수병은 엄폐물에 의지해 사격을 가했다.[502] 이에 러시아군은 많은 부상자를 내고 물러나 승선했다가, 탄약과 식량이 부족해지자 하류 쪽으로 후퇴하기 시작했다.[503]

연합군도 모두 승선해 나흘 동안 러시아군을 추격했다.[504] 러시아군은 송화강이 흑룡강과 합류하는 곳에서 전열을 정비하고 응전하려 했으나, 마침 동풍이 불자 돛을 올리고 흑룡강 상류 쪽으로 퇴각해 사라졌다.[505] 도중에 34명의 병력을 충원 받은 스테파노프는 흑룡강 상류의 쿠마스크 Kumarsk로 이동해 요새의 방비를 강화했다.[506] 연합군은 6월 13일에 영고탑으로 귀환했으며, 조선군은 84일간의 원정을 마치고 한 명의 전사자도 없이 모두 회령으로 귀환했다.[507]

이렇듯 1654년의 전투는 송화강을 따라 남하하던 러시아 세력을 일단 막았다는 데 의의가 있으나, 결정적 승리는 아니었다. 실제로 러시아군의 병력 손실이 그리 크지는 않았던 것으로 보인다. 변급이 귀국해 적군은 많은 사상자를 내고 도주했다고 보고했지만,[508] 그 보고서 및 조선이 북경에 보낸 자문에서 적의 사상자가 대략 어느 정도인지 전혀 언급하지 않은 점, 스테파노프의 보고서에도 부상자가 있다고만 했을 뿐 대략의 숫자도 제시하지 않은 점, 러시아군이 퇴각하는 도중에 30여 명을 충원 받은 점 등을 고려한다면, 설사 스테파노프가 상륙작전에서 병력 손실을 일부 입었을지라도 그것이 러시아군의 추후 활동에 지장을 줄 정도는 아니었음이 분명하다. 더욱이 조선군의 전사자가 한 명도 없었다는 점을 감안한다면, 이번 충돌은 치열한 접근전이 아니라 원거리 총격전이었을 가능성이 크다.

실제로 스테파노프가 이끄는 러시아군은 비록 일시적으로 위축되기는 했지만, 여전히 흑룡강을 오르내리며 세력을 유지했다. 이에 1655년 봄에 청군은 다시 공세를 가해 흑룡강 상류에 위치한 스테파노프의 쿠마스크 요새를 포위하기까지 했으나, 식량 문제로 스스로 포위망을 풀고 후퇴할 수밖에 없었다. 이후 청나라는 작전을 바꾸어 흑룡강 연안의 토착 부락민들을 남쪽으로 강제 이주시키는 일종의 청야작전을 구사해 러시아군의 식량 공급원을 끊으려 했다.[509] 그런데 이 모든 상황은 흑룡강을 헤집고 다니는 러시아 세력으로 인해 청이 느끼는 위기의식이 여전했음을 단적으로 보여주는 것으로, 청이 대규모 원정을 다시 준비하면서 조선의 총수병을 재차 요구한 것은 바로 이런 배경에서였다.

1658년의 2차 원정

1658년 2월에 청은 조선에 파병을 요구하는 칙서를 다시금 보냈는데, 이번에는 조총수 200명을 파견하되 조선군의 군량 일체를 스스로 준비해 5월 초에 영고탑에 도착할 것을 요구했다. 이에 효종은 이전과 마찬가지로 칙사를 맞이한 바로 그 자리에서 파병을 즉각 결정했으며, 모든 관련 절목도 바로 다음날 완성했다.[510] 절목에 따르면, 이때 조선 조정은 혜산진첨사惠山鎭僉使 신유申瀏(1619~1680)를 사령관으로 삼아 초관 2명, 사령관의 수행원으로 군관과 통역관을 포함해 22명, 두 초관의 수행원 총 16명, 포수 200명, 화병 20명 등 총 261명을 출정시켰다. 또한, 3

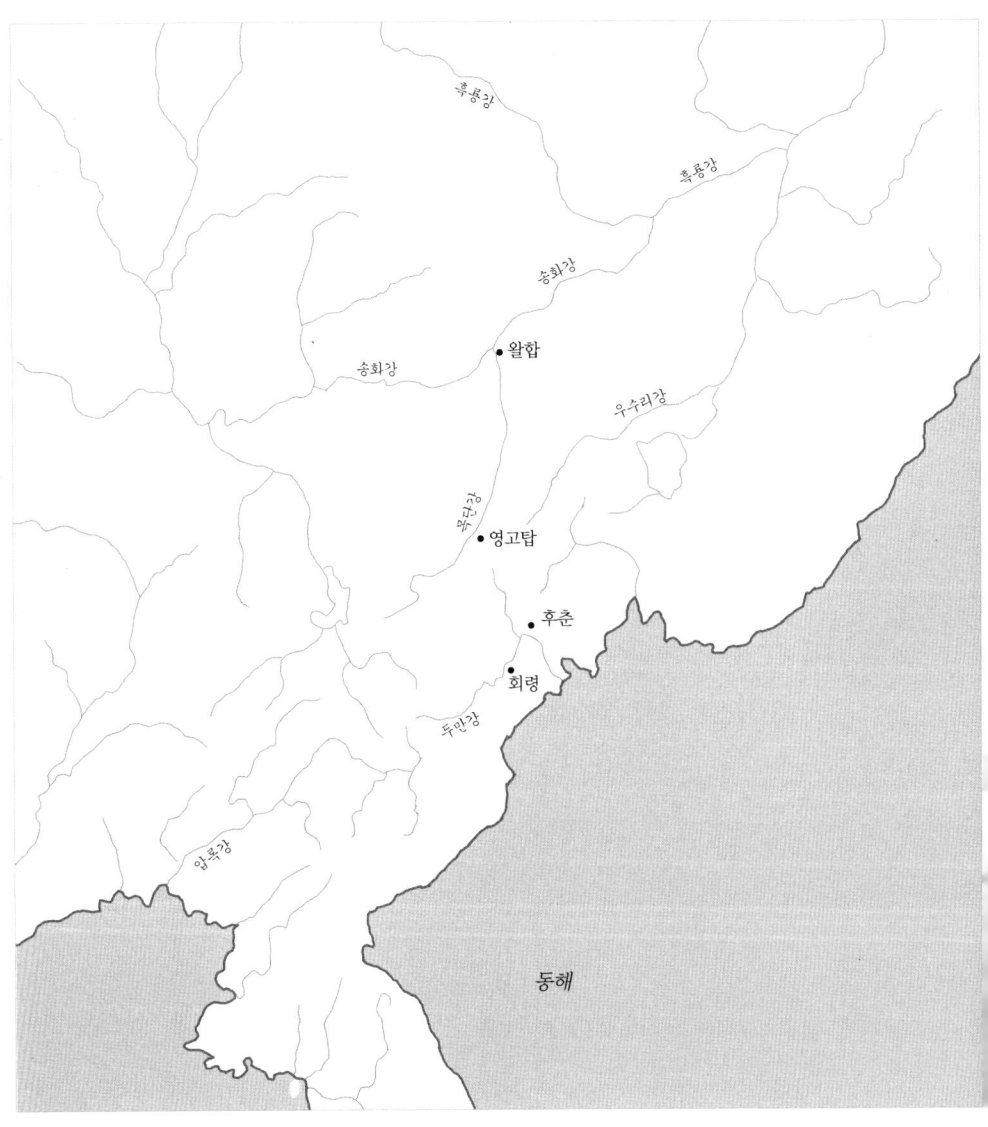

나선정벌 관련 지명

개월 치 군량 및 여타 군수품 일체를 조선이 부담하고 그 운송도 영고탑까지는 조선이 책임지도록 했는데,[511] 이는 칙서의 요구에 그대로 따른 결과였다.

조선군은 5월 2일에 두만강을 건너, 9일에 영고탑에 도착했다. 10일에 청군에 합류해 그 지휘 하에 들어갔으며, 11일에는 조선군 포수 200명이 각기 8분대로 나뉘어 청군에 분산, 배속되었다. 12일에 연합군은 목단강을 따라 운항을 시작해, 15일에 송화강과 합류하는 지점에 이르렀다. 거기서 송화강 상류에서 건조한 대형 선박들이 도착하기를 기다리며 보름 정도 체류했다. 이 사이에 연합군은 현지인 정보망을 통해 러시아군 선단이 본대와 선발대로 나뉘어 흑룡강을 거슬러 올라오고 있다는 것과 그 둘 사이의 간격이 약 5일 정도 운항할 거리라는 첩보를 입수했다. 6월 2일에 선박이 도착하자 군사를 재편성한 뒤, 5일에 출항해 송화강을 따라 흑룡강을 향해 북상하기 시작했다. 연합군 선단의 규모는 지휘선 4척, 중대형 선박 36척, 중소형 선박 12척 등 모두 52척이었다.[512]

한편 스테파노프가 이끄는 540여 러시아(코사크)군은 1657년 겨울을 흑룡강 하류 쿠민스키Kuminsky 요새에서 지내고, 1658년 봄이 되자 매년 그랬듯이 흑룡강 일대의 현지인들로부터 모피를 징수하고 흑룡강 상류의 러시아 행정관을 만나기 위해 흑룡강을 거슬러 오르기 시작했다. 도중에 현지인들을 통해 청군의 공격이 있을 것이라는 첩보를 접한 스테파노프는 180명의 대원을 척후 선발대로 삼아 앞서 올려 보내고 자신은 본대를 이끌며 뒤따랐다.[513]

연합군은 흑룡강 진입을 앞두고 작전회의를 열었다. 대부분의 장수들은 선불리 진입했다가 상류에서 내려오는 적과 하류에서 올라오는 적의 협공을 당할 수도 있으니 진입하지 말고 사태를 관망하자고 했으나, 총

사령관의 단독 결정에 따라 결국 흑룡강으로 진입했다. 이어 곧바로 20여 리 내려가다가 강 가운데에 닻을 내리고 있던 스테파노프 선단을 발견했다. 당시 스테파노프의 본대는 대형선박 11척 규모였는데, 연합군 선단을 보자 즉시 10여 리쯤 하류로 내려가 강안으로 붙어서며 포진했다.[514]

연합군이 계속 접근해 피차 사정거리에 들자 포격전과 총격전이 벌어졌는데, 수적으로 열세인 러시아군은 총탄을 이기지 못하고 배 안으로 숨거나 강에 뛰어들어 뭍으로 상륙하는 등 조직적인 응전을 하지 못했다. 이에 연합군은 배를 더욱 붙여 접근전을 전개하다가, 사상자가 발생하자 곧 화전火箭 공격을 감행해 러시아 선박 7척을 전소시켰다. 날이 어두워지자 러시아 선박 4척을 연합군이 느슨하게 포위한 형세로 싸움이 소강 상태에 들어갔다. 이에 러시아군은 야음을 틈타 모두 한 척의 배에 옮겨 타고는 그 배를 몰고 하류 쪽으로 도주했다. 연합군은 상류 쪽에서 내려올지도 모르는 또 다른 러시아군 선단(스테파노프의 선발대 약 180명)을 예상해 추격하지 않았으며, 이틀 후에는 서둘러 다시 송화강으로 돌아와 경계태세에 들어갔다.[515]

이 전투에서 러시아군은 지휘관 스테파노프를 포함해 220명이 전사했고, 하류로 도주한 배 한 척에 승선한 인원은 95명이었으며, 나머지 살아남은 병사들은 뭍에 올라 뿔뿔이 흩어졌다.[516] 러시아 측 일부 심문조서에는 전사자가 270명으로 나와 있으나, 220명 전사가 더 설득력이 있어 보인다. 전체 병력 540명 가운데 선발대로 미리 떠난 180명을 제외한 360명이 실제 전투에 참가했을 텐데, 그중에서 생존자 95명 및 일부 육상 도주자 수를 고려할 때, 270명 전사는 계산이 맞지 않는다. 반면에 220명이 전사한 것으로 계산해 보면, 생존 귀환자가 95명, 육상 도주자가 45명일 것이다. 이 육상 도주자 중 일부는 다음날 새벽 연합군의 수색, 소탕작전으로 사살되었다. 연합군 피해는 전사 120여 명(조선군 전사 8명 포함), 부상 230여 명(조선군 부상자 25명 포함)이었으며, 러시아군의 무수한 장비를 노획했다.[517]

한편 연합군을 발견하지 못하고 다시 스테파노프에게 돌아오던 러시아군 선발대는 무수히 많은 연합군 선단과 파손된 러시아군 선박을 보고는 다시 상류 쪽으로 도주했다.[518] 적에게 결정적인 타격을 입힌 것으로 판단한 연합군은 흑룡강 상류로 추격하는 것을 포기하고 곧 영고탑으로 귀환했다. 거기서 소탕전을 위해 더 주둔하라는 청군 사령관의 요구가 있었으나, 신유는 애초의 임무를 완수한 이상 더 머물 이유가 없음을 들어 집요하게 로비해 마침내 허락을 받아내고 철군 길에 올라 8월 27일에 회령으로 귀환했다.[519]

조선의 출병 동기

지금까지 두 차례 나선정벌의 추이를 살펴보았다. 그런데 이 나선정벌을 맞아 조선 조정이 보인 태도의 큰 특징은 파병 여부에 대한 논의가 전혀 없었다는 점이다. 1654년과 1658년 두 차례의 경우 모두 청나라 차관이 서울에 와 파병을 요구하자마자 효종은 그 자리에서 파병 결정을 내렸으며, 신료들도 그에 대해 반론을 전혀 제기하지 않았다. 굳이 조정의 논의가 있었다면, 파병 여부 논란이 아니라, 청의 차관을 맞이하는 의전 문제나[520] 군량의 보급 문제였다.

실제로, 1654년 봄에 청의 차관이 예부의 자문을 들고 서울에 와 징병을 요구했을 때 효종은 그 자리에서 즉각 파병을 확답했을 뿐만 아니라 원정군 사령관의 인선까지 끝냈다. 비변사에서도 기일에 맞추려면 시간이 촉박하다며 파병절목을 바로 그날로 완성했다.[521] 이 과정에서 파병 여부를 놓고 조정 신료들 사이에 찬반양론이 개진되었음을 보여주는 자료는 전혀 없다. 오히려 조선은 칙서에 순응해 이미 군사를 국경에 대기시키고 있는데 청의 통역관이 늦어지는 바람에 기일을 지킬 수 없게 되었으니, 이를 해량해 달라는 주문을 북경에 속히 보내야 한다는 의견이[522] 압도적이었다.

2차 원정의 경우에도, 청의 청병 칙서와 예부의 자문을 받자마자 효종은 그 자리에서 출병을 결정했고, 비변사에서도 이전과 마찬가지로 파병절목을 바로 다음날 완성하는[523] 민첩성을 보였다. 이때도 조선 조정이 파병 여부를 놓고 논의한 흔적은 사료에 전혀 보이지 않는다. 다만 1차 원정 때와는 달리 이번에는 식량의 부담이 크다는 점을 고민하는 정도였다. 즉 1차 원정 때에 조선군은 영고탑에 도달할 때까지 필요한 열흘 치 군량만 준비했고, 이후의 모든 군량은 청으로부터 지급받았는데,[524] 이번에는 출발 때부터 이미 석 달 치 군량을 준비했을 뿐만 아니라, 원정 일정이 더 길어질 경우 계속해서 추가 지원하게 되었다.[525] 실제로, 조선군은 원정을 마치고 영고탑으로 귀환한 후에 군량이 떨어지자, 청군에게 식량을 꾸어 조달하다가 본국에서 추가 군량을 지급받아 몇 배로 갚기까지 했다.[526] 그렇지만 이런 군량 문제가 파병 여부를 진지하게 논의하는 분위기로 발전하지는 못했다. 식량 보급의 어려움을 인정하면서도, 신료들 중 어느 누구도 그 어려움 때문에 파병을 거부해야 한다는 의견을 내지 않았다. 재야 양반사회의 파병 반대 상소도 전혀 없었다.

그렇다면 효종과 신료들은 청의 파병 요구에 단 한 번의 거절 의사 표명도 없이 왜 이처럼 적극적으로 응했을까? 조선의 출병 동기에 대한 정치한 연구는 아직 없다. 다만 ① 효종의 북벌 기도를 견제하기 위한 징병임을 강조함으로써 조선이 청의 의심을 사지 않기 위해 즉각 출병했음을 강하게 암시하는 설명이[527] 거의 정설처럼 되어 있다. 이 밖에도 ② 삼전도 화약和約 내용 가운데 명을 치기 위해 청이 군대를 요구하면 조선은 응한다는 조항 때문이라는 설명과[528] ③ 청이 주도하는 수직적 국제질서 하에서 청의 징병을 거부할 수 없는 현실로 인해 아예 체념했기 때문이라는 설명이[529] 있다.

①의 경우는 당시 청이 조선 조정에서 일어나는 일들을 상세히 알고 있었고, 인사 문제에까지 개입했던 정황을 고려할 때 개연성이 매우 높다. 그러나 사료적 뒷받침이 없이 아마 그랬을 것이라는 추측이라는 데 그 한계가 있다. 나선정벌을 위한 청병의 동기가 정녕 조선의 군비 확충을 견제하려는 의도였다면, 고작 100~200명 규모의 병력을 요구할 것이 아니라 보다 근본적인 대책을 세웠을 것이기 때문이다. 실제로 청은 효종 즉위 직후 조선이 왜구를 구실로 성을 쌓는다는 정보를 입수하자 바로 특별 사신을 보내 직접 조사까지 한 바 있다.[530]

뿐만 아니라, 조선의 입장에서 보아도 북벌의 타도 대상은 청나라인데, 단지 북벌 준비를 숨기기 위해 효종이 전격적으로 파병을 결정하고 온 조정이 적극 따랐다는 설명은 석연치 않다. 명분이 목숨보다 중요한 유교사회에서, 즉 과정(동기)이 결과보다 더 중요시되는 명분론적 유교사회인 조선에서 북벌의 핵심 명분을 저버리고 효종과 신료들이 얻을 수 있는 게 과연 무엇이었을까? 더욱이 효종 대의 북벌 '준비'는 호란 이후 위기에 처한 국내질서와 정치적 입지를 확립하기 위한 대내적 성격이 강했는데,[531] 즉 북벌론 자체가 곧 정치적 명분이었는데, 그 명분을 포기하고 얻을 수 있는 게 과연 무엇인가, 라는 논리적·현실적 문제가 발생한다는 것이다.

②의 경우에는 출병의 법적 근거로 일견 타당해 보이기는 한다. 그렇지만 나선정벌은 명을 치기 위한 것이 아니라는 법조문 해석상의 문제가 있을 뿐만 아니라, 정녕 이 조문 때문에 출병한 것이라면 이전에는 정명전征明戰 참여에 왜 그토록 미온적이었는지를 설명할 수 없게 된다. 또한 당시 조정 신료들이 삼전도 약조의 조문 하나하나에 충실했다고 보는 것도 무리다. 주지하듯이 파병, 공녀貢女, 여진인 쇄환 등 어느 것 하나 조선 조정은 청의 요구에 적극적이지 않았기 때문이다.

오히려 ③의 경우가 가장 타당한 설명이라 할 수 있다. 실제로 효종 대는 청나라에 대해서 어떻게 해 볼 생각 자체를 가질 수 없는 형편이었다. 조정의 인사 문제마저 청이 좌지우지하는 등, 효종 대에 청은 마음만 먹으면 조선에 대해서 거의 모든 것을 할 수 있었다.[532] 따라서 이런 상황에서 청이 청병했을 때 조선 조정이 취할 다른 선택의 여지는 없었다고 보는 것이 순리적이다. 인조 때 혹독한 강제 징병을 여러 차례 겪으며, 이제는 눈물마저 말라버렸기 때문이다. 또한 언제까지 눈물만 흘리고 있을 수도 없는 노릇이었기 때문이다.

비록 선택의 여지가 없는 출정이었지만, 조선이 눈물을 닦고 정신을 가다듬어 청의 파병 요구에 나름대로 적극적으로 임할 수 있었던 첫째 배경으로는 정벌의 대상이 명이 아니라 다른 오랑캐였던 점을 우선적으로 꼽아야 할 것이다. 한편으로는 여전히 오랑캐(청)의 요구에 의한 출정이라는 심리적 부담이 있었지만, 다른 한편으로는 공격할 대상이 '군부'가 아니고 다른 오랑캐(러시아)였으므로 조선 조정의 정신적 부담을 크게 덜어주었던 것이다. 요컨대 조선 조정은 청의 파병 요구를 접하면서 이중적 심리 상태를 경험했는데, 그 하나는 오랑캐(러시아)를 정벌한다는 자부심이요, 다른 하나는 오랑캐(청)의 요구에 의한 출정이라는 현실적 자괴감이었다.

이에 더해 당시 조선 조정이 이 문제를 조선의 안위와 직결되는 사안으로 인식한 점도 지적할 수 있다. 청의 1차 파병 요구 당시 조선 조정은 러시아(나선)의 실체에 대해 잘 몰라 그저 영고탑 근처에 사는 별종으로 알고 출정했는데,[533] 이전부터 조정 신료들은 영고탑과 후춘厚春 일대 오랑캐들의 세력 확대가 필연적으로 조선의 국경을 위협할 것이라고 우려하고 있었다. 1차 출정이 있기 1년 전에 이미 예조판서 이후원李厚源(1598~1660)은 후춘 부락이 강성해지면 조선의 우환이 될 것이라 지적한 바 있으며,[534] 민정중閔鼎重(1628~1692)은 청의 영고탑 출병 칙서가 서울에 도착할 즈음에 송준길宋浚吉(1606~1672)에게 서신을 보내 조선의 북변과 인접한 영고탑 부락이 날로 강성해져 사람들이 오래 전부터 우려하고 있다고 밝힌 바 있다.[535] 따라서 러시아를 영고탑 일대에 출몰하는 오랑캐의 별종으로 이해하던 조선 조정으로서는 러시아 정벌에 동참하라는 청의 요구를 굳이 꺼릴 하등의 이유가 없었던 것이다.

우선순위 바꾸기: 나선정벌과 시대 분위기

앞 소절의 말미에서는 나선정벌에 임하는 조선 조정의 적극적인 태도를 분석하고, 그 심리의 내면에 양면성이 있음을 지적했다. 그렇다면 그런 심리 상태는 당시 조야에서 얼마나 지배적이었을까? 특히 원정군 사령관 당사자의 마음은 어떠했을까? 이 소절에서는 2차 원정군 사령관 신유(1619~1680)가 남긴 출정일기 등 몇몇 자료에 근거해 이 문제를 살피려 한다.

나선정벌을 보는 조선군 사령관의 시각

신유申瀏는 오랑캐의 청병에 따라 다른 오랑캐를 치러 장도에 오른 착잡한 심경을 시로 남겼다. 오랑캐(러시아)를 치기 위한 출병이라는 점에서 다소나마 의의를 찾고 위안을 삼을 수는 있으나, 그렇다고 해서 그것이 오랑캐(청)의 요구에 응해 출정해 그 지휘를 받는 것에 따른 자괴감까지 상쇄할 수는 없었다. 따라서 원정에 임한 신유는 침울함을 느꼈다. 나선정벌을 대하는 신유의 심리 상태는 그가 러시아군을 격파하고 개선해, 왕에게 보고하고 집에 돌아온 바로 그날 밤에 원정에 따른 감회를 술회하며 지은 연작시에 극명하게 드러난다.

> 배 안에서 잠 못 들고 호가胡笳 소리 들으니,
> 고국은 아득히 만 리 밖에 멀도다.
> 오로지 경각간에 달려갈 마음뿐이니,
> 어전에 보고 마치면 곧 내 집으로 돌아가리.[536]

이 첫 시에는 개선을 앞두고 있으나 착잡한 심정이 교차하는 신유의 마음이 잘 드러나 있다. 강적 러시아를 물리친 데 따른 심리적 고조감이나 자신감은 찾아볼 수 없다. 반면에 그저 어서 빨리 본국으로 돌아가기만을 바라는 우울한 심정으로 가득하다. 요컨대 이 첫 시의 내용만 보아서는 이 시를 쓴 장군이 원정 임무를 성공적으로 완수했는지 실패했는지조차 명쾌하게 드러나지 않는다. 개선을 앞두고 마음이 한껏 고조되어야 할 사령관의 심정이 이렇게 허전한 이유는 무엇일까? 그것은 비록 '오랑캐' 러시아를 격퇴했지만, 또 다른 '오랑캐'인 청의 요구에 따른 원정이었기 때문이다. 이런 심리는 신유의 두 번째 시에 극명하게 나타난다.

> 이역만리 출정에서 성공하기는 세상에 드믄 일이건만,
> (그걸 성공한) 이 나그네 마음은 어찌해 또 다시 장탄식인고.
> 이번 원정은 예전의 심하深河 원정과는 근본적으로 다르니,
> 죽어 고국으로 돌아가지 않은 김공金公이 오히려 부럽도다.[537]

이 시는 오랑캐의 요구에 응한 출정이라는 부정적 심리 상태를 극적으로 표현하고 있다. 실제로 이 시의 1행과 2행에서 신유는 그 어렵다는 해외 출병을 성공적으로 이끌었음에도 마음속에서 자꾸 슬픈 탄식이 터져 나오는 자신의 처지를 하소연하는데, 그 이유는 3행과 4행에 명쾌하게 드러난다. 3행에 보이듯이, 신유는 이번 출정이 심하 원정과는 다르다고 인식하고 있었기 때문이다.

심하 원정이란 1619년(광해군 11) 초에 명나라가 후금 원정을 단행하면서 조선에 파병을 요구하자 마지못해 그에 응해 강홍립姜弘立(1560~1627)이 이끄는 조선군 1만 3,000명이 명을 도와 참전한 원정을 가리킨다. 5장에서 살폈듯이, 조선군은 요동에서 명군과 합류해 그 지휘를 받았는데, 후금의 기습공격을 받아 거의 전 부대가 궤멸되었고, 조선군도 반 이상이 전사했다. 도원수 강홍립 이하 약 4,000명은 항전을 포기하고 후금에 투항했다.

그렇다면 강적 러시아를 상대로 승첩을 이룬 신유가 개선을 기뻐하기는커녕 이처럼 시름에 잠긴 이유는 분명해진다. 바로 명을 도운 출정이 아니라 청을 도운 출정이었기 때문임은 두말 할 나위도 없다. 신유의 이러한 고민은 그가 마지막 4행에서 스스로 김공金公을 부러워 한다고 고

백하면서 절정을 이룬다. 3행과 4행이 서로 연결되어 대구를 이루는 문맥을 고려해 김공이 누구인지 유추해 보면, 김공은 심하의 전역에서 전사한 선천군수宣川郡守 김응하金應河(1580~1619)임이 분명하다.

김응하는 강홍립과는 달리 마지막까지 후금군과 싸우며 선전하다가 끝내 장렬하게 전사한 인물로, 당시 조선 조정은 조선군의 항복으로 인해 명의 질책을 들을 것을 우려해 김응하 선양 작업을 거국적으로 전개했다. 특히 명의 사신들이 왕래하는 사행로使行路 주변에 의도적으로 김응하 사당을 건립하는 등 매우 적극적으로 그를 기리는 작업을 추진했다.[538] 따라서 당시 김응하라고 하면 조선의 양반사회에서 모르는 이가 없을 정도로 그 지명도가 높았다.

그런데 신유는 바로 그 김응하와 자신을 극단적으로 비교하며 상심하고 있다. 그는 청을 도운 이번 출정(나선정벌)에서 승리하고 개선하는 것이 오히려 명을 도운 출정(심하 원정)에서 패해 죽은 것보다 못하다는 자기 고민을 강하게 드러낸 것이다. 신유는 개선장군으로서 충분히 기분이 고양될 자격이 있음에도 불구하고, 청을 도와 출정한 자신의 처지를 극단적으로 스스로 비하하고 있는 것이다.

나선정벌을 보는 당대當代의 시각

이러한 심리 상태는 신유와 교유했던 당대 지식인들에게서도 공통적으로 보인다. 신유의 부고를 듣고 많은 이들이 만사輓詞를 썼는데, 현재 50편이 《통상공실기》에 전한다. 그중에서 신유의 나선정벌과 관련해 러시아를 가리키는 용어로 오랑캐를 뜻하는 단어를 직접 쓰거나 오랑캐를 가리키는 은유적 표현을 쓴 만사는 모두 30개에 달한다. 전자의 사례로는 북만北蠻, 낭狼, 군험群獫, 갈구羯狗, 추로醜虜, 북로北虜, 융戎, 적狄, 북적北賊, 융강戎羌, 추류醜類 등을 들 수 있으며, 후자의 경우로는 음산陰山, 금황金隍, 대막大漠, 북막北漠, 북새北塞, 황사적黃砂磧, 연산燕山, 황룡黃龍 등을 꼽을 수 있다. 그런데 나선(러시아)이라는 말을 구체적으로 지목해 기술한 만사가 하나도 없는 점이 특이하다. 단순히 북녘의 오랑캐를 연상시키는 상투적 표현을 사용했을 뿐이다. 이는 한편으로는 '오랑캐' 러시아 정벌을 높이 평가하면서도, 다른 한편으로는 러시아라는 상대방을 구체적으로 지목하지 않음으로써, 못 이룬 북벌의 자괴심을 상쇄하기 위한 심리의 발로로 보인다. 즉 신유와 동시대를 살았던 허다한 문무 지식인들은 나선정벌을 이룩한 신유를 칭송하되, '청의 요구에 의한 러시아 정벌'을 '조선이 북쪽의 한 오랑캐를 정벌'한 사건으로 은근히 심리적 전이를 하고 있는 셈이다.

그런데 만약 신유가 명나라를 치러 출정해 큰 공을 세우고 개선했다면 이런 식의 심리적 전이조차도 불가능했을 것이다. 그 근거로 강홍립과 임경업에 대한 당대의 평가를 꼽을 수 있다. 강홍립은 심하의 원정(1619)에 참여했다가 후금에 투항한 뒤, 정묘호란(1627) 때 후금군을 인도해 조선에 돌아온 인물로, 당시 조정에서 강홍립을 처벌해야 한다는 주장이 드세었던 것은 주지의 사실이다. 비슷한 예로, 금주 전투에 참전해 청 태종의 칭찬을 듣고 귀환한 유림柳琳에 대해 실록 사관은 "유림은 청국의 칙서를 얻은 뒤부터 득의양양하게 스스로 과시하는 빛이 있었고 유공자를 조사할 때 자기 마음대로 등급을 정했으므로 식자들은 그와 사귀는 것을 수치로 여겼다"[539]고 썼다. 비록 유림의 오만함과 편파성을 이유로 들며 비난했지만, 사실은 정명전征明戰에서 청 태종의 칭찬을 듣고 돌아온 것을 노골적으로 비난하는 해설임이 분명하다 하겠다. 반면에, 임경업은 비록 정명征明에 나서기는 했지만, 은밀히 명과 내통하고 청의 명령에 따르지 않다가 그로 인해 나중에 고초를 겪은 인물로 알려져, 후대에 현창 사업이 끊이지 않은 것은[540] 말할 것도 없고, 민간에까지 그의 전기소설이 널리 회자되고 심지어 신격화되기까지 했다.[541]

나선정벌이 조선의 파병 역사에서 갖는 독특성은 바로 여기에 있다. 오랑캐를 치러 출정한다는 것은 매우 설득력 있는 파병의 명분이고, 더욱이 그것이 상국上國의 요청에 의한 것이라면 명분은 더욱 튼튼해진다. 반면에 오랑캐인 청의 요구를 받고 상국을 치러 나가는 출정이라면 그 명분은 땅에 떨어지는 정도를 넘어 조선이라는 나라의 정체성을 위협할 정도로 심각했다. 나선정벌에 나서며 조선의 조야가 느꼈던 자괴감은 이 두 경우가 뒤섞인 심리에 가까웠다. 앞서 살핀 신유의 연작시도 바로 이런 이중심리를 잘 보여준다. 비록 오랑캐를 치러 나선 원정이지만, 다른 오랑캐(청)의 지휘를 받은 사실이 더 크게 마음을 짓눌렀기 때문이다.

이런 이율배반적 심리 상태는 당시 지식인들에게서도 공통적으로 발견된다. 《통상공실기》에 실린 신유를 위한 만사 50편 가운데 신유의 나선정벌 공적을 아예 언급조차 하지 않은 만사가 적지 않기 때문이다. 이들 만사는 나선정벌의 공적을 언급하지 않는 대신, 큰 기개를 끝내 펴지 못하고 세상을 뜬 신유를 애석해 하는 논조로 가득하다는 공통점이 있다. 한 예로, 이조판서 이원정李元禎(1622~1680)이 쓴 만사의 일부를 소개하면 다음과 같다.

> 남해南海를 통제하니 고래 같은 파도도 잠잠해졌고,
> 서관西關에 부임하니 호부절虎符節이 드높았네.
> 연산석燕山石에 새기기로 일찍이 마음에 정했건만,
> 초검楚劒에 먼지 쌓여 계획이 허사 되었네.[542]

위 인용문의 전반부는 장군에 대한 상투적인 칭송인데, 후반부에는 이루지 못한 어떤 계획에 대한 안타까움이 드러난다. 연산은 흉노의 땅 이름으로, 전한前漢 때 북흉노를 친 한나라 장수가 연산의 돌에 공적을 새겼다고 전하므로, 위 인용문의 3행은 무장으로서 신유가 품었던 오랑캐 정벌, 즉 북벌의 의지를 묘사하고 있다. 반면에 4행의 초검은 초패왕楚覇王 항우項羽의 칼을 가리키는 것으로, 항우처럼 신유도 웅지를 성취하지 못했음을 함축한 표현이다.[543]

공조판서 유혁연柳赫然(1616~1680)이 쓴 만사도 좋은 예다. 그 일부를 소개하면 다음과 같다.

마음에 웅지 있어 머리가 희도록 칼을 잡았네.
그 뜻은 황룡黃龍에 두었으나 괴로움을 술로 달랬네.[544]

여기서도 황룡은 요遼(거란)의 태조가 발해를 평정하고 설치한 부府의 이름으로,[545] 만주 곧 오랑캐 땅을 가리킨다. 유혁연 또한 신유의 죽음을 애도하면서 나선정벌의 공적을 회상하기보다는 북벌의 뜻을 이루지 못한 점을 강조한 것이다.

대개 만사에서는 비록 고인의 공적이 하찮을지라도 다소 과장해 애도하는 것이 보통이다. 그런데 신유는 러시아 '오랑캐'를 무찌른 큰 공적이 있음에도, 그에 대해서는 일언반구도 없이 오히려 북벌을 이루지 못한 것만을 개탄한 이원정과 유혁연의 만사는 당시의 사회 분위기와 관련해 시사해 주는 바 크다. 조선왕조의 역사에서 매우 의미 있는 해외 원정(나선정벌)을 성공리에 완수했음에도, 나선정벌의 승첩이 갖는 의미가 북벌이라는 이데올로기에 쉽게 묻혀 버릴 정도로 미미했던 것이다. 신유는 이런 사회 분위기를 익히 알고 있었고, 본인 스스로도 그런 생각을 품었을 것이므로, 어쩌면 앞에서 살핀 두 시는 개선장군 신유가 자연스럽게 드러낼 수 있는 내면의 소리였다고도 볼 수 있다.

그런가 하면, 신유의 공적을 평가할 때 어느 것에 더 중점을 두는가도 살펴보면 흥미롭다. 논의를 명확히 하기 위해 신유의 행장行狀 가운데 1658년의 전역戰役을 다룬 내용 전체를 옮기면 다음과 같다.

"갑술년(1658, 효종 9) 4월에 병력을 거느리고 영고탑으로 나아가 반호叛胡를 토벌함에, 전략을 잘 운용해 능히 큰 공을 세웠다. 귀환할 즈음에 청 사령관이 이르기를 "오히려 [아직도] 잔당들이 남아 있으니 마땅히 다시 수개월 주둔하면서 군사를 조련하고 군량을 지급하시오"라고 했다. 공公은 말하기를 "만약 적을 아직 물리치지 못했다면 비록 해를 넘겨 방수防戍하더라도 사양하지 않겠소. [그러나] 지금 이미 적의 소굴을 파괴하고 불살랐는데도 계속 [이] 변경에 머무른다면, 강 위에서 노니는 것과 무엇이 다르겠소? 회령에서 영고탑에 이르자면 하천과 들판으로 막히고 끊겨 있소. 만약 큰 장마를 만난다면 부패한 군량미를 운송하게 되어 끝내 먹을 수 없게 될 것이오. 또 가을철이 지나면 변경에는 추위가 빨리 와 병사들이 얼어 죽을 테니 또한 슬프지 않겠소?"라고 했다. 말이 매우 사리에 맞았으므로, 청 사령관은 [조선군이] 돌아가도록 허락했다. 8월에 군사를 이끌고 돌아오니, 주상께서 이를 기뻐해 특별히 가선대부嘉善大夫로 승급시켰다."[546]

이 행장은 이영세李榮世가 썼는데, 행장에서는 신유의 나선정벌을 언급하면서 러시아 오랑캐를 무찌른 얘기는 서두에서 간략하게 언급하는 것으로 그치고, 영고탑으로 귀환한 후 소탕전을 위해 더 머무르라는 청군 사령관의 명령을 신유가 지혜롭게 거부하고 조기 귀환한 일에 초점을 두어 칭송했다. 고인의 행적을 다소 부풀려 기록해도 무방한 행장에 굳이 있는 공적조차 제대로 쓰지 않은 이유는 무엇일까? 정작 전공에 대해서는 단 한 줄로 짧게 기술하고, 오히려 청 사령관의 제의를 거절한 점을 유독 부각시킨 이유는 무엇일까?

이런 형태의 행장 기록은 당시 지식인들이 갖고 있던 나선정벌에 대한 시각을 매우 상징적으로 보여준다. 오랑캐를 무찌른 그 자체보다 오히려 청의 요구를 거절해 끝내 관철시킨 행위를 훨씬 더 높이 평가하는 시대 분위기를 읽을 수 있기 때문이다. 다른 말로, 신유가 칭송을 받는다면 그것은 나선정벌 자체보다는 청에 대항했기 때문으로, 영고탑 근처의 한 오랑캐를 정벌한 일은 별로 중요하지 않다는 인식이 이 행장에 강하게 깔려 있다. 행장 인용문의 문맥을 볼 때, 효종이 정녕 기뻐한 근본 이유도 승첩 그 자체보다는 청의 요구를 거절하고 조기 귀환한 것이 된다.

이런 식의 인식과 평가가 당시 조선의 조야에서 얼마나 대세였는지 단언하기는 어렵다. 그렇지만 설사 이런 인식이 큰 흐름은 아니었을지라도, 청의 지휘를 받아 러시아를 정벌한 일을 찬양하기보다는 못 이룬 북벌의 꿈을 개탄하는 것이 망자에 대한 예의라고 생각한 사람들이 신유 주위에 적지 않았다는 증거로는 손색이 없을 것이다. 아울러 이런 시대 분위기는 신유의 속마음에도 지울 수 없는 상처가 되어, 개선을 앞두고 쓴 두 편의 시에 절절이 녹아들었던 것이다.

조선군 사령관의 청나라 인식

신유의 이런 생각은 그가 《북정록》이라는 진중일기를 쓰면서 청나라 사람들을 지칭하기 위해 선택한 용어의 유형을 살피면 더 분명하게 드러난다. 조선의 양반지식인들은 전통적으로 명나라 사람에 대해 명인明人이라는 표현을 쓰지 않고 대개 당인唐人, 한인漢人, 화인華人, 중국인中國人, 상국인上國人, 천조인天朝人 등으로 불렀다. 이는 명을 하나의 대국大國으로 보기보다는 유일한 문화국이요, 상국上國으로, 즉 천자의 나라로 보았기 때문이다. 반면에 여진족(후에 만주족으로 통합)에 대해서는 후금이 건국한 17세기 전반까지만 해도 대개 야인野人, 호인胡人, 노적奴賊 등으로 비하해 불렀다. 그러나 삼전도의 항복 이후 현실적으로 비하하는 말을 쓸 수 없게 되었는데, 그렇다고 해서 청나라 사람들을 중국인이나 중화인으로 부르지도 않았다. 청인淸人·청국인淸國人·북인北人·북국인北國人이라는 객관적 용어를 골랐으며, 형편에 따라서는 여전히 호인이나 호로胡虜로 부르기도 했다. 명나라 북경에 다녀 온 사신들이 사행록 제목을 대개 조천록朝天錄이라 한 것에 비해, 청나라 북경에 다녀온 경우에는 연행록燕行錄이라 한 것도[547] 마찬가지 현상으로 볼 수 있다.

그렇다면 신유 자신은 《북정록》에서 청나라 사람들을 어떻게 불렀을까? 《북정록》 전체를 조사해 본 결과, 신유가 불특정 청나라 사람을 일반적으로 가리키는 단어를 쓴 경우는 모두 스물일곱 번이다. 그중 청인淸人이 열아홉 번으로 압도적이고, 호胡 내지 호인胡人이 다섯 번,[548] 피彼 또는 피배彼輩가 세 번이다. 그런데 청나라 군속일지라도 만주족이 아닌 경우에는 서촉지인西蜀之人[549] 또는 한인漢人 등으로 표기함으로써 인종을 분명히 구별했다. 특정 인물을 가리킨 경우에도 그 사례들을 열거하면, 청장淸將, 청장자淸將者, 대장大將, 대장자大將者, 장호將胡, 부수副帥, 부장副將, 성주자城主者, 청차淸差, 차인差人, 차호差胡, 통관배通官輩 등이다. 특히 청군 사령관 사리호달沙爾虎達을 분명히 가리키는 경우는 《북정록》에 모두 마흔 네 번 나오는데, 대장자大將者가 열아홉 번, 대장大將 열

여섯 번, 장호將胡 여섯 번, 청장淸將 또는 청장자淸將者가 세 번이다. 요컨대 신유는 청과 조선 사이에서 어떤 상하관계도 느낄 수 없는 객관적인 용어를 쓰거나, 아예 직함을 그대로 적은 것이다.

그런데 원정에서 돌아온 이후에 후기後記 형태로 덧붙인 〈행중약기견문行中略記見聞〉에 보면, 청 사령관을 칭하는 표현이 갑자기 확연히 달라진다. 사령관(도원수)을 더 이상 대장으로 부르지 않고 그저 괴호魁胡로 칭했으며, 도원수와 맞서 조선군이 조기 귀환할 수 있도록 여러모로 적극 도왔던 부원수마저도 부호副胡로 칭했다. 부원수의 이름은 알 수 없으나, 그는 북경에서 파견된 장수였다. 그는 원정 내내 도원수와 마찰을 빚었지만, 신유에게는 매우 우호적이었다. 그래서인지는 몰라도 《북정록》에서 신유는 그를 북경부수北京副帥 또는 북경부장北京副將이라고 칭했다. 특히 앞에 반드시 북경을 넣어 강조한 점이 이채롭다. 그런데 귀국 후에 갑자기 호칭을 부호副胡로 바꾼 것이다. 영고탑 주둔 청군에 대해서도 더 이상 청인淸人이라 부르지 않고 그저 영고지호寧古之胡라 칭했다. 이는 신유의 의식체계 속에서 청인은 곧 오랑캐라는 인식이 얼마나 뿌리 깊었는지 잘 보여준다.

따라서 이런 의식체계에 사로잡혀 있던 신유가 개선을 하면서 자신의 처지를 한탄하는 시를 지은 것은 비록 역설적이지만 매우 당연했다. 진중일기를 쓰면서도 청나라 사람에 대해 청인 내지는 호인과 같이 비교적 객관적이고 상대적인 단어를 고른 것도 마찬가지 이유였다. 아울러 이러한 인식의 틀은 신유를 위한 만사와 행장에서 보듯이, 당시 조선의 지식인 사이에서는 매우 일반적인 현상이었다. 결국 조선 후기 양반지식인들의 중화 인식은 중원에 있는 제국을 절대적인 상국上國이 아니라 그저 하나의 대국 정도로 인식했던 고려인과 15세기 조선인의 인식과 그 맥을 같이한다고 볼 수 있다.[551] 이 점은 10세기 이후 한중관계에서 16세기의 조명관계(군부·신자관계)가 예외적으로 특이한 경우였음을 역설적으로 잘 보여준다.

기억 속의 나선정벌

지금까지 나선정벌(1654, 1658)을 통해 병자호란 이후 조선 양반지배층의 내면세계를 그들의 대외인식과 관련해 살펴보았다. 나선정벌에 임하면서 조선 조정은 비교적 적극성을 보였다. 비록 오랑캐인 청의 요구에 의한 출병이었지만, 정벌의 대상이 군부(명)가 아니라 다른 오랑캐(러시아)였기 때문이다. 군부(명)와 국가(조선)의 원수인 청의 요구에 따른 출정이라는 점이 여전히 마음에 걸리는 것은 어쩔 수 없지만, 삼전도 항복(1637) 이후 정명전征明戰에 억지로 끌려 나갈 때와 비교하면 정신적 부담은 한결 가벼웠다. 그렇지만 아직 존명의리 이데올로기로부터 완전히 자유로울 수도 없었다. 군부를 죽인 원수의 지휘를 받아 작전에 임한다는 부담 때문이었다. 따라서 조선 조정은 나선정벌에 임하면서 이중적 심리 상태에 놓이게 되었는데, 그 하나는 오랑캐(러시아)를 정벌한다는 자부심이요, 다른 하나는 오랑캐(청)의 요구에 따를 수밖에 없다는 현실적 자괴감이었다. 이런 심리 상태는 이후 조선이 청이 주도하는 새 국제질서 하에서 느낄 이중심리를 상징적으로 예시해 준다.

이런 흐름은 북벌이라는 시대 분위기와 결합해 매우 재미있는 양상을 띠게 되었다. 효종 재위 10년간 효종의 정통성을 받쳐준 큰 논리가 바로 북벌이었는데, 막상 그 북벌은 하지 못하고 오히려 청의 요구에 따라 출정한 이율배반적인 문제가 당연히 발생할 수밖에 없었기 때문이다. 비록 다른 오랑캐를 친다는 것으로 위안을 삼을 수는 있었지만, 원정 기간 내내 청의 지휘를 받아 작전에 임한 사실은 조선의 조야에 아픈 상처로 다가올 수밖에 없었다. 2차 원정 사령관 신유의 심리도 바로 그런 것이었다. 앞에서 살폈듯이 《북정록》에 드러난 신유의 청나라 인식이나, 개선을 앞두고 그가 쓴 두 편의 시는 이런 이중적 심리 상태를 생생히 보여준다.

그러나 역설적이게도 바로 이 점 때문에 나선정벌은 북벌과 묘한 함수관계를 맺으며 얽히게 되는데, 북벌 이데올로기가 사실상 종말을 고하는 17세기 말 숙종(r. 1674~1720) 때에 이르러 나선정벌을 대하는 조선 조야의 시각이 새롭게 바뀌는 점이 바로 그것이다. 북벌운동이 비록 17세기 중후반을 풍미했지만, 그것은 애초부터 현실성이 거의 없었던 정치선전의 성격이 짙었으며, 그것마저도 17세기가 채 끝나기도 전에 사실상 그 의미를 잃었다. 그래도 그것이 정치적 선전으로만 끝나지 않고 무언가 실제로 이루었다는 자기합리화가 필요한 시점에서 나선정벌에 대한 기억의 전환이 그 틀을 제공해 주었다.

북벌 논의가 사실상 종말을 고하는 계기이기도 했던 경신환국庚申換局(1680)으로부터 10년이 지난 1690년에 숙종이 직접 내린 신유의 제문祭文 내용은 이런 해석을 뒷받침해 준다. 관련 부분을 인용하면 다음과 같다.

먼 예전 무술년 북녘 변방에 미친개같이 사나운 자들이 있어,
이빨로 사람을 물어 죽여도 능히 제압할 수 없었는데,
출정한 군대는 굳세고 날랬으며 바람은 불고 날은 맑아,
소굴을 쳐부수고 불태우니 그 위엄에 적의 활과 창이 떨었고,

개선해 돌아와 승첩을 아뢰니 더욱더 성총 입어 발탁되었도다.[552]

숙종이 신유를 위해 특별히 지어 내린 이 제문의 주제는 이전의 만사나 행장의 내용과는 사뭇 다르다. 못 이룬 북벌의 꿈을 상투적이나마 한탄하지도 않았으며, 청의 장기주둔 요구를 거절한 신유의 용기와 지략에 대해서도 언급이 없다. 오히려 신유의 만사나 행장에서 거의 언급조차 되지 않았던 나선정벌의 전공만을 크게 치하하고 있다. 그렇다면 이 사제문賜祭文은 어쩌면 이제 숙종 자신이 북벌론을 공식적으로 접겠다는 하나의 상징적인 선언일 수도 있지 않을까?

효종(r. 1649~1659)과 현종(r. 1659~1674)은 북벌이라는 시대 분위기에서 자유로울 수 없었다. 효종 대의 북벌 준비는 이미 주지하는 바이며, 현종 대에도 북벌 논의가 있었다. 특히, 현종 자신이 1641년에 심양관소에서 태어난[553] 사실은 현종 자신 및 그의 시대가 북벌이라는 시대적 담론에서 자유로울 수 없었던 태생적 한계를 상징적으로 보여준다.

반면에, 숙종은 그런 아픈 과거와는 직접 관련이 없는 새로운 세대였다. 따라서 양 난으로 인해 흐트러진 국가의 이념과 체제를 재건하고 왕권을 강화하기 위해 숙종은 굳이 더 이상 북벌이라는 명분에 집착할 필요가 없었다. 못 이룬 북벌의 꿈에 연연해 할 절실한 이유도 없었다. 다만 한 시대를 풍미했던 북벌 이데올로기와 관련해 숙종이 왕으로서 해야 할 일은 이루지 못한 북벌을 패배적인 자세로 그냥 방치할 것이 아니라, 당시 조야에서 새로운 대안으로 떠오르고 있던 소위 '조선중화사상'[554] 곧 '소중화론'의 틀로 재해석하는 것이었다. 비록 북벌 그 자체를 성취하지는 못했을지라도, 주체적으로 무엇인가 이룩한 것이 있다는 가시적 성과물을 제시해 줄 필요가 있었기 때문이다. '북벌의 시대'를 새롭게 정리하고 재창출할 필요가 있었던 것이다.

그 성과물 중 하나가 바로 나선정벌에 대한 기억의 전환이었다. 비록 청을 정벌한 것은 아니지만, 청도 제압하지 못한 또 다른 '북쪽 오랑캐' 러시아를 조선의 힘으로 정토했다는 심리적 전이가 가능했기 때문이다. 실제로 숙종이 내린 제문 내용을 보면, 나선정벌이 청나라 오랑캐의 징병에 마지못해 순응한 출정이었음을 적시하는 문구는 하나도 없다. 오히려 청나라도 이루지 못한 사업을 조선의 힘으로 이루었다는 자긍심이 넘친다. 이제 나선정벌은 청이 주도한 사업에 조선이 마지못해 수동적으로 참여한 것이 아니라, 처음부터 조선이 조선의 필요에 의해 일으킨 사업으로 둔갑되었으며, 그것은 '북벌의 시대'를 마무리하는 데 지극히 가시적인 성과물로 포장되어 새로운 기억으로 되살아났던 것이다.

그런데 이런 기억의 전환은 신유가 죽었을 당시(1680)부터 이미 서서히 시작된 듯하다. 신유의 묘지명이 좋은 증거다. 신유는 경신환국이 있기 두 달 전인 1680년(숙종 6) 정월에 62세를 일기로 병들어 죽었는데, 이현일李玄逸(1627~1704)이 지은 그의 묘비명 중에 적의 세력이 신장될 경우 본국의 북변이 우려되어 왕이 출병을 명했다는 내용이 나온다.[555] 이 묘비명은 그 내용의 사실 여부 검증을 떠나, 나선정벌의 출병 동기를 구체적으로 밝힌 거의 유일한 자료다. 그런데 청의 외압에 대해서는 언급조차 없고 오로지 조선의 필요에 의해 출병한 것으로 묘사한 것이 특징이다. 이현일이 어떤 의도로 이렇게 사실을 왜곡했는지는 알 수 없으나, 나선정벌에 대한 기억을 새롭게 만들어가는 전기가 되었을 가능성이 매우 높다.

숙종 이후에도 나선정벌을 보는 조선인의 시각은 이런 추세로 계속 나아갔다. 나선정벌을 언급한 18세기의 사찬서私撰書 중에서 원정의 배경이나 역할에서 청나라의 중요성은 더욱 감소하고, 대개 조선 대 오랑캐의 쌍방구도로 설명하는 흐름이 대세를 이루었다. 18세기의 대표적 사찬서인 《성호사설》에서 이익李瀷(1629~1690)은 나선정벌을 두 번 다루었고,[556] 19세기 중엽의 대표적인 사찬서인 《오주연문장전산고》의 저자 이규경李圭景(1788~?)은 〈나선변증설羅禪辨證說〉에서 당시 가능한 거의 모든 자료를 섭렵, 검토한 뒤 나름대로 고증을 시도했다.[557] 그런데 이 두 자료 모두 청나라의 역할에 대해서는 거의 언급이 없거나 조선에 군대를 요청했다는 간단한 기술로 그치고, 대체로 조선의 입장에서 조선의 북변에 새로 등장한 오랑캐 별종을 대하는 자세로 나선을 묘사하는 점이 두드러진다. 작자 미상의 역사소설로, 가공인물 배시황裵是愰을 2차 나선정벌의 주인공으로 삼아 전투 장면과 병력의 규모를 허구와 과장으로 윤색한 한글소설 《비시황전》의 구성과 묘사도 이와 다르지 않다.[558]

이를 종합해 보면, 18세기 이후 나선정벌을 대하는 조선인들의 기억 속에는 이미 청나라가 들어설 자리가 거의 없었음을 알 수 있다. 청나라가 사라짐으로써 이제 나선정벌은 처음부터 조선과 러시아 양국 간의 문제로 자연스럽게 바뀌었다. 그 결과 조선인들은 이제 나선정벌에 대해서 정신적 부담을 갖지 않게 되었다. 나선정벌 이야기는 민간에서 널리 읽히는 소설로까지 탈바꿈하기에 이르렀다. 굳이 청나라를 언급한 부분이 있다면, 청이 러시아에게 연전연패해 조선에 도움을 청했다는 점을 부각시키는 내용뿐이다. 청나라도 못하는 것을 조선군이 가서 무찔렀다는 이런 식의 배경설정은 이제 조선인들이 청에 대해서 내면적 우월의식을 느낄 수 있는 계제가 되었으며, 오랑캐를 정토한 북벌이라는 실천적 기억으로 조선인의 마음속에 되살아났음을 보여준다.

요컨대, 병자호란 이후 조선인들에게 가장 깊은 상처가 되었던 두 가지, 곧 ① 오랑캐에게 굴복한 수치심과 ② 현실적으로 북벌을 도저히 이룰 수 없었던 자괴감을 동시에 해결할 수 있는 좋은 소재를 나선정벌이 제공했던 것이다. 신유와 동시대인이 함께 고민했던 나선정벌의 내면적 상처가 세월이 흐른 뒤 어느새 바로 그 상처를 치유하는 약재로 사용된 것은 역사의 아이러니라 하겠다. 병자호란의 충격으로부터 벗어나기 위한 갖가지 자구노력 중에서 나선정벌에 대한 기억의 틀을 바꾸는 작업은 이렇게 큰 몫을 했다.

8장
아버지의 빈자리:
조명관계의 유산

이 책에서는 조선시대라는 특정 시공간에서 전개된 한중관계를 명·청의 요구에 따른 조선의 해외파병이라는 코드에 초점을 맞추어 살펴보았다. 따라서 이 책은 외교 자체에 중점을 둔 관계사라기보다는 명·청을 대하는 조선 조정과 양반엘리트들의 태도와 인식에 대한 연구라 할 수 있다. 굳이 조선인의 중국(중원국가) 인식에 주목하는 이유는 조선시대 전 시기를 통해 명·청과의 관계는 조선왕조의 정치외교에서 늘 최고의 현안이었고, 이러한 오랜 관계를 통해 형성된 조선인의 중국 인식은 곧 그들의 가치관·세계관·역사관·통치이념 등에 심대한 영향을 주었기 때문이다. 이는 마치 대한민국의 엘리트들이 갖고 있는 미국관이 대한민국의 정치외교는 물론이고, 문화 전반을 형성하고 결정하는 데에 중요하게 작용하는 것과 마찬가지 논리다.

파병 여부 논의가 조선 지배층의 중국관(명·청 인식)을 가늠할 수 있는 좋은 소재가 되는 까닭은 대외관계 관련 그 어떤 사안보다도 파병에 따른 현실적인 손익 계산 과정을 통해 그들의 중국관이 비교적 적나라하게 드러나기 때문이다. 명·청과 관련된 국가 결정 사항은 무척 많지만, 파병은 국가의 이해관계는 물론이거니와 어쩌면 국운을 결정적으로 좌우할 수도 있는 매우 심각한 고민과 논의의 산물이기 때문이다. 따라서 그 논의 과정과 최종 결정을 세밀하게 살펴보면, 한중관계, 특히 조선인의 명·청 인식의 실체에 좀 더 가깝게 접근할 수 있다. 이런 문제의식에 기초해, 이 책에서는 1392년부터 1876년까지 480여 년이라는 긴 기간 동안 명·청의 파병 요청(요구)에 따라 조선 조정에서 자국의 군대를 국경 밖으로 파견하는 문제를 놓고 벌어진 파병 여부 논의를 사례별로 천착하되, 그것들을 조선시대라는 전체 맥락에서 통시적으로 파악하고자 했다.

조선왕조에서 해외파병을 놓고 벌어진 여러 조정 논쟁들의 골자는 결국 한중관계를 어떻게 설정할 것인가의 문제이기도 했다. 뿐만 아니라, 명과 청은 과연 조선에게 무엇인가라는 문제이기도 했다. 특히 '중국'을 조선에 이웃한 하나의 대국大國으로 볼 것인가, 아니면 세계에서 유일한 중화국中華國, 곧 상국上國이자 천자국天子國으로 볼 것인가의 문제요, 충돌이었던 것이다. 이는 미국의 영향권 아래서 근대적 국민국가를 건설하고 발전시킨 대한민국에서 수시로 벌어지는 "미국은 대한민국에게 무엇인가"라는 논의와도 상통하는 맥락이라 할 수 있다. 이제 이 마지막 결론부에서는 지금까지 살핀 조선시대 해외파병 관련 논의들을 먼저 정리한 후에, 조선시대 한중관계의 성격과 그 역사적 유산을 거시적 시각에서 해석하고자 한다.

조선시대 해외파병 논의의 추이

조선 초기(15세기)만 해도 조선 조정은 명이 파병을 요청할 때 국가의 실익을 매우 세심하게 저울질해 결정을 내렸다. 세종 대에 몽골 원정을 이유로 명이 청병請兵했을 때 조선 조정에서는 만장일치로 거절의 뜻을 분명히 했다. 반면에 세조 대에 명이 건주여진 원정을 이유로 다시 청병했을 때에는 만장일치로 파병을 단행했다. 그런가 하면, 성종 때 명이 건주여진 원정을 다시 감행하면서 또 청병해오자 조선 조정에서는 처음으로 찬반 논쟁이 벌어졌고, 그 결과는 명과의 공동 군사작전은 피하되 뒤늦게 최소의 병력을 파견해 파병의 생색만 내는 것이었다.

이렇듯 15세기의 사례들은 그 결과는 서로 달랐으나, 그런 결정을 내리게 된 배경과 판단의 기준은 언제나 조선이라는 국가의 손익 계산이었다. 이 점은 사대와 유교를 새로운 국가정책으로 내걸고 출범한 조선왕조의 문물제도가 확실하게 틀을 갖춘 것으로 알려진 성종 때까지만 해도, 조선에게 명은 하나의 대국大國이었을 뿐이지, 유일한 천자국天子國이 아니었음을 강하게 시사해 준다. 또한 당시 위정자들은 대명사대와 국익이 서로 마찰을 빚을 수도 있는 상황을 늘 염두에 두고 국가의 정책 결정에 임했음을 잘 보여준다. 15세기 조선인의 이러한 인식은 중원의 정치적 상황에 따라 책봉국을 수시로 바꾸었던 고려시대의 인식과 비슷했다.

그런데 16세기 들어 이전과는 다른 현상이 나타났다. 특히 중종 대의 사례는 그 전환점이 되기에 충분했다. 명이 건주여진을 다시 공격하면서 조선에 청병할지도 모른다는 소문만 듣고 정식 청병칙서가 있기도 전에 미리 파병을 기정사실화 한 점, 조선 조정에서 출병 반대 의견이 전혀 제기되지 않은 점, 파병에 따르는 국가의 손익을 저울질해 보는 논의가 없었던 점 등이 그 좋은 예다. 이는 당시 중종과 신료들이 대명사대와 조선의 국익을 완전히 동일시하고 있었음을 알려주는 예로 볼 수 있다. 다른 말로, 16세기 전반 중종 대에 이르면, 사대를 곧 국익으로 보아 양자를 동일시하는 인식이 조정에 팽배해 있었다는 것이다.

이러한 변화 양상은 비단 파병 논의뿐만 아니라, 조칙을 받는 의전 등 다른 분야에서도 비슷하게 발견된다. 아울러 중종 대에 이르러 조선을 중국의 내복內服으로 간주하는 인식이 조선과 명 양국에서 거의 동시에 대두한 사실은 이 시기 대명관의 변화를 더욱 잘 뒷받침해준다. 조선 초기의 현실적인 사대, 곧 대명사대와 국익이 마찰을 빚을 경우에는 국익을 우선한다는 조건부적인 대명사대관이 16세기 전반 중종 대에 이르러 정신적인 사대, 곧 대명사대와 국익이 마찰을 빚을 수도 있다는 생각 자체를 아예 하지 않고, 사대와 국익을 거의 동일선상에서 이해하는 절대적인 사대관으로 바뀌었다는 것이다. 이렇게 된 배경으로는 천자와의 특별한 관계를 통해 자신의 왕권을 확립하려 했던 중종의 저자세적인 대명 태도, 한족漢族의 문화와 유교 예법을 흠모하는 소중화 의식의 확산, 주자학의 발달에 따른 배타적 화이관의 팽배, 그 결과 조선이 명에게 순종하는 것을 음양관계에 기초한 천리天理로 받아들이는 새로운 태도, 더 나아가 명을 부모의 나라로 여기는 인식의 확산 등을 꼽을 수 있다.

이러한 대명 태도는 16세기 막바지에 발생한 임진전쟁(임진왜란)의 경험과 명의 참전으로 인해 형성된 '재조지은' 의식 등에 힘입어 더욱 강화되었다. 따라서 17세기 초에 명이 후금 원정을 위해 조선에 청병했을 때, 조정의 중론이 15세기의 사례들보다는 16세기 전반 중종 대의 사례와 비슷할 것이라는 점을 쉽게 예측할 수 있다. 실제로 광해군 대 조정에서 뜨겁게 벌어진 외교노선 논쟁은 이런 흐름에서 한 치도 벗어나지 않았다.

광해군 대는 명의 파병 요청으로 인해 조정의 논쟁이 격렬했던 시기다. 광해군 때 명은 모두 네 차례에 걸쳐 조선에 병력을 요청했다. 첫 사례는 1618년에 명이 대규모 후금 원정을 준비하면서 조선에 청병한 경우인데, 이때 조선 조정의 논의는 비변사를 필두로 거의 모든 신료들이 찬성론을 펴고 광해군이 외롭게 반대하는 형세로 전개되었다. 파병론의 근거는 군부의 나라인 명에 대해 '재조지은'을 갚아야 한다는 것과 200년 사대 전통을 어길 수 없다는 것이었다. 반면에 반대론의 근거는 명의 원정은 실패할 것이라는 현실적 정세 판단이었다. 전체 신료들의 파병 당위론에 맞서 광해군이 인준을 거부하며 6개월을 버틸 수 있었던 이유는 칙서가 없기 때문이었는데, 뒤늦게 청병칙서가 도착하자 광해군은 결국 뜻을 꺾고 파병을 인준했다. 그러나 강홍립이 이끄는 1만 3,000의 조선군이 명군의 지휘를 받다가 함께 패몰하고, 강홍립 등 일부 조선군이 후금에 투항한 것은 주지의 사실이다.

패전 직후 명은 조선에 칙서를 보내, 패전의 원인이 명 장수들의 무능함 때문이었음을 자인하고 조선군의 전몰을 애도했다. 그런데 칙서를 전달한 명의 차관이 '재조지은'을 강조하며 임의로 추가 파병을 요청함으로써, 파병 논쟁이 재개되었다. 광해군의 파병 불가 논리는 칙서 없이는 군대를 움직일 수 없으며, 이미 포수 수천을 잃었으므로 추가 파병은 어렵다는 것이었다. 반면에 비변사의 파병 논리는 요동과 조선은 이와 입술의 관계이므로 요동이 위급한 지금 속히 도와야 한다는 것이었다. 결국 파병은 이루어지지 않았는데, 칙서도 없이 번국의 군대를 움직일 수 없다는 광해군의 논리를 꺾을 다른 논리가 없었기 때문이었다.

이후 1621년에 들어서며 후금이 요양과 심양을 점령하자, 관전寬奠 지역의 명나라 장수 왕소훈王紹勳은 조선에 협박 투의 청병 서한을 보냈다. 이에 광해군은 매우 단호하게 거절할 것을 명했다. 반면에 비변사는 서울에 도착할 차관의 말을 직접 들어보고 대처하자고 건의했다. 결국 광해군의 뜻에 따라 이번에도 조선의 파병은 이루어지지 않았는데, 그것은 역시 칙서가 없었기 때문으로 보는 것이 합리적일 것이다.

이듬해(1622) 명은 감군監軍을 통해 서울에 칙서를 보내 병력·군량·선척 등을 요청했다. 이에 광해군은 명이 회복할 기미가 없음을 들어 단호히 거절하고, 한 발 더 나아가 명나라 선박이 조선 본토에 정박하는 것조차도 용인할 수 없다는 강경 입장을 견지했다. 반면에 비변사 대신들은 산해관 밖이 다 함몰되었을지라도 번국이 중국을 섬기는 도리는 상황에 따라 달라질 수 없음을 강조했다. 서로 평행선을 달리던 이 논쟁은 결국 광해군이 끝내 비준을 하지 않음으로써 조선의 파병은 이루어지지 않았다.

1618년 이후 광해군과 비변사가 명의 청병을 놓고 줄곧 대립해 왔지만, 이번 1622년의 논쟁은 매우 특별한 의미가 있었다. 왜냐하면 광해군이 상황 논리를 들어 칙서에 따르기를 '공개적으로' 거부했기 때문이다. 번국의 왕으로서 황제의 명을 거부한다는 것은 일종의 항명이므로, 칙서의 거부는 이제 광해군의 외교가 은밀하게 명을 속이는 차원에서 공개적으로 명을 기피하는 차원으로 전환되었음을 의미했다. 그러나 대명사대를 정正과 의義의 절대개념으로 굳게 믿고 있던 신료들의 눈에 칙서의 거부는 곧 윤기倫紀를 저버리는 패륜행위나 다름없었다. 계해정변(인조반정) 직후 정변 주도세력이 반포한 '반정교서'에서 광해군 폐위의 제일 명분으로 인목대비에 대한 핍박보다도 명나라에 대한 배신을 더 강조한 것은 결코 우연이 아니다.

정묘호란과 병자호란을 겪으며 조선이 후금(청)의 칙서를 받아야 하는 상황에 처하자 대명의리론은 위기를 맞는 동시에 더욱 빛을 발하는 역설적인 상황이 전개되었다. 특히 청의 연이은 파병 요구는 조선의 조야에 엄청난 정신적 충격과 이념적 공황을 불러일으켰다. 바로 명과 조선의 군부君父·신자臣子 관계 때문이었다. 조선의 양반지배층이 명을 부모의 나라로 인식한 것은 임진전쟁 이전의 일로, 16세기 전반 중종 대(1506~1544)부터 이미 조야에 널리 받아들여지고 있었다.

그런데 군신관계와 부자관계는 근본적으로 다르다. 정치적 군신관계는 정세 변화에 따라 가변적이지만, 인륜에 기초한 부자관계는 상황을 초월하는 영원한 관계, 곧 절대가치였기 때문이다. 이것이 바로 부자관계(효)가 윤기倫紀·이륜彝倫·천륜天倫 등으로 설명되는 이유이며, 유교 정치의 근간이 이효이국以孝理國이라는 말로 요약되는 까닭이다. 요컨대 군신관계가 일종의 상대적 가치에 기초한 계약적 관계라면, 부자관계는 절대적 가치에 기초한 영원한 관계인 셈이다. 실제로 조선의 왕과 신료들은 명과의 관계를 통해 충·효를 실천했고, 그것은 왕조의 정통성을 확보하고 국내의 통치 기반을 확고히 하는 데 매우 중요한 요소로 작용하고 있었다.

따라서 이런 조선사회에서 삼전도의 항복이 갖는 의미는 단순히 굴욕 차원을 넘어 유교국가의 정체성이 뿌리 채 흔들리는 중차대한 위기일 수밖에 없었다. 조선의 왕이 오랑캐(청) 황제 앞에 나아가 머리를 바닥에 찧는 고두례叩頭禮를 행하고, 앞으로 명(군부)과의 관계를 끊겠다고 맹세한 일은 조선의 왕과 신료들 스스로 유교의 양대 가치인 충·효를 동시에 범한 행위였기 때문이다. 유교 가치를 바탕으로 통치질서를 유지하는 사회에서 그 사회의 지도층 스스로 그 가치를 범했다면, 그것은 체제의 붕괴로까지 연결될 수 있는 심각한 문제였다. 설상가상으로, 명을 치는 데에 동참하라는 청의 강압은 조선 조정의 고민을 극대화하기에 충분했다. 파병을 한다면 조선(아들)이 청(원수)의 편을 들어 명(아비)을 공격하는 상황이 불가피할 것이므로, 양반지배층의 심리는 거의 정신적, 이념적 공황 상태에 가까웠다. 이 시기 청의 연이은 파병 요구를 대하는 조선 조정의 고민은 이런 이유 때문이었고, 이는 또한 이후 조청관계의 성격을 규정하는 결정적인 요인으로 작용했다.

비록 정명征明을 위한 파병은 아니었지만, 청의 강압에 못 이겨 출병한 나선정벌 역시 조선의 조야에 큰 정신적 상처를 남겼다. 북벌 담론이 휩쓸던 시대에, 북벌을 하기는커녕 오히려 타도 대상인 오랑캐(청)의 지휘를 받으며 출정한 데 따른 정신적 자괴감 때문이었다. 그러나 17세기가 끝나가고 북벌론의 시대를 마무리하면서 나선정벌은 새로운 기억으로 윤색되기 시작했다.

18세기 이후 나선정벌을 대하는 조선인들의 기억 속에는 청나라가 들어설 자리가 거의 없었다. 청나라가 사라짐으로써 이제 나선정벌은 처음부터 조선과 러시아 양국 간의 문제로 자연스럽게 바뀌었고, 이전의 정신적 부담은 거의 사라졌다. 나선정벌 이야기는 민간에서 널리 읽히는 소설로까지 탈바꿈하기에 이르렀다. 굳이 청나라를 언급한 부분이 있다면, 청이 러시아에게 연전연패해 조선에 도움을 청했다는 점을 부각시키는 내용뿐이었다. 청나라도 못하는 것을 조선군이 가서 무찔렀다는 이런 식의 배경설정은 이제 조선인들이 청에 대해서 내면적 우월의식을 느낄 수 있는 계제가 되었으며, 오랑캐를 정토한 북벌이라는 '실천적' 기억으로 조선인의 마음속에 되살아났음을 보여준다.

요컨대, 병자호란 이후 조선인들에게 가장 깊은 상처가 되었던 두 가지, 곧 오랑캐에게 굴복한 수치심과 현실적으로 북벌을 도저히 이룰 수 없었던 자괴감을 동시에 해결할 수 있는 좋은 소재를 나선정벌이 제공했던 것이다. 나선정벌 원정군 사령관과 동시대인이 함께 고민했던 나선정벌의 내면적 상처가 세월이 흐른 뒤 어느새 바로 그 상처를 치유하는 약재로 사용된 것은 역사의 아이러니라 할 수 있다. 조선 후기 삼전도 항복의 충격으로부터 벗어나기 위한 갖가지 자구노력 중에서 나선정벌에 대한 기억의 틀을 바꾸는 작업은 이렇게 한몫을 했던 것이다.

조명관계의 유산과 조청관계의 성격

조명관계가 조선의 적극적인 태도에 힘입어 활기차게 시작되었던 것과는 달리, 조청관계는 전쟁과 항복이라는 극단적인 방법을 통해 강제로 시작되었다. 조청관계가 이런 '아픔'으로 시작된 이유들 가운데 으뜸은 중원에서 발생한 왕조 교체에 대해 조선의 지배엘리트들이 현실적인 융통성을 발휘하지 못하고 지나치게 이념적으로 대응했기 때문이다. 특히 고려의 지배엘리트들이 중원의 왕조 교체에 대해 별다른 이념적 고민 없이 책봉국을 수시로 바꾸었던 점을 고려할 때, 17세기 전반 명·청 교체기에 임해 조선의 지배엘리트들이 보여준 태도는 특이하다. 한국사 전체 맥락에서 보아도 이 17세기의 사례는 매우 예외적이고도 특이한 경우라고 할 수 있을 정도다.

이런 차이는 조선 전기를 거치면서 조선 지식인의 중국관에 무엇인가 커다란 변화가 있었음을 강하게 시사해 준다. 이런 변화는 당시 천하의 중심으로 받아들여진 중원 지역의 황제와 그 주변국인 조선의 왕 사이의 관계 설정에 직접적인 영향을 줄 수밖에 없었다. 고려 때에도 중원에 있는 황제의 나라를 상국이라고 불렀지만, 고려인이 말하던 상국과 조선인이 말하던 상국의 개념에는 크나큰 차이가 있었다. 중원의 국가를 상국으로 보는 것은 동일한데 그 의미가 바뀌었다면, 그것은 곧 한중관계의 본질과 성격이 바뀌었다는 말과 상통한다고 보아야 할 것이다. 실제로, 고려인들은 중원의 천자가 바뀌는 것에 대해 큰 고민을 하지 않았다. 그렇기에, 천자가 바뀔 때마다 비록 내부 논란이 있었을지언정 최종 결정은 천자를 바꾸어 버리는 것이었으며, 거기에 이념적 고민은 뒤따르지 않았다. 그런데 조선의 양반지식인들은 명·청 교체를 그렇게 유연하게 받아들이지 않았다. 아니, 그럴 수 없었다.

그렇다면 고려·조선 교체와 명·청 교체 사이, 즉 조선 전기 양반 지식인사회에 중국 인식 문제와 관련해 하나의 전환점이 될 수 있는 무슨 일이 일어났음이 분명하다. 조선 전기에 해당되는 15~16세기에 무슨 일이 일어났다면, 이 책에서 살핀 내용을 고려할 때, 그것은 16세기에 발생했음이 분명하다. 그렇다면 무슨 크나큰 변화가 있었기에 조선의 지배엘리트들은 명·청 교체를 쉽게 받아들일 수 없었을까?

조선이 이전의 고려왕조와는 달리 중원의 정권 교체에 대해 이토록 부정적 태도로 일관한 데에는 군신관계에 더해 부자관계로도 이데올로기화 되어 있던 조명관계의 특수성이 크게 작용했다. 종래의 군신관계에 부자관계가 새로 더해져 형성된 명과 조선의 군부君父·신자臣子 관계 개념의 핵심은 당연히 부자관계에 있다. 앞서 살폈듯이, '이효이국'이라는 말이 통치이념의 요체로 자리를 굳힌 조선사회에서 부자관계(효)란 곧 모든 다른 가치들보다 우위에 놓이는 절대가치였으며, 그 자체로 이륜彝倫이자 천륜天倫이었다. 조명관계가 이런 효의 개념으로 새롭게 설정되었다면, 그것은 이제 조명관계는 상황에 따라 변할 수 있는 관계가 아니라, 모든 상황을 초월해 영원히 지속되어야 하는 절대적 관계가 되었음을 뜻한다. 요컨대, 조선의 지배엘리트들은 명의 몰락과 청의 패권을 현실로 쉽게 받아들이기 어려운 이데올로기로 이미 무장되어 있었던 것이다.

따라서 비록 명이 멸망해 눈앞에서 사라진 후에도, 그 명에 대한 조선 엘리트들의 인식은 이후에 전개된 조청관계의 성격에 지대한 영향을 끼쳤으며, 조선 후기 정치사조와 제반 이념들의 형성과 발전에도 가장 중요한 요인들 중 하나로 작용했다. 북학론이 끝내 주류사회에 들어가지 못하고 주변에만 머문 것이나, 명나라의 마지막 연호인 숭정崇禎을 고집한 태도나, 대보단大報壇과 만동묘萬東廟 제사가 개항(1876) 이후에도 여전히 공·사 두 영역에서 공히 주요 행사로 거행된 것이나, 존주의리尊周義理와 '조선중화朝鮮中華'라는 이데올로기가 끊임없이 재생산되어 조선 후기 사회를 주도한 것은 모두 조명관계의 유산이 얼마나 강하게 후대의 역사 전개에 영향을 주었는지 보여주는 바로미터라 할 수 있다. 조선시대의 한중관계뿐만이 아니라 조선의 역사 전개를 논할 때 조명관계의 성격과 그 유산에 주목해야 하는 이유는 바로 여기에 있다.

한편, 이러한 조명관계의 이념적 특성은 명질서라는 동아시아 국제질서에서 조선이 차지하고 있던 현실적 위상과도 긴밀하게 연결되어 있었다. 이미 공고하게 구축되어 있는 명질서에서 2인자의 위치를 점하던 조선으로서는 명·청 교체기를 맞아 명질서를 유지하려는 노력을 최대한 경주할 수밖에 없는 현실적 동기가 절실했는데, 이는 명질서를 유지하는 데 조선의 중요성이 지대했음을 뜻한다. 그런데 당시 동아시아 국제무대에서 조선이 갖고 있던 이러한 지정학적 위상은 마치 동전의 앞뒤와도 같은 양면성을 갖고 있었다. 즉 조선의 태도 여하에 따라 동아시아에서의 명질서는 튼튼하게 유지될 수도 있고, 균열을 일으킬 수도 있었다는 것이다.

이 점은 국제무대에서 명과 조선의 공조가 절정을 이루었던 임진전쟁(1592~1598)과 그 공조가 제대로 이루어지지 않았던 요동전쟁(1618~1622)의[559] 성격을 조선의 입장에서 비교할 때 잘 드러난다. 두 전쟁 모두 주변국이 '중국'인 명을 상대로 벌인 전쟁이었지만, 그 전쟁으로부터 결코 자유로울 수 없었던 조선의 입장에서 볼 때 그 둘은 완전히 다른 성격의 전쟁이었다. 그럴 수밖에 없는 이유는 먼저 조선이 처한 지정학적 요인에 기인

한다.

우선 지리적으로 볼 때, 일본이 명을 치기 위해서는 조선을 반드시 거쳐야 하는데 비해, 후금의 경우에는 반드시 그럴 필요가 없다는 점이 결정적인 차이다. 이는 전쟁 상황에 처하면 조선 조정이 취할 대외정책이 각각 다르게 나타날 수 있음을 뜻한다. 조선을 침입한 일본을 상대로 조선이 취할 수 있는 선택의 폭은 매우 좁았는데, 엄밀히 말하면 명과의 군사동맹을 강화해 일본에 대항해 싸우는 길 외에는 다른 선택의 여지가 없었다. 따라서 비록 도중에 일본과의 평화협상 여부 및 그 내용을 놓고 조정 신료들 사이에 일부 의견 차이가 드러나기는 했지만, 국론의 분열에까지 이르는 수준은 전혀 아니었다. 반면에, 후금은 상황에 따라서는 조선을 굳이 침입하지 않고도 곧장 중원으로 들어갈 수 있는 위치에 있었으므로, 대후금정책을 놓고 조선 조정이 행사할 수 있는 외교 카드 선택의 폭은 이전에 비해 훨씬 넓어졌고, 그만큼 조정의 의견도 분분해 논쟁으로 발전될 소지가 다분했다. 이런 사정은 조선의 태도 여하가 명질서의 안위에 결정적 요인으로 작용할 수 있음을 잘 보여준다.

다음에 정치·외교적으로 보아도, 두 전쟁은 성격이 매우 달랐다. 임진전쟁의 경우에, 조선은 상국上國인 명과 거의 모든 면에서 시종일관 공조를 취하는 형국이었다. 평화협상 과정 및 전투에 임하는 태도에서 두 나라 사이에 차이는 있었지만, 그러한 차이가 두 나라의 긴밀한 공조를 위협할 정도는 전혀 아니었다. 일본이 명과 조선의 공동의 적이라는 사실이 너무나 분명한 전쟁이었으므로, 조선의 대일본 태도에서 의견이 분분할 여지는 거의 없었다. 반면에, 후금은 조선의 태도 여하에 따라 명과 조선의 공동의 적이 되지 않을 수도 있다는 점이 결정적으로 달랐다. 따라서 굳이 명을 위해 후금을 적으로 삼을 필요가 없다는 논의가 조선 조정에서 제기될 소지가 있었던 것이다. 이렇듯 조선이 명과의 공조에서 벗어나 독자적인 대후금정책을 펼 수도 있는 상황이 도래한 사실은 이미 그 자체로 명과 조선을 축으로 한 동북아의 명질서에 균열을 야기한다는 데에 그 중요성이 있다. 또한 이러한 상황은 조선의 지배엘리트들이 조명관계의 이념적 속성과 현실적 특성 사이에서 고민하게 되는 결정적 요인으로 작용했다.

실제로, 후금에 대해 광해군이 취한 우호적 태도는 후금의 흥기로 인해 종래의 명·조선 공조체계가 어떻게 삐걱거리게 되었는지, 또한 그로 인해 명질서에 어떻게 금이 가기 시작했는지 잘 보여준다. 동북아의 명질서가 유지되는 데 조선의 역할은 지대했다. 명의 입장에서 볼 때, 조선과 정치·문화적으로 밀착함으로써 조선의 중원 침공 가능성을 원천 봉쇄하는 이점이 있었다. 이외에도, 자타가 소중화로 인정하는 조선이 한반도에 위치함으로써 남쪽으로는 일본을 견제할 수 있었으며, 임진전쟁 때 잘 드러났듯이 적어도 일본의 중원 침공을 미리 막을 수 있는 완충지대(한반도)를 명의 영향권 내에 둘 수 있었다. 그런가 하면, 북쪽으로는 만주 일대에 흩어져 있는 허다한 여진 부족들을 서쪽과 남쪽에서 동시에 제어하는 효과를 누릴 수 있었다. 실제로 15세기 후반에 명이 건주여진을 치면서 조선에 몇 차례 공동 군사작전을 제의해 온 사실은 명 입장에서 볼 때 동북아에서 조선이 갖는 지정학적 중요성을 잘 보여준다. 따라서 그런 조선이 일본의 침략으로 위기에 처했을 때 명이 군사적으로 개입한 것은 매우 당연했다. 그런데 그런 조선의 국왕(광해군)이 후금과 직접 대화를 시도했다는 점은 명·조선을 축으로 한 기존의 명질서에 균열이 일기 시작했음을 보여주며, 더 나아가 앞으로 후금의 세력 확대 정도 및 조선의 대후금 태도에 따라 명질서가 큰 위기에 처할 수도 있음을 가시적으로 잘 보여준다.

  그러데 조선의 국내 정세와 사상 조류는 광해군의 정책을 받아들이기에는 너무 경직되어 있었다. 실제로, 광해군의 대후금정책을 지지한 조정 신료와 재야 지식인들은 거의 없었다. 광해군의 정책(이중외교)이 당시 조선사회에 받아들여질 수 없었던 이유는 광해군의 정책을 '중립외교'라는 개념으로 설명할 수 없는 이유와 같다. 군부(명)와 이적(후금)이 서로 싸우는 와중에서 신자(조선)가 군부의 도움 요청을 거절하고 이적과 대화를 추진하는 것 자체가 당시 조정 신료들과 지식인들의 눈에는 단순한 '중립'이 아니라 '패륜'으로 받아들일 수밖에 없었기 때문이다. 실제로, 계해정변(인조반정) 직후에 반포된 반정교서에 의하면, 광해군 축출의 최대 명분(정당성) 중 하나가 바로 광해군의 배명背明 행위였다. 이 정변이 반정으로 인식되는 한 그 반정의 명분으로부터 자유로울 수 없었던 조선 후기 내내 배명은 가장 사악한 패륜행위로 규정될 수밖에 없었고, 배명과 대척점에 있는 존명의리尊明義理가 극단적으로 강조될 수밖에 없었다. 조선의 지배엘리트들이 전쟁과 같은 무력으로는 청을 결코 이길 수 없음을 익히 알면서도 끝내 청의 침공을 초래해 삼전도의 굴욕을 당한 것이나, 이후로도 북벌이니 대명의리니 조선중화니 하면서 과거의 기억에 집착할 수밖에 없었던 이유도 바로 여기에 있다.

  그 결과, 어떤 면에서는, 조선 후기의 역사 흐름은 현실적 외부세계와 유리되어 관념적 내부세계로 침잠해 들어가는 형국으로 전개되었다. 실제로, 조선 내부에서 각종 의리론이 휩쓸고 있을 때 조선의 주변, 즉 동아시아 국제무대에서는 청질서가 새롭게 자리를 잡고 있었다. 오히려 청의 통치력과 외교적 간섭이 실질적으로 미치는 지역이 이전보다 훨씬 더 확장됨으로써, 이전의 명질서보다 더욱 강력한 청질서가 동아시아에

(중앙아시아와 동남아시아 포함) 튼튼하게 뿌리를 내렸다. 조선과 청의 국력만 단순 대비해도 조선은 전혀 청의 적수가 되지 못했다. 조선은 너무도 무기력하게 청에게 정복되었고, 국왕이 직접 만주 황제 앞에 나아가 3배9고두례를 세 차례나 올리며 항복의식을 행하는 극도의 수치를 감수했다. 그것만이 명·청 교체기에 왕조를 유지할 수 있는 유일한 길이었다.

현실이 이러했기에, 조선 조정은 자식(조선)이 부모(명)를 치게 되었다는 이념적 패닉 상태에 빠지면서도 결국에는 청의 요구에 따라 각종 정명전征明戰에 군대를 보낼 수밖에 없었으며, 그러한 상처를 극복하기 위해 북벌을 내세웠지만 결국에는 그조차도 스스로 포기할 수밖에 없었다. 사실, 남명(1644~1662)이 존속하던 당시에도, 삼번의 난(1673~1681) 당시에도 조선은 청에 대해 뭘 어떻게 해 볼 수 없는 처지였다.

조선 후기 지식인의 대외인식과 청나라 인식은 조선이 처했던 이러한 동아시아 질서라는 큰 틀에서 규명하고 해석할 필요가 있다. 북벌이니 조선중화니 하는 사조는 비록 배청적排淸的 중화계승의식의 발로였지만, 그런 내부 논의가 한반도 내부에서나마 가능했던 것은 아이러니하게도 강희제 시기 청이 조선에 대해 내정 간섭을 크게 완화했기 때문이라는 사실을 간과하면 안 된다. 남명은 물론이고, 티베트·대만·중앙아시아까지 아우른 청나라는 너무나 강력한 제국이었으며, 조선은 더 이상 청의 배후 위협세력조차 될 수 없었다. 위협은커녕 청질서에 순응하는 것만이 왕조를 보존할 수 있는 유일한 길이었다. 따라서 조선에 대한 내정 간섭의 소멸은 어떤 면에서는 이러한 청질서의 확고한 구축과 그 맥을 같이 한다고 볼 수 있다.

마찬가지로, 조선은 내부적으로 여전히 대명의리적 조선중화 의식에 집착했는데, 그것은 아이러니하게도 조선이 청질서에 편입되었기 때문에 가능했다. 비유하자면, 청질서라는 거대 수족관 안의 한 어항 안에서 외친 존명의리요, 조선중화요, 자부심이었던 것이다. 청질서라는 '보호막'이 걷히면(수족관의 운영 시스템이 작동을 멈추면) 스스로 생존하기조차 벅찬 국제 현실을 전혀 깨달을 수 없는 내부 구조를 구축하고 전통적 가치에 근거한 지배체제를 유지한 것이 바로 조선 후기의 한 단면이었다. 청의 압력으로 인해 마지못해 출병한 나선정벌임에도, '조선중화' 분위기가 휩쓸던 18세기에 들어와 나선정벌이 마치 조선의 필요에 의해 조선이 독자적으로 단행한 원정으로 윤색되었던 점도 바로 이런 시대 분위기와 시대 인식의 산물이었던 것이다.

조선 후기 한중관계는 이렇듯 조선 지식인들의 인식체계 안에서 청이 주도하는 '야만적' 현실세계와 명이 여전히 주도하는 '문명적' 관념세계로 크게 양분되어 있었다. 조선의 정치와 사상 조류는 이 두 세계가 접점을 찾을 여지조차 거의 허용하지 않을 정도로 경직되어 있었다. 조선의 예치禮治와 청의 기술技術을 동등하게 강조함으로써 진정한 중화를 이루자는 북학론조차도 당시 주류사회에 거의 받아들여지지 않은 사실은 당시 조선사회의 이러한 사정을 잘 말해준다. 명에 대한 의리를 영원토록 지켜야 한다는 취지로 1704년에 시작된 대보단 제사가 영조와 정조를 거치면서 더욱더 강조되고, 19세기를 관통해 개항 이후에까지 매우 중요한 국가제례로 거행된 사실 또한 그것이 삼전도의 항복 이후 왕조 지배이데올로기에 위기를 느낀 조선의 지배층이 타개책으로 내세운 존명의리 의식이 상징적 기제로 잘 표현된 국가의례였음을 잘 보여준다.

이렇듯 조선 후기의 왕과 양반엘리트들은 이미 망해 없어진 명나라에 대한 기억 속으로 스스로를 몰입하고, 그런 명나라의 '유령'을 전면에 내세워 존명의리를 강조함으로써, 명·청 교체에 따른 기존 통치이념의 위기를 타개하고자 노력했고, 그것은 큰 성과를 거두었다. 그러나 다른 한편으로, 이런 식의 '성공'은 이미 역사의 뒤편으로 사라진 '비현실'을 현실의 정치무대에 억지로 끌어올림으로써 가능했던, 매우 기형적인 모습이기도 했다. '국가 통치'라는 멋있는 휘장 뒤에서 작동하던 권위의 원천은 언제나 명에 대한 기억이었기 때문이다. 존명의리 이데올로기를 철회하지 않는 한 조선사회에서는 어느 누구도 명(중화)이라는 유령의 권위를 부정할 수 없었다. 이는 조선 후기 사회에서 권위의 원천은 무엇인가, 라는 질문과 직결되는 문제다.

대개의 나라에서 권위의 원천은 크게 무력(총칼)과 이념(사상·학문·제도) 두 가지지만, 중원에 존재하는 거대 제국의 주변에서 조공국으로 존재했고, 또한 무武보다 문文을 훨씬 우위에 두는 유교문명의 토대 위에 서 있던 조선왕조에서 거의 모든 권위의 원천은 한족漢族 황제와의 관계에서 파생되어 나왔다. 특히 조선 후기에 이르면 존명의리와 주자학이 권위의 원천으로 더욱 힘을 발휘했다. 조선 조정에서 벌어진 갖가지 논쟁에 참여한 사람들은 모두 자기 생각이 맞음을 증명하기 위해 스스로를 무장하되, 총칼로 하지 않고 이런 권위를 등에 업으려 했다. 국왕과 신료들은 물론이고 재야의 지식인들까지 모든 엘리트들이 존주의리 이데올로기를 끊임없이 재생산한 것도 어떤 면에서 보면 바로 '권위'를 획득하기 위한 노력으로 풀이할 수 있다.

명의 유령은 이렇게 존주의리尊周義理 또는 존명의리라는 이데올로기로 포장되어 조선 후기 내내 현실의 정치무대에서 살아 활동했다. 그렇지만 18세기 후반을 지나 19세기에 들어서면서 그 유령이 갖고 있던 권위조차도 세월의 낙수를 받아 서서히 퇴색하기 시작했다. 청질서의 현실을 인정하고, 명에 대한 의리의 중요성과 청에 대한 시대의 중요성을 한 입으로 동시에 말하는 지식인들이 이때 이르러 적지 않게 등장하는 현상은[560] 이러한 변화를 잘 보여준다. 그럼에도 불구하고 명의 유령을 대신할 새로운 권위를 발견하지 못함으로써, 19세기 조선사회는 정치이념과 사상철학이 일종의 공동화 현상을 보인 시기이기도 하다.

이는 조명관계의 유산, 곧 명나라에 대한 기억이 조선 후기 정치무대에서 매우 강하게 작동하고 있었기 때문임을 역설적으로 웅변해준다. 다른 말로, '아버지의 빈자리'가 너무나도 컸던 것이다. 그 '빈자리'를 제대로 채우지 못한 상황에서 근대의 파고를 맞은 조선의 미래는 이래서 매우 불투명했다. 죽은 제갈량諸葛亮의 권위와 명성에 힘입어 어쩌다 한 번 정도는 사마의司馬懿를 물리칠 수 있었을지 몰라도 새로운 권위를 세우지 못해 '죽은 제갈량'에게 계속 의존할 수밖에 없었던 촉한蜀漢의 모습에서, 명나라의 유령을 대체할 새로운 사상과 권위의 창출이 절실했던 19세기에도 여전히 과거의 유령에 의지하고자 했던 조선왕조의 모습이 연상된다면, 과연 지나친 비약일까?

조선 후기를 공부하고 평가할 때 흔히 직면하는 고민은 '역사를 결과론적으로 볼 수 있는가'의 문제다. 즉 연구 대상인 조선 후기 사회가 결국은 일제의 식민지로 전락한다는 후대의 근대적 선입견을 버려야 한다는 문제의식이다. 그런데 역사가 단지 과거에 국한되지 않는 '현재완료진행형'임을 인정한다면, 현재(후대)의 시각이 과거의 역사 해석에 어느 정도 투영되는 것은 어쩔 수 없다. 아니, 어쩌면 "현재의 시각이 전혀 반영되지 않는 역사 해석이 과연 가능한가?"라는 원론적인 질문도 가능하다.

역사 해석에서 역사가의 현재적 관점을 강조한 카E. H. Carr의 담론이 최근 들어 포스트모더니즘의 영향으로 일부 해체되고 있다. 그렇지만 그것은 현대 역사학의 관심 분야가 40여 년 전 카가 소홀히 했던 새로운 분야로(예를 들어, 제국·가족·젠더·기억 등등) 확대됨에 따라 발생한 자연스러운 현상이다. 카가 중시했던 과학적 논증에 기초한 설명식 역사 해석보다는 의미 부여와 이해에 더 중점을 두는 내러티브 식 역사 서술의 확산도 마찬가지 이유다.[561] 따라서 이런 움직임들이 역사가의 현재적 시각을 중시한 카의 견해를 부정하는 것은 결코 아니다. 오히려 역사가는 현재의 시각을 배제한 역사 해석의 위험성에 더 주의해야 한다. 왜냐하면 그런 해석에서는 어떤 사건이나 현상에 대한 통시대적인 역사적 의미를 찾기 어렵기 때문이다. 요컨대, 역사가의 현재적 관점은 여전히 중요하며, 앞으로도 그럴 것이다.

세계사에서 17~19세기는 그야말로 격동의 시대였다. 어떤 면에서 보면 지구의 첫 번째 글로벌화는 이때 이루어졌다.[562] 명·청 교체의 파고를 온몸으로 겪은 조선으로서도 어떤 면으로는 오히려 중화를 상대화하고 자아의식을 강화할 좋은 기회를 맞았다. 실제로, 명·청 교체를 맞아 조선도 일종의 탈중화를 시도해, 청이 새롭게 구축한 '새 중화'에 동참하기를 정신적으로 거부했다. 문제는 이러한 탈중화를 통해 발생한 빈 공간을 무엇으로 채울 것인가였는데, 조선의 지식인들은 그 빈 공간을 예전부터 있었던 중화, 곧 '주자학적 한족중화漢族中華'로 채우고자 했다. 다른 말로, 조선 지식인들은 중화의 상대화·객관화를 통해서가 아니라, 중화의 주관적 내면화를 통해 자아의식을 발전시켰다. 그들은 죽은 아버지(명)와 자신(조선)을 동일시하는 의식화 작업을 통해 소중화로서의 자기 정체성을 유지하려 했으며, 그를 통해 '아버지의 빈자리'를 메우고자 했다. 그러므로 아버지(중화)를 결코 상대화할 수 없었고, 타자화할 수도 없었다. 지정학적으로 청나라 북경의 강력한 영향권 아래 놓여 있었던 조선의 지식인들 입장에서는 몸은 비록 청질서에 두면서도 정신만큼은 '옛 중화'의 자기 내면화를 통해 충격을 극복하고자 했던 것이다. 그 결과, 청나라가 구축한 새 중화로부터의 탈중화를 강조하면 할수록 '옛 중화'에 스스로 구속되는 모습을 보였다.

  이 시기에 조선이 스스로 문을 걸어 잠가 바깥세계와의 교통을 차단하고, 내부적으로는 이미 망해 없어진 명나라를 계속 정통으로 받들며 상상의 명질서를 관념세계에 구축한 데에는 바로 이런 배경이 있었다. 조선은 이렇게 국제 현실과 유리된 채 200년 이상 홀로 살았다. 그 결과 왕조의 통치질서는 청질서가 작동하는 한 별다른 도전 없이 연장되었으나, 같은 시기에 조선의 국가경쟁력은 약화되어, 19세기 후반에 밀려들 '근대'의 파고를 사실상 무기력하게 맞을 수밖에 없었다. 명·청 교체 이후에 조선의 양반지배층이 택한 '존명의리' 이데올로기 정책이 단기적·국내적·지배양반층 차원에서는 성공적이었으나, 거기에는 큰 대가가 따랐던 것이다.

주석

[1] 신석호, 〈조선왕조 개국 당시의 대명관계〉, 《국사상의 제문제》 1 (국사편찬위원회, 1959); 金漢植, 〈明代韓中關係를 둘러싼 若干의 問題―동아시아 세계질서 속에서의 韓中關係史의 모색―〉, 《大丘史學》 12·13 (대구사학회, 1977); 孫承喆, 〈朝鮮朝 事大交隣政策의 成立과 그 性格―朝鮮朝 對外政策史 硏究試論―〉, 《溪村閔丙河敎授停年紀念 史學論叢》 (논총간행위원회, 1988) 외 다수. 특히 개설서에 많이 보인다.

[2] 末松保和, 〈麗末鮮初に於ける對明關係〉, 《史學論叢》 2 (京城帝國大學文學會, 1941); 신석호, 주 1의 논문; 安貞姬, 〈朝鮮初期의 事大論〉, 《歷史敎育》 64 (역사교육연구회, 1997); Donald N. Clark, "Autonomy, Legitimacy, and Tributary Politics: Sino-Korean Relations in the Fall of Koryŏ and the Founding of the Yi," Ph. D dissertation (Cambridge: Harvard University, 1978); 朴元熇, 《明初朝鮮關係史硏究》 (일조각, 2002); 이익주, 〈14세기 후반 원·명 교체와 한반도〉, 역사학회 편, 《전쟁과 동북아의 국제질서》 (일조각, 2006); 김순자, 《韓國中世韓中關係史》 (혜안, 2007); 김경록, 〈공민왕대 국제정세와 대외관계의 전개양상〉, 《역사와 현실》 64 (한국역사연구회, 2007) 외 다수.

[3] 李炯錫, 《壬辰戰亂史》 상·하 (임진전란간행위원회, 1967); 崔韶子, 〈壬辰亂時 明의 派兵에 대한 考察―派兵의 背景과 軍事活動에 대한 評價〉, 《東洋史學硏究》 11 (東洋史學會, 1977); 한명기, 《임진왜란과 한중관계》 (역사비평사, 1999); Kenneth Swope, "Deceit,

Disguise, and Dependence: China, Japan, and the Future of the Tributary System, 1592~1596," *The International History Review*, Vol 24, no. 4 (2002); 劉寶全, 〈壬辰倭亂 前後 韓中關係史 硏究〉 박사학위논문 (성균관대학교, 2004) 외 다수.

4 稻葉岩吉, 《光海君時代の滿鮮關係》(京城, 大阪屋號書店, 1933); 韓明基, 〈光海君代의 對中國 관계―後金문제를 둘러싼 對明關係를 중심으로―〉, 《震檀學報》 79 (진단학회, 1995); 고윤수, 〈광해군대 조선의 요동정책과 조선군 포로〉, 《東方學志》 123 (연세대학교 국학연구원, 2004); 계승범, 〈조선감호론 문제를 통해 본 광해군대 외교노선 논쟁〉, 《朝鮮時代史學報》 34 (조선시대사학회, 2005); 계승범, 〈광해군대 말엽(1621~1622) 외교노선 논쟁의 실제와 그 성격〉, 《歷史學報》 193 (역사학회, 2007) 외 다수.

5 全海宗, 〈丁卯胡亂의 和平交涉에 對하여〉, 《亞細亞學報》 3 (아세아학술연구회, 1967); 全海宗, 〈丁卯胡亂 時의 後金軍의 撤兵 經緯〉, 《白山學報》 2 (백산학회, 1967); 崔韶子, 〈胡亂과 朝鮮의 對明·淸關係의 變質―事大·交隣의 問題를 中心으로―〉, 《梨大史苑》 12 (이대사학회, 1975); 崔韶子, 〈中國 側에서 본 丁卯·丙子 兩役〉, 《梨大論叢》 57 (이화여자대학교, 1990); 김종원, 《근세 동아시아관계사 연구―朝淸交涉과 東亞三國交易을 중심으로》 (혜안, 1999); 한명기, 《정묘·병자호란과 동아시아》 (푸른역사, 2009) 외 다수.

6 Key-Hiuk Kim, *The Last Phase of the East Asian World Order: Korea, Japan, and the Chinese Empire, 1860~1882*, (Berkeley: University of California Press, 1980); 濱下武志, 《朝貢システムと近代アジア》(岩波書店, 1993); 具仙姬, 《韓國近代 對淸政策史 硏究》 (혜안, 1999) 외 다수.

7 川島眞, 《中國近代外交の形成》(名古屋大學出版會, 2004) 외 다수. 특히 중화인민공화국 학자들은 대개 이런 입장을 견지한다. 이에 대해서는 박상수, 〈중국학계의 근현대 한중관계사 인식―한중수교 이후의 연구시각〉, 《한중일 학계의 한중관계사: 연구와 쟁점》 (동북아역사재단, 2009) 참조.

8 茂木敏夫, 〈中華世界の近代的變容―淸末の邊境支配〉, 《地域システムアジアから考える 2》 (東京: 東京大出版部, 1993); 金正起, 〈1876~1894년 淸의 朝鮮政策 硏究〉 박사학위논문 (서울대학교, 1994) 외.

9 Peter I. Yun, "Rethinking the Tribute System: Korean States and Northeast Asian Interstste Relations, 600~1600," Ph. D dissertation (UCLA, 1998), pp. 204~224; 權仁溶, 〈明中期 朝鮮의 宗系辨誣와 對明外交―權機의 朝天錄을 中心으로―〉, 《明淸史硏究》 24 (명청사학회, 2005); 계승범, 〈파병 논의를 통해 본 조선 전기 大明觀의 변화〉, 《大東文

化硏究》 53 (성균관 대학교 대동문화연구원, 2006); 구도영, 〈中宗代 事大認識의 변화―大禮議에 대한 別行 파견 논의를 중심으로―〉, 《역사와 현실》 62 (한국역사연구회, 2006); 김경록, 〈中宗反正이후 承襲外交와 朝明關係〉, 《韓國文化》 40 (서울대학교 규장각한국학연구원, 2007) 외 다수.

10 최소자, 《淸과 朝鮮: 근대 동아시아의 상호 인식》 (혜안, 2005), 19~132쪽 외.

11 全海宗, 《韓中關係史硏究》 (일조각, 1970); 김한규, 《한중관계사》 (아르케, 1999); 曺永祿, 《근세 동아시아 삼국의 국제교류와 문화》 (지식산업사, 2002) 외.

12 《동북아역사재단 2008 도서목록》 (동북아역사재단, 2008). 이 자료는 동북아역사재단의 홈페이지(http://www.historyfoundation.or.kr/MA/)의 자료마당〉도서자료〉단행본 링크에도 공개되어 있다.

13 박원호·권인용·홍성구·박정현, 《15~19세기 중국인의 조선 인식》 (동북아역사재단, 2005).

14 金聖七, 〈燕行小考―朝中交涉史의 一齣―〉, 《歷史學報》 12 (역사학회, 1960); 權仁溶, 〈明中期 朝鮮의 入明使行―蘇世讓의 赴京日記를 통하여―〉, 《明淸史硏究》 19 (명청사학회, 2003); 丘凡眞, 〈19세기 전반 淸人의 朝鮮使行 ―白葰(1841)과 花沙納(1845)의 경우―〉, 《史林》 22 (수선사학회, 2004); 최소자, 주 10의 책 외 다수.

15 山內弘一, 〈朴趾源に於ける北學と小中華〉, 《上智史學》 37 (上智大史學會, 1992); 崔韶子, 〈18세기 후반 燕行錄을 통해 본 조선 지식인들의 對中國認識〉, 《國史館論叢》 76 (국사편찬위원회, 1997); 이승수, 〈西堂 李德壽의 對淸觀〉, 《韓國思想과文化》 20 (한국사상문화학회, 2003); 박원호·권인용·홍성구·박정현, 《15~19세기 중국인의 조선 인식》 (고구려연구재단, 2005); 조영록, 〈1488년의 명과 조선―표해록과 조선부의 상호 인식〉, 《동아시아 역사 속의 중국과 한국》 (서해문집, 2005), 67~86쪽; 趙誠乙, 〈朝鮮後期 韓國과 中國의 相互 認識―肅宗末·英祖初 兩國의 使行記錄을 中心으로―〉, 《韓國思想史學》 27 (한국사상사학회, 2006); 계승범, 〈조선 후기 중화론의 이면과 그 유산―명·청 관련 호칭의 변화를 중심으로―〉, 《韓國史學史學報》 19 (한국사학사학회, 2009) 외 다수.

16 구범진, 주 14의 논문.

17 계승범, 〈조선 후기 중화론의 이면과 그 유산―명·청 관련 호칭의 변화를 중심으로―〉, 《韓國史學史學報》 19 (한국사학사학회, 2009).

18 김경록, 〈朝鮮後期 事大文書의 종류와 성격〉, 《韓國文化》 35 (서울대학교 한국문화연구소, 2005); 김경록, 〈朝鮮後期 「同文彙考」의 編纂過程과 性格〉, 《朝鮮時代史學報》 (조선시대사학보, 2005); 김경록, 〈조선시대 事大文書의 생산과 전달체계〉, 《韓國史硏究》 134 (한국사

연구, 2006); 김경록, 〈조선시대 대중국 외교문서의 접수·보존체계〉, 《韓國史研究》 136 (한국사연구회, 2007); 김경록, 〈조선 초기 '吏文'의 편찬과 對明외교문서의 성격〉, 《梨花史學研究》 34 (이화사학연구소, 2007); 이영춘, 〈'通文館志'의 편찬과 조선 후기 韓中關係의 성격〉, 《實學思想研究》 33 (무악실학회, 2007).

19 주 1의 논문들 참조.

20 金漢植, 〈明代 韓中關係를 둘러싼 若干의 問題―東아세아世界 秩序 속에서의 韓中關係史의 摸索〉, 《大丘史學》 12·13 (대구사학회, 1977).

21 김순자, 〈고려말 대중국 관계의 변화와 신흥 유신의 사대론〉, 《역사와 현실》 15 (한국역사연구회, 1995).

22 安貞熙, 〈朝鮮初期의 事大論〉, 《歷史敎育》 64 (역사교육연구회, 1997).

23 都賢喆, 〈高麗末期 士大夫의 對外觀―華夷論을 중심으로〉, 《震檀學報》 86 (진단학회, 1998).

24 河宇鳳, 〈實學派의 對外認識〉, 《國史館論叢》 76, (국사편찬위원회, 1997), 255~256쪽.

25 주 9의 연구들 참조. 이에 대해서는 이 책의 4장에서 상세히 다룰 것이다.

26 朴珠, 《朝鮮時代의 旌表政策》 (일조각, 1990); 朴洪甲, 《朝鮮時代 門蔭制度 研究》 (탐구당, 1994); 鄭求先, 《朝鮮時代薦擧制度研究》 (초록배, 1995); 이성무, 《조선시대 당쟁사》 1·2 (아름다운 날, 2007); 설석규, 《조선시대 유생상소와 공론정치》 (선인, 2002); 임민혁, 《조선시대 음관연구》 (한성대학교출판부, 2002); 張熙興, 《朝鮮時代 政治權力과 宦官》 (경인문화사, 2006); 李起明, 《朝鮮時代 官吏任用과 相避制》 (백산자료원, 2007).

27 金甲周, 《朝鮮時代 寺院經濟研究》 (동화출판사, 1983); 劉承宙, 《朝鮮時代 鑛業史研究》 (고려대학교출판부, 1994); 정만조, 《朝鮮時代 書院研究》 (집문당, 1997); 金容晩, 《朝鮮時代 私奴婢研究》 (집문당, 1997); 염정섭, 《조선시대 농법 발달 연구》 (태학사, 2002); 이정수·김희호, 《조선시대 노비와 토지 소유방식》 (대구: 경북대학교출판부, 2006).

28 車文燮, 《朝鮮時代 軍制研究》 (단국대학교출판부, 1973); 張學根, 《朝鮮時代海洋防衛史研究》 (진해: 해군사관학교, 1987); 許善道, 《朝鮮時代 火藥兵器史研究》 (일조각, 1994) 외.

29 孫承喆, 《朝鮮時代 韓日關係史研究》 (지성의 샘, 1994); 장순순, 〈조선시대 왜관변천사 연구〉 박사학위논문 (전주: 전북대학교, 2001); 하우봉, 《조선시대 한국인의 일본 인식》 (혜안, 2006). 손승철의 책은 부제를 붙여 재판되었다. 손승철, 《조선시대 한일관계사 연구―교린관계의 허와 실》 (경인문화사, 2006) 참조.

30 오상학, 〈조선시대의 세계지도와 세계 인식〉 박사학위논문 (서울대학교, 2001).

³¹ 2,000여 년에 걸친 한중관계사라는 큰 주제를 다룬 연구서로 全海宗, 《韓中關係史硏究》 (일조각, 1970); 김한규, 《한중관계사 I, II》 (아르케, 1999) 등을 참조할 수 있다.

³² 안정희, 주 22의 논문.

³³ 李成珪, 〈明淸史書의 朝鮮 '曲筆'과 朝鮮의 '辨誣'〉, 《李公範敎授停年記念東洋史論叢》 (지식산업사, 1003); 박성주, 〈조선 전기 朝·明 관계에서의 宗系 문제〉, 《慶州史學》 22 (경주사학회, 2003); 金暻綠, 〈朝鮮初期 宗系辨誣의 展開樣相과 對明關係〉, 《國史館論叢》 108 (국사편찬위원회, 2006); 桑野榮治, 〈朝鮮中宗二O年代의 對明外交交涉―『嘉靖會典』編纂の情報收集をめぐつて〉, 《東洋史硏究》 67-3 (京都: 東洋史硏究會, 2008) 외.

³⁴ 河炫綱, 〈李承休의 史學思想 硏究〉, 《東方學志》 69 (연세대학교 국학연구원, 1990).

³⁵ 조건, 〈러일전쟁기 한국 문관들의 참전과 그 성격〉, 《軍事史硏究叢書》 5 (국방부 군사편찬연구소, 2008).

³⁶ 계승범, 〈계해정변(인조반정)의 명분과 그 인식의 변화〉, 《南冥學硏究》 26 (경상대학교 남명학연구소, 2008).

³⁷ '중국'이라는 용어의 다양한 의미에 대해서는 李成珪, 〈中華思想과 民族主義〉, 《哲學》 37 (한국철학회, 1992); 김한규, 《요동사》 (문학과지성사, 2004), 29~37쪽 참조.

³⁸ 정두희·이경순 편, 《임진왜란: 동아시아 삼국전쟁》 (휴머니스트, 2007), 21~22쪽.

³⁹ 일제강점기 한국지식인들이 사대주의와 유교에 대해 보인 비판적 태도에 대해서는 John B. Duncan, "Uses of Confucianism in Modern Korea," in Benjamin Elman, John Duncan, and Herman Ooms, eds., *Rethinking Confucianism: Past and Present in China, Japan, Korea, and Vietnam*, (Los Angeles: UCLA), pp. 431~462 참조.

⁴⁰ 정두희, 《하나의 역사, 두 개의 역사학》 (소나무, 2001), 30~39쪽.

⁴¹ 李泰鎭, 《朝鮮後期의 政治와 軍營制 變遷》, (한국연구원, 1985), 2~48쪽; 李泰鎭 편, 《朝鮮時代 政治史의 再照明―士禍·黨爭篇―》, (범조사, 1985), 13~44쪽; 정옥자, 《조선 후기 조선중화사상연구》 (일지사, 1998); 최완수 외, 《우리문화의 황금기 진경시대 1: 사상과 문화》 및 《우리문화의 황금기 진경시대 2: 예술》 (돌베개, 1998); 허태용, 《조선후기 중화론과 역사 인식》 (아카넷, 2009) 수록 논문들 외 다수.

⁴² 교수신문 편, 《고종황제 역사청문회》 (푸른역사, 2005).

⁴³ 거의 모든 개설서가 이 학설을 따르고 있는데, 이 학설을 가능케 했던 초창기 연구로는 千寬宇, 〈麗末鮮初의 閑良〉, 《李丙燾博士華甲記念論叢》 (일조각, 1956); 李佑成, 〈高麗朝의 '吏'에 對하여〉, 《歷史學報》 13 (역사학회, 1964); 韓永愚, 〈麗末鮮初 閑良과 그 地位〉, 《韓

國史硏究》 4 (한국사연구회, 1969); 金潤坤, 〈新興士大夫의 擡頭〉, 《한국사 8: 高麗後期의 社會와 文化》 (국사편찬위원회, 1974); 李泰鎭, 〈14, 15세기 農業技術의 발달과 新興士族〉, 《東洋學》 9 (단국대학교 동양학연구소, 1979) 등 참조.

44 가장 대표적인 것으로는 John B. Duncan, "The Social Background to the Founding of the Chosón Dynasty: Change or Continuity?" *Journal of Korean Studies*, Vol. 6 (Los Angeles: Society for Korean Studies, 1989) 참조. 이 학설은 지금까지도 구미 학계의 주류를 이루고 있다. 이보다 앞서, 데이터베이스에 의존하지 않고도 국내에서는 정두희가 신흥사대부론의 개념에 대해 의문을 제기한 바 있다. 鄭杜熙, 《朝鮮初期政治支配勢力硏究》 (일조각, 1983), 15~16쪽 참조.

45 李泰鎭, 《韓國社會史: 農業技術 發達과 社會變動》 (지식산업사, 1986); 李樹健, 《嶺南士林派의 形成》 (영남대학교 민족문화연구소, 1979); 李秉烋, 《朝鮮前期畿湖士林派硏究》 (일조각, 1984) 외 다수.

46 Edward W. Wagner, *The Literati Purges*, (Cambridge: Harvard University, 1974); Edward W. Wagner, 〈李朝 士林問題에 관한 再檢討〉, 《全北史學》 4 (전북대학교사학회, 1980); 鄭杜熙, 〈朝鮮前期〉, 《歷史學報》 104 (역사학회, 1984); 정두희, 《朝鮮時代의 臺諫硏究》 (일조각, 1994), 142~143쪽; John B. Duncan, 〈A Reconsideration of the 'Sarim' of the Choson Dynasty〉, 《南冥學硏究論叢》 3 (남명학연구원, 1995).

47 신석호, 〈조선왕조 개국 당시의 대명관계〉, 《국사상의 제문제》 1 (국사편찬위원회, 1959); 金漢植, 〈明代韓中關係를 둘러싼 若干의 問題―동아시아 세계질서 속에서의 韓中關係史의 모색〉, 《大丘史學》 12·13 (대구사학회, 1977); 孫承喆, 〈朝鮮朝 事大交隣政策의 成立과 그 性格―朝鮮朝 對外政策史 硏究試論〉, 《溪村閔丙河敎授停年紀念 史學論叢》 (논총간행위원회, 1988); 金九鎭, 〈朝鮮 前期 韓中關係史의 試論: 朝鮮과 明의 使行과 그 性格에 대하여〉, 《弘益史學》 4 (홍익대학교 사학회, 1990). 주로 개설서에 많이 보인다.

48 전해종, 《韓中關係史硏究》 (일조각, 1970), 77~100쪽.

49 小葉田淳, 〈中世後半期に於ける日鮮金銀貿易の硏究〉, 《史學雜誌》 43:6·7 (史學會, 1932); 申奭鎬, 〈朝鮮中宗時代의 禁銀問題〉, 《稻葉博士還曆記念滿鮮史論叢》 (稻葉博士還曆記念會, 1938). 조선 정부가 은광 개발에 미온적이었던 주원인을 조공 문제보다는 국내 문제로 볼 수도(劉承宙, 〈朝鮮前期의 金銀鑛業硏究〉, 《韓國史硏究》 27, 한국사연구회, 1979) 있다. 그럴지라도, 명의 은 징수 가능성에 대한 우려가 적극적 은광 개발을 저해하는 한 요인으로 작용한 점은 부정할 수 없다.

50 전해종, 주 48의 책, 77~100쪽.

51 《同文彙考》原編 46:1a~9a (국사편찬위원회, 1978), 872~876쪽; 《숙종실록》 32권 24년 4월 26일 경오.

52 중종의 경우에는 Robinson, David M. 1999. "Korean Lobbying at the Ming Court: King Chungjong's Usurpation of 1506, a Research Note," *Ming Studies*, Vol. 41, pp. 37~53; 김경록, 〈中宗反正이후 承襲外交와 朝明關係〉, 《韓國文化》 40 (서울대학교 규장각한국학연구원, 2007) 참조. 광해군에 대해서는 Seung B. Kye, "In the Shadow of the Father: Court Opposition and King Kwanghae in Early Seventeenth-Century Chosŏn Korea," Ph. D dissertation (Seattle: University of Washington, 2006), pp. 42~54 참조. 인조에 대해서는 한명기, 〈17·8세기 韓中關係와 仁祖反正—朝鮮後期의 '仁祖反正 辨誣' 문제〉, 《韓國史學報》 13 (한국사학회, 2002) 참조.

53 실록에서 찾을 수 있는 사례들은 매우 많은데, 그 가운데 일부를 전거로 제시하면 다음과 같다. 《중종실록》 24년 10월 18일, 26일, 27일; 37년 11월 24일; 《숙종실록》 35권 27년 3월 29일 병진; 《경종수정실록》 3권 2년 3월 26일 신해; 《영조실록》 1권 즉위년 9월 1일 신축 등.

54 개항 이후 청의 내정 간섭 시기에 '속국'의 개념과 관련해 외교적으로 문제가 된 조공과 책봉의 성격에 대한 연구사 정리로는 구선희, 〈근대 한중관계사의 연구경향과 쟁점 분석〉, 《한중일 학계의 한중관계사 연구와 쟁점》 (동북아역사재단, 2009), 187~234쪽 참조.

55 전해종, 《韓中關係史研究》, 50~60쪽; Hae-jong Chun, "Sino-Korean Tributary Relations in the Ch'ing Period," in *The Chinese World Order: Traditional China's Foreign Relations*, (Cambridge: Harvard University Press, 1968), pp. 90~111. "Korea was the model tributary, and during the Ch'ing era official Sino-Korean relations …… provided an example of the relations expected or desired between China and other peripheral states." John K. Fairbank, *The Chinese World Order*, p. 16. "…… Korea offered the primary example, almost the ideal model, of tributary relations. ……" 단, 전해종은 《韓中關係史研究》 15쪽의 각주에서 '전형적' 보다는 '본질적' 이라는 표현이 더 적절할 것 같다고 함으로써, 전형적이라는 표현에 대해 다소 유보적인 태도를 보이기도 했다. 그렇지만 같은 책에서 조선시대 한중관계와 관련해서는 여전히 '전형적' 이라는 말을 쓰고 있다.

56 피터 윤, 〈서구 학계 조공제도 이론의 중국 중심적 문화론 비판〉, 《아세아 연구》 109 (고려

대학교 아세아문제연구소, 2002) 참조.

[57] Michael C. Rogers, "The Chinese World Order in Its Transmural Extension: The Case of Chin and Koryŏ," *Korean Studies Forum*, Vol. 4 (1978).

[58] Hugh D. Walker, "The Yi-Ming Rapprochement: Sino-Korean Foreign Relations, 1392~1592," Ph. D dissertation (Los Angeles: UCLA, 1971).

[59] 주 47의 논문들 외에도, Donald Clark, "Sino-Korean Tributary Relations under the Ming," *The Cambridge History of China*, Vol. 8 (Cambridge University Press, 1998), pp. 272~300; 박원호, 주 2의 책 참조.

[60] Peter Yun, 〈Confucian Ideology and the Tribute System in Chosŏn-Ming Relations〉, 《史叢》 55 (고려대학교사학회, 2002).

[61] Seung B. Kye, "The Posthumous Image and Role of Ming Taizu in Korean Politics," *Ming Studies*, Vol. 50 (Minneapolis: Society for *Ming Studies*, 2005).

[62] 계승범, 〈파병 논의를 통해 본 조선 전기 大明觀의 변화〉, 《大東文化硏究》 53 (성균관대학교 대동문화연구소, 2006), 328~329쪽.

[63] 홍선표, 〈15·16세기 조선화단의 중국화 인식과 수용태도―對明觀의 변화를 중심으로―〉, 《美術史論壇》 26, (한국미술연구소, 2008).

[64] 계승범, 주 62의 논문, 329~339쪽. 이에 대한 보다 상세한 논의는 이 책의 4장에 자세하다.

[65] John K. Fairbank, "Tributary Trade and China's Relations with the West," *The Far Eastern Quarterly*, vol. 1, no. 2 (New York: Far Eastern Association, 1942); John K. Fairbank, ed., *The Chinese World Order: Traditional China's Foreign Relations*, (Cambridge: Harvard University Press, 1968), pp. 1~19 및 257~275; Mark Mancall, *China at the Center: 300 Years of Foreign Policy*, (New York: The Free Press, 1992), pp. 19~39.

[66] John K. Fairbank, ed., *The Chinese World Order: Traditional China's Foreign Relations*, (Cambridge: Harvard University Press, 1968), pp. 1~19; John D. Langlois, "Chinese Culturalism and the Yuan Analogy: Seventeenth Century Perspectives," *Harvard Journal of Asian Studies*, Vol 40, no. 2 (1980); Alastair Iain Johnston, *Cultural Realism: Strategic Culture and Grand Strategy in Chinese History*, (Princeton: Princeton University Press, 1995); Ring-ti Ho, "In Defense of Sinicization: A Rebuttal of Evelyn Rawski's 'Reenvisioning the Qing'," *Journal of Asian Studies*, Vol 57, no. 1 (1998).

67 John K. Fairbank, *Trade and Diplomacy on the China Coast: The Opening of the Treaty Ports, 1842~1854*, (Stanford: Stanford University Press, 1953, 1969).

68 Joseph Esherick, "Harvard on China: The Apologetics of Imperialism," *Bulletin of Concerned Asian Scholars*, Vol. 6, no. 4 (Cambridge: Bulletin of Concerned Asian Scholars, 1972).

69 James Hevia, *Cherishing Men from Afar: Qing Guest Ritual and the Macartney Embassy of 1793*, (Durham: Duke University Press, 1995) pp. 7~15.

70 Tani E. Barlow, "Colonialism's Career in Postwar China Studies" in *Tani Barlow ed., Formations of Colonial Modernity in East Asia*, (Durham: Duke University Press, 1997), pp. 373~411.

71 Herbert Franke and Denis Twitchett, "Introduction," *The Cambridge History of China*, Vol. 6 (Cambridge: Cambridge University Press, 1994), pp. 1~42. 이에 따르면, 조공제도tribute system라는 말은 그 의미가 너무 광범위해, 그것만으로는 중국의 우월성을 담보할 수 없다. 즉 동등한 관계에서도, 또는 심지어 차이나China가 열등한 상태에서도 조공제도는 얼마든지 가능하다는 것이다. 좋은 실례는 북송北宋과 남송南宋 시대에 두드러지게 나타난다.

72 정도의 차이는 있으나, 대략 이런 시각의 비판으로는 John E. Wills, Jr., "Ch'ing Relations with the Dutch, 1662~1690," Morris Rossabi, ed., *China among Equals: The Middle Kingdom and Its Neighbors, 10th~14th Centuries*, (Berkeley: University of California Press, 1983); John E. Wills, *Embassies and Illusions: Dutch and Portuguese Envoys to Kang-hsi, 1666~1687*, (Cambridge: Harvard University Press, 1984); Nicola di Cosmo & Don J. Wyatt, *Political Frontiers, Ethnic Boundaries, and Human Geographies in Chinese History*, (London: RoutledgeCurzon, 2003) 등을 참조할 수 있다.

73 이 문단의 내용 정리는 미국 시애틀 소재 University of Washington에 있는 안종은 선생과의 토론에 힘입은 바 크다. 이에 지면을 통해 감사드린다.

74 Thomas Barfield, *The Perilous Frontiers: Nomadic Empires and China, 221 B.C. to A.D. 1757*, (Cambridge, Massachusetts: Blackwell, 1989); Anatoly M. Khazanov, *Nomads and the Outside World*, 2nd edition (Madison: University of Wisconsin Press, 1994).

75 John E. Wills, Jr., "Maritime Asia, 1500~1800: The Interactive Emergence of European Domination," *American Historical Review*, vol. 98, no. 1 (1993), pp. 83~105.

76 John E. Wills, Jr.,"Tribute, Defensiveness, and Dependency: Uses and Limits of Some Basic Ideas about Mid-Ch'ing Foreign Relations," *The American Neptune*, vol. 48 (Salem: Peabody Museum of Salem, 1988).

77 이에 대해서는 피터 윤(윤영인), 〈서구 학계 조공제도 이론의 중국 중심적 문화론 비판〉, 《아세아연구》 45-3 (고려대학교 아세아문제연구소, 2002)에 상세하다. 이 논문은 조공·책봉제도 전반에 대한 구미 학계의 연구사 정리 측면에서도 많은 도움을 준다.

78 Hugh D. Walker, "The Yi-Ming Rapprochement: Sino-Korean Foreign Relations, 1392~1592," Ph. D dissertation (Los Angeles: UCLA, 1971).

79 Donald N. Clark, "Sino-Korean Tributary Relations under the Ming," *The Cambridge History of China*, Vol. 8 (Cambridge University Press, 1998), pp. 272~300; Peter I. Yun, "Rethinking the Tribute System: Korean States and Northeast Asian Interstate Relations, 600~1600," Ph. D dissertation (UCLA, 1998).

80 대표적인 연구로는 Pamela Kyle Crossley, *Orphan Warriors: Three Manchu Generations and the End of the Qing World*, (Princeton: Princeton University Press, 1990); Evelyn Rawski, "Reenvisioning the Qing: The Significance of the Qing Period in Chinese History," *Journal of Asian Studies*, Vol. 55, no. 4 (Minneapolis: Association for Asian Studies, 1996); Evelyn S. Rawski, T*he Last Emperors: A Social History of the Qing Imperial Institutions*, (Berkeley: University of California Press, 1998); James A. Miillward, *Beyond the Pass: Economy, Ethnicity, and Empire in Qing Central Asia, 1759~1864*, (Stanford: Stanford University Press, 1998); Mark C. Elliot, *The Manchu Way: The Eight Banners and Ethnic Identity in Late Imperial China*, (Stanford: Stanford University Press, 2001); James A. Miillward, et al, eds., *New Qing Imperial History: The Making of Inner Asian Empire at Qing Chengde*, (London: Routledge, 2004) 참조. 구미 학계의 이런 움직임에 대한 보다 상세한 소개로는 피터 윤, 〈만주족의 정체성과 '漢化' 이론에 대한 서구 학계 신간 소개〉, 《만주연구》 2 (만주학회, 2005) 참조.

81 Peter C. perdue, *China Marches West: The Qing Conquest of Centural Eurasia*, (Cambrudge: Belknap Press of Harvard University Press, 2005); Pamela Kyle Crossley, Helen F. Siu, and Donald S. SuttonJames, *Empire at the Margins: Culture,*

Ethnicity, and Frontier in Early Modern China, (Berkeley: University of California Press, 2006); James A. Millward, *Eurasian Crossroads: A History of Xianjiang*, (New York: Columbia University Press, 2007) 등 참조. 신장(위구르) 문제를 건드린 밀워드 Millward 등 몇몇 서양인 학자들은 현재 중화인민공화국 당국의 입국불가 대상자 명단에 올라 있다.

82 Evelyn Rawski, "Reenvisioning the Qing: The Significance of the Qing Period in Chinese History," *The Journal of Asian Studies*, Vol. 55, no. 4 (Minneapolis: Association for Asian Studies, 1996), pp. 838~841.

83 西嶋定生, 《中國古代國家と東アジア世界》(東京: 東京大學出版會, 1983). 근 800쪽에 이르는 이 책의 내용 가운데 '동아시아세계' 론의 핵심을 이루는 세 편의 글은 별도로 묶여 한글로도 번역되었다. 니시지마 사다오 (이성시 편, 송완범 역), 《일본의 고대사 인식: '동아시아세계' 론과 일본》 (역사비평사, 2008) 참조.

84 이에 대한 상세한 설명과 분석은 박대재, 〈고대 '동아시아 세계론' 과 고구려사〉, 박대재 외, 《고대 동아시아세계론과 고구려의 정체성》 (동북아역사재단, 2007) 참조.

85 西嶋定生, 《中國古代國家と東アジア世界》(東京: 東京大學出版會, 1983), 411~412쪽.

86 책봉체제의 성격이 이전과는 다르게 새롭게 탈바꿈하는 시기와 관련하여 원대元代를 강조한 연구로는 Peter I. Yun, "Rethinking the Tribute System: Korean States and Northeast Asian Interstate Relations, 600~1600," Ph. D dissertation (UCLA, 1998), pp. 130~149; 楊軍·張乃和 편, 《先史前во20世紀末 東亞史》(長春: 長春出版社, 2006), 11~12장 참조. 명대明代를 강조한 연구로는 John E. Wills, *Embassies and Illusions: Dutch and Portuguese Envoys to Kang-hsi, 1666~1687*, (Cambridge: Harvard University Press, 1984) 참조.

87 堀敏一, 《中國と東アジア世界》(東京: 岩波書店, 1993).

88 西嶋定生, 《中國古代國家と東アジア世界》(東京: 東京大學出版會, 1983), 594~602쪽.

89 동아시아사 개설서 가운데 한국을 별로도 설정하여 비중 있게 다룬 책으로는 아마 Patricia Ebrey, Anne Walthall, and James Palais, *Premodern East Asia: A Cultural, Social, and Political History*, (Boston: Houghton Mifflin, 2006)가 대표적일 것이다.

90 이삼성, 《동아시아의 전쟁과 평화: 전통시대 동아시아 2천년과 한반도》 (한길사, 2009), 106~108쪽.

91 金泰丞 편역, 《東洋史의 基礎知識》(신서원, 1991).

92 이에 대한 정리로는 박대재, 〈고대 '동아시아 세계론'과 고구려사〉, 박대재 외, 《고대 동아시아세계론과 고구려의 정체성》 (동북아역사재단, 2007) 참조.

93 김한규, 《한중관계사》 (아르케, 199), 599~603쪽.

94 John Duncan, "Hyanghwain: Migration and Assimilation in Chos@n Korea," Acta Koreana, Vol. 3 (계명대학교 한국학연구원, 2000), pp. 99~113.

95 劉鳳榮, 〈王朝實錄에 나타난 李朝前期의 野人〉, 《白山學報》 14 (백산학회, 1973), 93쪽; 金九鎭, 〈朝鮮前期 對女眞關係와 女眞社會의 實態〉, 《동양학》 14 (단국대학교 동양학연구소, 1984), 513~514쪽.

96 김한규, 《요동사》 (문학과지성사, 2004), 530~539쪽. 한편, 명대明代 만주 지역의 위에 대해서는 Frederic Wakeman, Jr., *The Great Enterprise: The Manchu Reconstruction of Imperial Order in Seventeenth—Century China*, Vol. 1, (Berkeley: University of California Press, 1985), pp. 23~37도 아울러 참조.

97 전해종, 〈조선 전기 한중관계의 몇 가지 특징적인 문제〉, 《동양학》 14 (단국대학교 동양학연구소, 1983), 524쪽.

98 맹가첩목아 등 건주여진 추장들을 서로 자국의 영향권 아래 두기 위해 명과 조선이 벌인 경쟁에 대해서는 徐炳國, 〈童猛哥帖木兒의 建州左衛 硏究〉, 《白山學報》 11 (백산학회, 1971)에 상세하다.

99 閻崇年, 《奴爾哈赤傳》 (北京: 北京出版社, 1983), 1~15쪽.

100 이에 대한 상세한 논의는 이 장의 (3)절 참조.

101 유봉영, 주 95의 논문.

102 4군과 6진의 설치 및 유지 과정에 대해서는 유재성 편, 《국토개척사》 (국방군사연구소, 1999), 20~198쪽; 오종록, 〈세종 시대 북방 영토 개척〉, 《세종문화사대계》 3 (세종대왕기념사업회, 2001), 803~819쪽; 이찬, 〈세종 시대의 지리학—북방개척 지도와 지리지〉, 《세종문화사대계》 3 (세종대왕기념사업회, 2001), 471~481쪽 참조.

103 Kenneth R. Robinson, "From Raiders to Traders: Border Security and Border Control in Early Chosŏn Korea, 1392~1450," *Korean Strudies*, Vol. 16 (Manoa: University of Hawaii, Center for Korean Studies, 1992), pp. 94~115.

104 이 책에서는 편의상 국사편찬위원회에서 온라인으로 제공하는 《조선왕조실록》의 양력 연도와 음력 월일을 사용했다.

105 《세종실록》 125권 31년 8월 1일 무신; 125권 31년 8월 2일 기유.

106 《세종실록》 125권 31년 8월 16일 계해. "吏曹判書鄭麟趾 集賢殿副提學鄭昌孫啓 …… 昔太王事狄人 鄭國兩事齊楚 今也先兵勢甚盛 窺伺中原 其志不小 我國兵勢 不能相敵 況此編戶軍丁 率皆殘劣 何能爲哉 且也先志在中國 必不分兵懸軍遠來 侵我邊鄙 觀也先志慮雄深 擧事持重 若來侵我 是更生一敵也 必不爲此 請寬期限 以舒民生"

107 《세종실록》 125권 31년 8월 18일 을축.

108 정통제의 원정 일정 및 그가 몽골의 포로가 되는 자세한 상황은 Frederick W. Mote, "The Tu-mu Incident of 1449," Frank A. Kierman, Jr. and John K. Fairbank ed., *Chinese Ways in Warfare*, (Cambridge: Harvard University Press, 1974), pp. 243~272 참조.

109 《세종실록》 125권 31년 9월 2일 기묘.

110 《세종실록》 125권 31년 9월 9일 병술; 125권 3년 9월 19일 병신.

111 《세종실록》 125권 31년 9월 29일 병오; 126권 31년 10월 2일 기유; 16일 계해; 126권 31년 10월 1일 무신.

112 《세종실록》 127권 1월 5일 신사. "謝恩使金何齋勅回自京師 百官迎于慕華館 其勅曰 前因虜寇犯邊 已嘗勅爾 調兵前來 與遼東兵會合殺賊 今者京軍已行殺敗 此寇遠遯去訖 所謂爾朝鮮之兵 可自保守境土 不必前來 如勅奉行" 한편, 야선의 북경 공략 과정에 대한 자세한 설명은 Denis Twitchett and Tilemann Grimm, "The Zhengtong, Ching-tai, and Tien-shun reigns, 1436~1464," *The Cambridge History of China*, Vol. 7, (New York: Cambridge University Press, 1988), pp. 325~330에 상세하다.

113 《세종실록》 126권 32년 1월 5일 신사; 127권 32년 1월 21일 정유; 《명실록》 景泰 원년 2월 신묘. "朝鮮國王李裪 遣陪臣李含等 貢馬五百匹 奏曰 …… 帝曰 虜寇今消息 王又措辦艱難焉 已至者 受之以銀三百兩 紵絲羅各三十匹 絹一百疋 償其値 未至者 止勿貢." 한편, 당시 명은 조선의 공마貢馬에 대해 값을 치르지 않거나, 치르더라도 시세보다는 낮게 지급하곤 했다. 이에 대해서는 김순자, 《韓國中世韓中關係史》 (혜안, 2007), 223~276쪽 참조.

114 《세종실록》 125권 31년 8월 16일 계해; 126권 31년 10월 1일 무신; 127권 32년 1월 15일 신묘.

115 《세종실록》 127권 32년 1월 15일 신묘. "…… 議者必謂敵若侵陵 卑辭厚幣 可免一時之患 臣觀前朝事元之後 撤禮塔·車羅大·洪茶丘侵暴之兵 無歲無之 是不可以禮信相待者也 若我兵力不足 則達達豈愛我者哉 不得已從權修好 須一大勝 而後可也 彼知我兵力可以相

抗 然後未敢輕易興師 而封疆可守 前朝之於遼金是也 然則和與戰 皆不可不用其兵也 故臣敢以選將卒 儲糧餉 備器械 繕城堡 爲當今之急務 ……"

116 《西征錄》(군사편찬위원회, 1989). 해제에 해당되는 〈이 책에 대하여〉를 참조.

117 《고려사》 42권 24a~25a, (평양: 사회과학원, 1964).

118 최근의 연구로는 朴元熇, 《明初朝鮮關係史研究》(일조각, 2002), 33~113쪽; 남의현, 《明代遼東支配政策研究》(강원대학교출판부, 2008), 107~116쪽 참조.

119 이에 대한 보다 상세한 논의는 柳在春, 〈15세기 明의 東八站 地域 占據와 朝鮮의 對應〉, 《朝鮮時代史學報》 18 (조선시대사학회, 2001); 남의현, 주 118의 책, 303~321쪽 참조.

120 《세종실록》 127권 32년 1월 5일 신사. "謝恩使金何齎勅回自京師 百官迎于慕華館 其勅曰 前因虜寇犯邊 已嘗勅爾 調兵前來 與遼東兵會合殺賊 今者京軍已行殺敗 此寇遠遁去訖 所調爾朝鮮之兵 可自保守境土 不必前來 如勅奉行 ……"

121 《建州私志》 上 1권 b, 《清初史料四種》(北京: 北平圖書館, 1970).

122 《명실록》 天順 3년 2월 을해. "勅諭朝鮮國王李珥近者邊將奏報 有建州三衛都督 古納哈董山等 私謁王國 俱得賞賜而回 此雖傳聞之言 必有形迹可疑 …… 王速改之 如彼自來 亦當拒絕 諭以各安本分 各守境土 毋或自作 不靖以貽後悔 在王尤當秉禮守法 遠絕嫌疑 繼承前烈 以全令名 王其愼之."

123 《명실록》 天順 3년 3월 갑신.

124 《명실록》 景泰 원년 5월 계축; 《세조실록》 43권 13년 9월 14일 병자.

125 《세조실록》 43권 13년 9월 15일 정축.

126 한 증거로, 왕권 견제의 상징인 간쟁 활동이 세조 때 가장 현저하게 위축되었다. 鄭杜熙, 《朝鮮時代의 臺諫研究》(일조각, 1994), 6~48쪽 참조.

127 《세조실록》 43권 13년 9월 14일 병자.

128 《세조실록》 43권 13년 9월 20일 임오; 21일 계미; 44권 13년 10월 10일 임인; 《명실록》 成化 3년 12월 임오. 한편 구미부는 지금의 혼하渾河 중류의 회인懷仁 지역으로 추정된다. 《中國正史朝鮮傳譯註》 4 (국사편찬위원회, 1990), 164쪽 참조.

129 이때의 조·명 합동 군사작전에 대해서는 稻葉岩吉, 《光海君時代의 滿鮮關係》(京城: 大阪屋號書店, 1933), 45~49쪽; 李仁榮, 〈韓國滿洲 關係史의 研究〉, 金成俊 편, 《鶴山李仁榮全集》 2 (국학자료원, 1998). 151~160쪽; 河內良弘, 《明代女眞史의 研究》(京都: 同朋舍出版, 1984), 484~493쪽에도 비교적 상세하다.

130 《세조실록》 42권 13년 5월 2일 병인.

131 《세조실록》 42권 13년 5월 5일 기사; 6일 경오.

132 이 난과 그 진압 과정에 대해서는 金相五, 〈李施愛의 亂에 對하여〉, 《全北史學》 2·3 (전북대학교 사학회, 1978·1979); 鄭泰憲, 〈世祖의 李施愛亂 收拾政策〉, 《史學研究》 38 (한국사학회, 1984) 참조.

133 《세조실록》 43권 13년 8월 17일 경술.

134 《명실록》 天順 3년 4월 경신. "勅諭朝鮮國王李琂曰 先因邊將奏 王與建州三衛頭目交通 朝廷遣勅諭王 今得王回奏 似以爲當然 不以爲已遇 故特再勅諭王 王其明聽朕言 毋忽 …… 且彼旣受朝廷官職 王又加之 是與朝廷抗衝矣 王以爲除官給賞 依本國故事 此事有無 朕不得知 縱使有之 亦爲非義 王因仍不改 是不能盖前人愆也 ……" 아울러, 《세조실록》(16권 5년 4월 8일 기미; 17권 5년 7월 19일 무술)도 참조.

135 《명실록》 天順 4년 4월 갑술.

136 《세조실록》 16권 5년 4월 16일 정묘.

137 《세조실록》 16권 5년 4월 13일 갑자. "咸吉道都體察使申叔舟馳啓 …… 御札諭申書狀官曰 今傳寫勅書同封以送 卿可看焉 予謂中國多有計度誘我耳 欲威而不得威 欲置而不得置 勢固然也 又卿所分送書契 大有招撫之迹 卿雖還程 可還北道 隨宜還收 上策也 雖未盡收 近中國處則須還收 然不可露形迹也 和解之事 宜終始如一 畢竟歸順之而已 此餘細節目 委卿布置."

138 《세조실록》 41권 13년 3월 4일 기사. "時 帝患野人作耗邊境 使武忠齎勅 到毛憐衛 諭令和解 上疑武忠欲由我界而還 諭咸吉道節度使康孝文曰 審此事目施行 一 武忠若欲來見節度使 便當接之於城外 仍厚慰曰 體殿下之意也 言若干於公事則曰 大人與我所管公事不同 非吾所敢擅便 …… 一 若問今年野人往王城者 何以接待 答曰 舊例野人欲往王城者 許之 非自今年始 亦朝廷所知也 若曰 野人之犯上國之境者 不可接之 答曰 彼輩所犯 非本國所知 但從舊例接待耳."

139 김구진, 〈세종 시대의 여진 관계〉, 《세종문화사대계》 3 (세종대왕기념사업회, 2001), 881~882쪽.

140 《성종실록》 110권 10년 윤10월 11일 계해.

141 《성종실록》 109권 10년 10월 28일 경술 및 29일 신해.

142 이 문단의 내용은 《성종실록》 109권 10년 10월 29일 신해 참조.

143 《성종실록》 110권 10년 윤10월 7일 기미. "…… 臣聞 孟子曰 鄕隣有鬪 雖閉戶可也 以今日之事言之 …… 於我則 是鄕隣之鬪 在所閉戶也 …… 古云 夷狄相攻 中國之利也 臣以謂

隣國相攻 我國之利也 何必驅吾赤子 赴之鋒鏑之間 而資他國之利也 …… 世宗大王事大之誠 出於天性 然猶甚酒時勢 權宜敷奏者 誠以邦本不可不固 邊患不可不慮也 …… 若曰世祖旣已從之 在今不可獨違 今年從之 明年又從之則 臣恐 上國示以爲常 每遇征虜 其徵發我國 有同腹裏矣 然則 其能一一應之乎 …… 或以帝命爲重 而不得已應之則 …… 請更以春和爲期 惑者 中國先期而行則 我民無征戰之勞 …… 夫虜之所以犯我者 丁亥之戰爲之階也 …… 夫建州酋長李滿住 誠心投化 素無讐怨 今以丁亥之戰嗛卿 至今累次來犯 豈非爲害之甚也 甲怒乙移 而代人受敵 臣未知其可也 ……"

144 《성종실록》 110권 10년 윤10월 7일 기미; 110권 10년 윤10월 8일 경신.

145 《성종실록》 110권 10년 윤10월 8일 경신.

146 《성종실록》 110권 10년 윤10월 11일 계해.

147 《성종실록》 110권 10년 윤10월 12일 갑자.

148 《성종실록》 112권 10년 윤 10월 21일 계유. "諭三道體察使魚有沼曰 …… 見可而進 知難而退 此良將事也 卿爲三軍司命 其可不體予意 冒危蹈險 以傷士卒乎 師出萬全 是了本意 卿其三思 審度時勢 酌其難易 毋輕進 毋久留 以全我士卒 以紓我西顧之憂."

149 《성종실록》 111권 10년 11월 11일 임진.

150 《성종실록》 112권 10년 12월 3일 갑인.

151 《성종실록》 111권 10년 11월 18일 기해; 112권 10년 12월 3일 갑인.

152 《성종실록》 111권 10년 11월 19일 경자. "上曰 …… 今者 我軍纔到江還 …… 雖欲奏聞 辭實無據 朝廷其無責我乎 前者 馬侍郞請禁我國收買弓角 奏請後 朝廷許之 且中朝親信我國 使者之行 皆許佩弓帶刀 今不從勅書 必生疑貳 遣使責之 其將何辭以對 今雖不至元朝之侵責 天下之事 未可期也."

153 《성종실록》 111권 10년 11월 19일 경자. "上曰 子計以爲 野人被王師入攻 恐我國夾攻 必遣入站之 雖不深入攻 若遇候站者 擒獲以獻 可以塞責."

154 조선 전기 궁각 무역의 변천에 대해서는 曹永祿, 〈水牛角貿易을 통해 본 鮮明關係〉, 《東國史學》 9 (동국대학교 사학회, 1966) 참조.

155 《성종실록》 112권 10년 12월 20일 신미; 113권 11년 1월 7일 무자; 112권 10년 12월 20일 신미; 《명실록》 성화 16년 2월 기묘.

156 安貞熙, 〈朝鮮初期의 事大論〉, 《歷史教育》 64 (역사교육연구회, 1997), 23쪽.

157 안정희, 주 156의 논문, 28~31면.

158 《중종실록》 100권 38년 1월 2일 정미.

¹⁵⁹ 《중종실록》100권 38년 1월 6일 신해. "傳于政院曰 …… 世祖丁亥年 成宗己亥年 西征日記及尹弼商赴戰日錄 予詳覽之 …… 成宗奉勅應命 遣將魚有沼 有沼預以江氷未合爲辭 (尹)弼商曰 浮橋可渡 云 有沼不以爲然 將兵到江 托以流澌 擅自罷兵 非徒犯於軍令 使我國欺罔天朝 厥罪亦大 …… 若不意降勅 則其顚倒失措必矣 以兩朝之事觀之 皆預爲措置 及赴中朝發兵之期 只因魚有沼失誤事機 弼商遂未及期 …… 在今計之 中原紀綱 旣不如古 征討之擧 亦難必也 然在我之道 當預爲措置 予意預定都 副元帥委任 則凡措置之事 備考謄錄 自然勉力爲之 若未及期會 則自有其責 ……."

¹⁶⁰ 파병 준비 및 사민정책 보류에 관한 여러 의견은 《중종실록》100권 38년 1월 4일 기유 참조.

¹⁶¹ 《중종실록》100권 38년 1월 4일 기유; 7일 임자. 중종 대의 사민정책에 대해서는 박홍갑, 〈조선 中宗朝의 徙民政策 변화와 그 문제점—자연재해와의 관련을 중심으로〉, 《朝鮮時代史學報》8 (조선시대사학회, 1999) 참조.

¹⁶² 《중종실록》100권 38년 1월 4일 기유; 101권 38년 7월 20일 계해.

¹⁶³ 《중종실록》100권 38년 1월 28일 계유.

¹⁶⁴ 《중종실록》100권 38년 3월 15일 기미; 100권 38년 3월 27일 신미.

¹⁶⁵ 《國朝五禮儀》3권 10b~13a; 《중종실록》96권 36년 10월 기미.

¹⁶⁶ 《세종실록》127권 32년 1월 을사. 이때 명 사신은 세종의 병환 때문에 왕을 알현하지도 못하고 돌아갔다. 이때의 명 사신에 대해서는 Philip de Heer, "Three Embassies to Seoul: Sino-Korean Relations in the 15th Century," Leonard Blusse and Harriet T. Zurndorfer, eds., *Conflict and Accommodation in Early Modern East Asia: Essays in Honour of Erik Zurcher*, (Leiden, The Netherlands: E. J. Brill, 1993), pp. 241~258 참조.

¹⁶⁷ 《단종실록》2권 즉위년 8월 22일 임오.

¹⁶⁸ 《성종실록》214권 19년 3월 10일 갑신.

¹⁶⁹ 《중종실록》84권 32년 3월 5일 갑신. 이때 수정된 의주의 내용은 정사正使로 왔던 한림원수찬翰林院修撰 공용경龔用卿이 사행을 마치고 귀국한 뒤 작성한 사행록에 실려 있다. 《使朝鮮錄》6a~7a, (南京: 陶風樓景印, 1937) 참조.

¹⁷⁰ 《중종실록》84권 32년 3월 10일 기축; 96권 36년 10월 7일 기미.

¹⁷¹ 《명종실록》3권 원년 1월 21일 기묘; 《선조실록》6권 5년 11월 1일 계미.

¹⁷² 《선조실록》2권 원년 2월 3일 계미.

¹⁷³ 《선조실록》3권 26년 3월 7일 임술.

174 《선조실록》 133권 34년 12월 6일 기사. 선조 때 의주를 고쳤다는 기록이 있는 것으로 보아, 중종 때 의주를 고친 것은 임시 수정이었던 것 같다.

175 《중종실록》 2권 2년 2월 15일 기축; 3권 2년 8월 22일 계사. 아울러 David M. Robinson, "Korean Lobbying at the Ming Court: King Chungjong's Usurpation of 1506: A Research Note," *Ming Studies*, Vol. 41, (Minneapolis: Society for Ming Studies, 1999); 김경록, 〈中宗反正이후 承襲外交와 朝明關係〉, 《한국문화》 40(서울대학교 규장각한국학연구원, 2007) 참조.

176 관련 연구로는 Seung B. Kye, "The Posthumous Image and Role of Ming Taizu in Korean Politics," *Ming Studies*, Vol. 50, (Society for Ming Studies, 2005), pp. 107~130 참조.

177 《중종실록》 51권 19년 6월 30일 계해.

178 《중종실록》 45권 17년 6월 5일 경진.

179 《중종실록》 45권 17년 6월 20일 을미.

180 이 논쟁은 3년 가까이 지속되다가, 결국 주우보는 예종흥헌제睿宗興獻帝로 추숭되었고, 추숭 반대를 극력 주도하던 신료 200여 명은 엄한 처벌을 받았다. 더 상세한 것은 James Geiss, "The Chia-ching Reign, 1522~1566," In *The Cambridge History of China*, Vol. 7, (New York: Cambridge University Press, 1988), pp. 440~450; F. W. Mote, *Imperial China, 900~1800*, (Cambridge: Harvard University Press, 1999), pp. 658~668 참조.

181 《중종실록》 51권 19년 6월 22일 을묘; 27일 경신~30일 계해; 7월 12일 을해; 8월 21일 계축. 특히, 《중종실록》 52권 19년 10월 7일 무술 참조. "御夜對 侍講官沈思遜曰 …… 今於是非紛紜之時 我國以海外之邦 先爲進賀 則無乃助成其邪論歟 上曰 中原之事 非我朝所得以是非之也 議論時方紛紜 外國似不合先賀 然此慶事 不得不已也 ……"

182 《중종실록》 60권 22년 12월 4일 정미; 5일 무신; 6일 기유. "領議政鄭光弼 右議政李荇議 …… 世廟之議 中朝是非角立 張璁桂萼書席等主議而爲之 持正論者 執其不可 如此是非角立之事 我國若輕易進賀 則有識之人 必議我國矣 臣意 決不可進賀也 傳曰 予意亦如此 故問之耳 ……".(6일 기유)

183 《중종실록》 66권 24년 10월 18일 경진.

184 《중종실록》 66권 24년 10월 18일 경진; 26일 무자; 27일 기축.

185 《중종실록》 76권 28년 10월 4일 계유; 5일 갑술; 6일 을해; 11월 4일 임인; 12월 16일 갑신.

186 《중종실록》76권 29년 1월 12일 기유. "下進賀使蘇世讓書狀曰 …… 子意以爲 進賀使非爲 皇太子存歿而去也 特賀皇帝生太子耳 無公文而中止 則其發程與否 中朝必不知之 何以表 盡誠事大之意乎 進賀使若知事體 則雖聞薨逝 當若不聞而入去 不當取稟也 ……."

187 《중종실록》76권 29년 1월 12일 기유.

188 《중종실록》76권 29년 1월 13일 경술. "…… 傳曰 …… 今送進賀使 爲皇帝誕生太子而賀 也 非關於太子之存歿也 冬至使書狀 非謂虛를 亦非陽爲不知而送也 太子之薨逝雖實 而已 封方物而進表 中間聞其薨逝而中止 則中原必不知我國進賀之意也 爲誕生而進賀 爲薨逝 而陳慰 則事體當矣 ……."

189 《중종실록》83권 32년 1월 3일 계미.

190 《중종실록》83권 32년 1월 23일 계묘; 24일 갑진; 25일 을사.

191 《중종실록》83권 32년 1월 25일 을사; 26일 병오; 27일 정미.

192 《중종실록》84권 32년 4월 30일 무인.

193 이상은 《중종실록》91권 34년 7월 22일 정해; 24일 기축.

194 《중종실록》96권 36년 9월 2일 을유.

195 《중종실록》103권 39년 6월 14일 신사.

196 《중종실록》51권 19년 6월 30일 계해; 83권 31년 12월 8일 기축; 83권 32년 1월 4일 갑 신; 2월 29일 무인; 95권 36년 7월 28일 임자; 96권 36년 9월 2일 을유; 11월 29일 신해.

197 《명종실록》8권 3년 7월 29일 임인. "平安監司宋璡拜辭 上引見曰 …… 宋璡曰 …… 中原 厭我國使臣之數來 亦猶我西路之厭苦也 中原驛卒 不勝艱苦 至相怨罵曰 汝國之人 何爲而 數來 且於山東鄕試 以我國進賀 謝恩等事發問 多有厭苦之意 海外之國 有異於畿內 而每爲 畿內所不爲之事 於事體殊異矣 傳曰 知道."

198 《중종실록》32년 11월 9일 갑신.

199 James Geiss, "The Leopard Quarter during the Cheng-te Reign." *Ming Studies*, Vol. 24 (Minneapolis: Society for Ming Studies, 1987), pp. 1~38.

200 《중종실록》86권 32년 11월 9일 갑신. "…… 嘉靖年來 中朝亦多事 孰能問及我國之事 萬 世之間 幸明主良相 出而審察卜問 則終難處之 今觀中朝 擧其紀綱 故安南叛賊 命將討之 此則天之道也 …… 于今三十年間 乃得無事 然不可以爲終必無事 而不憂也 他日中朝 若 或有議 則後世必謂前王 何不熟計而審處之 以遺後悔也 子孫之憂 不可不慮 不可容默 悠悠 玩愒歲月 若一快處 則後有何難 ……."

201 Truong, Buu Lam. 1968. "Intervention versus Tribute in Sino-Vietnamese Relations,

1788~1790," In John King FairbankIn, ed., *The Chinese World Order: Traditional China's Foreign Relations*, (Cambridge: Harvard University Press, 1968), 165~179; John K. Whitmore, *Vietnam, H'ô Quý, and the Ming, 1371~1421*, (New Haven: Yale Center for International and Area Studies, 1985), pp. 79~95; Gungwu Wang, "Ming Foreign Relations: Southeast Asia," In *The Cambridge History of China*, Vol. 8, (New York: Cambridge University Press, 1998), pp. 315~317.

202 《중종실록》 99권 37년 11월 24일 경오. "…… 臣等問曰 昨聖旨 降勅中外 於本國亦降勅否 答曰 所云中外者 非指外國也 ……."

203 가정제의 추존을 기리기 위한 특별진하사 파견 관련 논문으로는 구도영, 〈중종 대 사대 인식의 변화―大禮議에 대한 別行파견 논의를 중심으로―〉, 《역사와 현실》 62 (한국역사 연구회, 2006)도 참조할 수 있다.

204 《성종실록》 208권 18년 10월 12일 무인;《중종실록》 7권 3년 10월 22일 병술; 17권 7년 12월 26일 병인.

205 《朝鮮紀事》,《紀錄彙編》 65:1ab, (上海: 函芬樓, 1938). "…… 丙戌遼東起程 …… 丁亥浪 子山起程 …… 至辛塞人家宿 …… 戊子辛塞起程 高嶺至東山關東口宿 東關係華夷界限 ……."

206 《세조실록》 19권, 6년 3월 2일 기묘. "…… 寧怒甚 將回往碧蹄 待世子出迎而入 …… 寧又 不許曰 誰謂朝撫知禮之國 此事非挾太山超北海之類也 何無禮乃爾 徐行以待回報 ……."

207 《성종실록》 213권 19년 2월 계해. "…… 舊聞朝鮮讀書知禮 今見宰相行禮 方信前聞之不誣 ……."

208 《朝鮮國紀》 18b,《學海類編》 120 (上海: 函芬樓, 1920). "…… 俗柔謹重禮讓 喜讀書爲詩 文 …… 不娶同姓 士大夫喪葬祭 悉依文公家禮 ……."

209 이와 관련해서는 金漢植,〈明代 中國人의 對韓半島 認識〉,《東洋文化硏究》 8, 경북대 동 양문화연구소, 1981, 32~35쪽; Martina Deuchler, "Reject the False and Uphold the Straight: Attitudes Toward Heterodox Thought in Early Yi Korea," Wm. Theodore de Bary and JaHyun Kim Haboush, ed., *The Rise of Neo-Confucianism in Korea*, (New York: Columbia University Press, 1985), pp. 375~410; Miura Kunio, "Orthodoxy and Heterodoxy in Seventeenth-Century Korea: Song Siyol and Yun Hyu," *Ibid*, pp. 411~433 참조.

210 曺永祿,〈朝鮮의 小中華觀―明淸交替期 東亞三國의 天下觀의 變化를 중심으로〉,《歷史學

報》149 (역사학회, 1996), 116쪽; 都賢喆, 〈高麗末期 士大夫의 對外觀―華夷論을 중심으로―〉, 《震檀學報》86 (진단학회, 1998), 83~84쪽 참조.

211 河炫綱, 〈李承休의 史學思想 硏究〉, 《東方學志》69 (연세대학교 국학연구원, 1990).

212 김순자, 〈고려말 대중국 관계의 변화와 신흥 유신의 사대론〉, 《역사와 현실》15 (한국역사연구회, 1995), 129~130쪽.

213 금나라가 주도하던 국제 정세의 영향을 받은 주희의 화이론적 세계관과 그에 따른 외교정책에 대해서는 Brian McKnight, "Chu Hsi and His World," Wing-Tsit Chan, ed., *Chu Hsi and Neo-Confucianism*, (Honolulu: University of Hawaii Press, 1986), pp. 408~436 참조.

214 《중종실록》91권 34년 윤7월 17일 임자. "…… 第以子之於父 臣之於君 理同一體 ……."

215 《태조실록》2권 원년 12월 17일 계해; 4권 2년 8월 2일 을해; 5권 3년 1월 16일 병진.

216 《세종실록》113권 28년 8월 27일 임술.

217 《문종실록》3권 즉위년 8월 19일 경인.

218 《세조실록》2권 원년 10월 24일 병인.

219 《세조실록》32권 10년 2월 9일 임진; 38권 12년 4월 3일 계묘.

220 《예종실록》4권 원년 윤2월 21일 병자; 《성종실록》2권 원년 5월 22일 기해.

221 《중종실록》81권 31년 4월 을유. "…… 故入于上界則 以謂父母之邦 冒夜行走 盜賊亦不敢害 ……."

222 《중종실록》96권 36년 11월 신해. "…… 且父母之家 由我而疲困則 雖以孝子之心 昏定晨省 尙不可以頻頻 ……."

223 《중종실록》36년 10월 기미. "…… 傳曰 見有禮於其君者 事之如孝子之養父母 臣等觀其國王 尊敬朝廷如此 ……."

224 누르하치의 건주위 통합 과정에 대해서는 閻崇年, 《努爾哈赤傳》(北京: 北京出版社, 1983), pp. 33~42 참조. 한편, 명나라는 랴오둥과 만주 일대에 衛라는 군사행정 단위를 100여 개 이상 설치했는데, 현재 중화인민공화국의 랴오닝 성 밖에 위치했던 모든 위는 겉으로는 명나라에 편입된 것처럼 보이지만, 실제로는 명나라와 책봉·조공 관계를 맺은 여진 추장들의 독립적인 정치체였다. 김한규, 《요동사》(문학과지성사, 2004), 530~539쪽 참조. 누르하치의 건주위도 그런 독립체 중 하나였다. 명대 만주 지역의 위에 대해서는 Frederic Wakeman, Jr., *The Great Enterprise: The Manchu Reconstruction of Imperial Order in Seventeenth―Century China*, (Berkeley: University of California

225 이 전투에 대해서는 閻崇年, 주 224의 책, 47~53쪽 참조.

226 《선조실록》 30권 25년 9월 신미; 30권 25년 9월 갑술.

227 이 두 군사 작전을 조선 참전과 관련해 설명한 것으로는 Ray Huang, "The Lung-ch'ing and Wan-li Reigns, 1567~1620," *The Cambridge History of China*, Vol. 7 (New York: Cambridge University Press, 1988), pp. 575~576 참조.

228 《선조실록》 30권 25년 9월 14일 신미; 17일 갑술.

229 柳成龍(1542~1607), 〈西厓先生年譜〉 1:30ab, 《西厓文集》 (성균관대학교 대동문화연구원, 1958).

230 《선조실록》 97권 31년 2월 28일 계미; 98권 31년 3월 9일 갑오.

231 1598년 당시 누르하치 휘하의 병력 규모에 대한 상세한 산출은 계승범, 〈임진왜란과 누르하치: 동아시아의 새로운 패자, 누르하치의 시각에서 본 전쟁〉, 《임진왜란: 동아시아 삼국전쟁》 (휴머니스트, 2007), 450쪽 참조. 이 논문은 일본어로도 번역되었다. 桂勝範, 〈壬辰倭亂とヌルハチ〉, 《壬辰戰爭: 16世紀 日・朝・中の國際戰爭》 (東京: 明石書店, 2009) 참조.

232 김종원, 《근세 동아시아관계사 연구—朝淸交涉과 東亞三國交易을 중심으로—》 (혜안, 1999), 21~31쪽.

233 《선조실록》 62권 28년 4월 14일 병진; 65권 28년 7월 25일 병신.

234 《선조실록》 65권 28년 7월 27일 무술; 69권 11월 20일 무자.

235 《선조실록》 66권 28년 8월 13일 계축; 67권 28년 9월 21일 경인; 69권 28년 11월 7일 을해; 68권 28년 10월 7일 병오.

236 《선조실록》 68권 28년 10월 13일 임자.

237 《선조실록》 67권 28년 9월 17일 병술.

238 이 회담 내용에 대해서는 《선조실록》 70권 28년 12월 5일 계묘 및 계승범, 〈조선 특사의 후금 방문과 明秩序의 균열〉, 《한중관계 2000년: 동행과 공유의 역사》 (소나무, 2008) 참조.

239 《선조실록》 69권 28년 11월 20일 무자; 69권 28년 11월 23일 신묘. 한편 신충일은 1583년에 30세의 나이로 무과에 급제한 무신이며, 당시에는 종6품에 해당하는 남부주부南部主簿의 벼슬을 하고 있었다. 신충일의 관직 경력에 대해서는 李仁榮, 〈申忠一의 建州紀程圖記에 대하여〉, 김성준 편, 《鶴山李仁榮全集》 4 (국학자료원, 1998), 161~171쪽 참조.

240 《선조실록》 69권 28년 11월 23일 신묘.
241 《建州紀程圖記》, 190쪽. "⋯⋯ 馬臣回言 王子云 刷還之報 不要他物 只要除職 若朝撫卻除職 則賞之以一尺之布 猶可受也 如不得除職 賞之以金帛 而不願也 ⋯⋯." 《건주기정도기》는 신충일이 귀국하자마자 책으로 엮어 올린 보고서인데, 본고에서는 《震檀學報》 10, (진단학회, 1939)에 실린 자료를 영인해 출판한 김성준 편, 《鶴山李仁榮全集》, 173~199쪽을 참고했다. 지도와 도표를 제외한 설명문은 《선조실록》(71권 29년 1월 15일 임오)에도 실려 있는데, 거의 일치한다. 그렇지만 《진단학보》에 실린 《건주기정도기》는 신충일의 후손들이 소장해 오던 것으로, 조정에 올려 《선조실록》에 기록된 본본의 초고본이므로 사료적 가치가 더 크다고 할 수 있다. 《건주기정도기》의 사료적 가치에 대해서는 이인영, 〈신충일의 '건주기정도기'에 대하여〉 참조.
242 《건주기정도기》, 191쪽. "⋯⋯ 汝乙古言馬臣日 欲將熊皮鹿皮賣於滿浦 買牛畊田 ⋯⋯ 馬臣入告于奴酋 奴酋日 朝鮮不許上京之前 你等決不可徑往滿浦賣買云."
243 《건주기정도기》, 190쪽; 196쪽.
244 《건주기정도기》, 186쪽.
245 조선과의 통교를 갈망한 누르하치의 의도에 대해 신충일은 명 및 조선과 관계를 맺음으로써 다른 여진 부족들을 위압하려는 것으로 파악했다. 《건주기정도기》, 190쪽. "⋯⋯ 觀其意 欲以與上國及我國結好之意 誇示胡人 威服諸部也 ⋯⋯."
246 《선조실록》 72권 29년 2월 2일 기해.
247 누르하치의 성장(팽창) 패턴에 대해서는 계승범, 주 231의 논문에 상세하다.
248 《淸太祖高皇帝實錄》 3권 15a~16a, 《淸太祖努爾哈赤實錄》 (臺北: 文海出版社, 1975). 이하 《고황제실록》으로 약칭; 《東夷考略》, 《淸入關前史料選集》 1 (北京: 中國人民大學出版社, 1985), 58쪽; 《淸史稿校註》 533권, 列傳 313 (臺北: 國史館, 1986), 7쪽.
249 《尊周彙編》 萬曆 28년, 《朝鮮事大斥邪關係資料集)集》 1 (여강출판사, 1985), 25쪽; 두만강 국경 일대 해동여진 부락들의 이탈과 그에 대한 조선의 대응책에 대해서는 徐炳國, 《宣祖時代女直交涉史硏究》 (교문사, 1970), 60~92쪽 참조.
250 《선조실록》 142권 34년 10월 23일 정해; 142권 34년 10월 28일 임진.
251 《선조실록》 189권 38권 7월 16일 무자. 한편, 결혼정책을 통한 세력 확대 및 균형 유지는 청 황실이 취했던 주요 외교노선 가운데 하나였다. 이에 대해서는 Sechin Jagchid, "Mongolian-Manchu intermarriage in the Ch'ing Period," *Zentralasiatische Studien*, Vol. 19, (1986), pp. 69~87 참조. 자키드Jagchid는 주로 청 건국 이후를 다루었지만, 결

혼정책은 후금 건국 이전부터 이미 분명한 외교노선으로 자리 잡고 있었다.

252 이에 대해서는 서병국, 《선조시대 여직교섭사 연구》, 116~155쪽 및 188~259쪽 참조.

253 《선조실록》 208권 40년 2월 6일 기해; 《事大文軌》 46권 29a~30b; 《사대문궤》 46권 30b~31a. 한편, 《사대문궤》에는 누르하치의 서신을 1605년(선조 38년) 11월에 받은 것으로 되어 있으나, 서신의 내용으로 보아 날짜는 《선조실록》(208권 40년 2월 6일 기해)의 것이 정확한 듯하다. 단, 《선조실록》에는 누르하치가 보낸 서신의 내용이 자세하지 않다.

254 《선조실록》 209권 40년 3월 17일 경진 및 21일 갑신; 《고황제실록》 3권 9b~12a 및 17b~18a; 《滿文老檔》 (北京: 中華書局出版, 1990), 1~4쪽. 청의 기록에 따르면, 이 전투에서 누르하치의 군사는 오랍 군사 3,000명을 베고 5,000필의 말을 노획했다고 한다.

255 《고황제실록》 3권 18b; 《滿文老檔》, 4~5쪽.

256 《고황제실록》 4권 22ab; 《滿文老檔》, 16~18쪽.

257 조선이 두만강 일대 번호들을 상실하는 과정에 대해서는 서병국, 《선조시대 여직교섭사 연구》, 259~290쪽에 상세하다.

258 《建州私志》 1, 4:b, 《淸初史料四種》 (北京: 北平圖書館, 1933).

259 《광해군일기》 11권 즉위년 12월 18일 신미. "陳奏使李德馨黃愼啓曰 臣在北京時聽中朝物議 則以奴酋爲憂 且觀此胡胼狀 數年不爲進貢 今年乃遣麿下八百名于京師 爭賞銀之多少 其侮賤中朝者甚矣 ……." 특별한 설명이 없으면 태백산사고 중초본·中草本이다.

260 조선과의 선린관계를 매우 중시한 누르하치 외교정책에 대해서는 계승범, 주 231의 논문에 상세하다.

261 《선조실록》 216권 40년 9월 25일 을묘. "平安兵使馳啓曰 …… 近年醜類寔繁 冒據近境 作家開墾 或獵或漁 橫行江上 任其所之 或乘者皮船 從間江締結出沒 略無畏忌. 邊將等雖或以言語開諭 及被取侮淩轢之狀 旣不能以兵力驅逐 將無以禁行 前頭合氷之後 誠極可憂 ……."

262 《광해군일기》 124권 10년 2월 12일 임인 및 13일 계묘.

263 《광해군일기》 124권 10년 2월 12일 임인; 125권 10년 3월 3일 임술; 125권 10년 3월 8일 정묘; 126권 10년 4월 25일 갑인.

264 《광해군일기》 126권 10년 4월 2일 신묘; 127권 10년 윤4월 15일 계유.

265 《광해군일기》 128권 10년 5월 3일 경인.

266 《광해군일기》 127권 10년 윤4월 12일 경오.

267 《광해군일기》 127권 10년 윤4월 16일 갑술 및 21일 기묘.

268 《광해군일기》 127권 10년 윤4월 15일 계유.

269 《광해군일기》 127권 10월 윤4월 16일 갑술. "備邊司啓曰 …… 而第念中朝之於外藩 事體 截然 軍機至重且密 有非小邦所可與論 以我事理言之 但當受其指揮 臨時進退而已 但此事 終不獲已 而有興兵赴援之擧 則似當有邊上勅諭 然後乃可入境 回答末端 當遵咨意 候勅諭 到日 整頓廳調之意 善爲措辭添入宜當 ……."

270 《광해군일기》 127권 10년 윤4월 20일 무인.

271 《광해군일기》 127권 10년 윤4월 22일 경진 및 26일 갑신.

272 《광해군일기》 127권 10년 윤4월 26일 갑신. 황중윤은 북인계열이다.

273 《광해군일기》 127권 10년 윤4월 26일 갑신. 조찬한은 서인계열이다.

274 《광해군일기》 128권 10년 5월 2일 기축. 박정길은 대북계열 인물로, 계해정변(인조반정)이 일어나던 날 밤 궁궐에서 피살되었다.

275 《광해군일기》 127권 10년 5일 2일 기축. 이위경은 대북계열 인물로, 계해정변(인조반정) 직후 처형되었다.

276 《광해군일기》 127권 10년 5월 5일 임진. 박자흥은 소북계열로, 계해정변(인조반정) 직후 자결했다.

277 《광해군일기》 127권 10년 5일 5일 임진. 임연은 본래 소북계열로, 광해군 즉위 후에는 유영경柳永慶(1550~1608) 일파에 대한 탄핵과 임해군臨海君(1574~1609) 제거에 공을 세워 공신에 책봉되었으나, 계축옥사(1613)의 피의자로 수배 중이던 박치의朴治毅의 처남이었던 까닭에 탄핵을 받아 관직에서 멀어졌다. 그 뒤, 광해군의 외교노선을 지지함으로써 총애를 받았으나, 오래지 않아 병으로 죽었다. 《현종실록》 9권 5년 7월 18일 정미 및 《현종개수실록》 11권 5년 7월 14일 계묘 참조.

278 《광해군일기》 127권 10년 5월 5일 임진. 윤휘는 선조 때 서인의 거두였던 윤두수尹斗壽(1533~1601)의 둘째 아들로, 광해군 대에는 대북의 한 우두머리인 임취정林就正(1561~1628)의 계보에 속함으로써(《인조실록》 1권 1년 3월 13일 계묘) 대북의 일원으로 정치활동을 했다. 계해정변(인조반정)으로 처벌을 받아 잠시 중도부처 되었지만, 집안의 후광으로 다시 복귀해 도승지 등의 벼슬을 역임했다. 병자호란 때에는 최명길崔鳴吉(1586~1647) 등과 함께 주화론을 폈다.

279 7명의 이름들에 붙어 있는 전거들 참조.

280 《광해군일기》 127권 10년 윤4월 23일 신사 및 24일 임오.

281 《광해군일기》 127권 10년 윤4월 19일 정축 및 23일 신사; 127권 10년 윤4월 24일 임오.

²⁸² 《광해군일기》127권 10년 윤4월 29일 정해. "傳曰 奴酋蠢動犯境 則固當聲罪致討 伊賊還入巢穴 則只陳兵耀武 以張聲勢可矣 當此草樹扶密 盛夏潦雨之時 欲擧重兵 深入虎穴 恐非勝算 若有此擧 則軍門爲人 從可知矣 ……"

²⁸³ 《광해군일기》127권 10년 윤4월 15일 계유; 129권 10년 6월 7일 갑자.

²⁸⁴ 《광해군일기》129권 10년 6월 18일 을해. 한편, 광해군의 입장에 대한 보다 상세한 논의는 Seung B. Kye, "In the Shadow of the Father: Court Opposition and King Kwanghae in Early Seventeenth-Century Chos@n Korea," Ph. D dissertation, (Seattle: University of Washington, 2006), pp. 229~254 참조.

²⁸⁵ 《광해군일기》128권 10년 5월 2일 기축.

²⁸⁶ 《광해군일기》128권 10년 5월 5일 임진. "…… 臣固知聖慮之所在也 但念中國有難 諸侯入援 此春秋大義 藩守職分 況本國再造 得至今日 秋毫帝力 未知何報 老酋作孼 天討將加 目今撫院咨文 軍門檄書 交馳杳臻 每戒失誤 量力調兵 候勅出境 猶恐不及 豈可先遣使价 以圖僥倖乎 …… 今將遣使一款 當製奏文 語與心違 殆不成文 其於措辭 恐未能善也 ……"

²⁸⁷ 《광해군일기》128권 10년 5월 5일 임진.

²⁸⁸ 《광해군일기》128권 10년 5월 8일 을미.

²⁸⁹ 《광해군일기》128권 10년 5월 22일 기유.

²⁹⁰ 《광해군일기》129권 10년 6월 19일 병자.

²⁹¹ 《광해군일기》129권 10년 6월 19일 병자. "…… 本部院 恭承特遣經略軍事 所奉勅書內開 有鼓舞朝鮮之旨 …… 適逢弘文館校理李埈齎到 主王之咨復督撫者 辭若觀望 意不堅貞 …… 此等情形 聞知朝內 必有縷數王之臣之不忠者 故將總督咨文 暫煩齎回 另勞商議 …… 倘助順成掎角之勢 卽王封享安枕之福 而又有忠義之名 亦何憚而不爲之 況北關金白二酋 尙且備馬兵一萬 扼奴之喉 而貴國 豈難於拊其背耶 …… 止預選精兵一萬 兼備旬月糧糗 在王之境上 臨時拒奴酋東衝 以防逃逸 候冬月進兵之日 仍以遼鎭精銳 一同前攻 …… 須有擊楫斫案之圖 而勿爲鼠首狼跋之慮 兵機貴密 尤貴速 廷咨於衆 內斷於心 一朝可決矣 ……"

²⁹² 이상은 《광해군일기》(129권 10년 6월 20일 정축)에 나오는 비변사·양사·승정원의 주장을 요약했다. 다만, "천조에 죄를 짓느니 차라리 왕명을 거역하는 죄를 짓는 것이 낫다"는 말에 해당되는 원문은 다음과 같다. "備邊司諸堂上 啓曰 …… 與其得罪於天朝 寧得罪於聖明 而終不能力辨極陳 使君臣上下 俱被莫大詬責 ……"

²⁹³ 《광해군일기》129권 10년 6월 20일 정축; 21일 무인; 23일 경진; 129권 10년 6월 24일 신사; 130권 10년 7월 4일 경인.

294 《광해군일기》 130권 10년 7월 23일 기유.

295 《광해군일기》 130권 10년 7월 23일 기유. "…… 今奏內情形 無加於前 更毫無整兵助順之 詞 不免大失中外之望 本部院經略軍務 奉有專勅 便宜行事 更有鼓舞朝鮮 今該國委靡如此 …… 凡有陪臣 過江留住在彼 先將所齎本章或咨文 差人呈送 本院查閱 定奪施行 仍將發送 文 移抄錄查考 毋得違錯未便."

296 《광해군일기》 130권 10년 7월 29일 을묘; 132권 10년 9월 13일 무술.

297 《광해군일기》 정초본 137권 11년 2월 13일 정묘. "皇帝勅諭朝鮮國王 …… 爾命將提兵 申 嚴紀律 聽經略 相機調遣 剋日進征 務成掎角之形 遄奏蕩平之績 朕當不靳殊錫 以酬爾勳及 爾將士 …… 萬曆四十六年九月十七日."

298 《광해군일기》 137권 11년 2월 13일 정묘; 133권 10년 10월 9일 갑자. 광해군은 이 영칙례 迎勅禮를 최대한 미루어, 칙서는 3개월 이상 서울 교외 영은문迎恩門 밖에 머물러 있어 야 했다.

299 《광해군일기》 133권 10년 10월 9일 갑자.

300 《광해군일기》 136권 11년 1월 8일 임신.

301 《광해군일기》 129권 10년 6월 20일 정축; 131권 10년 8월 11일 정묘.

302 《광해군일기》 133권 10년 10월 29일 갑신; 134권 10년 11월 5일 경인.

303 《광해군일기》 128권 10년 5월 7일 갑오.

304 《광해군일기》 130권 10년 7월 23일 기유.

305 《광해군일기》 129권 10년 6월 20일 정축.

306 이 전역戰役에 대해서는 Ray Huang, "The Liao-tung Campaign of 1619," *Oriens Extremus*, Vol. 28, no. 1 (Wiesbaden: Kommissionvertag O. Harrasowitz, 1981), pp. 30~54; 한명기, 《임진왜란과 한중관계》(역사비평사, 1999), 244~264쪽; 고윤수, 〈광해 군대 조선의 요동정책과 조선군 포로〉, 《東方學志》 123 (연세대학교 국학연구원, 2004) 참조.

307 《고황제실록》 3권 13a~14b; 李民寏(1573~1649), 《紫巖集》 5권 10b~14a, 《韓國文集叢 刊》 35 (민족문화추진회, 1992). 단, 어느 쪽이 먼저 대화를 제의했는지에 대해서는 두 자 료의 기록이 다르다. 《고황제실록》은 강홍립이 먼저 통사通事를 보내 싸울 뜻이 없음을 알렸다고 했으나(6권 13b), 당시 강홍립의 종사관이었던 이민환은 후금 측에서 조선과는 아무런 원한이 없으니 싸우지 말자는 전갈을 먼저 보내왔다고(5권 10b) 증언했다.

308 《광해군일기》 138권 11년 3월 12일 을미.

309 《자암집》 5권 16b.

310 《자암집》 5권 16a;《존주휘편》 1권, 39~40쪽.

311 《존주휘편》 1권, 40~41쪽;《고황제실록》 6권 15b~17a.

312 《광해군일기》 139권 11년 4월 2일 을묘;《자암집》 5권 16ab. 그 전문은《續雜錄一》己未 萬曆四十七年光海君十二年, 4월 4일 참조.

313 패전 이후 후금과의 관계 설정을 놓고 조선 조정에서 벌어진 논쟁에 대해서는 계승범, 〈조선감호론 문제를 통해 본 광해군대 외교노선 논쟁〉,《朝鮮時代史學報》 34 (조선시대사학회, 2005)에 상세하다.

314 《광해군일기》 143권 11년 8월 5일 을묘.

315 《三朝遼史實錄》 1권 28a, (南京: 江蘇省立國學圖書館經印, 1931).

316 《광해군일기》 143권 11년 8월 5일 을묘.

317 《광해군일기》 143권 11년 8월 9일 기미; 143권 11년 8월 12일 임술.

318 《광해군일기》 143권 11년 8월 9일 기미 및 14일 갑자;《광해군일기》 143권 11년 8월 14일 갑자.

319 《광해군일기》 143권 11년 8월 5일 을묘; 144권 11년 9월 14일 계사.

320 《광해군일기》 143권 11년 8월 23일 계유. "…… 備邊司啓曰 差官在京時 臣弘耉 臣挺 因傳敎往見(差官 其所請火手 勢難終拒 乃以收拾整齊 以待皇勅之意 反覆講說 而自上接見時 亦無峻絕不從之語 到今難容他說 但當預抄裝束 以待皇勅之降耳 ……." 원 차관을 직접 만나 파병을 임의로 수락한 좌의정 박홍구朴弘耉(?~1624)와 우의정 조정은 모두 대북계열의 인물이다.

321 《광해군일기》 143권 11년 8월 12일 임술.

322 《광해군일기》 144권 11년 9월 14일 계사.

323 《광해군일기》 145권 11년 10월 3일 임자.

324 《徐光啓集》(上海: 上海古籍出版社, 1984), 97~144쪽, 특히 106~107쪽 참조.

325 《광해군일기》 145권 11년 10월 3일 임자;《서광계집》 3권, 113~115쪽. 밑줄 친 내용이 들어 있는 원문은 다음과 같다. "…… 臣竊惟逆奴累勝 未遂深入者 後有北關 前有朝鮮 非彼貿首之讐 則我懷恩之屬也 今開原不守 北關隔絕 鞭長不及馬腹 必且抵入于奴 朝撫則師徒喪敗 魄悸魂搖 昨傳謗書 恐喝挑激 鮮之君臣 事勢狼狽 既爲遙辭復之 繼以敗將俘軍 羈留爲質 且怵且誘 遂入牢籠 勢幣餌牽 交酬還往 鮮 奴之交已合 當然無復東方之慮矣 從此安心西路 奚止唾手全遼 射天逆圖 殊未可量 ……."

326 《광해군일기》 145권 11년 10월 3일 임자. 밑줄 친 부분이 들어 있는 원문은 다음과 같다. "······ 但今奴酋 又脅結朝鮮 朝鮮君臣惴惴自保 能必其不陽衡而陰順乎 陰順 則 舩 舮南至 進而窺登萊 深而窺徐兗 山之東淮之南 皆順流而下 運道阻 則京師有坐困耳 ······."

327 《광해군일기》 145권 11년 10월 3일 임자.

328 《광해군일기》 145권 11년 10월 4일 계축.

329 《광해군일기》 145권 11년 10월 13일 임술. 이정구는 서인의 거두로, 인목대비仁穆大妃(1584~1632)를 폐하자는 정청에 참여하지 않았다는 이유로 당시 대북이 주도하던 대간의 탄핵을 받는 중이었다. 그렇지만 외교와 문필에 뛰어난 까닭에 광해군이 특별히 서용했다(《광해군일기》 145권 11년 10월 3일 임자).

330 《광해군일기》 145권 11년 10월 3일 임자.

331 《광해군일기》 145권 11년 10월 13일 임술.

332 《明史》 21 (台北: 國防硏究院, 1963), 147쪽 1행; 《御定資治通鑑綱目三編》 31권 17b, (臺北: 尙武印書館, 1976). 한편 6월 한 달 동안 요동 방어를 위한 다양한 건의들이 폭주했는데, 정청 기간 중의 건의들에 대해서는 《明神宗實錄》 583권 9b~19b, (臺北: 中央硏究院 歷史語硏究所, 1964) 참조. 한편 개원은 6월 16일에 함락되었다(《명사》 21, 147쪽 0~1행).

333 한 예로, 《삼조요사실록》 1권 18b, 萬曆 47년 7월 참조.

334 《명사》 21, 147쪽 1행; 《자치통감강목삼편》 31권 18ab.

335 《삼조요사실록》 1권 24b, 만력 47년 7월; 《삼조요사실록》 1권 35b, 만력 47년 8월.

336 Ray Huang, "Fiscal Administration During the Ming Dynasty," In Charles O. Hucker, ed., *Chinese Government in Ming Times*, (New York: Columbia University Press, 1969), p. 116.

337 《서광계집》 3, 113쪽; 《광해군일기》 145권 11년 10월 3일 임자. "監者察其情形 護者扶其顚危也."

338 《광해군일기》 147권 11년 12월 29일 무인. "監者監其政刑 護者扶其顚危云."

339 《광해군일기》 145권 11년 10월 13일 임술.

340 《광해군일기》 145권 11년 10월 13일 임술.

341 《광해군일기》 147권 11년 12월 29일 무인.

342 6월 하순의 정청 도중에 황가선은 조선이 궁각弓角과 염초焰硝 등 주요 군수품을 규정보다 두 배나 더 구매할 수 있도록 앞장서서 선처하는 등 조선에 우호적이었다. 《명신종실

록》 583권 10a~11a, 47년 6월 을해.

343 《삼조요사실록》 1권 43b~44b, 萬曆 47년 10월. 조선에서 보낸 주문이 명 조정에 10월 중에 도착했으니, 조선에서 사신을 보낸 것은 아무리 늦게 잡아도 9월 초순 이전이었을 것이다. 즉 홍명원은 감호론에 대한 사전 정보 없이 북경으로 떠났다.

344 《中國正史朝鮮傳譯註》 4, (국사편찬위원회, 1990), 288쪽.

345 《삼조요사실록》 1권 36b, 만력 47년 8월; 《명신종실록》 588권 萬曆 47년 11월 경인; 591권 萬曆 48년 2월 경술.

346 《명신종실록》 590권 萬曆 48년 1월 임인.

347 《광해군일기》 151권 12년 4월 11일 무오.

348 《광해군일기》 151권 12년 4월 11일 무오. 홍명원의 청원을 병부에서 즉각 받아들인 점으로 보아 그 소문은 뜬소문이었던 것 같다. 왜냐하면 정말 그럴 계획이었다면 일개 사신이 임의로 올린 청원을 그렇게 쉽게 받아들이지는 않았을 것이기 때문이다.

349 《광해군일기》 150권 12년 3월 27일 을사.

350 《광해군일기》 155권 12년 8월 13일 무오; 《명신종실록》 594권, 萬曆 48년 5월 무술.

351 이정구의 문집에 포함된 〈경신조천록/庚申朝天錄〉 가운데 후대에 덧붙여진 설명에 따르면, 이정구가 이끄는 진주사 일행이 북경에 도착하자, 명 조정에서는 서광계와 장지발 등이 이끄는 대간이 여전히 조선에 대한 강경론을 주도했지만 이정구의 설득에 결국 마음을 바꾸었다고 한다(《月沙集》 7권 2a, 延安李氏館洞派宗中, 1969). 그러나 이 설명은 그 사실성에 의심이 간다. 왜냐하면 서광계는 1619년 10월부로 감찰어사에 임명되어 통주通洲로 가, 그곳에서 1621년 초까지 머물면서 신병 훈련 임무를 맡고 있었으므로(《서광계집》 3, 117~118쪽), 이정구가 북경에 머물고 있던 1620년 봄과 여름에는 대각에 있지 않았기 때문이다. 설사 서광계를 따르는 몇몇 대간이 있을지라도, 그들이 조정에서 조선 감호론을 강력하게 주장했다는 증거는 별로 없으며, 설사 그랬을지라도 병부와 예부의 정책 결정에 아무런 영향도 주지 못할 정도의 소수 의견에 불과했을 것이 분명하다. 아마도 '심한 반대에도 불구하고' 이정구의 노력에 힘입어 감호 계획이 철회되었음을 강조함으로써 그의 성공적인 임무 완수를 더욱 드러내기 위해, 후대에 그런 설명이 붙여진 것으로 보인다.

352 만력제는 재위 48년 만인 1620년 7월 21일에 죽었다. 한편 당시 북경에 머물고 있던 이정구는 만력제의 거상擧喪에 직접 참가해 보고들은 내용을 조선 조정에 상세히 보고했다(《광해군일기》 154권 12년 7월 21일 병신).

353 Ray Huang, 주 336의 논문, pp. 112~118.
354 徐驥, 〈文定公行實〉, 《서광계집》, 554쪽.
355 이에 대해서는 John W. Dardess, *Blood and History in China: The Donglin Faction and Its Repression, 1620~1627*, (Honolulu: University of Hawaii Press, 2002), pp. 126~149 참조.
356 《서광계집》, 부록 1, 555쪽; 부록 2, 582쪽.
357 《서광계집》, 부록 1, 550쪽.
358 《서광계집》, 3권, 114쪽.
359 만력제의 왕황후王皇后는 1620년 4월 6일에 죽었다(《명신종실록》 593권, 萬曆 48년 4월 계축).
360 광해군대의 외교 문제를 논쟁 전 기간에 걸쳐 종합적으로 다룬 가장 대표적인 연구로는 Seung B. Kye, "In the Shadow of the Father: Court Opposition and King Kwanghae in Early Seventeenth-Century Chosŏn Korea," dissertation, (Seattle: University of Washington, 2006) 참조. 이 밖에도 稻葉岩吉, 《光海君時代の滿鮮關係》(京城: 大阪屋號書店, 1933); 한명기, 《임진왜란과 한중관계》(역사비평사, 1999) 등이 있는데, 이들 연구는 광해군 재위 마지막 1년간의 논쟁 상황을 상대적으로 소홀히 다루었다.
361 모문룡에 대한 기존 연구로는 田川孝三, 〈毛文龍と朝鮮との關係について〉, 《靑丘說叢》 3 (京城, 京城帝國大學法文學部朝鮮史學科, 1932); 한명기, 《임진왜란과 한중관계》, 280~286쪽 및 374~395쪽 참조.
362 《광해군일기》 167권 13년 7월 25일 갑자; 《고황제실록》 8권 6b~7a, 天命 6년 7월 기미.
363 《광해군일기》 169권 13년 9월 26일 갑자. "傳曰 毛將之來住也 啓我國不測之禍 監軍領不鍊之兵 開府龍義之間則 江氷一合 此賊不爲來搶追逐乎 ……."
364 《광해군일기》 169권 13년 9월 11일 기유; 170권 13년 10월 10일 정축.
365 《광해군일기》 169권 13년 9월 17일 을묘; 170권 13년 10월 10일 정축, "…… 但天將旣住我境 有主客之道焉 安遣使臣 遽請灌壓 非但事禮未安 恐不無他日執言之地 ……."
366 《광해군일기》 172권 13년 12월 22일 기축. "…… 天道惡盈而厭亂 此虜驟勝而驕 豈無可衰之日 可乘之便乎 ……."
367 《광해군일기》 172권 13년 12월 21일 무자.
368 《광해군일기》 173권 14년 1월 5일 신축; 《고황제실록》 8권, 天命 6년 11월 무술.
369 《광해군일기》 172권 13년 12월 18일 을유.

370 《광해군일기》 172권 13년 12월 9일 병자. "傳曰 虜書又來 兇狡益……."
371 《광해군일기》 172권 13년 12월 13일 경진; 172권 13년 12월 26일 계사.
372 《광해군일기》 172권 13년 12월 26일 계사. 한준겸은 남인계열 인물로, 정변을 통해 광해군을 몰아내고 왕위에 오르는 인조仁祖(r. 1623~1649)의 장인이다.
373 《광해군일기》 172권 13년 12월 23일 경인. 권반은 북인계열이었으나, 한준겸과의 친분에 힘입어 계해정변(인조반정) 이후에도 인조의 신임을 얻어 벼슬이 병조판서에까지 이르렀다.
374 《광해군일기》 173권 14년 1월 1일 정유. 전투 여부에 대한 결정은 영토 밖에서는 장수의 판단을 존중했지만, 영토 안에서는 당연히 왕이 최고 결정권을 가지고 있었다. 임진전쟁 당시 전투를 재촉하는 왕명을 자체 판단에 의거해 따르지 않은 이순신李舜臣(1545~1598)이 그로 인해 체포되었던 것은 좋은 예다. 이순신의 경우에 대해서는 鄭杜熙, 《朝鮮時代 人物의 再發見》(서울, 일조각, 1997), 42~89쪽 참조. 따라서 전투 결정 여부에 관여하지 말라는 비변사의 주장은 왕권에 대한 명백한 도전이었다.
375 李光濤, 〈朝鮮稱訟毛文龍功德碑文攷〉, 《大陸雜誌》 11-6 (臺北: 大陸雜誌社 1955).
376 한 예로, "…… 其後毛將入椵島 …… 雖無赫赫靜邊之大功 亦有時時耀兵之微勞 …… 十年榮貴一朝冤死 吁可惜也可惜也. 爲袁崇煥所斬……"(《逸史記聞》,《大東野乘》58,《국역대동야승》14, 서울, 民族文化推進會, 1975, 원문 110쪽) 참조.
377 가장 대표적인 것으로는 김시양金時讓(1581~1643),《荷潭破寂錄》,《대동야승》72; 장만 張晩(1566~1629),《洛西先生文集》3권 40a~43a,《韓國歷代文集叢書》2454 (경인문화사, 1997, 162쪽) 참조.
378 《休翁集》2권 25a,〈聞椵島消息〉,《한국역대문집총서》2221, (경인문화사, 1997, 162쪽). "聞道椵島中 …… 毛將昔來此 義氣能感人 東人皆愛慕 ……."
379 《광해군일기》 175권 14년 3월 14일 경술; 176권 14년 4월 13일 무인.
380 《광해군일기》 176권 14년 4월 18일 계미; 28일 계사.
381 《광해군일기》 176권 14년 4월 26일 신묘. "傳于備邊司曰 監軍旣已累接 而以宴席不及軍機 故至急之事 至今不[得陳諭講定 若飄然西還後 將何以爲之乎 他事雖令大臣往諭 如大人姑入避海島 切勿久駐直路 以避兇鋒事 唐人唐撥 勿 令伊賊先知軍機事 唐船亦勿泊內地江口事 不可不面諭也 詳細善諭."
382 《광해군일기》 176권 14년 4월 1일 병인; 4일 기사; 5일 경오. 주지하듯이, 이정구는 서인계열, 박정길은 대북계열 인물이다. 박정길은 계해정변(인조반정)이 일어나던 날 밤 궁궐

에서 피살된 반면, 이정구는 날이 밝자 바로 예조판서에 임명되었다.

383 《광해군일기》 176권 14년 4월 2일 정묘. "…… 而我國人心 則每以起餞唐將爲慮 遷就不決 將見宗社之危 坐致風塵之變 天下萬古 豈有如此痛迫之事乎 雖百度下諭 李廷龜以病時留平山 朴鼎吉一事不爲周旋 …… 不有君命 略不用意善諭 痛惋之狀 難可盡言 ……."

384 《광해군일기》 176권 14년 4월 5일 경오. "昨見西報 山東諸將爭欲出來 梁監軍亦請來 而陶軍門游監軍唐將出來者甚多云 雖非此賊 我國果能无事乎 ……."

385 《광해군일기》 177권 14년 5월 1일 병신.

386 《광해군일기》 176권 14년 4월 18일 계미; 176권 14년 4월 23일 무자 및 25일 경인. 참고로, 양 감군이 칙서를 받은 것은 1621년 8월이었으며, 광녕이 후금의 손에 떨어진 것은 1622년 1월이었다. 따라서 양 감군이 칙서를 가지고 서울에 도착했을 때(1622년 4월)의 상황은 이전과 많이 달랐다.

387 《광해군일기》 177권 14년 5월 1일 병신. "…… 今者渡海天兵 惑多惑寡 旣難於海運 又難於困粮 則其責辨於小邦 是必然之勢 …… 一斗粟當與天兵共之 甚至勢難 則寧我卒之捍腹 不使天兵之阻飢 ……."

388 《광해군일기》 177권 14년 5월 2일 정유.

389 《광해군일기》 177권 14년 5월 1일 병신; 177권 14년 5월 2일 정유.

390 회담 내용은 《광해군일기》(177권 14년 5월 1일 정유)에 자세하다.

391 《광해군일기》 177권 14년 5월 2일 정유.

392 《광해군일기》 177권 14년 5월 3일 무술. "…… 關外雖已盡陷 藩服之事天朝 不可以成敗差殊 ……."

393 《광해군일기》 177권 14년 5월 18일 계축; 177권 14년 5월 27일 임술; 178권 14년 6월 10일 갑술. 양 감군은 개인적으로 다량의 은을 뇌물로 챙겼는데, 귀국 후 대각의 탄핵을 받고 처벌되었다(《광해군일기》 176권 14년 4월 18일 계미).

394 《존주휘편》 2권, 66~69쪽; 《광해군일기》 165권 13년 5월 11일 임자; 12일 계축.

395 이에 대한 상세한 논의는 계승범, 〈광해군대 말엽(1621~1622) 외교노선 논쟁의 실제와 그 성격〉, 《歷史學報》 193 (역사학회, 2007) 참조.

396 《광해군일기》 177권 14년 5월 10일 을사; 11일 병오; 25일 경신.

397 '도박'을 할 수밖에 없을 정도로 절박했던 광해군의 입장에 대한 자세한 논의는 Seung B. Kye, 주 360의 논문, pp. 244~254 참조.

398 《광해군일기》 177권 14년 5월 11일 병오. "…… 乃於監軍留館之日 暴聖上事大之誠 侈皇

朝眷遇之恩 擧一國應行之禮 則其於監軍 不有光乎 ……."

399 《광해군일기》 177권 14년 5월 15일 경술. "…… 當此華人往來之時 侈皇朝眷遇之恩 暴聖上感動之誠 播諸遠通 昭揭日星 則不但增光於今日 抑亦有辭於天下 ……."

400 각 관청 및 백관과 종실의 정청에 대해서는 《광해군일기》 178권 14년 6월 16일 경진; 179권 14년 7월 1일 을미 참조.

401 《練藜室記述》 21, 《국역연려실기술》 5 (민족문화추진회, 1967), 665쪽. 왕비 유씨柳氏는 당시 실권자 중 한 사람인 유희분柳希奮(1564~1623)의 여동생으로, 계해정변(인조반정) 직후 광해군과 함께 강화도로 유배되었다가 몇 달 뒤에 그곳에서 죽었다. 유희분은 소북의 거두로 잘 알려진 인물로, 계해정변(인조반정) 직후 처형되었다.

402 《광해군일기》 178권 14년 6월 29일 계사; 179권 14년 7월 10일 갑진.

403 《광해군일기》 181권 14년 9월 7일 경자; 182권 14년 10월 9일 신미; 183권 14년 11월 8일 경자.

404 한명기는 광해군이 조선의 왕들 중에서 가장 긴 존호를 받았으며 그것은 왕권강화책의 산물이라고 했다(한명기, 각주 166의 책, 252~254쪽). 그러나 광해군이 마지막으로 받은 이 "건의수정창도숭업"이라는 존호는 왕권강화책은커녕 오히려 왕권의 미약함을 보여주는 사례로 이해해야 할 것이다. 아울러 1620년에 조선감호론 문제를 성공적으로 변무하고 나서 받은 '서륜입기명성광열紋倫立紀明誠光烈'이라는 존호도 이 존호의 내용을 당시 조정 논쟁의 성격과 관련해 분석해 보면, 윤倫·기紀·성誠·열烈 등이 사대의리를 가리키는 것은 분명하다. 따라서 이 존호 또한 광해군의 왕권을 상징하기는커녕 명에 대한 의리와 정성을 강조하던 신료들의 존호 수락 요구에 밀려 광해군이 부득이 받은 것이었다. 이런 예들은 존호를 무조건 왕권강화 노력과 관련지어 이해하려는 학계의 고정관념에 문제가 있음을 보여준다. 존호는 그 존호의 성격에 따라 오히려 왕권을 제어하는 도구로 얼마든지 이용될 수 있었던 것이다.

405 광해군일기》 183권 14년 11월 17일 기유; 184권 14년 12월 28일 기축.

406 《광해군일기》 정초본 183권 14년 11월 28일 경신; 185권 15년 1월 14일 을사. "王拘忌日時 狐疑不決前後皇勅 留置十里外 或至經歲 使臣一行供億之際 圻邑俱困 至有萬里往返易望城入城難之謠."

407 조선이 일본과 유구를 상대로 취했던 교린정책을 명나라가 주도하던 동아시아 국제질서의 틀 속에서 고찰한 연구로는 Kenneth R. Robinson, "Centering the King of Chosŏn: Aspects of Korean Maritime Diplomacy, 1392~1592", *The Journal of Asian Studies*,

Vol. 59, No. 1 (Society for Asian Studies, 2000), pp. 109~125 참조.

[408] 1930년대 초에 타가와田川孝三와 이나바稻葉岩吉 등이 광해군 외교노선의 성격을 중립외교 개념으로 이해한 이래 많은 학자들이 이를 그대로 받아들여 사용한 결과, 현재는 '광해군' 하면 '중립정책'이라는 말이 연상될 정도로 정설처럼 되어 있다. 그러나 '중립'의 정확한 개념이 무엇인지 분명히 밝히고 나서 논의를 전개한 연구는 거의 찾아볼 수 없다. 더 자세한 논의는 계승범, 〈조선시대 동아시아 질서와 한중관계: 쟁점별 분석과 이해〉, 《한중일 학계의 한중관계사 연구와 쟁점》(동북아역사재단, 2009), 150~152쪽 참조.

[409] 《광해군일기》 172권 13년 12월 5일 임신. "······ 且臣與同僚 所見終始無違 近緣臣遘疾沈綿 不與人接 有何一分專主講和之心哉 特以虜勢漸熾 國勢漸弱 每欲以禮自固 姑緩兵禍而已 然正論之人 心常嘉悅曰 國家不可無此等正論 必須培養正論於此 彌縫戎釁於彼 實出於愛君誠心 ······." 한편, 박승종은 광해군의 사돈이자 소북세력의 한 거두로, 주 276에서 언급한 박자흥의 아버지다. 광해군 대 후반에 영의정을 역임하며 권력의 핵심에 있었으나, 계해정변(인조반정) 직후 도피하다가 자결했다.

[410] 《광해군일기》 172:12b, 13년 12월 26일 계사. "我國兵力 其果如遼陽兵力乎 答書不可不送 而明知其必不抵抗 而徒畏一時邪議 欲置宗社何地 且徒愛其身 不恤國家之危亡 且上强執羈縻之計 卽以爲後日歸罪於君上之意也 古之大臣果如是乎 今若閉關絶使 則峻論之人 爲先下送禦賊可矣 今日明日 只見危亡而已 ······."

[411] 정통을 중시하는 성리학의 태생적 속성을 주희朱熹(1127~1300)가 살았던 환경 및 그의 학문 태도에 초점을 두어 고찰한 연구로는 Hoyt Cleveland Tillman, "Reflections on Classifying 'Confucian' Lineages: Reinventions of Tradition in Song China", Benjamin A. Elman, et al., ed., *Rethinking Confucianism: Past and Present in China, Japan, Korea, and Vietnam*, (Los Angeles: UCLA Asian Pacific Monograph Series, 2002), pp. 33~64 참조. 양명학을 배척한 조선 성리학의 정통의식을 강조한 연구로는 Martina Deuchler, "Reject the False and Uphold the Straight: Attitudes toward Heterodox Thought in Early Yi Korea", Wm. Theodore de Bary and JaHyun Kim Haboush, ed., *The Rise of Neo-Confucianism in Korea*, (New York: Columbia University Press, 1985), pp. 375~410 참조. 한편, 문묘종사 또는 과거제 등을 통해 학문적 정통 및 학통을 공식적으로 일원화한 조선사회의 특성에 대해서는 Spencer J. Palmer, *Confucian Rituals in Korea* (Berkeley: Asian Humanities Press, 1994); John B. Duncan, "Examination and Orthodoxy in Chosŏn Dynasty Korea", Benjamin A.

Elman, et al., ed., op. cit.., pp. 65~94; 金泳斗, 〈朝鮮前期 道統論의 展開와 文廟從祀〉 박사학위논문 (西江大學校, 2006) 참조.

412 조선사회에서 정正·사邪·이단異端 등의 용어가 갖는 의미에 대해서는 Donald Baker, "A Different Thread: Orthodoxy, Heterodoxy, and Catholicism in a Confucian World," In JaHyun Kim Haboush and Martina Deuchler, ed., *Culture and State in Late Chosŏn Korea*, (Cambridge, The Harvard University Asian Center, 1999), pp. 199~230 참조.

413 이 책 2장 (4)절에 상세하다.

414 한명기는 광해군 외교노선의 동기를 왕권강화책으로 설명했다(한명기,《임진왜란과 한중관계》, 250~255쪽). 이에 대한 비판 및 광해군의 입장에 대한 새로운 고찰은 Seung B. Kye, "In the Shadow of the Father," pp. 244~254 참조.

415 조선 후기 정치무대에서 이데올로기로 작동한 재조지은 논리에 대해서는 韓明基,〈'再造之恩'과 조선 후기 정치사 —임진왜란~정조대 시기를 중심으로—〉,《大東文化研究》59 (성균관대학교 대동문화연구원, 2007) 참조.

416 계승범,〈파병 논의를 통해본 조선 전기 大明觀의 변화〉,《大東文化研究》53 (2006); 구도영,〈中宗代 事大認識의 변화 —大禮議에 대한 別行 파견 논의를 중심으로—〉,《역사와 현실》62 (한국역사연구회, 2006).

417 한 예로,《광해군일기》72권 5년 11월 10일 갑자. 한편 이 말은 송나라 때 이름을 날린 유학자 나종언羅從彦(1072~1135)이 한 말이다.《豫章學案》,《宋元學案》序 1a (臺北: 臺灣商務印書館, 1973) 참조.

418 한 예로,《광해군일기》88권 7년 3월 25일 신미. 한편, 이 말은 송나라 영종英宗(r. 1023~1064)이 태후에 대한 불만을 토로했을 때, 재상 한기韓琦가 효도를 잃지 말라는 뜻으로 간한 말이다.《宋史》312, 列傳 71, 韓琦, (臺北: 鼎文書局, 1991), 10226쪽 참조.

419 《光海君日記》129권 10년 6월 20일 정축. "備邊司諸堂上 啓曰 …… 與其得罪於天朝 寧得罪於聖明 而終不能力辨極陳 使君臣上下 俱被莫大詬責……."

420 계승범,〈조선 후기 중화론의 이면과 그 유산—명·청 관련 호칭의 변화를 중심으로—〉,《韓國史學史學報》19 (한국사학사학회, 2009), 59~61쪽.

421 이런 이념적 위기의식은 송시열宋時烈(1607~1689)의 글에 잘 나타난다.《宋子大全》5권 29a, (보경문화사, 1985) 참조. 한편, 삼전도의 항복 이후 더욱 고조된 이러한 위기의식 및 그 타개 방법에 대해서는 鄭杜熙,《朝鮮時代 人物의 再發見》(일조각, 1997), 90~117

쪽; 鄭玉子, 《朝鮮後期 朝鮮中華思想研究》 (서울, 一志社, 1998); JaHyun Kim Haboush, "The Ritual Controversy and the Search for a New Identity in Seventeenth-Century Korea", JaHyun Kim Haboush and Martina Deuchler, ed., *Culture and the State in Late Chosŏn Korea*, (Cambridge, The Harvard University Asia Center, 1999), pp. 46~90; Seung B. Kye(계승범), "The Posthumous Image and Role of Ming Taizu in Korean Politics," *Ming Studies*, Vol. 50, (Minneapolis: Society for Ming Studies, 2005), pp. 107~130 참조.

[422] Seung B. Kye, "In the Shadow of Father: Court Opposition and the Reign of King Kwanghae in Seventeenth-Century Chosŏn Korea," Ph. D Dissertation (Seattle: University of Washington, 2006), pp. 292~301.

[423] 《청태종실록》 33권 崇德 2년 1월 28일 무진; 《通文館志》 9권 1b 인조 15년 (세종대왕기념사업회, 1998). "正月淸兵解歸 而詔諭略曰 …… 若征明朝 調步騎舟師 不得有悞 今回兵攻 椵島 可發船五十 兵糧自備 ……."

[424] 《承政院日記》 58책 인조 15년 윤4월 1일 기해. "又啓曰 …… 今我所望於淸朝者 有二焉 曰贖還人口也 曰停寢助兵也 ……."

[425] 《인조실록》 34권 15년 2월 2일 임신; 《통문관지》 9권 2b 인조 15년.

[426] 《승정원일기》 58책 인조 15년 4월 4일 계유; 7일 병자.

[427] 가도 공략에 참여한 조선군의 미온적인 동태를 비롯해 군사작전의 전반적인 추이에 대해서는 柳在城, 《丙子胡亂史》 (국방부전사편찬위원회, 1986), 245~250쪽에 자세하다. 가도 공략에 대해서는 張存武, 〈淸韓關係 1636~1644 (上)〉, 《故宮文獻》 4-1, (1972), 30~32쪽; 劉家駒, 〈淸初徵兵朝鮮始末 (上)〉, 《食貨月刊》, 12-10·11, (1983), 383쪽을 참고할 수도 있다.

[428] 《丙子錄》, 〈總錄〉 (필사본, 1894, 고려대학교 도서관 청구번호: 대학원 B3 A20A).

[429] 《청태종실록》 39권 崇德 2년 10월 25일 기미.

[430] 《연려실기술》 26권, 〈淸人徵兵〉, 원문 594쪽.

[431] 《승정원일기》 57책 인조 15년 4월 18일 정해. "…… (崔)鳴吉曰 椵島之事 意以爲不至如此矣 終至於陷沒 都督竟能死節 極可驚歎矣 但我軍則似不與彼同入於戰 是可幸矣 上曰 我兵則遠去 而不爲相戰云矣 鳴吉曰 此則多幸 若以我兵爲戰 則後必有言 而今幸不然 多幸多幸 ……."

[432] 《인조실록》 37권 16년 7월 12일 계유.

433 《승정원일기》 58책 인조 15년 윤4월 1일 기해. "…… 椵島元係我境 而其人亦皆遼瀋逃民 故不敢違皇帝之命矣 至於調發兵馬 入犯中朝地境 則非但板蕩之餘 事力不逮 揆諸分義 誠所不忍……"

434 《丙子錄》〈總錄〉, "淸主回兵時 留孔有德耿仲明二將 與我兵合攻椵島 …… 我國以劉林爲大將 林慶業爲副 隨孔耿同犯椵島……"

435 허다한 예들 가운데 하나를 제시하면,《승정원일기》인조 15년 4월 15일 갑신. "李景曾以備邊司言啓曰 …… 椵島見陷 沈都督 島中形止 密加探問 作急馳啓事 柳琳 林慶業處 亦爲知會 宜當 敢啓……"

436 《인조실록》 34권 15년 2월 13일 계미.

437 《인조실록》 34권 15년 4월 17일 병술; 35권 15년 6월 20일 정사;《승정원일기》 59책 인조 15년 7월 4일 경오.

438 《인조실록》 35권 15년 6월 29일 병인; 7월 7일 계유. 이때 최명길이 가지고 간 주본의 전문은《朝鮮國來書簿》 2冊 43~55 (張存武·葉泉宏 編,《淸人關前與朝鮮往來國書彙編》, 臺北: 國史館, 2000, 242~244쪽 所收)에서 볼 수 있다.

439 《인조실록》 34권 15년 3월 20일 기미. "……(洪)瑞鳳曰 我國與中朝 有父子之義 一朝以兵刃相加 誠有所不忍也 (李)弘胄曰 此則異於攻椵島 …… 上曰 椵島不過避亂之人 不可與犯中原 比而同之也 直據義理 極言其不忍爲可也."

440 《인조실록》 35권 15년 11월 29일 계사.

441 《인조실록》 36권 16년 5월 23일 을유. 이 주문의 내용은《朝鮮國來書簿》 2冊 92~103 (張存武·葉泉宏 편, 주 23의 책, 281~288쪽) 참조.

442 《인조실록》 37권 16년 7월 24일 을유; 37권 16년 7월 27일 무자; 28일 기축.

443 《인조실록》 37권 16년 8월 1일 신묘; 9일 기해.

444 《인조실록》 37권 16년 7월 28일 기축.

445 《인조실록》 37권 16년 7월 29일 경인;《인조실록》 37권 16년 8월 23일 계축.

446 《인조실록》 37권 16년 8월 1일 신묘. "上曰 …… 在山城時 城陷而死 則誠善矣 而宗社爲重 故忍而至此 今又有罔極之事 深恨不死於山城也" 및《인조실록》 37권 16년 8월 19일 기유. "上曰 助兵之擧 雖在約條中 而自前無此事 故意謂不必徵 到今終不得免 在山城時 君臣若皆坐死 則豈有今日 仍泣下……"

447 《瀋陽狀啓》戊寅 7월 10일; 11일; 8월 6일,《국역심양장계》, (세종대왕기념사업회, 1999), 원전 42~46쪽.

448 《심양일기》戊寅年 11월 28일 병술. 李錫鎬 역, 《瀋陽日記》(大洋書籍, 1975).
449 《심양일기》戊寅年 8월 4일 갑오. "…… 龍將曰 師期已迫 迄無聲息. 勢不可及 國王自當有責……" 및 8월 6일 병신 "…… 朝龍馬兩將來見世子曰 …… 若失此期 後期之律 當歸於國王 而俺等及世子 定陷不測之地……."
450 《瀋陽狀啓》戊寅 9월 8일, 원전 50~51쪽. "……龍馬厲聲曰 國王苟定日催督入送則 將領等何得遲緩 朝鮮自前不聽吾言 終致顚覆 今又如此何可爲 仍威怒起去 爲自有齊……."
451 《청태종실록》44권 崇德 3년 10월 9일 무술. "朝鮮國王李倧 以違悞軍期 遣崔鳴吉 齎咨到部請罪……."
452 주 430과 같음.
453 《崇德三年滿文檔案譯編》226 (張存武·葉泉宏 편, 주 23의 책, 242~244쪽). "聖上覽畢 …… 諭崔鳴吉曰 …… 倘因爾軍未來 誤朕征明 又將如何 自古似爾等歸順之人 違悞軍期 治以重罪 革降王位者有之 贖罪者亦有之 …… 俟征明之諸王貝勒等歸來後 再議汝之罪 彼時 方知爾罪之輕重." 이 칙서는 《太宗文皇帝實錄》(44券 崇德 3년 10월 무술)에도 보이는데, 내용은 비슷하나 문장은 많이 다르다. 《大淸歷朝實錄》, (新京: 大滿洲國國務院, 1937) 所收.
454 《인조실록》37권 16년 11월 6일 갑자. "…… 講訖 領經筵沈悅曰 徵兵終未及期限 以致還來 雖有徵銀之擧 深以爲幸 上曰 旣已擧兵渡江 則期限之及與不及 不可言 然不犯大國之境 今雖徵銀 亦何恨也."
455 《인조실록》38권 17년 1월 30일 무자;《五洲衍文長箋散稿》, 經史編 6, 論史類 1, 論史,〈熊島事實辨證說〉.
456 《新增東國輿地勝覽》48권 19a (경문사, 1978).
457 《신증동국여지승람》50권 42b, 43b;《大東地志》20권 慶興 (한양대학교 국학연구원, 1974), 438쪽.
458 《인조실록》38권 17년 정월 30일 무자;《청태종실록》46권 崇德 4년 5월 4일 경신; 47권 崇德 4년 7월 16일 신미.
459 《청태종실록》권47 숭덕 4년 7월 신미;《인조실록》40권 18년 윤1월 6일 무자.
460 《오주연문장전산고》,〈웅도사실변증설〉.
461 《인조실록》38권 17년 2월 21일 기유.
462 《인조실록》39권 17년 11월 25일 무인; 39권 17년 12월 11일 계사. "備局啓請 勿載大砲 於西船曰 此擧雖被脅迫 萬不獲已 唯當塞責而已."

463 《인조실록》 39권 17년 12월 26일 무신; 40권 18년 윤정월 27일 기유; 40권 18년 2월 8일 기미 및 13일 갑자.
464 《인조실록》 40권 18년 2월 27일 무인; 3월 25일 병오; 4월 23일 갑술.
465 이에 대해서는 《심양장계》 庚辰年 5月 22日, 5月 25日, 5月 26日, 7月 初3日, 7月 20日, 원전 101~103, 105~106, 110쪽; 《인조실록》 41권 18년 7월 11일 경인 참조.
466 이 문단의 내용은 《심양일기》 庚辰年 6月 27日 丁亥; 9月 初6日 甲午; 《심양장계》 庚辰年 7月 初3日, 7月 20日, 7月 28日, 8月 19日, 9月 6日, 9月 24日(원전 105~115쪽) 내용에 기초했다.
467 1차 심옥의 추이에 대해서는 田川孝三, 〈瀋獄問題について (上)〉, 《靑丘學叢》 17 (京城: 靑丘學會, 1934)에 자세하다. 한편, 이 1차 심옥에 연루된 사람들의 갖가지 일화는 《연려실기술》 26권 仁祖朝故事本末 〈瀋獄諸囚〉(원문 599~604쪽) 참조.
468 《인조실록》 41권 18년 10월 15일 임술; 26일 계유; 29일 병자.
469 금주 전투 상황과 조선군의 역할에 대해서는 劉家駒, 〈淸初徵兵朝鮮始末 (下)〉, 《食貨月刊》, 12–12, (1983), 438~442쪽 참조.
470 《인조실록》 42권 19년 5월 4일 무인; 9월 7일 경진.
471 《인조실록》 42권 19년 10월 22일 갑자.
472 2차 심옥의 배경과 추이에 대해서는 寺內威太郎, 〈17世紀前半の朝中關係の一齣―第二次瀋獄を中心に〉, 《駿台史學》 96, (東京: 駿台史學會, 1996); 《연려실기술》 26권 仁祖朝故事本末 〈獨步〉(원문 595~598쪽) 참조. 이 문단의 내용은 이들에 근거한다.
473 이러한 이념적 부담에 더해 재정적인 부담도 만만치 않았다. 이에 대해서는 李廷喆, 〈17세기 朝鮮의 貢納制 改革論議와 大同法의 成立〉, 박사학위논문 (고려대학교, 2004), 89~91쪽 참조.
474 조선 후기 임경업 소설이 민간에 유행한 실상 및 그 연구사 정리는 강현모, 《한국 설화의 전승 양상과 소설적 변용》 (역락, 2004), 237~260쪽 참조.
475 稻葉岩吉, 〈朝鮮孝宗朝於兩次滿洲出兵就〉, 《靑丘學叢》 15·16 (靑丘學會, 1934).
476 姜周鎭, 〈韓國과 러시아의 外交史的 考察〉, 《大丘史學》 12·13 (대구사학회, 1977); 全海宗, 〈호란 후의 대청관계〉, 《韓國史》 12 (國史編纂委員會, 1977), 389~393쪽; 崔韶子, 〈청국과의 관계〉, 《한국사》 32 (과천: 國史編纂委員會, 1997), 397~409쪽.
477 《북정록》은 흔히 《북정일기北征日記》로도 불리는데, 개인이 소장하고 있던 것을 박태근이 찾아내 소개했고, 2차 파병절목은 반윤홍이 규장각에서 발견했다. 朴泰根, 《國譯 北征

日記》(한국정신문화연구원, 1980); 반윤홍, 〈備邊司의 羅禪征伐 籌劃에 대하여―효종조 寧古塔 파병절목을 중심으로―〉, 《韓國史學報》 11, (한국사학회, 2001) 참조.

[478] 申基碩, 《間島領有權에 關한 硏究》 (探求堂, 1979), 223~262쪽; 申基碩, 《北征日記: 附 北行日錄・車漢日記》 (探求堂, 1980); 朴泰根, 〈朝鮮軍의 黑龍江出兵(1654~1658)〉, 《韓國史論》 9 (國史編纂委員會, 1982); 李康七, 〈朝鮮 孝宗代 羅禪征伐과 彼我 鳥銃에 대한 小考〉, 《古文化》 20, (한국대학박물관협회, 1982); 반윤홍, 주 3의 논문 등을 꼽을 수 있다.

[479] 러시아 자료의 일부 소개 및 그 한글 번역에 대해서는 박태근, 주 477의 책, 165~172쪽 참조. 아울러 러시아어 참고문헌은 박태근, 주 478의 논문, 257쪽 참조.

[480] 강주진, 주 476의 논문, 252 및 258쪽; 박태근, 주 478의 논문, 253쪽; 최소자, 주 476의 논문, 406쪽.

[481] 全海宗, 〈호란 후의 대청관계〉, 393쪽; 신기석, 주 478의 책, (1979), 234~236쪽; 반윤홍, 주 477의 논문, 143쪽. 崔韶子, 주 476의 논문, 401쪽 및 406쪽. 반윤홍과 최소자는 북벌론과 나선정벌을 동일선상에서 보는데 약간의 의문을 제기했으나, 구체적인 논의는 전개하지 않았다.

[482] 1960~70년대 프랑스에서 크게 일기 시작한 망탈리테 역사학의 특성과 연원에 대해서는 Roger Chartier, "Intellectual History or Sociocultural History? The French Trajectories," In Dominick La Capra and Steven L. Kaplan, eds., *Modern European Intellectual History: Reappraisals and New Perspectives* (Ithaca: Cirnell University Press, 1982); André Burguière, "The Fate of the History of Mentalité in the Annales," *Comparative Studies in Society and History*, 24:3 (1982), pp. 424~437; Lynn Hunt, "French History in the Last Twenty Years: The Rise and Fall of the Annales Paradigm," *Journal of Contemporary History*, 21:2 (1986), pp. 209~224 참조.

[483] 홉스봄Hobsbawm 등이 사용한 '전통 만들어내기inventing tradition'라는 표현은 보다 적극적인 역사 왜곡 현상을 구체적으로 지적한다. Eric Hobsbawm and Terrence Ranger, eds., *The Invention of Tradition* (Cambridge: Cambridge University Press, 1983)에 실린 논문들 참조. 특히 Hobsbawm이 쓴 서문("Introduction: Inventing Tradition," pp. 1~14)을 참조.

[484] Brian McKnight, "Chu Hsi and His World," In Wing-Tsit Chan, ed., *Chu Hsi and Neo-Confucianism* (Honolulu: University of Hawaii Press, 1986), pp. 408~436; Hoyt Cleveland Tillman, "Reflections on Classifying 'Confucian' Lineages: Reinventions of

Tradition in Song China", Benjamin A. Elman, et al., ed., *Rethinking Confucianism: Past and Present in China, Japan, Korea, and Vietnam* (Los Angeles: UCLA Asian Pacific Monograph Series, 2002), pp. 33~64 참조. 여진족이 세운 금나라가 주도하는 새 국제질서 하에서 패닉에 가까운 갈등을 겪었던 남송과 조선 후기 지식인들의 유사한 경험에 대해서는 Seung B. Kye, "Confucian Perspectives on Egalitarian Thought in Traditional Korea," *International Journal of Korean History*, v. 12 (Seoul: Korea University, 2006), pp. 57~88 참조.

[485] 중세 러시아의 정치와 경제에서 모피가 차지하는 중요성에 대해서는 Janet Martin, *Treasure of the Land of Darkness: The Fur Trade and Its Significance for Medieval Russia*, (London: Cambridge University Press, 1986) 참조.

[486] 러시아의 동진을 모피경제와 관련해 설명한 연구로는 Raymond H. Fisher, *The Russian Fur Trade, 1550~1700*, (Berkeley: University of California Press, 1943), pp. 28~47; Mark Mancall, *Russia and China: Their Diplomatic Relations to 1728*, (Cambridge: Harvard University Press, 1971), pp. 11~20 참조.

[487] Fisher, 주 486의 책, pp. 108~122 참조.

[488] Zenone, Volpicelli (pseud. Vladimir), *Russia on the Pacific and the Siberian Railway*, (London: Sampson Low, Maston & Company, 1899), pp. 100~108.

[489] James R. Gibson, *Feeding the Russian Fur Trade: Provisionment of the Okhotsk Seaboard and the kamchatka Peninsula, 1639~1856*, (Madison: University of Wisconsin Press, 1969), pp. 18~19 참조.

[490] 러시아의 동진 상황을 연대별로 한눈에 잘 보여주는 지도로는 F. W. Mote, *Imperial China, 900~1800*, (Cambridge: Harvard University Press, 1999), p. 872 참조. 본문의 지도도 이에 기초하여 작성했다. 한편 러시아의 시베리아 정복 과정을 여러 일화를 곁들여 상세히 설명한 연구로는 Zenone, 주 488의 책, pp. 40~99 참조.

[491] 러시아인의 극동지역 정착 과정에 대한 상세한 연구로는 Gibson, 주 489의 책 참조.

[492] Joseph S. Sebes, "The Fragmentation of the Mongols During the Ming Dynasty and Their Step-by-Step Conquest by the Manchus and Russians," *The Canada-Mongolia Review*, v. 3, no. 1 (1977), pp. 24~32.

[493] 청의 중원 정복 및 남명의 몰락 과정에 대해서는 Lynn A. Struve, *The Southern Ming, 1644~1662*, (New Haven: Yale University Press, 1984); Lynn A. Struve, ed. & trans.,

494 *Voices from the Ming-Qing Cataclysm*, (New Haven: Yale University Press, 1993) 참조.
전투상황과 러시아군의 전과를 상세히 기록하고 있는 하바로프의 전투 보고서 영문번역 전문은 Zenone, 주 488의 책, p. 120~121 참조. 한편 러시아 관련 기록을 풍부하게 담고 있는 청나라 자료인 《平定羅刹方略》과 《朔方備乘》에는 이 전투에 대해 단 한 줄의 기록만 있다. "順治九年 駐防寧古塔章京海色 奉所部擊之 戰于烏拉村 稍失利"(《平定羅刹方略》 1:1a;《朔方備乘》 2:2b). 이렇게 소략한 이유는 이 두 자료가 모두 강희제(r. 1662~1722) 이후의 대러시아 관계에 중점을 두어 기술했기 때문일 것이다. 본고에서는 《續修四庫全書》(上海: 上海古籍出版社, 2002) 권390 및 권740~742에 수록된 본본들을 참고했다.

495 《효종실록》 12권 5년 2월 2일 계해;《비변사등록》 효종 5년 갑오 2월 초2일;《비변사등록》 효종 5년 갑오 4월 3일.

496 稻葉岩吉, 주 475의 논문 (상), 26쪽.

497 《효종실록》 14권 6년 4월 23일 정축 참조.

498 *Dopolneniĭà k Aktam istoricheskim*, (Sanktpeterburg: V tip. II Otd-*niĭà* Sobstvennoĭ E.I.V. Kantseliarii, 1846~1872), v. 3, 1654, #122, pp. 525~528, esp. p. 525. 이후로는 DAI로 약칭함. 한편 이 자료의 중국어 번역본은 《歷史文獻補編 17世紀中俄關係文件選譯》(北京: 商務印書館, 1989), 第17件 1654년 8월초, 88~90쪽에서 볼 수 있다.

499 《同文彙考》(국사편찬위원회, 1978) 原編 권76 軍務 順治 11년 7월 (모)일. "二十八日 與 賊遇於江中 終日接戰 賊中丸死者甚多".

500 《효종실록》 권14 6년 4월 23일 정축.

501 DAI, v.3, 1654, #122, p. 525;《역사문헌보편》 제17건 1654년 8월초, 90쪽.

502 《효종실록》 권14 6년 4월 23일 정축.

503 DAI, v.3, 1654, #122, p. 525;《역사문헌보편》 제17건 1654년 8월초, 90쪽.《동문휘고》 원편 권76 군무 順治 11년 7월 (모)일.

504 《동문휘고》 원편 권76, 군무. 順治 11년 7월 (모)일.

505 《효종실록》 14권 6년 4월 23일 정축 참조. 1654년의 1차 원정 상황의 대략은 박태근, 주 478의 논문, 243~247쪽 및 신기석, 주 478의 책, (1979), 239~243쪽을 참고할 수도 있다. 그러나 박태근의 논문에는 주가 전혀 없어 기술 내용의 전거를 확인하기 어렵다는 결정적 문제가 있고, 신기석 논문의 해당 부분은 나선정벌 관련 조선 측 사료들을 소개한 이나바 稻葉岩吉의 주 475의 논문 (상)의 일부를 거의 그대로 옮긴 것이라 해도 과언이 아니다.

506 DAI, v.3, 1654, #122, p. 525; 《역사문헌보편》 제17건 1654년 8월초, 91쪽.

507 《동문휘고》 원편 권76 군무 順治 11년 7월 (모)일; 《효종실록》 12권 5년 7월 2일 기축.

508 주 499 참조.

509 1654년 전투 이후 청과 러시아의 지속적인 알력에 대해서는 Mancall, 주 486의 책, pp. 27~28 참조. 참고로, 순치제(r. 1643~1662) 연간에 있었던 청·러 충돌에 대한 청나라 측 사료는 매우 빈약하다.

510 《승정원일기》 148책 효종 9년 2월 19일 병술; 《효종실록》 20권 9년 3월 3일 경자; 《승정원일기》 149책 효종 9년 3월 4일 신축.

511 《謄錄類抄》 交隣 3, 효종 9년 무술 3월 초4일. 1658년 2차 원정 시의 절목은 《비변사등록》의 해당 연도 부분이 결락 상태라 그동안 확인할 수 없었다. 그런데 규장각도서 No. 15080의 《등록유초》에 해당 절목이 있는 것을 반윤홍이 발견 1990년에 학계에 소개했다(반윤홍, 주 3의 논문). 이 절목의 전문은 반윤홍의 논문에도 실려 있는데, 본고에서는 그것을 참고했다.

512 이 문단의 내용은 《북정록》 5월 초1일부터 6월 초5일까지 내용 참조. 병력은 여러 자료를 종합해 계산하면, 조선군 260명을 포함해 약 2,500명 정도로 추정된다.

513 朴泰根 역, 〈17世紀 露·中關係資料集〉, 제1권, 제103호, 1660년 9월 4일(朴泰根, 주 477의 책, 170~171쪽). 이하 〈17세기 노중관계 자료집〉으로 표기함. 아쉽게도 필자는 해당 러시아 원문 자료를 아직 구해보지 못했다.

514 《북정록》 6월 27일; 6월 초10일.

515 《북정록》 6월 초10일~13일, 27일.

516 〈17세기 노중관계 자료집〉, 171쪽; DAI, v.4, #64, 1659년 10월 3일, p. 176.

517 《북정록》 6월 초10일, 16일.

518 〈17세기 노중관계 자료집〉, p. 171.

519 《북정록》 6월 25일~8월 27일.

520 《승정원일기》 149책 효종 9년 3월 3일 경자.

521 《효종실록》 12권 5년 2월 2일 계해; 《비변사등록》 효종 5년 갑오 2월 초2일. "啓曰 羅禪赴征軍兵抄送節目 別單書啓矣 師期頗急 監兵使處 宣傳官下去時 以此分付何如 答曰允……."

522 《효종실록》 12권 5년 2월 5일 병인; 《비변사등록》 효종 5년 갑오 3월 13일.

523 《효종실록》 20권 9년 3월 3일 경자; 《등록유초》 교린 3, 효종 9년 3월 4일 무술.

524 《通文館志》 9:23b, 紀年 효종대왕 5년 갑오 (세종대왕기념사업회, 1998). "……而近緣北路凶歉 道途窮遠 厘辨十日粮以送 等情咨復 回咨內 奉旨 着戶部發給寧古塔官粮食用."

525 《통문관지》 9:26a, 효종대왕 5년 갑오. "差北虞候申瀏 爲領將 奉哨官二員…… 帶三月糧 往待境上 專差行司直李芬 咨報禮部 回咨內 軍期遲速 豈能遽定 將兵餉計 至回日 陸續姿運."

526 《북정록》 7월 14일, 24일, 8월 초2일.

527 稻葉岩吉, 주 475의 논문 (상), 6~7쪽; 신기석, 주 478의 책, (1979), 234~236쪽; 최소자, 주 476의 논문, 405~406쪽.

528 박태근, 주 478의 논문, 242쪽; 반윤홍, 주 477의 논문, 131쪽.

529 박태근, 주 478의 논문, 242쪽 및 252쪽.

530 《효종실록》 5권 1년 8월 27일 무신.

531 효종 대의 북벌운동을 이런 면에 초점을 두어 고찰한 연구로는 金世英, 〈朝鮮 孝宗朝 北伐論 硏究〉, 《白山學報》 51, (백산학회,1998) 참조. 한편, 대부분의 학자들은 효종의 북벌 의지에 대해서 그 '순수성'을 인정하는 추세다. 그러나 8년 동안이나 심양과 북경에 인질로 있으면서 종군 경험도 있는 효종이 북벌이 정말 가능하다고 순진하게 믿었을 것 같지는 않다. 오히려 청에 우호적이던 형 소현세자가 아버지 인조의 미움을 받다가 끝내 요절하는 것을 지켜보았고, 또 왕위 계승 문제로 홍역을 치른 바 있는 효종이야말로 국내정세의 흐름과 산림山林의 중론을 정확히 간파하고, 자신의 정통성(지지기반)을 강화할 방안으로 북벌을 내세웠을 가능성이 더 높다.

532 李廷喆, 〈17세기 朝鮮의 貢納制 改革論議와 大同法의 成立〉, 박사학위논문 (고려대학교, 2004), 111~112쪽.

533 《효종실록》 12권 5년 2월 2일 계해.

534 《효종실록》 3권 8월 13일 임자. "……臣曾忝咸鏡監司 備知北路之事矣 厚春部落日益熾盛 異時北京微弱 不能制伏 則其爲我國患必矣……."

535 《老峰先生文集》 6:4ab "……然虜情回測 不可推知 而寧古乃吾關北相接處 部落最盛 識者慮之久矣 實恐國家之禍……." 《韓國歷代文集叢書》 421·422권 (경인문화사, 1993), 474~481쪽.

536 《統相公實記》 1:1b 〈北征奏凱夜述懷〉 "客船無寢聽胡笳 故國茫茫萬里賒 惟有此心頃刻去 玉階朝罷又還家." 《통상공실기》는 신유의 6세손인 신호응申顥應이 1869년에 목판본으로 간행한 일종의 문집인데, 본고에서는 박태근, 주 477의 책에 수록된 영인본을 참조했다. 더 자세한 해제는 같은 책, 41쪽 및 46쪽 참조.

537 《통상공실기》1:1b 〈北征奏凱夜述懷〉 "萬里成功世所稀 客心何事復長唏 今行自異潘河役 却羨金公死未歸."

538 한명기, 《임진왜란과 한중관계》 (역사비평사, 1999), 273~275쪽 참조.

539 《인조실록》 42권 19년 10월 22일 갑자.

540 조선 후기 국가 차원의 임경업 현창사업에 대해서는 《忠愍公林將軍要覽》 (충민공임경업 장군기념사업회, 1977), 82쪽에 일목요연하다. 정조의 어제비명御製碑銘에 대해서는 같은 책, 98~103쪽 참조. 한편 박정희 유신정권 때 출판된 이 요람 자체도 후대의 선양 사업 중 하나일 것이다.

541 임경업 관련 유적과 민간 전설에 대해서는 李慶善, 《韓國의 傳記文學》 (민족문화사, 1988), 5~29쪽, 임경업 소설의 유행 및 그 연구사 정리는 강현모, 〈한국 설화의 전승 양상과 소설적 변용〉 (역락, 2004), 237~260쪽, 임경업의 신격화에 대해서는 주강현, 〈西海岸 漁業生産風習—漁業生産力과 林慶業 神格化 問題를 中心으로〉 《역사민속학》 1, (1991) 참조.

542 《통상공실기》 2:3ab "…… 統戎南海鯨波息 推穀西關虎節高 石勒燕山心早許 塵棲楚劍計許抛 ……."

543 필자는 이 만사를 해석함에 있어 박태근, 주 477의 책, 134쪽에 있는 주해의 도움을 크게 받았다.

544 《통상공실기》 2:3b "…… 心雄自首猶看劍 志在黃龍痛飮觴 ……."

545 박태근, 주 477의 책, 135쪽.

546 《통상공실기》 2:17ab "甲戌四月 領兵赴寧古塔 討叛胡 指麾方略 克奏膚功 及還 淸將日 向有遺孽 當更駐數月 調兵給餉 公曰 賊若未破 雖經年防戍 亦所不辭 今旣剖巢燻穴 仍留塞外 不幾於河上之逍遙乎 自會寧徂寧古 川原阻絕 倘遇霖潦 則輸運紅腐之米 竟爲無用之物 且秋序若盡 邊地早寒 士卒凍死 不亦哀乎 辭甚剴切 淸將許歸 八月班師 上嘉之 特陞嘉善."

547 계승범, 〈조선 후기 중화론의 이면과 그 유산—명·청 관련 호칭의 변화를 중심으로—〉, 《韓國史學史學報》 19 (한국사학사학회, 2009).

548 "十二日 晴 曉頭行船 午後下陸上宿 沿江上下 未曾有人居 地名與道里遠近 胡人亦不詳知……"(5월 12일)의 경우, 밑줄 친 호인胡人이 토착민을 가리키는지 청나라 군사를 가리키는지는 분명하지 않다. 그러나 이 강이 영고탑에서 멀지 않은 목단강 상류로 연합군 선단이 출항한 부근임을 감안할 때, 영고탑 주변 토착민들이 목단강 상류 지리를 잘 모른다고 보기는 어렵다. 따라서 여기서 호인胡人은 출정을 위해 영고탑에 도착한 청나라 만주

족 병사들을 가리키는 것으로 보는 것이 합리적이다. 비슷한 예로, "……去十六日 大將者定送偵探船一隻 十九日 又送騎胡由陸偵探……"(5월 21일)의 경우를 보자. 여기서도 밑줄 친 기호기호(騎胡)가 현지인일 가능성을 배제할 수 없다. 그러나 정탐의 임무를 띠고 말을 타고 나갈 정도라면, 현지인이라기보다는 청군 소속 병사 중 그 지역 출신으로 보는 것이 순리적이다. 한편, 나머지 세 경우는 모두 호인이 청군을 가리킴이 분명하다. 그중 한 예를 들면, 전투장면에 대한 기술에서 "……賊之隱伏者亦放砲 于時我軍與胡人 若干死傷……"(6월 10일)이라고 해 청군 병사들을 분명히 호인으로 적고 있다.

549 "……則答云 潛水軍乃西蜀之人 名數則一百名 而能潛行三十餘里……"(5월 17일).

550 "(造船)匠人則皆是漢人 名數則六百名……"(6월 초2일) 및 "……戰船沙格 皆是漢人 而不許回還 造家而入……"(6월 27일).

551 고려말기 지식인들의 '중국' 인식에 대해서는 김순자, 〈고려말 대중국 관계의 변화와 신흥 유신의 사대론〉《역사와 현실》15, (1995); 都賢喆, 〈高麗末期 士大夫의 對外觀 —華夷論을 중심으로〉《震檀學報》86, (1998) 참조. 고려시대 한중관계에 대한 최근의 연구로는 Peter I. Yun, "Rethinking the Tribute System: Korean States and Northeast Asian Interstate Relations, 600~1600," Ph. D dissertation (Los Angeles: UCLA, 1998), pp. 43~186; Remco E. Breuker, "Koryŏ as an Independent Realm: The Emperor's Clothes?" *Korean Studies*, v. 27 (2004), pp. 48~84 참조.

552 《통상공실기》 2:2ab "……奧在戊戌 北鄙有獮 血人于牙 有不能制 出師桓桓 風揮日舒 剖穴燻巢 威讋穹廬 珅師獻凱 益應寵擢……."

553 《현종실록》부록 〈顯宗大王行狀〉.

554 이 학설에 대해서는 정옥자, 《조선 후기 조선중화사상 연구》(일지사, 1998) 참조. 이 학설에 대한 비판적 검토는 계승범, 주 547의 논문에 상세하다.

555 《葛庵先生文集》 권23, 〈統制使申公墓碑銘〉. "……戊戌夏 日可部落擾北海上 清人屢戰皆敗 請兵於我 上慮賊勢鴟張 爲我北邊憂 命公往討之 公承命卽行……." 한국고전번역원 온라인 공개 자료.

556 《星湖僿說》(민족문화추진회, 1978) 1권 天地門〈黑龍江源〉; 8권 人事門〈車漢日記〉.

557 《五洲衍文長箋散稿》 天地編 地理類 人種〈羅禪辨證說〉. 한국고전번역원(민족문화추진회) 온라인 공개 자료.

558 한글《비시황전》은 박태근, 주 477의 책, 173~185쪽에 실려 있는 것을 참고했다.

559 '요동전쟁'이란 1618년부터 1622년까지 전개된 후금의 요동 장악 과정을 한 시기로 묶

기 위해 필자가 만든 용어다. 후금의 요동 장악은 동아시아 정세 변화에 결정적인 계기가 되지만, 아직까지 이 전쟁 과정을 특별히 가리키는 용어가 없어 불편했다. 대개 입관 전 入關前이라는 큰 시기에 포함시키거나, 또는 명·조선의 후금 원정이 참패로 끝나는 사르후薩爾滸 전투(1619)에만 주목하는 경향이 강했다. 그러나 요동을 둘러싼 전쟁이 5년간 지속된 점, 이 기간 중에 벌어진 숱한 전투들 가운데 하나인 사르후 전투가 이 5년간의 시기를 총괄해 대표할 수 없는 점, 1623년부터 후금이 잠시 팽창을 멈춘 점, 이후의 전투는 대개 요서 지역에서 벌어진 점 등을 고려할 때, 17세기 전반 후금의 요동 장악이 갖는 지정학적 중요성을 부각시키기 위해 이 과정을 요동전쟁이라 불러도 무방하리라 생각한다. 조선 입장에서 보아도, 광해군 대를 수놓은 치열한 외교노선 논쟁은 바로 이 '요동전쟁' 기간 동안에 집중된다.

[560] 조성산, 〈19세기 전반 對淸認識의 변화와 새로운 中華 관념의 형성〉, 《韓國史研究》 (한국사연구회, 2009).

[561] David Cannadine, ed., *What is History Now?* (New York, Palgrave Macmillan, 2002), esp. pp. vii~xiv, 1~18, 148~161. 이 책은 한국어로도 번역되었다. 데이비드 캐너다인 엮음, 문화사학회 옮김, 《굿바이 E.H.카》, (푸른역사, 2005) 참조.

[562] 세계체제world system라는 개념을 내세워 그 기원을 13세기 몽골의 팽창 또는 고대로까지 소급해 보는 학자들이 있다. 대표적으로는 Andre G. Franke and Barry K. Gills, *The World System: Five Hundred Years or Five Thousand*, (New York, Routledge, 1993) 참조. 다양한 네트워크network에 초점을 두어 세계체제를 논한 연구로는 Christopher Chase-Dunn and Thomas D. Hall, *Rise and Demise: Comparing World-Systems*, (Boulder: Westview Press, 1997) 참조. 그러나 지구상의 거의 모든 지역이 느슨하게나마 하나의 정치·경제 시스템으로 묶이기 시작하는 시기는 아무래도 17세기 이후로 보아야 할 것이다.

참고문헌

1차 자료 (기본 사료)

《葛庵先生文集》한국고전번역원 온라인공개자료. 李玄逸(1627~1704).

《建州紀程圖記》, 金成俊 편, 《鶴山李仁榮全集》(국학자료원, 1998).

《建州私志》, 《淸初史料四種》(北京: 北平圖書館, 1933).

《國朝五禮儀》(대한민국법제처, 1982).

《고려사》(평양: 사회과학원, 1964).

《洛西先生文集》, 《韓國歷代文集叢書》2454 (경인문화사, 1997). 張晩(1566~1629).

《老峰先生文集》, 《韓國歷代文集叢書》421·422 (경인문화사, 1993). 閔鼎重(1628~1692).

《大東野乘》, 《국역대동야승》(民族文化推進會, 1975).

《大東地志》(한양대학교 국학연구원, 1974).

《同文彙考》(국사편찬위원회, 1978).

《東夷考略》, 《淸入關前史料選集》1, (北京: 中國人民大學出版社, 1985).

《謄錄類抄》규장각 청구번호 奎15080.

《滿文老檔》(北京: 中華書局出版, 1990).

《明史》(臺北: 國防研究院, 1963).

《明實錄》(臺北: 中央研究院歷史語言研究所, 1964).

《비시황젼》, 朴泰根, 《國譯 北征日記》(한국정신문화연구원, 1980).

《丙子錄》(필사본, 1894, 고려대도서관 청구번호 대학원B3 A20A). 羅萬甲(1592~1642).

《北征錄》, 朴泰根, 《國譯 北征日記》(한국정신문화연구원, 1980).

《備邊司謄錄》 국사편찬위원회 온라인공개자료.

《事大文軌》(京城: 조선사편수회, 1935).

《使朝鮮錄》(南京: 陶風樓景印, 1937).

《朔方備乘》, 《續修四庫全書》 740~742 (上海: 上海古籍出版社, 2002).

《三朝遼史實錄》(南京: 江蘇省立國學圖書館經印, 1931).

《徐光啓集》(上海: 上海古籍出版社, 1984). 徐光啓(1562~1633).

《西厓文集》(성균관대학교 대동문화연구원, 1958). 柳成龍(1542~1607).

《西征錄》(군사편찬위원회, 1989).

《星湖僿說》(민족문화추진회, 1978). 李瀷(1681~1763).

《續雜錄一》 한국고전번역원 온라인공개자료. 趙慶男(1570~1641).

《宋史》(臺北: 鼎文書局, 1991).

《宋子大全》(보경문화사, 1985). 宋時烈(1607~1689).

《崇德三年滿文檔案譯編》, 張存武·葉泉宏 編, 《清入關前與朝鮮往來國書彙編》(臺北: 國史館, 2000).

《承政院日記》 국사편찬위원회 온라인공개자료.

《新增東國輿地勝覽》(경문사, 1978).

《瀋陽日記》, 李錫鎬 역, 《瀋陽日記》(大洋書籍, 1975).

《瀋陽狀啓》, 《국역심양장계》(세종대왕기념사업회, 1999).

〈17世紀 露中關係資料集〉, 朴泰根, 《國譯 北征日記》(한국정신문화연구원, 1980).

《御定資治通鑑綱目三編》(臺北: 尙武印書館, 1976).

《歷史文獻補編 17世紀中俄關係文件選譯》(北京: 商務印書館, 1989).

《練藜室記述》, 《국역연려실기술》(민족문화추진회, 1967). 李肯翊(1736~1806).

《豫章學案》, 《宋元學案》(臺北: 臺灣商務印書館, 1973). 羅從彦(1072~1135).

《五洲衍文長箋散稿》 한국고전번역원 온라인공개자료. 李圭景(1788~?).

《月沙集》(延安李氏館洞派宗中, 1969). 李廷龜(1564~1635).

《逸史記聞》, 《大東野乘》58, 《국역대동야승》14 (民族文化推進會, 1975).

《紫巖集》,《韓國文集叢刊》35 (민족문화추진회, 1992). 李民寏(1573~1649).

《朝鮮國紀》,《學海類編》120 (上海: 函芬樓, 1920).

《朝鮮國來書簿》, 張存武・葉泉宏 編,《清入關前與朝鮮往來國書彙編》(臺北: 國史館, 2000).

《朝鮮紀事》,《紀錄彙編》(上海: 函芬樓, 1938).

《朝鮮王朝實錄》 국사편찬위원회 온라인공개자료.

《尊周彙編》,《朝鮮事大斥邪關係資料集》1・2 (여강출판사, 1985).

《中國正史朝鮮傳譯註》4, (국사편찬위원회, 1990).

《清史稿校註》(臺北: 國史館, 1986).

《清實錄》(北京: 中華書局, 1986).

《清太祖高皇帝實錄》,《清太祖努爾哈赤實錄》(臺北: 文海出版社, 1975).

《太宗文皇帝實錄》,《大清歷朝實錄》(新京: 大滿洲國國務院, 1937).

《通文館志》(세종대왕기념사업회, 1998).

《統相公實記》, 朴泰根,《國譯 北征日記》(한국정신문화연구원, 1980). 申瀏(1619 1680).

《平定羅刹方略》,《續修四庫全書》390 (上海: 上海古籍出版社, 2002)

《荷潭破寂錄》,《大東野乘》72. 金時讓(1581~1643).

《休翁集》,《韓國歷代文集叢書》2221 (경인문화사, 1997). 沈光世(1577~1624).

Dopolnenīi̇̂ â k Aktam istoricheskim, (Sanktpeterburg: V tip. II Otd−nīi̇̂ â Sobstvennoĭ E.I.V. Kantŝeli̇̂ari̇̂i, 1846~1872).

2차 자료 (연구논저)

姜周鎭,〈韓國과 러시아의 外交史的 考察〉,《大丘史學》12・13 (대구사학회, 1977).

강현모,《한국 설화의 전승 양상과 소설적 변용》(역락, 2004).

계승범,〈조선감호론 문제를 통해 본 광해군대 외교 노선 논쟁〉,《朝鮮時代史學報》34 (조선시대사학회, 2005).

계승범,〈파병 논의를 통해본 조선전기 大明觀의 변화〉,《大東文化研究》53 (성균관대학교 대동문화연구원, 2006).

계승범,〈광해군대 말엽(1621~1622) 외교노선 논쟁의 실제와 그 성격〉《歷史學報》193 (역사학회, 2007).

계승범, 〈임진왜란과 누르하치〉, 《임진왜란: 동아시아 삼국전쟁》 (휴머니스트, 2007).
계승범, 〈조선 특사의 후금 방문과 明秩序의 균열〉, 《한중관계 2000년: 동행과 공유의 역사》 (소나무, 2008).
계승범, 〈계해정변(인조반정)의 명분과 그 인식의 변화〉, 《南冥學硏究》 26 (경상대학교 남명학연구소, 2008).
계승범, 〈조선후기 중화론의 이면과 그 유산—명·청 관련 호칭의 변화를 중심으로〉, 《韓國史學史學報》 19 (한국사학사학회, 2009).
계승범, 〈조선시대 동아시아 질서와 한중관계: 쟁점별 분석과 이해〉, 《한중일 학계의 한중관계사 연구와 쟁점》 (동북아역사재단, 2009).
고윤수, 〈광해군대 조선의 요동정책과 조선군 포로〉, 《東方學志》 123 (연세대학교 국학연구원, 2004).
교수신문 편, 《고종황제 역사청문회》 (푸른역사, 2005).
구도영, 〈中宗代 事大認識의 변화 大禮議에 대한 別行 파견 논의를 중심으로〉, 《역사와 현실》 62 (한국역사연구회, 2006).
丘凡眞, 〈19세기 전반 淸人의 朝鮮使行—白俊(1841)과 花沙納(1845)의 경우—〉, 《史林》 22 (수선사학회, 2004).
具仙姬, 《韓國近代 對淸政策史 硏究》 (혜안, 1999).
구선희, 〈근대 한중관계사의 연구경향과 쟁점 분석〉, 《한중일 학계의 한중관계사 연구와 쟁점》 (동북아역사재단, 2009).
權仁溶, 〈明中期 朝鮮의 入明使行—蘇世讓의 赴京日記를 통하여—〉, 《明淸史硏究》 19 (명청사학회, 2003).
權仁溶, 〈明中期 朝鮮의 宗系辨誣와 對明外交—權橃의 朝天錄을 中心으로〉, 《明淸史硏究》 24 (명청사학회, 2005).
金暻綠, 〈朝鮮初期 宗系辨誣의 展開樣相과 對明關係〉, 《國史館論叢》 108 (국사편찬위원회, 2006).
金甲周, 《朝鮮時代 寺院經濟硏究》 (동화출판사, 1983).
김경록, 〈朝鮮後期 事大文書의 종류와 성격〉, 《韓國文化》 35 (서울대학교 한국문화연구소, 2005).
김경록, 〈朝鮮後期 '同文彙考'의 編纂過程과 性格〉, 《朝鮮時代史學報》 (조선시대사학회, 2005).
김경록, 〈조선시대 事大文書의 생산과 전달체계〉, 《韓國史硏究》 134 (한국사연구회, 2006).
김경록, 〈조선시대 대중국 외교문서의 접수·보존체계〉, 《韓國史硏究》 136 (한국사연구회,

2007).

김경록, 〈조선초기 '吏文'의 편찬과 對明외교문서의 성격〉, 《梨花史學硏究》 34 (이화사학연구소, 2007).

김경록, 〈中宗反正이후 承襲外交와 朝明關係〉, 《韓國文化》 40 (서울대학교 규장각한국학연구원, 2007).

김경록, 〈공민왕대 국제정세와 대외관계의 전개양상〉, 《역사와 현실》 64 (한국역사연구회, 2007).

金九鎭, 〈朝鮮前期 對女眞關係와 女眞社會의 實態〉, 《동양학》 14 (단국대학교 동양학연구소, 1984).

金九鎭, 〈朝鮮 前期 韓中關係史의 試論; 朝鮮과 明의 使行과 그 性格에 대하여〉, 《弘益史學》 4 (홍익대학교 사학회, 1990).

김구진, 〈세종 시대의 여진 관계〉, 《세종문화사대계》 3 (세종대왕기념사업회, 2001).

金相五, 〈李施愛의 亂에 對하여〉, 《全北史學》 2·3 (전북대학교 사학회, 1978 1979).

金聖七, 〈燕行小考 朝中交涉史의 一齣―〉, 《歷史學報》 12 (역사학회, 1960)

金世英, 〈朝鮮 孝宗朝 北伐論 硏究〉, 《白山學報》 51, (백산학회,1998).

김순자, 〈고려말 대중국 관계의 변화와 신흥 유신의 사대론〉, 《역사와 현실》 15 (한국역사연구회, 1995).

김순자, 《韓國中世韓中關係史》 (혜안, 2007).

金泳斗, 〈朝鮮前期 道統論의 展開와 文廟從祀〉 박사학위논문, (西江大學校, 2006).

金容晩, 《朝鮮時代 私奴婢硏究》 (집문당, 1997).

김위현, 《고려의 대외관계사 연구》 (경인문화사, 2004).

金潤坤, 〈新興士大夫의 擡頭〉, 《한국사 8: 高麗後期의 社會와 文化》 (국사편찬위원회, 1974).

金正起, 〈1876~1894년 淸의 朝鮮政策 硏究〉, 박사학위논문 (서울대학교, 1994).

김종원, 《근세 동아시아관계사 연구―朝淸交涉과 東亞三國交易을 중심으로》 (혜안, 1999).

김한규, 《한중관계사》 (아르케, 1999).

김한규, 《요동사》 (문학과지성사, 2004).

金漢植, 〈明代韓中關係를 둘러싼 若干의 問題―동아시아 세계질서 속에서의 韓中關係史의 모색―〉, 《大丘史學》 12 13 (대구사학회, 1977).

金漢植, 〈明代 中國人의 對韓半島 認識〉, 《東洋文化硏究》 8 (경북대 동양문화연구소, 1981).

남의현, 《明代遼東支配政策硏究》 (강원대학교출판부, 2008).

니시지마 사다오 (이성시 편, 송완범 역), 《일본의 고대사인식: '동아시아세계' 론과 일본》 (역사비평사, 2008).

都賢喆, 〈高麗末期 士大夫의 對外觀 華夷論을 중심으로〉, 《震檀學報》 86 (진단학회, 1998).

박경안, 〈고려전기 다원적 국제관계와 국가 문화 귀속감〉, 《동방학지》 129 (연세대학교 국학연구원, 2005).

박대재, 〈고대 '동아시아 세계론' 과 고구려사〉, 박대재 외, 《고대 동아시아세계론과 고구려의 정체성》 (동북아역사재단, 2007).

박상수, 〈중국학계의 근현대 한중관계사 인식—한중수교 이후의 연구시각〉, 《한중일 학계의 한중관계사: 연구와 쟁점》 (동북아역사재단, 2009).

박성주, 〈조선전기 朝·明 관계에서의 宗系 문제〉, 《慶州史學》 22 (경주사학회, 2003).

朴元熇, 《明初朝鮮關係史硏究》 (일조각, 2002).

박원호·권인용·홍성구·박정현, 《15~19세기 중국인의 조선인식》 (고구려연구재단, 2005).

朴珠, 《朝鮮時代의 旌表政策》 (일조각, 1990).

朴泰根, 〈朝鮮軍의 黑龍江出兵(1654~1658)〉, 《韓國史論》 9 (國史編纂委員會, 1982).

박홍갑, 〈조선 中宗朝의 徙民政策 변화와 그 문제점—자연재해와의 관련을 중심으로〉, 《朝鮮時代史學報》 8 (조선시대사학회, 1999).

朴洪甲, 《朝鮮時代 門蔭制度 硏究》 (탐구당, 1994).

반윤홍, 〈備邊司의 羅禪征伐 籌劃에 대하여—효종조 寧古塔 파병절목을 중심으로—〉, 《韓國史學報》 11 (한국사학회, 2001).

徐炳國, 《宣祖時代女直交涉史硏究》 (교문사, 1970).

徐炳國, 〈童猛哥帖木兒의 建州左衛 硏究〉, 《白山學報》 11 (백산학회, 1971).

설석규, 《조선시대 유생상소와 공론정치》 (선인, 2002).

孫承喆, 〈朝鮮朝 事大交隣政策의 成立과 그 性格—朝鮮朝 對外政策史 硏究試論〉, 《溪村閔丙河敎授停年紀念 史學論叢》 (논총간행위원회, 1988).

孫承喆, 《朝鮮時代 韓日關係史硏究》 (지성의 샘, 1994).

손승철, 《조선시대 한일관계사 연구—교린관계의 허와 실》 (경인문화사, 2006).

申基碩, 《間島領有權에 關한 硏究》 (探求堂, 1979).

申基碩, 《北征日記: 附 北行日錄·車漢日記》 (探求堂, 1980).

申奭鎬, 〈朝鮮中宗時代の禁銀問題〉, 《稻葉博士還曆記念滿鮮史論叢》 (稻葉博士還曆記念會, 1938).

신석호, 〈조선왕조 개국 당시의 대명관계〉, 《국사상의 제문제》 1 (국사편찬위원회, 1959).
安貞熙, 〈朝鮮初期의 事大論〉, 《歷史敎育》 64 (역사교육연구회, 1997).
염정섭, 《조선시대 농법 발달 연구》 (태학사, 2002).
오상학, 〈조선시대의 세계지도와 세계 인식〉, 박사학위논문 (서울대학교, 2001).
오종록, 〈세종 시대 북방 영토 개척〉, 《세종문화사대계》 3 (세종대왕기념사업회, 2001).
劉寶全, 〈壬辰倭亂 前後 韓中關係史 硏究〉, 박사학위논문 (성균관대학교, 2004).
劉鳳榮, 〈王朝實錄에 나타난 李朝前期의 野人〉, 《白山學報》 14 (백산학회, 1973).
劉承宙, 〈朝鮮前期의 金銀鑛業硏究〉, 《韓國史硏究》 27 (한국사연구회, 1979)
劉承宙, 《朝鮮時代 鑛業史硏究》 (고려대학교출판부, 1994).
柳在城, 《丙子胡亂史》 (국방부전사편찬위원회, 1986).
유재성 편, 《국토개척사》 (국방군사연구소, 1999).
柳在春, 〈15세기 明의 東八站 地域 占據와 朝鮮의 對應〉, 《朝鮮時代史學報》 18 (조선시대사학회, 2001).
윤영인(피터윤), 〈서구 학계 조공제도 이론의 중국 중심적 문화론 비판〉, 《아세아연구》 45-3, (고려대학교 아세아문제연구소, 2002).
윤영인(피터윤), 〈만주족의 정체성과 '漢化' 이론에 대한 서구 학계 신간 소개〉, 《만주연구》 2 (만주학회, 2005).
李康七, 〈朝鮮 孝宗代 羅禪征伐과 彼我 鳥銃에 대한 小考〉, 《古文化》 20 (한국대학박물관협회, 1982).
李慶善, 《韓國의 傳記文學》 (민족문화사, 1988).
李起明, 《朝鮮時代 官吏任用과 相避制》 (백산자료원, 2007).
李秉烋, 《朝鮮前期畿湖士林派硏究》 (일조각, 1984).
이삼성, 《동아시아의 전쟁과 평화: 전통시대 동아시아 2천년과 한반도》 (한길사, 2009).
李成珪, 〈明淸史書의 朝鮮 '曲筆'과 朝鮮의 '辨誣'〉, 《李公範敎授停年記念東洋史論叢》 (지식산업사, 1993).
이성무, 《조선시대 당쟁사》 (아름다운 날, 2007).
李樹健, 《嶺南士林派의 形成》 (영남대학교 민족문화연구소, 1979).
이승수, 〈西堂 李德壽의 對淸觀〉, 《韓國思想과文化》 20 (한국사상문화학회, 2003).
이영춘, 〈'通文館志'의 편찬과 조선후기 韓中關係의 성격〉, 《實學思想硏究》 33 (무악실학회, 2007).

李佑成,〈高麗朝의 '吏'에 對하여〉,《歷史學報》 13 (역사학회, 1964).

이익주,〈14세기 후반 원·명 교체와 한반도〉, 역사학회 편,《전쟁과 동북아의 국제질서》(일조각, 2006).

李仁榮,〈韓國滿洲 關係史의 硏究〉, 金成俊 편,《鶴山李仁榮全集》 2 (국학자료원, 1998).

李仁榮,〈申忠一의 建州紀程圖記에 대하여〉, 金成俊 편,《鶴山李仁榮全集》 4 (국학자료원, 1998).

이정수·김희호,《조선시대 노비와 토지 소유방식》(대구: 경북대학교출판부, 2006).

李廷喆,〈17세기 朝鮮의 貢納制 改革論議와 大同法의 成立〉, 박사학위논문 (고려대학교, 2004).

이찬,〈세종 시대의 지리학—북방개척 지도와 지리지〉,《세종문화사대계》 3 (세종대왕기념사업회, 2001).

李泰鎭,〈14, 15세기 農業技術의 발달과 新興士族〉,《東洋學》 9 (단국대학교 동양학연구소, 1979).

李泰鎭,《朝鮮後期의 政治와 軍營制 變遷》(한국연구원, 1985).

李泰鎭 편,《朝鮮時代 政治史의 再照明—士禍·黨爭篇—》(범조사, 1985).

李泰鎭,《韓國社會史; 農業技術 發達과 社會變動》(지식산업사, 1986).

李炯錫,《壬辰戰亂史》 상·중·하 (임진전란사간행위원회, 1974).

임민혁,《조선시대 음관연구》(한성대학교출판부, 2002).

장순순,〈조선시대 왜관변천사 연구〉, 박사학위논문 (전북대학교, 2001).

張學根,《朝鮮時代海洋防衛史研究》(해군사관학교, 1987).

張熙興,《朝鮮時代 政治權力과 宦官》(경인문화사, 2006).

全海宗,〈丁卯胡亂의 和平交涉에 對하여〉,《亞細亞學報》 3 (아세아학술연구회, 1967).

全海宗,〈丁卯胡亂 時의 後金軍의 撤兵 經緯〉,《白山學報》 2 (백산학회, 1967).

全海宗,《韓中關係史硏究》(일조각, 1970).

全海宗,〈호란 후의 대청관계〉,《韓國史》 12 (國史編纂委員會, 1977).

전해종,〈조선전기 한중관계의 몇 가지 특징적인 문제〉,《동양학》 14 (단국대학교 동양학연구소, 1983).

鄭求先,《朝鮮時代薦擧制度研究》(초록배, 1995).

鄭杜熙,《朝鮮初期政治支配勢力研究》(일조각, 1983).

鄭杜熙,〈朝鮮前期〉,《歷史學報》 104 (역사학회, 1984).

정두희, 《朝鮮時代의 臺諫研究》 (일조각, 1994).

鄭杜熙, 《朝鮮時代 人物의 再發見》 (일조각, 1997).

정두희, 《하나의 역사, 두 개의 역사학: 개설서로 본 남북한의 역사학》 (소나무, 2001).

정두희 이경순 편, 《임진왜란: 동아시아 삼국전쟁》 (휴머니스트, 2007).

정만조, 《朝鮮時代 書院研究》 (집문당, 1997).

정옥자, 《조선후기 조선중화사상연구》 (일지사, 1998).

鄭泰憲, 〈世祖의 李施愛亂 收拾政策〉, 《史學研究》 38 (한국사학회, 1984).

조건, 〈러일전쟁기 한국 문관들의 참전과 그 성격〉, 《軍事史研究叢書》 5 (국방부 군사편찬연구소, 2008).

조성산, 〈19세기 전반 對淸認識의 변화와 새로운 中華 관념의 형성〉, 《韓國史研究》 (한국사연구회, 2009).

趙誠乙, 〈朝鮮後期 韓國과 中國의 相互 認識―肅宗末·英祖初 兩國의 使行記錄을 中心으로〉, 《韓國思想史學》 27 (한국사상사학회, 2006).

曺永祿, 〈水牛角貿易을 통해 본 鮮明關係〉, 《東國史學》 9 (동국대학교 사학회, 1966).

曺永祿, 〈朝鮮의 小中華觀―明淸交替期 東亞三國의 天下觀의 變化를 中心으로〉, 《歷史學報》 149 (역사학회, 1996).

曺永祿, 《근세 동아시아 삼국의 국제교류와 문화》 (지식산업사, 2002).

조영록, 〈1488년의 명과 조선―표해록과 조선부의 상호인식〉, 《동아시아 역사속의 중국과 한국》 (서해문집, 2005).

주강현, 〈西海岸 漁業生産風習―漁業生産力과 林慶業 神格化 問題를 中心으로〉, 《역사민속학》 1 (한국역사민속학회, 1991).

車文燮, 《朝鮮時代 軍制研究》 (단국대학교출판부, 1973).

千寬宇, 〈麗末鮮初의 閑良〉, 《李丙燾博士華甲記念論叢》 (일조각, 1956).

崔韶子, 〈胡亂과 朝鮮의 對明 淸關係의 變質―事大 交隣의 問題를 中心으로―〉, 《梨大史苑》 12 (이대사학회, 1975).

崔韶子, 〈壬辰亂時 明의 派兵에 대한 考察 派兵의 背景과 軍事活動에 대한 評價〉, 《東洋史學研究》 11 (東洋史學會, 1977).

崔韶子, 〈中國 側에서 본 丁卯·丙子 兩役〉, 《梨大論叢》 57 (이화여자대학교, 1990).

崔韶子, 〈청국과의 관계〉, 《한국사》 32 (國史編纂委員會, 1997).

崔韶子, 〈18세기 후반 燕行錄을 통해 본 조선 지식인들의 對中國認識〉, 《國史館論叢》 76 (국

사편찬위원회, 1997).

최소자, 《淸과 朝鮮: 근대 동아시아의 상호 인식》 (혜안, 2005).

최완수 외, 《우리문화의 황금기 진경시대》 1·2 (돌베개, 1998).

河宇鳳, 〈實學派의 對外認識〉, 《國史館論叢》 76 (국사편찬위원회, 1997).

하우봉, 《조선시대 한국인의 일본인식》 (혜안, 2006).

河炫綱, 〈李承休의 史學思想 硏究〉, 《東方學志》 69 (연세대학교 국학연구원, 1990).

韓明基, 〈光海君代의 對中國 관계―後金문제를 둘러싼 對明關係를 중심으로―〉 《震檀學報》 79 (진단학회, 1995).

한명기, 《임진왜란과 한중관계》 (역사비평사, 1999).

한명기, 〈17·8세기 韓中關係와 仁祖反正―朝鮮後期의 '仁祖反正 辨誣' 문제〉, 《韓國史學報》 13 (한국사학회, 2002).

韓明基, 〈'再造之恩'과 조선후기 정치사―임진왜란~정조대 시기를 중심으로―〉, 《大東文化硏究》 59 (성균관대학교 대동문화연구원, 2007).

한명기, 《정묘·병자호란과 동아시아》 (푸른역사, 2009).

韓永愚, 〈麗末鮮初 閑良과 그 地位〉, 《韓國史硏究》 4 (한국사연구회, 1969).

許善道, 《朝鮮時代 火藥兵器史硏究》 (일조각, 1994).

허태용, 《조선후기 중화론과 역사인식》 (아카넷, 2009).

홍선표, 〈15·16세기 조선화단의 중국화 인식과 수용태도―對明觀의 변화를 중심으로〉, 《美術史論壇》 26 (한국미술연구소, 2008).

Wagner, Edward W., 〈李朝 士林問題에 관한 再檢討〉, 《全北史學》 4 (전북대학교사학회, 1980).

桂勝範, 〈壬辰倭亂とヌルハチ〉, 《壬辰戰爭: 16世紀 日·朝·中の國際戰爭》 (東京: 明石書店, 2009).

堀敏一, 《中國と東アジア世界》 (東京: 岩波書店, 1993).

金泰丞 편역, 《東洋史의 基礎知識》 (신서원, 1991).

稻葉岩吉, 《光海君時代の滿鮮關係》 (京城, 大阪屋號書店, 1933).

稻葉岩吉, 〈朝鮮孝宗朝於兩次滿洲出兵就〉, 《靑丘學叢》 15·16 (靑丘學會, 1934).

茂木敏夫, 〈中華世界の近代的變容―淸末の邊境支配〉, 《地域システムアジアから考える 2》 (東京: 東京大出版部, 1993).

末松保和, 〈麗末鮮初に於ける對明關係〉, 《史學論叢》 2 (京城帝國大學文學會, 1941).

濱下武志, 《朝貢システムと近代アジア》(岩波書店, 1993).

寺內威太郎, 〈17世紀前半の朝中關係の一齣―第二次瀋獄を中心に〉, 《駿台史學》96 (東京: 駿台史學會, 1996).

山內弘一, 〈朴趾源に於ける北學と小中華〉, 《上智史學》37 (上智大史學會, 1992).

小葉田淳, 〈中世後半期に於ける日鮮金銀貿易の研究〉, 《史學雜誌》43:6·7 (史學會, 1932).

桑野榮治, 〈朝鮮中宗二O年代の對明外交交涉―嘉靖會典' 編纂の情報收集をめぐつて〉, 《東洋史研究》67-3 (京都: 東洋史研究會, 2008).

西嶋定生, 《中國古代國家と東アジア世界》(東京: 東京大學出版會, 1983).

楊軍 張乃和 편, 《先史前至20世紀末 東亞史》(長春: 長春出版社, 2006).

閻崇年, 《奴爾哈赤傳》(北京: 北京出版社, 1983).

劉家駒, 〈清初徵兵朝鮮始末 (上)〉《食貨月刊》, 12-10·11, (1983).

李光濤, 〈朝鮮稱訟毛文龍功德碑文攷〉, 《大陸雜誌》11-6 (臺北: 大陸雜誌社 1955).

張存武, 〈清韓關係 1636-1644 (上)〉, 《故宮文獻》4-1 (1972).

田川孝三, 〈毛文龍と朝鮮との關係について〉, 《靑丘說叢》3 (京城: 京城帝國大學法文學部朝鮮史學科, 1932).

田川孝三, 〈瀋獄問題に就いて上〉, 《靑丘學叢》17 (靑丘學會, 1934).

川島眞, 《中國近代外交の形成》(名古屋大學出版會, 2004).

河內良弘, 《明代女眞史の研究》(京都: 同朋舍出版, 1984).

Baker, Donald, "A Different Thread: Orthodoxy, Heterodoxy, and Catholicism in a Confucian World," in JaHyun Kim Haboush and Martina Deuchler, eds., *Culture and State in Late Chosôn Korea*, (Cambridge, The Harvard University Asian Center, 1999).

Barfield, Thomas, *The Perilous Frontiers: Nomadic Empires and China, 221 B.C. to A.D. 1757*, (Cambridge, Massachusetts: Blackwell, 1989).

Barlow, Tani E. Barlow, "Colonialism's Career in Postwar China Studies" in Tani Barlow ed., *Formations of Colonial Modernity in East Asia*, (Durham: Duke University Press, 1997).

Breuker, Remco E., "Koryŏ as an Independent Realm: The Emperor's Clothes?" *Korean Studies*, v. 27 (Honolulu: University of Hawai'i Press, 2004).

Burguiére, André, "The Fate of the History of Mentalité in the Annales," *Comparative*

Studies in Society and History, 24:3 (1982).

Cannadine, David, ed., *What is History Now?* (New York, Palgrave Macmillan, 2002); 문화사학회 옮김, 《굿바이 E.H.카》, (푸른역사, 2005).

Chartier, Roger, "Intellectual History or Sociocultural History? The French Trajectories," in Dominick La Capra and Steven L. Kaplan, eds., *Modern European Intellectual History: Reappraisals and New Perspectives* (Ithaca: Cirnell University Press, 1982).

Chase-Dunn, Christopher and Hall, Thomas D., *Rise and Demise: Comparing World-Systems*, (Boulder: Westview Press, 1997).

Chun, Hae-jong, "Sino-Korean Tributary Relations in the Ch'ing Period," in *The Chinese World Order: Traditional China's Foreign Relations*, (Cambridge: Harvard University Press, 1968).

Clark, Donald N., "Autonomy, Legitimacy, and Tributary Politics: Sino-Korean Relations in the Fall of Koryŏ and the Founding of the Yi," Ph. D dissertation (Cambridge: Harvard University, 1978).

Clark, Donald N., "Sino-Korean Tributary Relations under the Ming," *The Cambridge History of China*, Vol. 8 (Cambridge University Press, 1998).

Cosmo, Nicola di and Wyatt, Don J., *Political Frontiers, Ethnic Boundaries, and Human Geographies in Chinese History*, (London: RoutledgeCurzon, 2003).

Crossley, Pamela Kyle, *Orphan Warriors: Three Manchu Generations and the End of the Qing World*, (Princeton: Princeton University Press, 1990).

Crossley, Pamela Kyle, Siu, Helen F., and Sutton, Donald S., *Empire at the Margins: Culture, Ethnicity, and Frontier in Early Modern China*, (Berkeley: University of California Press, 2006).

Dardess, John W., *Blood and History in China: The Donglin Faction and Its Repression, 1620~1627*, (Honolulu: University of Hawaii Press, 2002).

Deuchler, Martina, "Reject the False and Uphold the Straight: Attitudes Toward Heterodox *Thought in Early Yi Korea*," in Wm. Theodore de Bary and JaHyun Kim Haboush, eds., *The Rise of Neo-Confucianism in Korea*, (New York: Columbia University Press, 1985).

Duncan, John B., "The Social Background to the Founding of the Chosòn Dynasty:

Change or Continuity?" *Journal of Korean Studies*, Vol. 6 (Los Angeles: Society for Korean Studies, 1989).

Duncan, John B., 〈A Reconsideration of the 'Sarim' of the Chosŏn Dynasty〉, 《南冥學研究論叢》3 (남명학연구원, 1995).

Duncan, John, "Hyanghwain: Migration and Assimilation in Chosŏn Korea," Acta Koreana, Vol. 3 (계명대학교 한국학연구원, 2000).

Duncan, John B., "Uses of Confucianism in Modern Korea," in Benjamin Elman, John Duncan, and Herman Ooms, eds., *Rethinking Confucianism: Past and Present in China, Japan, Korea, and Vietnam*, (Los Angeles: UCLA, 2002).

Duncan, John B., "Examination and Orthodoxy in Chosŏn Dynasty Korea", in Benjamin Elman, John Duncan, and Herman Ooms, eds., *Rethinking Confucianism: Past and Present in China, Japan, Korea, and Vietnam*, (Los Angeles: UCLA, 2002).

Ebrey, Patricia, Walthall, Anne, and Palais, James, *Premodern East Asia: A Cultural, Social, and Political History*, (Boston: Houghton Mifflin, 2006).

Elliott, Mark C., *The Manchu Way: The Eight Banners and Ethnic Identity in Late Imperial China*, (Stanford: Stanford University Press, 2001).

Esherick, Joseph, "Harvard on China: The Apologetics of Imperialism," *Bulletin of Concerned Asian Scholars*, Vol. 6, no. 4 (Cambridge: Bulletin of Concerned Asian Scholars, 1972).

Fairbank, John K., "Tributary Trade and China's Relations with the West," *The Far Eastern Quarterly*, vol. 1, no. 2 (New York: Far Eastern Association, 1942).

Fairbank, John K. Fairbank, *Trade and Diplomacy on the China Coast: The Opening of the Treaty Ports, 1842~1854*, (Stanford: Stanford University Press, 1953, 1969).

Fairbank, John K., ed., *The Chinese World Order: Traditional China's Foreign Relations*, (Cambridge: Harvard University Press, 1968).

Fisher, Raymond H., *The Russian Fur Trade, 1550~1700*, (Berkeley: University of California Press, 1943).

Franke, Andre G. and Gills, Barry K., *The World System: Five Hundred Years or Five Thousand*, (New York, Routledge, 1993).

Frank, Andre G., *Reorient: Global Economy in the Asian Age*, (Berkeley: University of

California Press, 1998).

Franke, Herbert and Twitchett, Denis, "Introduction," in *The Cambridge History of China*, Vol. 6 (Cambridge: Cambridge University Press, 1994).

Geiss, James, "The Leopard Quarter during the Cheng-te Reign," *Ming Studies*, Vol. 24 (Minneapolis: Society for Ming Studies, 1987).

Geiss, James, "The Chia-ching Reign, 1522~1566," in *The Cambridge History of China*, Vol. 7, (New York: Cambridge University Press, 1988).

Gibson, James R., *Feeding the Russian Fur Trade: Provisionment of the Okhotsk Seaboard and the kamchatka Peninsula, 1639~1856*, (Madison: University of Wisconsin Press, 1969).

Haboush, JaHyun Kim, "The Ritual Controversy and the Search for a New Identity in Seventeenth-Century Korea," in JaHyun Kim Haboush and Martina Deuchler, eds., *Culture and the State in Late Chosŏn Korea*, (Cambridge: The Harvard University Asia Center, 1999).

Heer, Philip de, "Three Embassies to Seoul: Sino-Korean Relations in the 15th Century," in Leonard Blusse and Harriet T. Zurndorfer, eds., *Conflict and Accommodation in Early Modern East Asia: Essays in Honour of Erik Zurcher*, (Leiden, The Netherlands: E. J. Brill, 1993).

Hevia, James Hevia, *Cherishing Men from Afar: Qing Guest Ritual and the Macartney Embassy of 1793*, (Durham: Duke University Press, 1995).

Ho, Ping-ti Ho, "In Defense of Sinicization: A Rebuttal of Evelyn Rawski's 'Reenvisioning the Qing'," *Journal of Asian Studies*, Vol 57, no. 1 (1998).

Hobsbawm, Eric and Ranger, Terrence, eds., *The Invention of Tradition* (Cambridge: Cambridge University Press, 1983).

Huang, Ray, "Fiscal Administration During the Ming Dynasty," in Charles O. Hucker, ed., *Chinese Government in Ming Times*, (New York: Columbia University Press, 1969).

Huang, Ray, "The Liao-tung Campaign of 1619," *Oriens Extremus*, Vol. 28, no. 1 (Wiesbaden: Kommissionvertag O. Harrasowitz, 1981).

Huang, Ray, "The Lung-ch'ing and Wan-li Reigns, 1567~1620," *The Cambridge History* of China, Vol. 7 (New York: Cambridge University Press, 1988).

Hunt, Lynn, "French History in the Last Twenty Years: The Rise and Fall of the Annales Paradigm," Journal of Contemporary History, 21:2 (1986).

Jagchid, Sechin, "Mongolian-Manchu intermarriage in the Ch'ing Period," Zentralasiatische Studien, Vol. 19, (1986).

Johnston, Alastair Iain, Cultural Realism: Strategic Culture and Grand Strategy in Chinese History, (Princeton: Princeton University Press, 1995).

Khazanov, Anatoly M., Nomads and the Outside World, 2nd edition (Madison: University of Wisconsin Press, 1994).

Kim, Key-Hiuk, The Last Phase of the East Asian World Order: Korea, Japan, and the Chinese Empire, 1860~1882, (Berkeley: University of California Press, 1980).

Kye, Seung B., "The Posthumous Image and Role of Ming Taizu in Korean Politics," Ming Studies, Vol. 50, (Minneapolis: Society for Ming Studies, 2005).

Kye, Seung B., "In the Shadow of the Father: Court Opposition and King Kwanghae in Early Seventeenth-Century Chosŏn Korea," Ph. D dissertation (Seattle: University of Washington, 2006).

Kye, Seung B., "Confucian Perspectives on Egalitarian Thought in Traditional Korea," International Journal of Korean History, v. 12 (Seoul: Korea University, 2006).

Lam, Truong, Buu, "Intervention versus Tribute in Sino-Vietnamese Relations, 1788-1790," in John King FairbankIn, ed., The Chinese World Order: Traditional China's Foreign Relations, (Cambridge: Harvard University Press, 1968).

Langlois, John D., "Chinese Culturalism and the Yuan Analogy: Seventeenth Century Perspectives," Harvard Journal of Asian Studies, Vol 40, no. 2 (1980).

Mancall, Mark, Russia and China: Their Diplomatic Relations to 1728, (Cambridge: Harvard University Press, 1971).

Mancall, Mark, China at the Center: 300 Years of Foreign Policy, (New York: The Free Press, 1992).

Martin, Janet, Treasure of the Land of Darkness: The Fur Trade and Its Significance for Medieval Russia, (London: Cambridge University Press, 1986).

McKnight, Brian, "Chu Hsi and His World," in Wing-Tsit Chan, ed., Chu Hsi and Neo-

Confucianism, (Honolulu: University of Hawaii Press, 1986).

Millward, James A., *Beyond the Pass: Economy, Ethnicity, and Empire in Qing Central Asia, 1759~1864*, (Stanford: Stanford University Press, 1998).

Millward, James. A., et al. eds., *New Qing Imperial History: The Making of Inner Asian Empire at Qing Chengde*, (London: Routledge, 2004).

Millward, James A., *Eurasian Crossroads: A History of Xianjiang*, (New York: Columbia University Press, 2007).

Miura Kunio, "Orthodoxy and Heterodoxy in Seventeenth-Century Korea: Song Siyol and Yun Hyu," in Wm. Theodore de Bary and JaHyun Kim Haboush, eds., *The Rise of Neo-Confucianism in Korea*, (New York: Columbia University Press, 1985).

Mote, Frederick W., "The Tu-mu Incident of 1449," in Frank A. Kierman, Jr. and John K. Fairbank eds., *Chinese Ways in Warfare*, (Cambridge: Harvard University Press, 1974).

Mote, F. W., *Imperial China, 900~1800*, (Cambridge: Harvard University Press, 1999).

Palmer, Spencer J., *Confucian Rituals in Korea*, (Berkeley: Asian Humanities Press, 1994).

Perdue, Peter C., *China Marches West: The Qing Conquest of Central Eurasia*, (Cambridge: Belknap Press of Harvard University Press, 2005).

Rogers, Michael C., "The Chinese World Order in Its Transmural Extension: The Case of Chin and Koryŏ," *Korean Studies Forum*, Vol. 4 (1978).

Rawski, Evelyn S., "Reenvisioning the Qing: The Significance of the Qing Period in Chinese History," *Journal of Asian Studies*, Vol. 55, no. 4 (Minneapolis: Association for Asian Studies, 1996).

Rawski, Evelyn S., *The Last Emperors: A Social History of the Qing Imperial Institutions*, (Berkeley: University of California Press, 1998).

Robinson, David M., "Korean Lobbying at the Ming Court: King Chungjong's Usurpation of 1506, a Research Note," *Ming Studies*, Vol. 41, (Minneapolis: Society for Ming Studies, 1999).

Robinson, Kenneth R., "From Raiders to Traders: Border Security and Border Control in Early Chosŏn Korea, 1392-1450," *Korean Strudies*, Vol. 16 (Manoa: University of

Hawaii, Center for Korean Studies, 1992).

Robinson, Kenneth R., "Centering the King of Chosŏn: Aspects of Korean Maritime Diplomacy, 1392~1592," *The Journal of Asian Studies*, Vol. 59, No. 1 (Society for Asian Studies, 2000).

Rossabi, Morris, ed., *China among Equals: The Middle Kingdom and Its Neighbors, 10th~14th Centuries*, (Berkeley: University of California Press, 1983).

Sebes, Joseph S., "The Fragmentation of the Mongols During the Ming Dynasty and Their Step-by-Step Conquest by the Manchus and Russians," *The Canada-Mongolia Review*, v. 3, no. 1 (1977).

Struve, Lynn A., *The Southern Ming, 1644~1662*, (New Haven: Yale University Press, 1984).

Struve, Lynn A., ed. & trans., *Voices from the Ming-Qing Cataclysm*, (New Haven: Yale University Press, 1993).

Swope, Kenneth, "Deceit, Disguise, and Dependence: China, Japan, and the Future of the Tributary System, 1592~1596," *The International History Review*, Vol 24, no. 4 (2002).

Tao, Jing-shen, *Two Sons of Heaven: Studies in Sung-Liao Relations*, (Tucson: University of Arizona Press, 1988).

Tillman, Hoyt Cleveland, "Reflections on Classifying 'Confucian' Lineages: Reinventions of Tradition in Song China," in Benjamin A. Elman, et al., eds., *Rethinking Confucianism: Past and Present in China, Japan, Korea, and Vietnam*, (Los Angeles: UCLA Asian Pacific Monograph Series, 2002).

Twitchett, Denis and Grimm, Tilemann, "The Zhengtong, Ching-tai, and Tien-shun Reigns, 1436~1464," *The Cambridge History of China*, Vol. 7, (New York: Cambridge University Press, 1988).

Wagner, Edward W., *The Literati Purges*, (Cambridge: Harvard University, 1974).

Wakeman, Frederic, *The Great Enterprise: The Manchu Reconstruction of Imperial Order in Seventeenth Century China*, (Berkeley: University of California Press, 1985).

Walker, Hugh D., "The Yi-Ming Rapprochement: Sino-Korean Foreign Relations, 1392~1592," Ph. D dissertation (Los Angeles: UCLA, 1971).

Wang, Gungwu, "Ming Foreign Relations: Southeast Asia," in *The Cambridge History of China*, Vol. 8, (New York: Cambridge University Press, 1998).

Whitmore, John K., *Vietnam, Hồ Quý Ly, and the Ming, 1371~1421*, (New Haven: Yale Center for International and Area Studies, 1985).

Wills, John E., "Ch'ing Relations with the Dutch, 1662~1690," in John K. Fairbank, ed., *The Chinese World Order: Traditional China's Foreign Relations*, (Cambridge: Harvard University Press, 1968).

Wills, John E., *Embassies and Illusions: Dutch and Portuguese Envoys to Kang-hsi, 1666~1687*, (Cambridge: Harvard University Press, 1984).

Wills, John E., "Tribute, Defensiveness, and Dependency: Uses and Limits of Some Basic Ideas about Mid-Ch'ing Foreign Relations," *The American Neptune*, vol. 48 (Salem: Peabody Museum of Salem, 1988).

Wills, John E., "Maritime Asia, 1500~1800: The Interactive Emergence of European Domination," *American Historical Review*, vol. 98, no. 1 (1993).

Yun, Peter I., "Rethinking the Tribute System: Korean States and Northeast Asian Interstate Relations, 600~1600," Ph. D dissertation (Los Angeles: UCLA, 1998).

Yun, Peter, 〈Confucian Ideology and the Tribute System in Chosŏn-Ming Relations〉, 《史叢》 55 (고려대학교사학회, 2002).

Zenone, Volpicelli (pseud. Vladimir), *Russia on the Pacific and the Siberian Railway*, (London: Sampson Low, Maston & Company, 1899).

기타 자료

《동북아역사재단 2008 도서목록》 (동북아역사재단, 2008).
《忠愍公林將軍要覽》 (충민공임경업장군기념사업회, 1977).

찾아보기

ㄱ

가도椵島 222~227
가산嘉山 193, 194
가정제嘉靖帝 123, 127~130, 133~137, 139
감군監軍 283
감군어사監軍御使 196
강순康純 102
강징姜澂 128
강홍립姜弘立 175~177, 181, 261, 263
강희제康熙帝 63, 221
개원開原 180, 182
거란 42, 78, 265

건주여진建州女眞 45, 91, 93, 94, 101~105, 110, 114, 115, 121, 149~152, 154, 155~157, 159, 160, 162, 280, 281, 291
건주위建州衛 92
건주좌위建州左衛 150, 151
경성鏡城 156
경신환국庚申換局 271, 273
경원慶源 120
경태제景泰帝 95, 100
경하창慶河昌 232, 233
경흥慶興 120
경흥부慶興府 232
계해정변 58, 150, 196, 203, 284, 292,

고구려 85

고두 125

고두례叩頭禮 42, 123, 285, 293

고려 42, 47, 68, 70, 71, 77, 113, 116, 140, 141, 176, 215, 219, 269, 281, 287, 288

고묘제告廟祭 205

고종 60

광녕廣寧 94, 170, 198

광해군 47, 48, 65, 66, 141, 145, 150, 161~184, 186, 190~193, 195~201, 203 ~209, 211, 219, 237, 282~284, 291, 292

괴호魁胡 269

교린 208

구단丘坦 163, 165

구묘九廟 133, 134

구미부仇彌府 102

군부君父 30, 48, 49, 165, 168, 207, 210, 219, 220, 233, 242, 270, 282, 284, 285, 288, 292

군신관계 70, 114, 143, 162, 202, 211, 218~220, 285, 288

궁각弓角 111, 112, 115

권반權盼 195

금金 42, 98, 78, 113

금주錦州 222, 227, 228, 234, 236, 238, 263

기묘사화 143

기미羈縻 208

기미책 209

기미체제론 81, 83

김경서金景瑞 176

김근사金謹思 133, 134

김노金魯 144

김상헌金尙憲 235, 236

김안로金安老 133

김응하金應河 262

ㄴ

나선정벌 49, 58, 233, 238, 241~245, 257~259, 263, 264, 267, 270~275, 286, 294

남곤南袞 143

남명南明 248, 293

남송南宋 57, 244

남이南怡 102

남한산성 228, 236

내복內服 138, 140, 281

내셔널리즘 79

노산군魯山君 143

녹둔도鹿屯島 232

누르하치 92, 93, 150~157, 159, 161~162, 169, 175, 176

ㄷ

단종 143
대국大國 42, 44, 74, 207, 268, 269, 280, 281
대능하大凌河 233
대만 293
대명관對明關 47, 70, 74, 113, 123, 139, 141, 143, 210, 282
대명사대 39, 72, 73, 113, 116, 122, 127, 139, 145, 202, 207, 208, 210, 217, 281, 282, 284
대명의리 48, 211, 237, 284, 292, 293
《대명집례大明集禮》 124
《대명회전大明會典》 124, 143
대보단大報壇 50, 289, 294
대한민국 43, 55, 68, 74, 210, 279, 280
대한제국 60
독보獨步 237
돌궐족 80
동관성潼關城 159
동남아시아 77, 86, 293
동녕부東寧府 100
동림당東林黨 188
동맹가첩목아童猛哥帖木兒 93
동북아역사재단 32
동산董山 102
동아시아세계론 75, 81~84, 86, 87
동월董越 140
동이족 80
동창童倉 93
동팔참東八站 100

ㄹ

러시아 45, 49, 58, 238, 241, 242, 245, 246, 248~251, 253~255, 258~263, 265, 267, 270, 286
러일전쟁 45
레나Lena 강 246

ㅁ

마부대馬夫大 223, 229
막등용莫登庸 136, 137
만국공법 31, 67, 68, 76
만동묘萬東廟 50, 289
만력제萬曆帝 182, 187, 188, 189
만주족 78, 79, 84, 248, 268
만포灣浦 102, 153~155, 157, 159
망탈리테mentalité 243
명종明宗 125
명질서 30, 32, 62, 91, 161, 289, 290~292,

298

모린위毛隣衛 103

모문룡毛文龍 66, 191~193, 195, 196, 200, 204

모스코Moscow 공국 245

모화관 123, 125, 173

목단강牧丹江 249

몽골 42, 78, 82~84, 87, 88, 91, 94, 95, 97, 98, 100, 113, 114, 245, 246, 280

몽골 45

무로마치 막부 85

무순撫順 164

문종 143

민정중閔鼎重 259

ㅂ

바이칼Baikal 호수 246

박승종朴承宗 209

박자흥朴自興 166

박정길朴鼎吉 166, 172, 174, 197

박정희 217

반정反正 58, 59

반정교서 48, 284, 292

배금론排金論 208, 210, 211

배시황裵是愰 274

배신陪臣 220

백제 85

번국藩國 26, 67, 95, 70, 95, 153, 155, 164~166, 202, 204, 206, 283, 284

《번국의주藩國儀註》 124

번병藩屛 67

번속藩屬 67

번호藩胡 156, 157, 159, 160

베트남 43, 137

변계량卞季良 71, 114

변급邊岌 248, 250

병자호란 41, 48, 58, 215, 228, 229, 237, 242, 244, 275, 284, 286, 320,

복주復州 100

봉림대군 228, 229

봉황성鳳凰城 100, 229

부묘祔廟 129, 133

부자관계 70, 143~145, 162, 167, 173, 211, 217~220, 237, 238, 285, 288

북경 47, 63, 83, 85, 88, 98, 100, 103, 114, 119, 121, 125, 126, 129~133, 161, 168, 172, 174, 179, 215, 241, 248, 256, 268, 297

북관北關 180, 182

북벌 242, 256, 257, 263, 267, 270~275, 286, 292, 293,

북송北宋 42

북학 50, 288, 294
북한 55, 73
붕당정치론 60
비변사 47, 163, 165~171, 173, 174, 176, 178~180, 182, 185, 186, 192, 193, 195, 197~201, 209, 234, 255, 256, 282~284

ㅅ

사대 23, 28, 29, 33, 39, 46, 59, 63, 86, 95, 107, 115, 116, 122, 123, 131, 162, 171, 206, 281, 282
사대주의 59, 60
사론邪論 129, 173, 207, 210, 211
사리호달沙爾虎達 268
사림론士林論 60, 61
사마의司馬懿 296
사민정책 120, 122
사의邪議 209
산동 199, 200
산해관山海關 180, 202, 284
살례탑撒禮塔 98
삼번의 난 293
삼전도 66, 215, 220, 223, 234, 241, 257, 258, 268, 285, 286, 292, 294
상국上國 42~44, 74, 107, 144, 164, 207, 264, 268, 269, 280, 287, 290
서광계徐光啓 179~184, 186~188
서수라西水羅 232
선조宣祖 125, 140, 153, 160, 217
성종 105, 106, 108~110, 113, 115, 116, 119, 121, 122, 140, 142, 144, 167, 280, 281
세조 91, 101~105, 107, 109, 113, 114, 116, 119, 167, 280
세종 77, 91, 94, 97, 98, 107, 113, 114, 116, 122, 143, 280
소능하小凌河 233
소중화小中華 27, 33, 139~141, 272, 282, 282, 291
소현세자 228, 229, 234
속국屬國 67
송산참宋山站 237
송준길宋浚吉 259
송화강松花江 241, 246, 250, 253, 254
숙종 63, 271, 273
숭명배청崇明排淸 42, 44, 49,
숭명의리 216, 217
숭정崇禎 50, 289
스테파노프Stepanov 249~251, 253~255
시베리아 245
식민사관 27, 28, 59, 60, 86
신경진申景禛 234
신득연申得淵 234, 235

신라 85

신숙주申叔舟 104

신유申瀏 251, 255, 259~263, 265~267, 269, 271, 273, 275

신자臣子 165, 168, 220, 270, 284, 288, 292

신채호申采浩 59

신청사新淸史 78, 79, 81

신충일申忠一 154, 155

신흥사대부론 60, 61

심광세沈光世 196

심양瀋陽 191, 227, 228, 232, 235~237, 272, 283

심양왕瀋陽王 98

심옥瀋獄 66, 233, 235~237

심하深河 149, 189, 261

ㅇ

아민阿敏 193

아편전쟁 76

안남국安南國 136

안사安史의 난 152

알바진Albazin 246

야선也先 94~98, 100, 114

야쿠츠크Yakutsk 246

양명학 140

양성지梁誠之 72, 97

양응룡楊應龍의 난 151

양지원梁之垣 196

양하寧夏의 군사반란 151

양호楊鎬 170~174

어유소漁有沼 102, 106, 110, 120

여순旅順 191

여진 42, 78, 92~95, 103~105, 122, 151, 161, 244, 268, 291

여희원余希元 154

연산군燕山君 126, 136, 137

연행록燕行錄 268

엽혁葉赫 156, 157, 160

영고탑寧古塔 248, 249, 253, 255, 256, 267

영은문迎恩門 206

영조례迎詔禮 125

영칙례迎勅禮 206

영흥 232

예겸倪謙 139

예종 144

오랍烏拉 156, 157, 179, 160

오호츠크Okhotsk 항 246

옹정필 185

완합日哈 249

왕가수汪可受 165

왕소훈王紹勳 201, 283

왕진王振 98

외국外國 67, 138
외번外藩 67
요遼 42, 78, 98, 113, 265
요동 94, 98, 100, 102, 104, 108, 111, 128~130, 134, 144, 149, 159, 161, 163, 164, 166, 167, 175, 177~180, 182, 189~191, 195, 196, 199, 208, 229, 283
요동도사遼東都司 100, 103, 128, 130, 153, 164
요동전쟁 289
요동팔참遼東八站 100
요서遼西 198
요양遼陽 100, 191, 283
용고탑 259
용골대龍骨大 223, 229, 234
용천龍川 191, 193, 194
우랄 산맥 245, 246
웅도熊島 45, 222, 231~233, 238, 242
웅정필熊正弼 177
원元 42, 78, 113
원견룡遠見龍 177
위구르 78, 152
위충현魏忠顯 188
유림柳琳 223, 225, 226, 228, 236, 263
유정劉綎 173, 175
유찬선劉纘先 233
유혁연柳赫然 265

윤기倫紀 218, 284, 285
윤은보尹殷輔 133
윤필상尹弼商 106, 111, 112
윤휘尹暉 166, 172~174
의란依蘭 249
의주義州 102, 109, 172, 185, 193, 194, 225, 235
이규경李圭京 274
이규보李奎報 141
이극신李克信 162~164
이륜彝倫 218, 285, 288
이만주李滿住 102, 107
이성계李成桂 39, 143
이성구李聖求 227
이승휴李承休 42, 141
이시애李施愛 103
이시영李時英 228
《25사》 76
이여송李如松 125
이영세 李榮世 266
이완李浣 234
이원정李元禎 264
이위경李偉卿 166, 174
이유번李維藩 165
이이李珥 72
이이첨李爾瞻 169
이익李翊 274

이인임李仁任 143
이적夷狄 76, 139~141, 292
이정구李廷龜 181~184, 186, 189, 197
이천李蕆 98
이쿠츠크Irkutsk 246
이현영李顯英 234
이현일李玄逸 273
이황李滉 72
이효이국以孝理國 218, 237, 285, 288
이후원李厚源 259
인목대비 48, 284
인조 48, 65, 66, 225~228, 236, 241, 242, 258
인조반정 58, 145, 196, 203, 284, 292
일본 290, 291
임경업林慶業 223~225, 237, 263
임반관林畔館 193, 194
임연林衍 166, 173, 174
임오군란 26, 66
임진왜란 29, 31, 32, 41, 44, 58, 66, 67, 71, 125, 151, 167, 216, 282
임진전쟁 58, 66, 67, 71, 125, 145, 151, 156, 162, 167, 203, 216~218, 244, 282, 284, 289, 291

ㅈ

자본주의맹아론 60
자형관紫荊關 96
장녕張寧 139
장지발張之發 179, 180, 183
재조지은再造之恩 30, 48, 145, 162, 167, 168, 173, 177, 216~218, 221, 282, 283
전국戰國 80
정덕제正德帝 127
정도전鄭道傳 34, 39, 71
정론正論 207~209
정명전征明戰 48
정묘호란 48, 58, 263, 284
정복국가 78, 81
정유재란 152
정인지鄭麟趾 94
정창손鄭昌孫 94, 106
정통제正統帝 95, 98
정효종鄭孝終 106, 108, 110
제갈량諸葛亮 296
조공 21, 26~28, 30, 31, 36, 39, 40, 46, 59, 61~70, 75~78, 85~87, 91~93, 103, 104, 114, 141, 159, 161, 210, 211, 216
조공관계론 87
조공국 64, 66, 67, 93, 126, 210, 294
조광조趙光祖 142

조선감호 187, 189
조선감호론朝鮮監護論 179~182, 184
조선중화朝鮮中華 50, 289, 292~294
조선중화론 60
조선중화사상 272
조정趙挺 177
조찬한趙纘韓 166
조천록朝天錄 268
조호 204, 205
존명의리 219, 221, 230, 236, 237, 244, 270, 292, 294, 298
존주의리尊周義理 50, 289, 295
존호尊號 133, 134, 150, 203, 206
종계변무宗系辨誣 33, 39, 143
종번관계宗藩關係 31, 64, 70, 84, 127, 186, 211, 238
주우보朱祐甫 128, 129
주희朱熹 141, 244
중국 54~56, 77, 80, 85, 86, 279, 280, 284, 287, 289
중국관 38~40, 42
중국사 56
중국적 질서 46, 70, 75~78, 81, 84~87
중립외교 292
중립정책 208
중앙아시아 77, 79, 293
중외中外 138

중원국가 56, 57, 63, 65, 68, 70, 81, 83, 84, 87, 116, 279
중종 47, 65, 66, 74, 105, 119~123, 125~145, 167, 218, 219, 281, 282, 284
중화中華 76, 139~141, 294, 297, 298
중화계승 60, 293
중화국中華國 42, 57, 280
중화론 33
중화민국 67
중화인민공화국 54~56, 92,
진강鎭江 100, 185, 196
진경문화론 60
진위사 132
진하사 127, 130, 131, 133~135

ㅊ

차라대車羅大 98
차이나China 75, 76, 79, 80
책봉 22, 26~28, 30, 31, 36, 41, 46, 61, 63~70, 76~78, 81~86, 91~93, 103, 104, 141, 159, 210, 211, 216
책봉국 64, 66, 67, 70, 160, 210, 221, 281
천륜天倫 144, 145, 218, 242, 285, 288
천리天理 145, 282
천순제天順帝 103

천자국天子國 42, 57, 207, 280, 281

천하天下 138

철령鐵嶺 182

철산鐵山 222

청 태종 225, 227, 228, 233~236, 263

청인淸人 268, 269

청일전쟁 26, 63

청질서 63, 215, 244, 292~294, 298

촉한蜀漢 296

최명길崔鳴吉 227, 229, 230, 237

최윤덕崔潤德 98

ㅋ

카E. H. Carr 296, 297

코사크Cossack 241, 246, 249, 253

쿠마스크Kumarsk 250, 251, 253

ㅌ

탈중국 297, 298

태종 94, 114

태창제泰昌帝 189

톰스크Tomsk 256

티베트 78, 293

팔기제八旗制 78

하바롭스크Khabarovsk 246

하세국河世國 154

ㅎ

한漢 79~81

한국 55, 56

《한국사연구휘보》 36

한미관계 41

한미혈맹 74

한인 80

한족 80

한준겸韓浚謙 195

한화漢華 76, 78~81

한화이론 76

합달哈達 156

해동여진海東女眞 57, 94, 156

해서여진海西女眞 151, 156, 160

현종 272

호대수胡大受 153

호인胡人 268

홀가강忽可江 249

홀자온忽剌溫 156

홍다구洪茶丘 98

홍명원洪命元 184~186

홍무제洪武帝 124, 143

홍서봉洪瑞鳳 234

홍승주洪承疇 237

홍치제弘治帝 128

화이관 74, 282

화이론 141~143

황가선黃嘉善 181, 184, 186

황룡黃龍 265

황제국 57, 126

황중윤黃中允 166

황홍헌黃洪憲 140

회령會寧 249, 250, 255

회통강會通江 249

효종 49, 157, 242, 248, 251, 255, 256, 258, 267, 270,

후금 30, 45, 119, 145, 149, 161, 163, 165, 166, 170, 172, 175~177, 179, 180, 186, 188, 190~192, 195, 198, 199, 202, 204, 208, 209, 216, 268, 282, 284, 290~292

후주後周 42

후춘厚春 259

후통강後通江 249

휘발輝發 157, 160

흑룡강黑龍江 58, 241, 246, 248, 250, 251, 253~255

기타

ethnicity 79

sovereign state 68

tributary state 67, 68

vassal state 68

조선지배층의 중국 인식
조선시대 해외파병과 한중관계

- ⊙ 2009년 11월 21일 초판 1쇄 발행
- ⊙ 2017년 9월 27일 초판 2쇄 발행
- ⊙ 지은이   계승범
- ⊙ 발행인   박혜숙
- ⊙ 디자인   이보용
- ⊙ 펴낸곳   도서출판 푸른역사
   우) 03044 서울시 종로구 자하문로8길 13
   전화: 02) 720-8921(편집부) 02) 720-8920(영업부)
   팩스: 02) 720-9887
   전자우편: 2013history@naver.com
   등록: 1997년 2월 14일 제13-483호

ⓒ 계승범, 2017

ISBN   979-89-94079-02-8   93900

• 잘못 만들어진 책은 교환해드립니다.